福建省职业教育精品在线开放课程配套教材



# 道路勘测设计

主　编　李　冰　祝可为
副主编　王春明　肖　冰　林礼华　尹　冰
主　审　周志坚

◎ 项目式新形态教材
◎ 校企合作编写
◎ 配套微课视频

同濟大學出版社
TONGJI UNIVERSITY PRESS
·上海·

## 内 容 提 要

本书是在高等职业教育土建类专业教材编审委员会指导下编写的，是道路与桥梁工程技术等相关专业主干课程的专业教材之一。全书在着重介绍基本概念、基本理论和基本操作技能的基础上，以应用为主，本着“必需、够用”的原则，力争做到推理充分、严密，内容详实、通俗易懂。在内容安排上，注重道路勘测设计学科的系统性，力图以工程实际项目为中心，以道路平面、纵断面、横断面设计为主线，结合新勘测技术、新设计软件在道路工程设计上的应用，建立由浅入深、先易后难、循序渐进的教材体系。本书将专业精神、职业精神和工匠精神融入教材内容，强化专业技术积累和学生职业素养养成。

本书通过大量的实例对新规程在道路勘测中的应用进行详尽说明，突出应用性，适用面广，既可作为高等职业院校市政、路桥等相关专业的学生教材，也可供相关专业设计、施工人员学习参考。

**图书在版编目（CIP）数据**

道路勘测设计/李冰，祝可为主编. —上海：同济大学出版社，2022.12

ISBN 978-7-5765-0570-2

Ⅰ. ①道… Ⅱ. ①李… ②祝… Ⅲ. ①道路测量 ②道路工程—设计 Ⅳ. ①U412

中国版本图书馆 CIP 数据核字（2022）第 248994 号

**道路勘测设计**

**主　编**　李　冰　祝可为

**副主编**　王春明　肖　冰　林礼华　尹　冰

**主　审**　周志坚

**责任编辑**　任学敏　**责任校对**　徐春莲　**封面设计**　陈益平

出版发行　同济大学出版社　www. tongjipress. com. cn

（地址：上海市四平路 1239 号　邮编：200092　电话：021-65985622）

经　销　全国各地新华书店

排　版　南京文脉图文设计制作有限公司

印　刷　江苏句容排印厂

开　本　787mm×1092mm　1/16

印　张　19.75

字　数　493 000

版　次　2022 年 12 月第 1 版

印　次　2022 年 12 月第 1 次印刷

书　号　ISBN 978-7-5765-0570-2

定　价　78.00 元

# 前　言

本书是在高等职业教育土建类专业教材编审委员会指导下编写的，是道路与桥梁工程技术等相关专业主干课程的专业教材之一。教材编写力求与高职高专人才培养模式相适应，编写组认真学习领会教育部 2019 年发布的《高等职业学校专业教学标准》和《职业院校教材管理办法》等相关文件精神，结合人才培养目标，在对多家土木建筑工程设计单位进行调研的基础上，突出基础性、实用性和先进性，对教材内容体系进行了整体优化，适用于以培养学生实际工作能力为目标的任务引领式的项目化课程。

全书在着重介绍基本概念、基本理论和基本操作技能的基础上，以应用为主，本着“必需、够用”的原则，力争做到推理充分、严密，内容详实、通俗易懂。在内容安排上，注重道路勘测设计学科的系统性，力图以工程实际项目为中心，以道路平面、纵断面、横断面设计为主线，结合新勘测技术、新设计软件在道路工程设计上的应用，建立由浅入深、先易后难、循序渐进的教材体系。党的二十大报告强调要深入实施人才强国战略。本书将专业精神、职业精神和工匠精神融入教材内容，强化学生专业技术积累和职业素养养成。

本书由福建船政交通职业学院李冰、祝可为主编。编写分工：福建船政交通职业学院李冰负责项目一的任务一、任务二、任务四，项目三及项目五的任务六；福建船政交通职业学院祝可为负责项目二，项目四及项目五的任务四；福建船政交通职业学院王春明负责项目一的任务五及任务六；福建船政交通职业学院肖冰负责项目五的任务三及任务五；福州建筑工程职业中专尹冰负责项目一的任务三；福建省交通规划设计院林礼华负责项目五的任务一及任务二。本书由李冰负责统稿。

福建船政交通职业学院周志坚教授担任本书主审。本书在编写过程中得到高等职业教育土建类专业教材编审委员会领导和专家的大力支持和指导；福州市规划设计研究院庄志福高工、福州国榕市政工程设计有限公司总工程师周治国在理论和实践方面分别提出了很多宝贵意见。本书在编写过程中使用了福州国榕市政工程设计有限公司的设计方案和数据，并借鉴和参考了同行的相应成果，在此表示感谢！

限于编者水平，书中不妥与疏漏之处在所难免，诚挚希望广大读者在使用过程中给予批评指正，以便进一步补充、修改和完善。

编　者

2022 年 10 月

# 目 录

# 项目一

# 道路测设初识

道路是带状的三维空间人工构造物，包括路基、路面、桥梁、涵洞、隧道、交叉口等工程实体。道路设计要从几何和结构两大方面进行研究，道路的结构设计内容在其他相关课程中学习，几何设计则是道路勘测设计研究的对象。

道路的几何指标决定了车辆行驶的安全、舒适、快捷、美观和建设与运营的经济性，决定了道路的等级和规模。几何设计中涉及的问题是多方面的，如汽车在运动学和力学上是否安全、舒适；在视觉上及运动心理学上是否良好；道路路线与周围景观、地形条件是否协调；在工程造价上是否合理；等等。为设计中表达和研究的方便，人们把道路分解为平面、纵断面和横断面三个剖面来分别进行研究，然后结合地形及自然条件综合考虑。中华人民共和国行业标准《公路工程技术标准》《公路路线设计规范》《城市道路设计规范》汇集了道路工程界的研究成果和工程经验，给出了道路平、纵、横三个剖面和组合线形的设计、评价标准，供道路勘测设计使用。

## 任务一

## 交通运输方式及道路运输认识

### 能力要求

1. 掌握各种交通运输方式的技术特点、运输方式选择和公路运输的特点。
2. 清楚我国道路建设现状。
3. 了解我国道路发展规划。

### 任务描述

随着社会的进步、经济的发展，交通运输方式更加多样，其中公路运输以其机动灵活、直达目的地的优势备受青睐，我国公路建设如火如荼。本任务引导学生掌握交通运输体系的组成，懂得各运输方式的特点及适用情况，清楚我国公路发展的现状及发展规划，为交通土建类专业学生的学习指明方向，并激发学生的学习兴趣。

## 任务实施

通过自主学习及查阅相关资料，完成下列题目：

1. 现代交通运输方式有哪些？与其他运输方式比较，公路运输有哪些特点？
2. 我国公路发展目标及国家高速公路网规划内容有哪些？
3. 公路按功能和行政管理属性是如何分类的？

公路发展概况与现状

## 相关知识

交通运输通常的含义：由于社会生产与消费的需要，人们必须克服空间上的阻碍，实现人和物的移动，为具体实现这种移动提供服务所进行的活动称为交通运输。

### 一、各种交通运输方式的技术特点与运输方式选择

按运输工具不同，现代化的交通运输系统包括航空、铁路、道路、水运及管道五种运输方式。这些运输方式，在技术上各有特点。从各种运输方式的特点看，航空适用于远距离、速度要求高的客货运输；铁路适用于远距离的货物运输和中长距离的客运；道路运输由于其机动灵活的特点，自成体系，且能够实现“门到门”的服务，更适用于中短途的客货运输，同时道路运输也是为铁路、机场、码头提供客货集散服务的重要手段；水运适用于通航地区对时间要求不严格的大宗廉价货物的中长途运输；管道不能用于客运，仅用于油、气、水等货物运输。

由于世界上各个国家的国情不同，每种运输方式有其不同的地位和作用，因此一个国家选择什么样的交通运输方式取决于它的国情。一个总的原则是，在满足国民经济要求的前提下，根据国情灵活选择运输方式，各运输方式相互配合，协调发展。例如，俄罗斯，城市间距离远，铁路在其整个运输系统中处于骨干地位；美国各州主要城市之间距离表现为中短途，因此公路交通发达，处于绝对优势地位；日本城市间距离短，是以公路交通为主的国家。中国的国情是地域辽阔，但东西部经济发展不平衡，城市、人口、资源分布密度差别很大，交通运输方式需要综合考虑，协调发展。

### 二、我国道路建设现状

由于公路和城市道路的建设发展并不同步，下面从公路和城市道路两个方面，分别叙述其发展现状。

#### 1. 我国公路建设的现状

我国公路建设始于 20 世纪初，但中华人民共和国成立之前的公路建设发展缓慢，到 1949 年全国的通车公路里程仅约 8 万 km，且大部分分布在沿海地区。中华人民共和

国成立以后，我国公路事业逐步得到发展，并迈入现代化建设时期。

1949 年后，我国的公路建设大致经历了“通达工程”建设期、“提高等级”建设期和“完善路网”建设期三个阶段。

在“通达工程”建设期，国民经济基础十分薄弱，且长期处于计划经济的体制环境制约下，国家对公路交通的基础性和先导性作用认识、投资不足，公路建设资金十分匮乏。这一时期的公路建设任务是以通为主，公路建造技术和工艺水平相对落后，公路建设标准多为三、四级公路。但是，该时期通车里程增长迅速，截至 1976 年，全国公路通车里程达到 82.3 万 km。

在“提高等级”建设期，我国经济开始步入持续、快速、健康发展的轨道，综合实力日趋增强，公路基础设施建设发生历史性转变，主要表现在以下四方面：

（1）公路建设得到中央和地方各级政府的重视，公路建设的重要性逐步为全社会所认识。

（2）在统一规划的基础上，开始有计划地进行全国公路基础设施建设，明确了全国干线公路网布局。

（3）公路建设在扩大总规模的同时，重点提高了质量，高等级公路迅速发展，公路基础设施的总体技术水平得到提高。

（4）公路建设资金来源趋于多元化，提高养路费征收标准、开征车辆购置附加费、允许高等级公路收费还贷等政策的出台，保证了公路建设资金的来源。

这一时期，公路建设由以前的“以通为主”向“提高公路的快速性”转变，主要任务是提高公路等级、质量和通行能力，高速公路开始建设，以满足国民经济对公路交通的需求。截至 1996 年年底，我国的公路里程超过 118 万 km，高速公路和一级公路超过 15 万 km，路网等级全面提高。

而在第三阶段“完善路网”建设期，国家采取扩大内需的积极财政政策，以推动国民经济快速稳步增长。扩大内需行之有效的措施是大规模启动基础建设项目，这给公路建设带来前所未有的发展机遇，加之交通增长对公路建设的强烈需求，修建高速公路成了公路建设的主旋律。截至 2022 年年末，我国公路通车总里程为 535.48 万 km。其中，高速公路里程 17.73 万 km；二级及以上等级公路里程 74.36 万 km，占公路总里程比重为 13.9%；四级及以上等级公路里程 516.25 万 km，占公路总里程比重为 96.4%。公路密度 55.78 km/100 $km^2$。公路养护里程 535.03 万 km，占公路总里程比重为 99.9%。

总体来说，经过 70 多年的发展，2021 年年底我国路网规模已位居世界前列，标志着我国的公路建设取得了巨大的成就。一是路网密度大大提高；二是农村公路建设成就显著；三是公路、桥梁、隧道建造技术达到国际先进水平，建造了一批标志性工程，如港珠澳大桥、杭州湾大桥、秦岭特长隧道、最长的沙漠公路京新高速等；四是高速公路建设成就突出，特别是高速公路里程位居世界第一。

但是我国公路的发展也面临着一些突出问题。随着国际国内发展形势的变化和人民群众高质量出行需求的日益增长，国家公路网主通道能力不充足、城市群都市圈区域网络不完善、路网覆盖深度不够、路网韧性和安全应急保障能力还需提高等问题逐步显现。

2. 城市道路发展现状

随着城市数量的增加和城市规模的扩展，我国城市道路开始进行有目的的规划，形成城市道路网。最具特色和深远影响的是采用九经九纬的棋盘式道路网，并设有环城道路和市郊道路，这种形式一直沿用到现在，成为目前常见的方格网加环形的城市干道网规划典型图式之一。1949 年后，我国对原有城镇道路进行了大规模建设和改造，制定、调整和完善了道路网规划，进行了大规模的城市道路改建、拓宽和绿化，修建了大量立体交叉、人行天桥和地道，建造了大批桥梁和过江隧道，各大城市纷纷修建中长距离的快速路和环城快速干道，普遍采用了点线控制的交通管理系统，部分地区还引进了先进的面控系统。

我国城市道路建设发展迅速，取得了显著的成就，但与发达国家相比，距现代化城市交通的要求还有一定差距，仍然存在城市道路建设速度落后于城市车辆增加的速度，城市交通基础设施相对薄弱，交通拥挤、堵塞和乘车难，混合交通的机动车、非机动车、人互相干扰大和行车速度低、事故较多、车流量大、人流集中，交通管理水平不高等问题。从城市建设的角度来看，增加城市道路建设的投资、加快建设速度是各城市的主要任务。

## 三、我国道路的发展规划

改革开放后，我国先后印发了《国家干线公路网（试行方案）》和《国道主干线系统规划》。为了改善国道主干线联网不够、覆盖面不足、标准不统一等问题，党的十八大后，2013 年，《国家公路网规划(2013—2030 年)》印发实施，首次提出国家公路网由提供高效服务的国家高速公路网和提供普遍服务的普通国道网两个层次路网组成。在该规划指导下，国家公路实现快速发展，总体适应经济社会发展需要，有力支撑了国家重大战略实施，为决胜全面建成小康社会提供了坚实保障。

自党的十九大提出建设交通强国战略目标以来，党中央、国务院于 2019 年 9 月印发了《交通强国建设纲要》，于 2021 年 2 月印发《国家综合立体交通网规划纲要》，这两个纲要共同构成了加快建设交通强国的纲领性文件。结合《中华人民共和国国民经济和社会发展第十四个五年规划和 2035 年远景目标纲要》的部署要求，对 2013 版国家公路网规划进行修编调整后，《国家公路网规划(2022—2035 年)》于 2022 年 7 月经国务院批准同意，由国家发展改革委、交通运输部联合印发。该规划是对两个纲要的细化和落实，也是优化完善国家公路网络，有力支撑现代化经济体系和社会主义现代化强国建设的重要举措。

科学规划一直是引领国家公路网持续健康发展的重要保障。根据行政等级划分，我国公路分为国家公路、省级公路和农村公路。国家公路网规划方案由普通国道和国家高速公路两个路网层次构成，是公路网中最高层次的路网，具有全国性和区域性政治、经济、国防意义，是国家综合立体交通网的基础和主骨架的重要组成部分。

新版《国家公路网规划(2022—2035 年)》(以下简称《规划》)是在我国进入第二个百年奋斗目标新征程上指导国家公路高质量发展的纲领性文件，《规划》明确提出了国家公路网到 2035 年的布局方案，总里程约 46.1 万 km，其中，国家高速公路网规划总里程约 16.2 万 km，由 7 条首都放射线、11 条北南纵线、18 条东西横线，以及 6 条地区环线、12 条都市圈环线、30 条城市绕城环线、31 条并行线、163 条联络线组成，国家高速公路全面连接地级行政中心、城区人口 10 万以上市县和重要陆路边境口岸。普通国道网规划总里程约 29.9 万 km，由 12 条首都放射线、47 条北南纵线、60 条东西横线以及 182 条联络线组成，普通国道全面连接县级及以上行政区、国家重要旅游景区、陆路边境口岸。

**知识链接：**

(1) 7 条由首都出发的放射线。由北按顺时针方向排序为 G1 京哈高速、G2 京沪高速、G3 京台高速、G4 京港澳高速、G5 京昆高速、G6 京藏高速、G7 京新高速。

(2) 11 条由北向南走向的北南纵线。由东向西以 G+2 位奇数升序编排，分别为：G11 鹤大高速、G15 沈海高速、G25 长深高速、G35 济广高速、G45 大广高速、G55 二广高速、G59 呼北高速、G65 包茂高速、G69 银百高速、G75 兰海高速、G85 银昆高速。

(3) 18 条由东向西走向的东西横线，由北向南以 G+2 位偶数升序编排，分别是：G10 绥满高速、G12 珲乌高速、G16 丹锡高速、G18 荣乌高速、G20 青银高速、G22 青兰高速、G30 连霍高速、G36 宁洛高速、G40 沪陕高速、G42 沪蓉高速、G50 沪渝高速、G56 杭瑞高速、G60 沪昆高速、G70 福银高速、G72 泉南高速、G76 厦蓉高速、G78 汕昆高速、G80 广昆高速。

# 任务二 道路的分级、选用

## 能力要求

1. 明确道路的分级。
2. 掌握公路分级及其依据。
3. 熟知《公路工程技术标准》(JTG B01—2014)的主要技术指标。

## 任务描述

道路按其服务对象的不同可分为公路、城市道路、林区道路、厂矿道路及乡村道路等，要保证车辆在对应公路等级上行驶的安全性、经济性、舒适性。《公路工程技术标准》(JTG B01—2014)规定了路基宽度、行车道宽度、路肩宽度、平曲线最小半径、缓和长度、竖曲线最小半径等指标。本任务结合公路设计文件中的说明书，引导学生掌握公路的划分及划分依据，并熟知各级公路的主要技术指标组成。

## 任务实施

通过自主学习及查阅相关资料，完成下列引导问题：

1.《公路工程技术标准》(JTG B01—2014)将公路分为__________、__________、__________、__________和__________5个等级。

2. 高速公路和具有干线功能的一级公路的设计交通量应按__________预测；二级公路、三级公路的设计交通量应按__________预测；四级公路可根据实际情况确定。

3. 高速公路和一级公路容许的交通组成是(　　)。

A. 专供汽车行驶　　B. 专供小客车行驶　　C. 混合交通行驶

4. 现行《公路工程技术标准》对公路是如何分级的？确定公路等级应考虑哪些主要因素？

5. 城市道路分类的依据是什么？城市道路是如何分类和分级的？

## 相关知识

### 一、公路功能的划分

1. 公路功能类别

我国《公路工程技术标准》（JTG B01—2014）中将公路按功能划分为干线公路、集散公路和支线公路三类。干线公路又分为主要干线公路和次要干线公路，集散公路分为主要集散公路和次要集散公路。

（1）主要干线公路：连接 20 万人口以上的大中城市、交通枢纽、重要对外口岸和军事战略要地；提供省际间及大中城市间长距离、大容量、高速度的交通服务。

（2）次要干线公路：连接 10 万人口以上的城市和区域性经济中心；提供区域内或省域内中长距离、较高容量和较高速度的交通服务。

（3）主要集散公路：连接 5 万人口以上的县（市）、主要工农业生产基地、重要经济开发区、旅游名胜区和商品集散地；提供中等距离、中等容量及中等速度的交通服务；与干线公路衔接，使所有的县（市）都在干线公路的合适距离之内。

（4）次要集散公路：连接 1 万人口以上的县（市）、大的乡镇和其他交通发生地；提供较短距离、较小容量、较低速度的交通服务。衔接干线公路、主要集散公路与支线公路，疏散干线公路交通、汇集支线公路交通。

（5）支线公路：以服务功能为主，直接与用路者的出行源点相衔接；衔接集散公路，为地区出行提供接入与通达服务。

2. 公路功能类别的确定步骤

（1）依照行政属性、用地性质、交通需求等实施区域划分，并将区域抽象为节点。

（2）确定节点重要度。节点重要度是定量描述区域内各节点间相对重要程度的指标，主要以总人口、工业总产值、人均收入等指标作为定量分析各节点重要度的指标。节点的层次结构见表 1-1。当一条公路的主要控制点为 A 层节点时，该公路为主要干线公路；当主要控制点为 B 层节点时，该公路应为次要干线公路；当主要控制点为 C 层节点时，该公路应为主要集散公路；当主要控制节点为 D 层节点时，该公路为次要集散公路；当主要控制点为 E 层节点时，该公路为支线公路。

表 1-1　节点的层次结构

| 节点层次 | 中心节点 | 主要节点 |
|---|---|---|
| A | 北京 | 各省会、自治区首府、直辖市、特区 |
| B | 省会或自治区首府 | 各地市政府所在地 |
| C | 地市政府所在地 | 各县（市）政府所在地 |
| D | 县市政府所在地 | 各乡、镇政府所在地 |
| E | 乡镇府所在地 | 各行政村 |

（3）当同一区域内存在主要控制点相近的两条或两条以上公路时，应通过路网服务指数确定其功能类别。路网服务指数为公路车公里比率与公路里程比率之比。路网服务指数越大，则公路功能类别越高。

（4）公路功能分类指标包括区域层次、路网连续性、交通流特性和公路自身特性等定性和定量指标。不同地区经济发展水平与地形、地貌差异直接影响到分类指标的选取。各地区可根据规划区的实际情况自行确定。推荐的公路功能分类量化指标规定列入表 1-2。

**表 1-2　公路功能分类量化指标**

| 分类指标 | 指标要求 | | | | |
|---|---|---|---|---|---|
| | 主要干线公路 | 次要干线公路 | 主要集散公路 | 次要集散公路 | 支线公路 |
| 适应地域与路网连续性 | 人口 20 万以上的大中城市 | 人口 10 万以上的重要市县 | 人口 5 万以上的县城或连接干线公路 | 连接干线公路与支线公路 | 直接对应于交通发生源 |
| 路网服务指数 | ≥5 | 10～15 | 5～10 | 1～5 | <1 |
| 期望速度 | 80 km/h 以上 | 60 km/h 以上 | 40 km/h 以上 | 40 km/h 以上 | 不要求 |
| 出入控制 | 全部控制出入 | 部分控制出入或接入管理 | 接入管理 | 视需要控制横向干扰 | 不控制 |

考虑到不同地区经济发展水平与地形、地貌差异影响，各地公路交通发展不均衡，为了体现差异性，同一功能类别的公路不宜只对应一个技术等级。选用技术等级时，应首先根据公路网规划、地区特点、公路的交通特性等因素确定公路功能，然后根据功能结合交通量论证选用公路等级。

## 二、道路分级

### （一）公路分级与技术标准

1. 公路分级

公路分级和技术标准

公路分级的目的在于体现国家对各级公路的不同要求，使其具有不同的运输能力，经济合理地确定公路设计的技术标准，合理利用建设资金。

公路按交通运输部颁布的《公路工程技术标准》（JTG B01—2014）、《公路路线设计规范》（JTG D20—2017）等相关规范，根据公路使用任务、功能和适应的远景交通量分为以下 5 个等级。

（1）高速公路：专供汽车分向、分车道行驶并全部控制出入的多车道公路。高速公路的年平均日设计交通量宜在 15 000 辆小客车以上。

（2）一级公路：供汽车分向、分车道行驶，可根据需要控制出入的多车道公路。一级公路的年平均日设计交通量宜在 15 000 辆小客车以上。

（3）二级公路：供汽车行驶的双车道公路。二级公路的年平均日设计交通量宜为 5 000～15 000 辆小客车。

（4）三级公路：供汽车、非汽车交通混合行驶的双车道公路。三级公路的年平均日设计交通量宜为 2 000～6 000 辆小客车。

（5）四级公路：供汽车、非汽车交通混合行驶的双车道或单车道公路。双车道四级公路的年平均日设计交通量宜在 2 000 辆小客车以下；单车道四级公路的年平均日设计交通量宜在 400 辆小客车以下。

全部控制出入的高速公路必须具有四条或四条以上的车道，必须设置中间带、禁入栅栏和立体交叉。

2. 公路技术标准

公路技术标准是指在一定自然环境条件下能保持车辆正常行驶性能所采用的技术指标体系，它反映了我国公路建设的技术方针，是法定的技术要求。各级公路的具体标准是由各项技术指标体现的，见表 1-3。

**表 1-3　各级公路的主要技术指标汇总表**

| 公路等级 | | | 高速公路 | | | 一级公路 | | | 二级公路 | | 三级公路 | | 四级公路 | |
|---|---|---|---|---|---|---|---|---|---|---|---|---|---|---|
| 设计速度(km/h) | | | 120 | 100 | 80 | 100 | 80 | 60 | 80 | 60 | 40 | 30 | 30 | 20 |
| 车道数(条) | | | ≥4 | | | ≥4 | | | 2 | | 2 | | 2(1) | |
| 车道宽度(m) | | | 3.75 | | | 3.75 | | 3.5 | 3.75 | 3.5 | 3.5 | 3.25 | 3.25 | 3.0 |
| 圆曲线最小半径(m) | 最大超高 | 10% | 570 | 360 | 220 | 360 | 220 | 115 | 220 | 115 | — | — | — | — |
| | | 8% | 650 | 400 | 250 | 400 | 250 | 125 | 250 | 125 | 60 | 30 | 30 | 15 |
| | | 6% | 710 | 440 | 270 | 440 | 270 | 135 | 270 | 135 | 60 | 35 | 35 | 15 |
| | | 4% | 810 | 500 | 300 | 500 | 300 | 150 | 300 | 150 | 65 | 40 | 40 | 20 |
| | 不设超高 | 路拱≤2% | 5 500 | 4 000 | 2 500 | 4 000 | 2 500 | 1 500 | 2 500 | 1 500 | 600 | 350 | 350 | 150 |
| | | 路拱>2% | 7 500 | 5 250 | 3 350 | 5 250 | 3 350 | 1 900 | 3 350 | 1 900 | 800 | 450 | 450 | 200 |
| 停车视距(m) | | | 210 | 160 | 110 | 160 | 110 | 75 | 110 | 75 | 40 | 30 | 30 | 20 |
| 最大纵坡 | | | 3% | 4% | 5% | 4% | 5% | 6% | 5% | 6% | 7% | 8% | 8% | 9% |
| 竖曲线最小半径(m) | 凸形 | 一般值 | 17 000 | 10 000 | 4 500 | 10 000 | 4 500 | 2 000 | 4 500 | 2 000 | 2 000 | 700 | 400 | 200 |
| | | 极限值 | 11 000 | 6 500 | 3 000 | 6 500 | 3 000 | 1 400 | 3 000 | 1 400 | 1 400 | 450 | 250 | 100 |
| | 凹形 | 一般值 | 6 000 | 4 500 | 3 000 | 4 500 | 3 000 | 1 500 | 3 000 | 1 500 | 1 500 | 700 | 400 | 200 |
| | | 极限值 | 4 000 | 3 000 | 2 000 | 3 000 | 2 000 | 1 000 | 2 000 | 1 000 | 1 000 | 450 | 250 | 100 |
| 竖曲线最小长度(m) | | | 100 | 85 | 70 | 85 | 70 | 50 | 70 | 50 | 35 | 25 | 25 | 20 |
| 汽车荷载等级 | | | 公路级 | | | | | | 公路级 | | | | | |
| 服务水平 | | | 三级 | | | | | | 四级 | | | — | | |

注：1. 四级公路应采用双车道，交通量小或困难路段可采用单车道。
2. "—"为不考虑最大超高的情况。

公路技术标准大体可归纳为三类：线形标准、载重标准、净空标准。对路线来讲关键是线形标准。各级公路的技术指标是根据路线在公路网中的功能、设计交通量和交通组成、设计速度等因素确定的。其中设计速度是技术标准中最重要的指标，它对公路的几何形状、工程费用和运输效率影响最大，在考虑路线的使用功能、设计交通量与技术等级，结合地形、经济、预期的运行速度和沿线土地利用性质等因素的基础上，根据国家的技术政策选定设计速度。路线在公路路网中具有重要经济、国防意义，交通量较大者，技术政策规定应采用较高的设计速度，反之应采用较低的设计速度。对于某些公路，尽管交通量不是很大，但其具有重要的政治、经济、国防意义，比如通向机场、经济开发区、重点游览区或有军事用途的公路，可以采用较高的设计速度。

3. 公路等级的选用

公路等级应在论证确定公路功能的基础上，结合项目所在地区的综合运输体系远期发展规划及设计交通量论证确定，并遵循以下原则：

主要干线公路是公路网中的主通道，功能层次最高，应选用高速公路。

次要干线公路作为主要干线公路的补充，应选用二级及二级以上公路。当设计交通量达到 15 000 辆小客车/日时，宜选用一级及高速公路；设计交通量达到 10 000 辆小客车/日，且沿线纵横向干扰较大时，宜选用一级公路；设计交通量低于 10 000 辆/日时，宜选用二级公路。

主要集散公路的功能是连接干线公路与支线公路，宜选用一、二级公路。当设计交通量达 15 000 辆小客车/日时，可选用一级公路；设计交通量达到 5 000～15 000 辆小客车/日时，可选用二级公路；设计交通量达到 10 000 辆小客车/日，且沿线横向干扰较大时，宜选用一级公路；设计交通量低于 5 000 辆小客车/日时，宜选用二级公路。

次要集散公路服务县乡区域交通，宜选用二、三级公路；当设计交通量达到 5 000 辆小客车/日时，宜选用二级公路；当设计交通量低于 5 000 辆小客车/日时，宜选用三级公路。

支线公路宜选用三、四级公路。但当设计交通量达到 5 000 辆小客车/日时，宜选用二级公路。

当既有公路不能满足功能需要时，应结合公路网发展规划，有计划地进行改建。对纵横向干扰少的干线公路，宜选用一级公路或高速公路，进行论证若选用一级公路，则必须采取确保较高运行速度和安全的措施。对大、中城市城乡接合部及混合交通量大的集散公路可选用一级公路，其里程不宜过长，设计速度不宜太高，且应设置相应设施以保证通行能力和安全。当二级公路作为干线公路时，应采取相应安全措施。当二级公路作为城乡接合部及混合交通量较大的集散公路时，应视混合交通量大小设置慢车道，且设置相应设施以确保通行能力和安全。

一条公路的不同段落可根据其功能和设计交通量等情况采用不同的车道数、设计车速和公路等级，但应结合地形条件选择合适的变更地点。在相互衔接处，前后一定长度范围内主要技术指标应逐渐过渡，避免产生突变，设计速度高的一端应采用较低的平、纵技术指标，反之则应采用较高的平、纵技术指标，以使平纵线形技术指标较为均衡。变更地点原则上选在交通量发生较大变化或驾驶员能够明显判断前方需要改变行车速度处；高速公路、一级公路宜设在互通式立体交叉或平面交叉处；二、三、四级公路宜设在交叉路口、桥梁、隧道、村镇附近或地形明显变化处。同时，不同设计速度的路线的最短长度应符合要求，高速公路设计路段不宜小于 15 km，一、二级公路设计路段不宜小于 10 km。

《公路工程技术标准》规定：高速公路和一级公路的交通量应按 20 年预测；二、三级公路设计交通量应按 15 年预测，四级公路设计交通量按实际情况确定。但设计交通量的预测起算年应为该项目可行性研究报告中的通车计划年。

### （二）城市道路分级与技术指标

1. 城市道路分级

按照道路在城市道路网中的地位、交通功能以及对沿线的服务功能等，将城市道路分为快速路、主干路、次干路和支路 4 个等级。

（1）快速路：应中央分隔、全部控制出入、控制出入口间距及形式，应实现交通连续通行，单向设置不应少于两条车道，并应设有配套的交通安全与管理设施。快速路两侧不应设置吸引大量车流、人流的公共建筑物的出入口。

（2）主干路：连接城市各主要分区，应以交通功能为主。主干路两侧不宜设置吸引大量车流、人流的公共建筑物的出入口。

（3）次干路：应与主干路结合组成干路网，以集散交通的功能为主，兼有服务功能。

（4）支路：宜与次干路和居住区、工业区、交通设施等内部道路相连接，以解决局部地区交通问题，以服务功能为主。

2. 城市道路主要技术指标

城市道路主要技术指标见表 1-4。

**表 1-4　各类各级城市道路主要技术指标**

| 项目<br>类别 | 设计速度<br>（km/h） | 机动车道<br>宽度（m） | 分隔带<br>设置 | 横断面<br>采用型式 |
|---|---|---|---|---|
| 快速路 | 100,80,60 | 3.75（大型车或混行） | 必须设 | 四幅 |
| | | 3.5（小客车专用，设计车速为 60 km/h 时取 3.25） | | 双幅 |
| 主干路 | 60,50,40 | 3.5（大型车或混行） | — | 四幅或三幅 |
| | | 3.25（小客车专用） | | |
| 次干路 | 50,40,30 | 3.5（大型车或混行） | — | 单幅或双幅 |
| | | 3.25（小客车专用） | | |
| 支路 | 40,30,20 | 3.5（大型车或混行） | — | 单幅 |
| | | 3.25（小客车专用） | | |

在规划阶段确定道路等级后，当遇特殊情况需变更级别时，应进行技术经济论证，并报规划审批部门批准。当道路作为货运、防洪、消防、旅游等专用道路使用时，除应满足相应道路等级的技术要求外，还应满足专用道路和通行车辆的特殊要求。

城市道路交通量达到饱和状态时的设计年限，《城市道路工程设计规范》（CJJ 37—2012）（以下简称《城规》）规定：快速路为 20 年；次干路为 15 年；支路为 10～15 年。

# 任务三 公路的基本组成及功能分析

## 能力要求

1. 掌握公路的概念。
2. 明确公路线形设计的任务。
3. 掌握公路的基本组成部分及其功能。

## 任务描述

公路是在原地面上通过填挖所形成的带状物，由线形和结构两部分组成。为了保证公路在使用上能够满足汽车行驶安全、迅速、经济舒适及美观的要求，公路在线形及结构上都必须合理。本任务根据图片引导学生掌握公路的基本组成，并知道公路在线形和结构上的各详细组成部分及其功能。

## 任务实施

通过自主学习及查阅相关资料，回答下列引导问题：

简述公路的结构组成。

## 相关知识

公路是设置在大地上供各种车辆行驶的一种线形带状结构物，主要承受车轮荷载的反复作用并经受各种自然因素的长期影响和破坏。因此，公路不仅要有平顺的平面线形、合适的纵坡，还要有坚实稳定的路基，平整、防滑、耐磨的路面，牢固耐用的桥涵和其他人工构造物以及不可缺少的附属工程设施，以满足交通的需要。因此，公路由线形和结构两个部分组成。

### 一、线形设计

公路线形是公路的骨架，它决定着整个公路的规划、设计、施工及以后的养护和营运，直接影响公路构造物设计、排水设计、土石方数量、路面工程等，对汽车行驶的安全、舒适、经济以及公路的通行能力等起着重要的影响作用，而且在公路建成以后，对公路沿线的经济发展、居民生活、土地利用以及自然景观、环境协调等都将产生很大的影响。因此，在公路设计中，通常将线形设计的质量作为一条公路总体效果评价的主要指标。如图 1-1 所示，公路路线视线连续，线形平顺，总体效果较好。

图 1-1　公路路线线形

1. 公路线形设计的任务

公路线形设计的主要任务是满足汽车行驶安全、迅速、舒适、经济等方面的要求。因此，公路线形设计，主要是确定公路在天然地面上的走向、位置、高度、宽度，即公路选线、平面设计、纵断面设计、横断面设计。公路由于受自然条件或地面上地物的限制，在平面上不可能是一条直线，在纵断面上不可能是一条水平线，公路在平面上有转折，在纵断面上有起伏。在平面转折点处或纵断面起伏处，为了满足行车的顺畅、安全等要求，必须设置曲线，因此公路平面由直线、缓和曲线、圆曲线组成，纵断面设计线由直坡段和竖曲线组成。将公路平面、纵断面结合起来，可以准确地定出公路的空间位置，空间位置确定后，沿着横断面方向按路基宽度展开，并配套相应的附属设施。

2. 公路对线形设计的基本要求

公路线形设计要结合沿线地形、地物等条件，合理运用各种线形要素进行线形组合，使线形与沿线地形、地物相适应，从而设计出技术合理、行车安全舒适、经济节约的线形。此外，线形设计还应注意使线形与周围环境相协调，使公路建设不破坏环境的自然景观，减少对环境的干扰，尽量利用环境，改造环境，使之协调、融为一体，如图 1-2 所示。

图 1-2　公路路线与环境协调

## 二、结构组成

公路的结构组成主要包括路基、路面、桥涵、隧道及交通服务设施等。

1. 路基

(1) 路基的定义

路基是按照路线位置和一定的技术要求修筑的带状构造物，主要用土石修筑而成，承受由路面传递下来的行车荷载，是支承路面的基础。

(2) 路基横断面组成

路基横断面由行车道、中间带、边坡、截水沟、护坡道、碎落台以及专门设计的取土坑、弃土堆、环境保护设施等组成。各部分的位置、名称如图 1-3 所示。

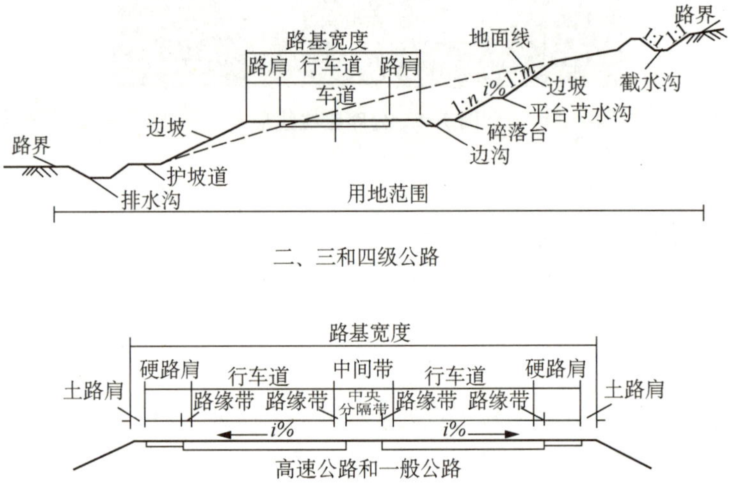


图 1-3 路基横断面组成

(3) 路基横断面形式

路基横断面通常有路堤、路堑、半填半挖和零填挖四种基本形式，如图 1-4 所示。

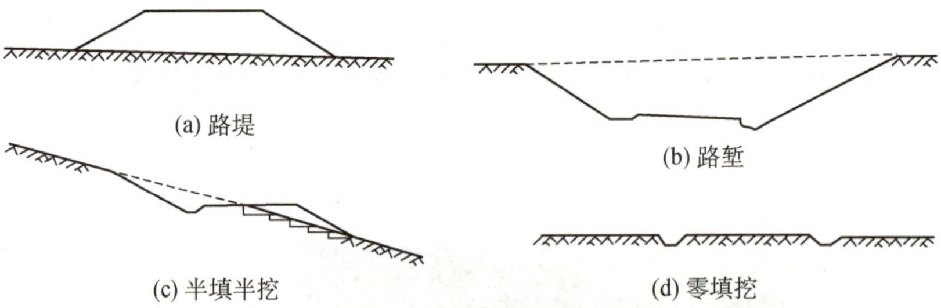


图 1-4 路基横断面形式

(4) 路基排水

水是造成路基破坏的主要自然因素之一。为了排除地面水和地下水，保证路基使用寿命与强度，需设置公路排水系统。公路排水系统由各种拦截、汇集、输送及排放等排水设施组成。除桥梁、涵洞外，排水系统主要有路基边沟、截水沟、排水沟、暗沟、渗沟、渗井、排水隔离层、暗管、跌水、急流槽、渡槽等路基排水构造物，部分排水构造物如图 1-5 所示。

(a) 路基边沟

(b) 排水沟

(c) 跌水

(d) 急流槽

**图 1-5　公路排水系统**

(5) 路基防护

路基防护是指为保证横坡较陡的山坡上或沿河一侧路基边坡受水流冲刷威胁的路基的稳定，加固路基边坡所修建的构造物。

路基防护工程是为了加固路基边坡，确保路基稳定，如图 1-6 所示。按其作用的不同，可分为坡面防护、冲刷防护和支挡构造物三大类。路基边坡坡面防护一般有植物护坡、坡面护坡与护面墙等。而冲刷防护除上述防护外，为调节水流流速及流向，使防护路基免受水流冲刷，在沿河路基还可设置顺坝、丁坝、格坝等导流结构物。支挡构造物一般是指填（砌）石边坡、挡土墙、护脚等。

2. 路面

公路路面是用各种材料或混合料，分单层或多层铺筑在路基顶面供车辆行驶的层状结构物，如图 1-7 和图 1-8 所示。路面必须保证具有足够的强度、刚度、稳定性、平整度和抗滑性，以满足车辆在其表面能安全迅速、舒适地行驶。

(a) 植物护坡

(b) 护面墙

(c) 挡土墙（路堤墙）

(d) 挡土墙（路堑墙）

**图 1-6　路基防护工程与挡土墙**

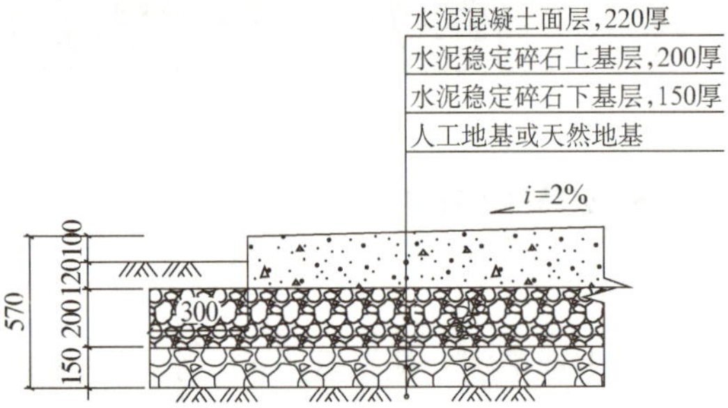


(a) 水泥混凝土路面结构层

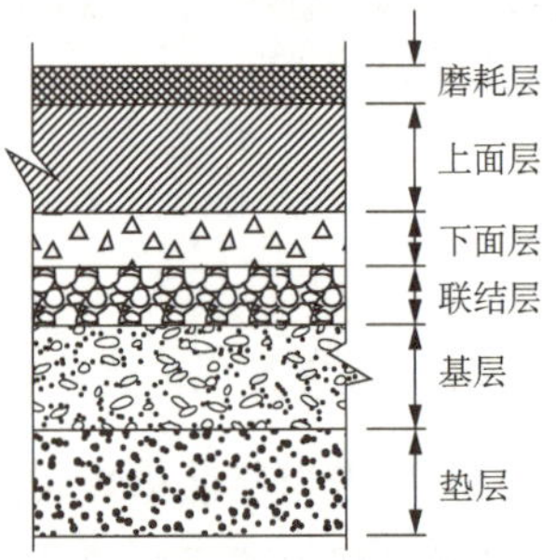


(b) 沥青路面结构层

**图 1-7　路面结构层示意图**

(a) 水泥混凝土路面

(b) 沥青路面

**图 1-8　公路路面**

3. 桥涵

道路在跨越河流、沟谷或其他障碍物时使用的构造物称为桥涵。单孔跨径 $L_0 \geqslant$ 5 m、多孔跨径总长 $L \geqslant 8$ m 时为桥梁，如图 1-9(a)、图 1-10 所示；反之，则称为涵洞，如图 1-9(b)、图 1-11 所示。

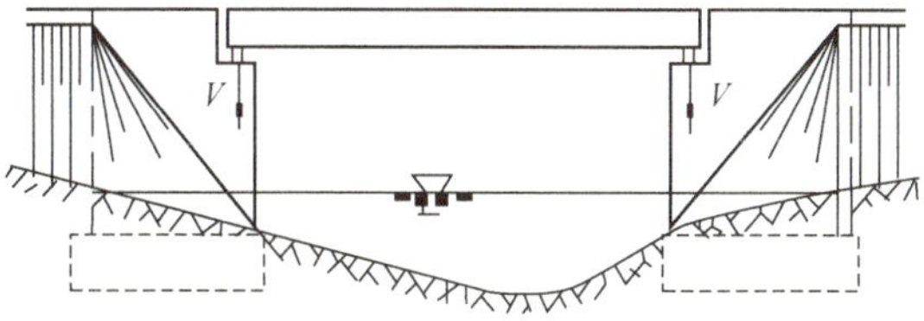


(a) 桥梁

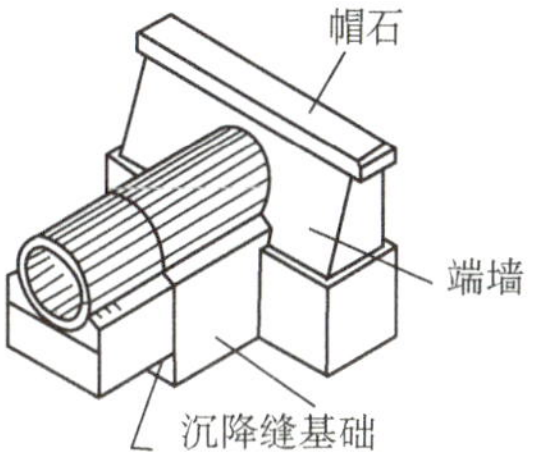


(b) 涵洞

**图 1-9　桥涵结构图**

(a) 跨河桥

(b) 立交桥

**图 1-10　公路桥梁**

(a) 明涵

(b) 暗涵

**图 1-11　公路涵洞**

4. 隧道

隧道是公路根据设计需要为穿越山岭、地下或水底而建造的构造物，如图 1-12 所示。

(a) 隧道

(b) 隧道内部

**图 1-12　公路隧道**

5．交通服务设施

交通服务设施一般是指公路沿线设置的交通安全、养护管理、环境保护等设施，以保证行车的安全、迅速、舒适以及环境美观。交通服务设施一般有交通标志、交通标线、护栏、护墙、护柱、中央分隔带、隔音墙、隔离墙、照明设备、停车场、加油站、汽车修理站、养护管理房屋和绿化美化设施等，如图 1-13 所示。

(a) 柱式护栏

(b) 梁式护栏

(c) 线形诱导标

(d) 防眩设施

(e) 避险车道

(f) 道路反光镜

**图 1-13　公路服务设施**

# 任务四
# 地形图及其读识

## 能力要求

1. 能够读识地形图中的相关地形信息。
2. 能够根据地形图确定图上点的坐标和高程。
3. 能够根据地形图确定图上两点间的平距、直线的方位角和坡度。

## 任务描述

通过实际地形图及相关图片展示，引导学生学习地形图的基本知识及地物、地貌的表示形式。结合公路设计文件，介绍地形图中包含的地形信息，为学生学习公路线性设计提供基本的地形基础知识，提高学生在线性设计时考虑地形影响因素的能力。

## 任务实施

通过自主学习及查阅相关资料，完成下列引导问题：

1. 地形图符号包括____________和____________两种。
2. 地物的表示形式有____________、____________和____________三种。
3. 什么是比例尺精度？

## 相关知识

### 一、地形图

将地面上的地物和地貌按水平投影的方法（沿铅垂线方向投影到水平面上），并按一定的比例尺缩绘到图纸上，这种图称为地形图。

1. 地形图比例尺

图上长度与实地长度之比，称为地形图的比例尺。例如，实地测出的水平距离为 500 m，画到图上的长度为 1 m，那么这张图的比例尺为 1∶500，也称 1/500 的图。比例尺有数字比例尺和图示比例尺两种。

（1）数字比例尺

数字比例尺一般用分子为 1 的分数形式表示。设图上某一直线的长度为 $d$，地面上相应线的水平长度为 $D$，则图的比例尺为

$$\frac{d}{D}=\frac{1}{D/d}=\frac{1}{M} \tag{1-1}$$

$\frac{1}{M}$也可写成1∶$M$,其中$M$为比例尺分母。分数值越大（分母$M$越小），比例尺越大。为了满足经济建设和国防建设的需要，相关部门测绘和编制了各种不同比例尺的地形图。通常称1∶1 000 000，1∶500 000，1∶200 000为小比例尺地形图；1∶100 000，1∶50 000和1∶25 000为中比例尺地形图；1∶10 000，1∶5 000，1∶2 000，1∶1 000和1∶500为大比例尺地形图。建筑类各专业通常使用大比例尺地形图。按照地形图图式规定，比例尺书写在图幅下方正中处。

（2）图示比例尺

为了用图方便，以及减小由于图纸伸缩而引起的误差，在绘制地形图时，常在图上绘制图示比例尺。如图1-14所示，图示比例尺由两条平行线构成，并把它们分成若干个2 cm长的基本单位，最左端的一个基本单位分成10等份，所注记的数字表示以米为单位的实地水平距离值。图1-14(a）所示为1∶5 000的图示比例尺，基本单位2 cm代表实地水平距离100 m，基本单位的1/10即2 mm代表实地水平距离10 m；图1-14（b）所示为1∶2 500的图示比例尺，基本单位2 cm代表实地水平距离50 m，基本单位的1/10即2 mm代表实地水平距离5 m。图示比例尺直观、方便，且用它量取图上的直线长度，可以消除图纸伸缩的影响。

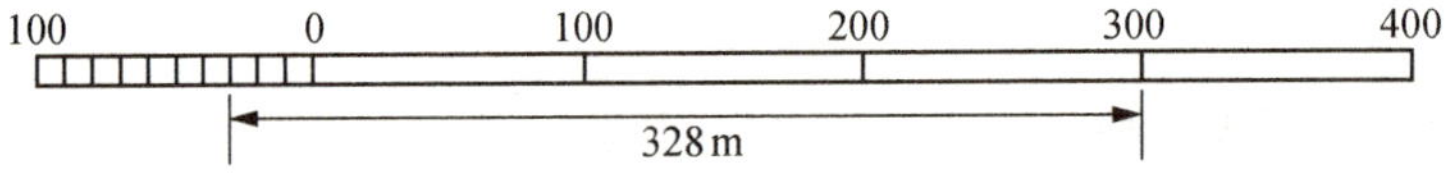


(a)

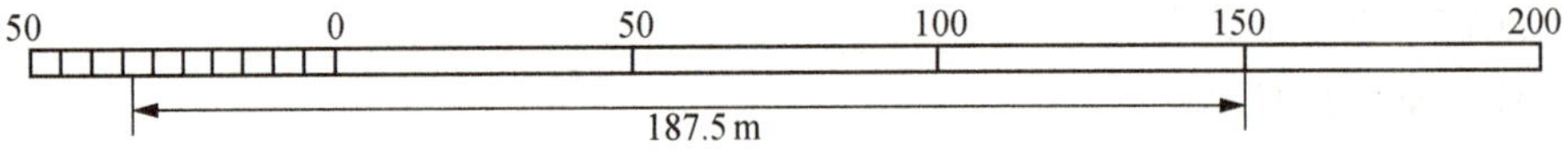


(b)

图1-14　图示比例尺

2. 比例尺精度

人们用肉眼能分辨图上的最小距离，通常为0.1 mm，因此一般在图上量度或者测图描绘时，就只能达到图上0.1 mm的精确度。所以，地形图上0.1 mm所代表的实地水平距离称为比例尺精度，一般用ε表示，即

$$\varepsilon=0.1\ \text{mm}\times M \tag{1-2}$$

显然，比例尺大小不同，比例尺精度数值也不同，见表1-5。

表1-5　比例尺精度

| 比例尺 | 1:500 | 1:1 000 | 1:2 000 | 1:5 000 | 1:10 000 |
|---|---|---|---|---|---|
| 比例尺精度(m) | 0.05 | 0.1 | 0.2 | 0.5 | 1.0 |

比例尺精度的概念，对测绘和用图有重要意义。图的比例尺越大，图上的地物、地貌越详细，精度也越高，但测绘工作量将成倍增加，所以应根据规划、设计、施工的实际需要选择测绘图的比例尺。

## 二、地形图图式

地形图的图式是根据国民经济建设各部门的共性要求制定的，是测制、出版地形图的基本依据之一，是识别和使用地形图的重要工具，也是地形图上表示各种地物、地貌要素的符号。地形图符号包括地物符号、地貌符号。

### 1. 地物及地物符号

地物符号分为依比例符号、不依比例符号和半依比例符号三种。

(1) 依比例符号

可按测图比例尺缩小，用规定符号绘出的地物符号称为依比例符号。如湖泊、房屋、街道、花圃等，这些地物在表 1-6 中的符号编号分别为 4.2.16，4.3.1，4.4.14，4.8.21。

(2) 不依比例符号

有些地物的轮廓较小，无法将其形状和大小按照地形图的比例尺绘到图上，则不考虑其实际大小，而是采用规定的符号表示，这种符号称为不依比例符号。它们仅表示地物的位置和意义。如导线点、水准点、卫星定位等级点、管线等，这些地物在表 1-6 中的符号编号分别为 4.1.3，4.1.6，4.1.8，4.5。

(3) 半依比例符号

对于带状延伸地物，其长度可按比例缩绘，而宽度无法按比例表示的地物符号称为半依比例符号。如栅栏、小路等，这些地物在表 1-6 中的符号编号分别为 4.3.106，4.4.20。

### 2. 地貌符号

地形图上表示地貌的主要方法是等高线。在谷地、鞍部、山头及斜坡方向不易判读的地方和凹地的最高、最低一条等高线上绘制与等高线垂直的短线，称为示坡线（编号 4.7.2），用以指示斜坡降落的方向；当梯田坎比较缓和且范围较大时，也可用等高线表示。

1) 等高线

地面上高程相等的各相邻点在地形图上的投影所连成的闭合曲线称为等高线，地貌投影缩绘到图上是用等高线表示的。如图 1-15 所示为一山头，设想当水面高程为 90 m 时与山头相交得一条交线，线上各点高程均为 90 m。若水面向上涨 5 m，又与山头相交得一条高程为 95 m 的交线，同理可得高程为 100 m 的交线。将这些交线垂直投影到水平面得三条闭合的曲线，称为等高线，注上高程，就可在图上显示出山头的形状。

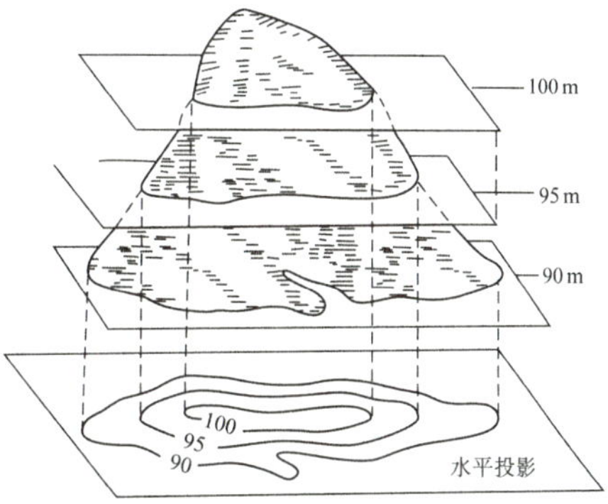

图 1-15　用等高线表示地貌的方法

**表 1-6　地形图图式(1∶500,1∶1 000,1∶2 000)**

| 编号 | 符号名称 | 符号式样 1∶500 | 1∶1 000 | 1∶2 000 |
|---|---|---|---|---|
| 4.1 | 定位基础 | | | |
| 4.1.1 | 三角点<br>a. 土堆上的<br>张湾岭、黄土岗——点名<br>156.718、203.623——高程<br>5.0——比高 | 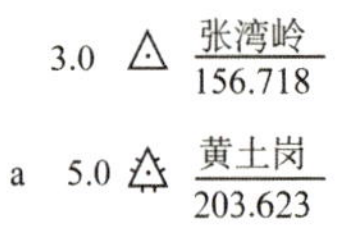 | | |
| 4.1.3 | 导线点<br>a. 土堆上的<br>Ⅰ16、Ⅰ34——等级、点号<br>84.46、94.40——高程<br>2.4——比高 | 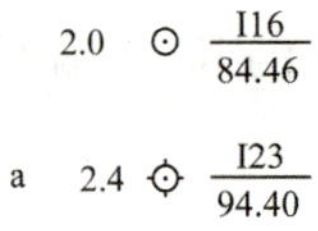 | | |
| 4.1.4 | 埋石图根点<br>a. 土堆上的<br>12、16——点号<br>275.46、175.64——高程<br>2.5——比高 | 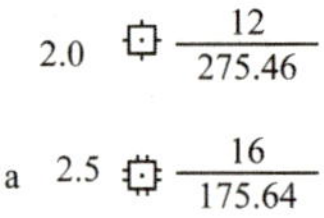 | | |
| 4.1.5 | 不埋石图根点<br>19——点号<br>84.47——高程 | 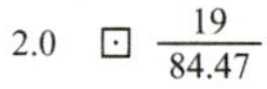 | | |
| 4.1.6 | 水准点<br>Ⅱ——等级<br>京石 5——点名点号<br>32.805——高程 | 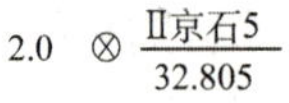 | | |
| 4.1.8 | 卫星定位等级点<br>B——等级<br>14——点号<br>495.263——高程 | 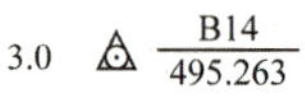 | | |
| 4.2 | 水系 | | | |
| 4.2.1 | 地面河流<br>a. 岸线(常水位岸线、实测岸线)<br>b. 高水位岸线(高水界)<br>清江——河流名称 | 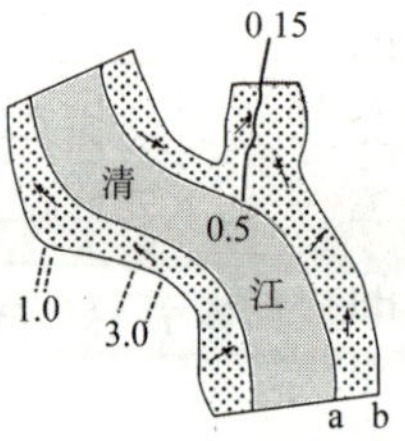 | | |
| 4.2.7 | 沟渠<br>a. 低于地面的<br>b. 高于地面的<br>c. 渠首 | 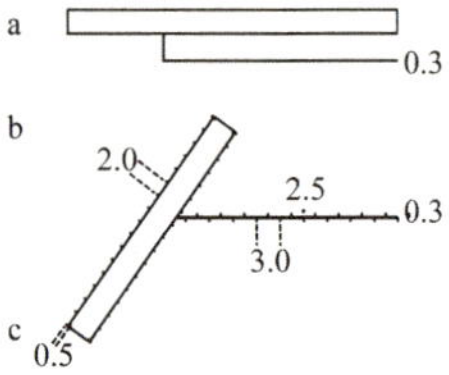 | | |
| 4.2.8 | 沟堑<br>a. 已加固的<br>b. 未加固的<br>2.6——比高 | 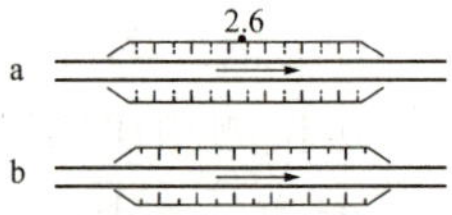 | | |
| 4.2.9 | 地下渠道、暗渠<br>a. 出水口 | 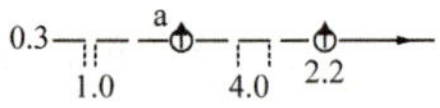 | | |
| 4.2.14 | 涵洞<br>a. 依比例尺的<br>b. 半依比例尺的 | 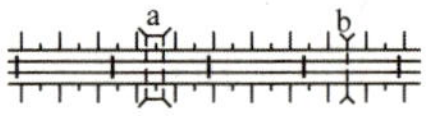 | | |
| 4.2.16 | 湖泊<br>龙湖——湖泊名称<br>(咸)——水质 | 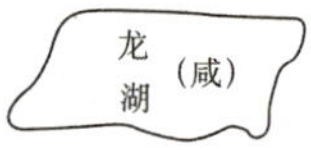 | | |
| 4.2.17 | 池塘 | 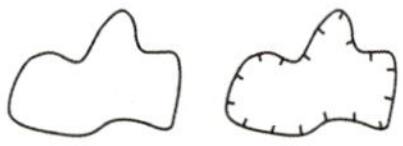 | | |
| 4.2.32 | 水井、机井<br>a. 依比例尺的<br>b. 不依比例尺的<br>51.2——井口高程<br>5.2——井口至水面深度<br>咸——水质 | 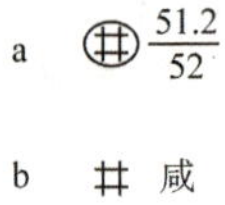 | | |
| 4.2.36 | 沼泽、湿地<br>a. 能通行的<br>b. 不能通行的<br>碱——沼泽性质 | 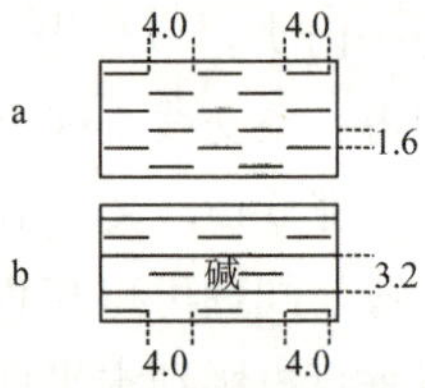 | | |
| 4.2.37 | 河流流向及流速<br>0.3——流速(m/s) | 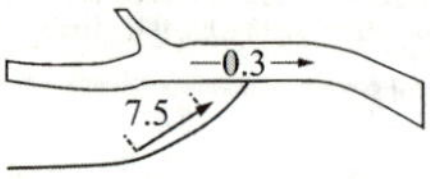 | | |

（续表）

| 编号 | 符号名称 | 符号式样 1∶500 | 符号式样 1∶1 000 | 符号式样 1∶2 000 |
|---|---|---|---|---|
| 4.2.38 | 沟渠流向<br>a. 往复流向<br>b. 单向流向 | 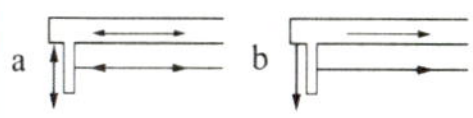 | | |
| 4.2.45 | 拦水坝<br>a. 能通车的<br>72.4——坝顶高程<br>95——坝长<br>砼——建筑材料<br>b. 不能通车的 | 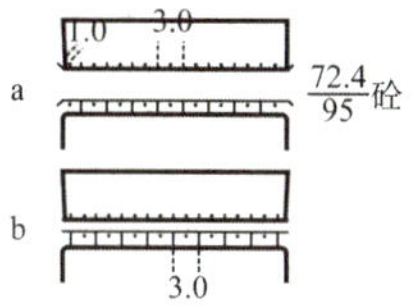 | | |
| 4.2.47 | 陡岸<br>a. 有滩陡岸<br>a1. 土质的<br>a2. 石质的<br>2.2、3.8——比高<br>b. 无滩陡岸<br>b1. 土质的<br>b2. 石质的<br>2.7、3.1——比高 | 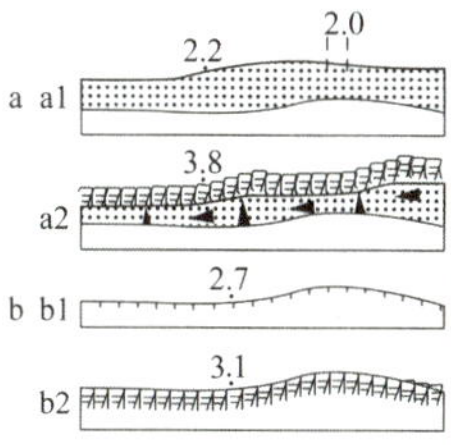 | | |
| 4.3 | 居民地及设施 | | | |
| 4.3.1 | 单幢房屋<br>a. 一般房屋<br>b. 裙楼<br>b1. 楼层分割线<br>c. 有地下室的房屋<br>d. 简易房屋<br>e. 突出房屋<br>f. 艺术建筑<br>混、钢——房屋结构<br>2、3、8、28——房屋层数<br>(65.2)——建筑高度<br>－1——地下房屋层数 | 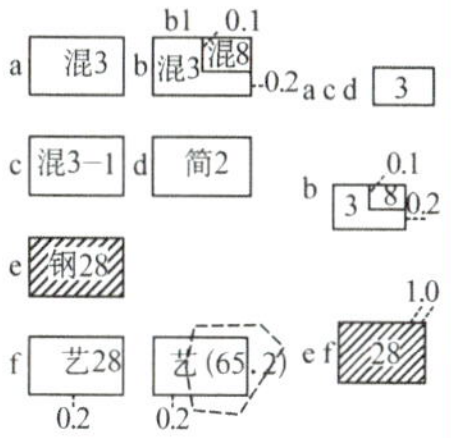 | | |
| 4.3.2 | 建筑中房屋 |  | | |
| 4.3.3 | 棚房<br>a. 四边有墙的<br>b. 一边有墙的<br>c. 无墙的 | 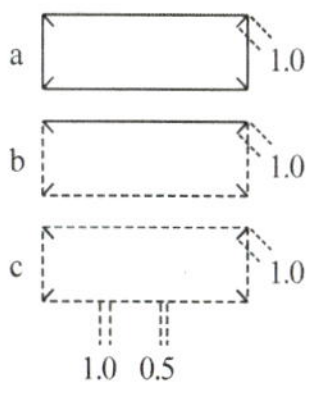 | | |
| 4.3.4 | 破坏房屋 |  | | |
| 4.3.9 | 矿井井口<br>a. 开采的<br>a1. 竖井井口<br>a2. 斜井井口<br>a3. 平洞洞口<br>a4. 小矿井<br>b. 废弃的<br>b1. 竖井井口<br>b2. 斜井井口<br>b3. 平洞洞口<br>b4. 小矿井<br>硫、铜、磷、煤、铁——矿物品种 | 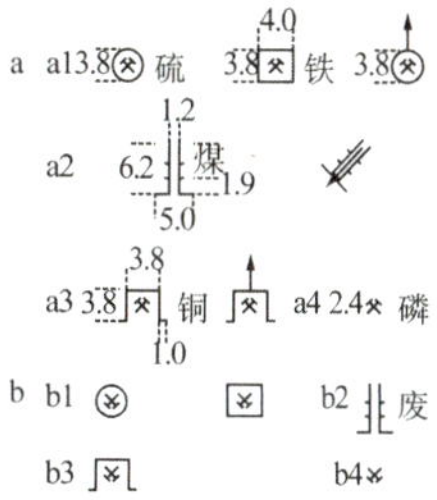 | | |
| 4.3.10 | 露天采掘场、乱掘地<br>石、土——矿物品种 |  | | |
| 4.3.15 | 探井（试坑）<br>a. 依比例尺的<br>b. 不依比例尺的 |  | | |
| 4.3.16 | 探槽 |  | | |
| 4.3.17 | 钻孔<br>涌——钻孔说明 |  | | |
| 4.3.21 | 水塔<br>a. 依比例尺的<br>b. 不依比例尺的 |  | | |
| 4.3.22 | 水塔烟囱<br>a. 依比例尺的<br>b. 不依比例尺的 | 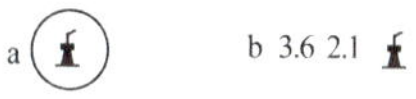 | | |
| 4.3.23 | 烟囱及烟道<br>a. 烟囱<br>b. 烟道<br>c. 架空烟道 | 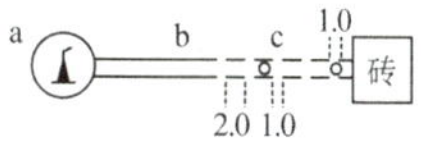 | | |

（续表）

| 编号 | 符号名称 | 符号式样 | | |
|---|---|---|---|---|
| | | 1∶500 | 1∶1 000 | 1∶2 000 |
| 4.3.26 | 窑<br>a. 堆式窑<br>b. 台式窑、屋式窑<br>瓦、陶——产品名称 | 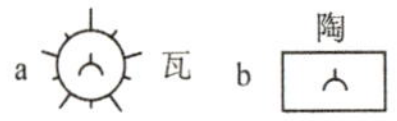 | | |
| 4.3.27 | 露天设备<br>a. 单个的<br>a1. 依比例尺的<br>a2. 不依比例尺的<br>b. 毗连成群的 | 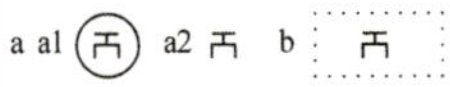 | | |
| 4.3.32 | 施工区 |  | | |
| 4.3.37 | 水产养殖场<br>紫菜——产品名称 |  | | |
| 4.3.38 | 温室、大棚<br>a. 依比例尺的<br>b. 不依比例尺的<br>菜、花——植物种类说明 |  | | |
| 4.3.39 | 粮仓（库）<br>a. 依比例尺的<br>b. 不依比例尺的<br>c. 粮仓群<br>6——个数 | 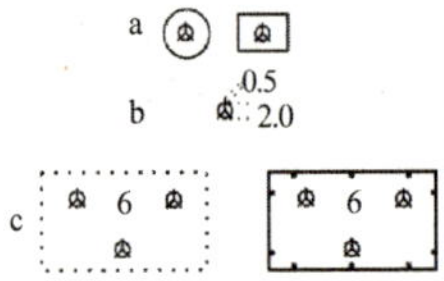 | | |
| 4.3.42 | 打谷场、贮草场、贮煤场、水泥预制场<br>谷——场地说明 |  | | |
| 4.3.50 | 宾馆、饭店 | 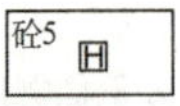 | | |
| 4.3.51 | 商场、超市 | 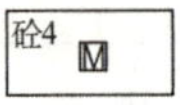 | | |
| 4.3.73 | 坟地、公墓<br>a. 依比例尺的<br>b. 不依比例尺的 | 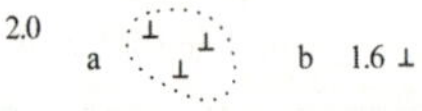 | | |
| 4.3.76 | 古迹、遗址<br>a. 古迹<br>b. 遗址 | 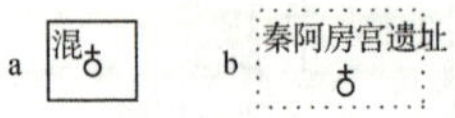 | | |

| 编号 | 符号名称 | 符号式样 | | |
|---|---|---|---|---|
| | | 1∶500 | 1∶1 000 | 1∶2 000 |
| 4.3.94 | 气象台（站）、测风塔 | 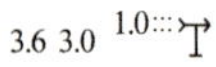 | | |
| 4.3.95 | 水文站、水位站、流量站、验潮站<br>位——测站类别 | 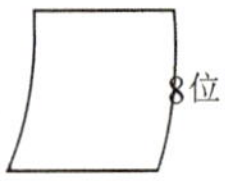 | | |
| 4.3.103 | 围墙<br>a. 依比例尺的<br>b. 不依比例尺的 | 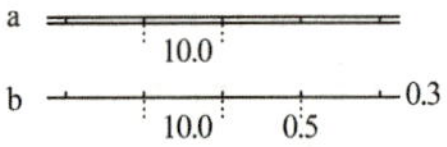 | | |
| 4.3.106 | 栅栏、栏杆 | 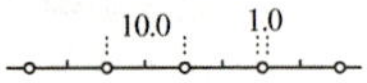 | | |
| 4.3.107 | 篱笆 | 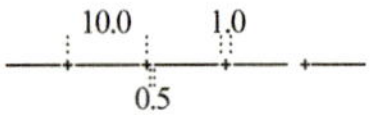 | | |
| 4.3.109 | 铁丝网、电网 | 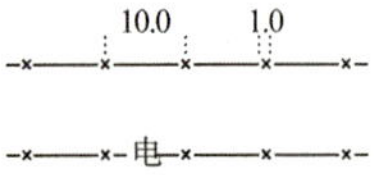 | | |
| 4.3.110 | 地类界 |  | | |
| 4.3.116 | 阳台 | 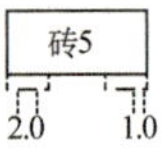 | | |
| 4.3.120 | 门洞、下跨道 |  | | |
| 4.3.121 | 台阶 | 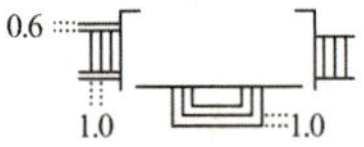 | | |
| 4.3.122 | 室外楼梯<br>a. 上楼方向 |  | | |
| 4.3.123 | 院门<br>a. 围墙门<br>b. 有门房的 | 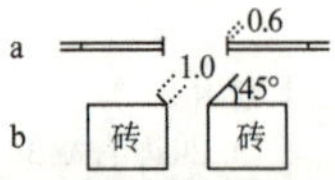 | | |
| 4.3.127 | 门墩<br>a. 依比例尺的<br>b. 不依比例尺的 | 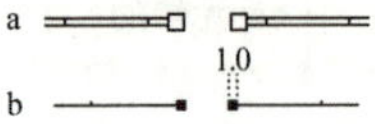 | | |

（续表）

| 编号 | 符号名称 | 符号式样 | | |
|---|---|---|---|---|
| | | 1∶500 | 1∶1 000 | 1∶2 000 |
| 4.3.128 | 支柱、墩、钢架<br>a. 依比例尺<br>b. 不依比例尺 | 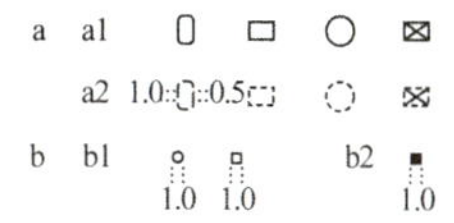 | | |
| 4.3.130 | 照射灯<br>a. 杆式<br>b. 桥式<br>c. 塔式 | 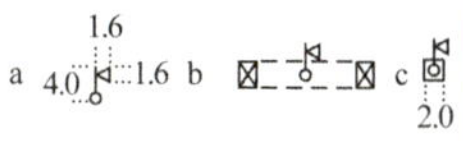 | | |
| 4.3.132 | 宣传橱窗、广告牌、电子屏<br>a. 双柱或多柱的<br>b. 单柱的 | 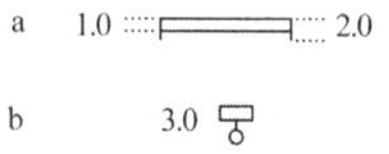 | | |
| 4.3.136 | 避雷针 |  | | |
| 4.4 | 交通 | | | |
| 4.4.12 | 快速路 | 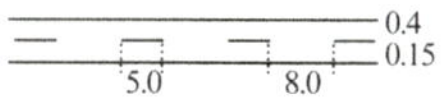 | | |
| 4.4.14 | 街道<br>a. 主干道<br>b. 次干道<br>c. 支线<br>d. 建筑中的 | 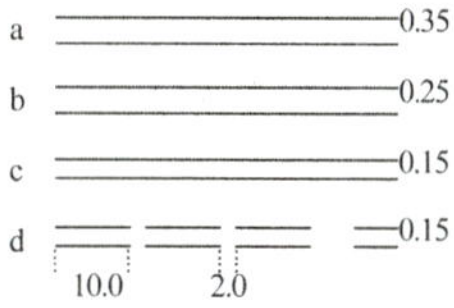 | | |
| 4.4.16 | 内部道路 | 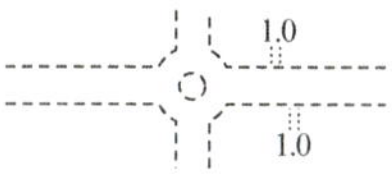 | | |
| 4.4.19 | 乡村路<br>a. 依比例尺的<br>b. 不依比例尺的 | 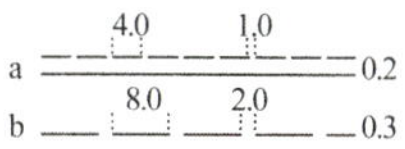 | | |
| 4.4.20 | 小路、栈道 | 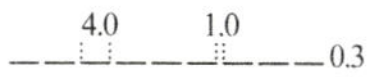 | | |
| 4.4.27 | 收费站<br>a. 依比例尺的<br>b. 不依比例尺的 | 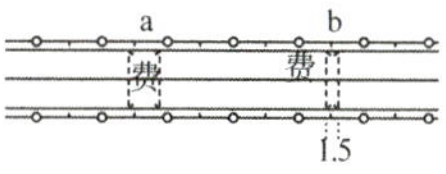 | | |
| 4.4.28 | 服务区 | 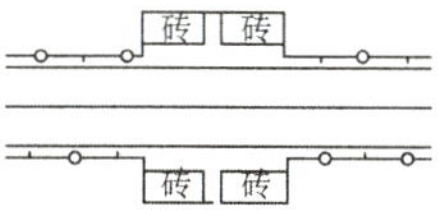 | | |

| 编号 | 符号名称 | 符号式样 | | |
|---|---|---|---|---|
| | | 1∶500 | 1∶1 000 | 1∶2 000 |
| 4.4.43 | 路堑<br>a. 已加固的<br>b. 未加固的 | 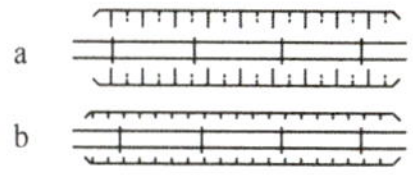 | | |
| 4.4.44 | 路堤<br>a. 已加固的<br>b. 未加固的 | 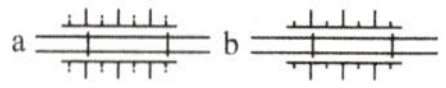 | | |
| 4.5 | 管线 | | | |
| 4.5.1<br>4.5.1.1 | 高压输电线<br>架空的<br>a. 电杆<br>35——电压(kV) | 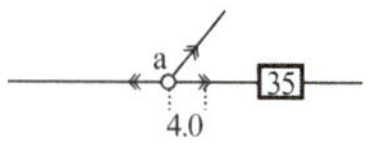 | | |
| 4.5.2<br>4.5.2.1<br>4.5.2.2<br>4.5.2.3 | 配电线<br>架空的<br>a. 电杆<br>地面下的<br>a. 电缆标<br>配电线入地口 | 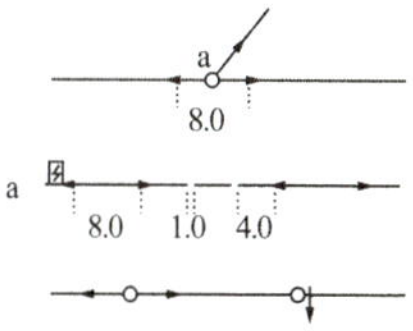 | | |
| 4.5.3 | 电力线附属设施 | | | |
| 4.5.3.1 | 电杆 |  | | |
| 4.5.3.2 | 电线架 |  | | |
| 4.5.3.3 | 电线塔(铁塔)<br>a. 依比例尺的<br>b. 不依比例尺的 | 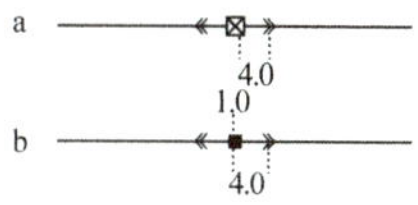 | | |
| 4.5.3.4 | 电缆标 |  | | |
| 4.5.3.5 | 电缆交接箱 | 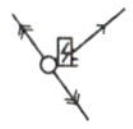 | | |
| 4.5.3.6 | 电力检修井孔 |  | | |
| 4.6 | 境界 | | | |
| 4.6.7 | 村界 | 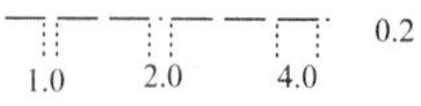 | | |
| 4.6.8 | 特殊地区界线 | 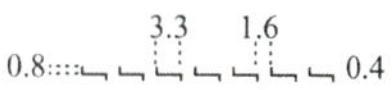 | | |

（续表）

| 编号 | 符号名称 | 符号式样 1∶500 | 符号式样 1∶1 000 | 符号式样 1∶2 000 |
|---|---|---|---|---|
| 4.7 | 地貌 | | | |
| 4.7.1 | 等高线及其注记<br>a. 首曲线<br>b. 计曲线<br>c. 间曲线<br>d. 助曲线<br>e. 草绘等高线<br>25——高程 | 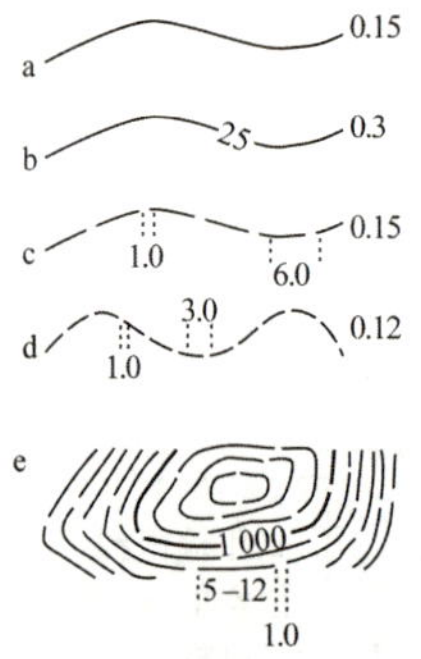 | | |
| 4.7.2 | 示坡线 |  | | |
| 4.7.15 | 陡崖、陡坎<br>a. 土质的<br>b. 石质的<br>18.6、22.5——比高 | 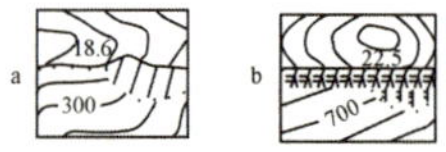 | | |
| 4.7.16 | 人工陡坎<br>a. 未加固的<br>b. 已加固的 | 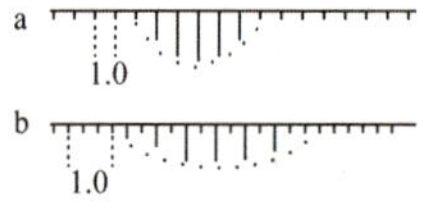 | | |
| 4.7.25 | 斜坡<br>a. 未加固的<br>a1. 天然的<br>a2. 人工的<br>b. 已加固的 | 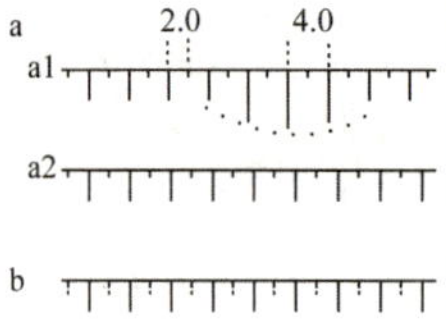 | | |
| 4.7.26 | 梯田坎<br>2.5——比高 | 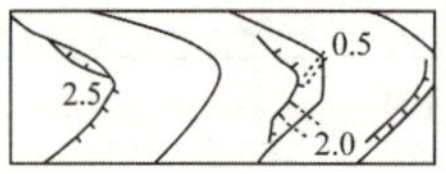 | | |
| 4.8 | 植被与土质 | | | |
| 4.8.6.2 | 经济作物地 | 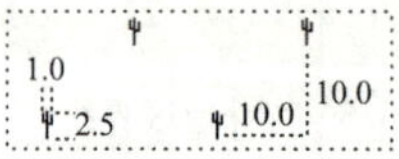 | | |
| 4.8.9 | 灌木林<br>a. 大面积的<br>b. 独立灌木丛<br>c. 狭长灌木林 | 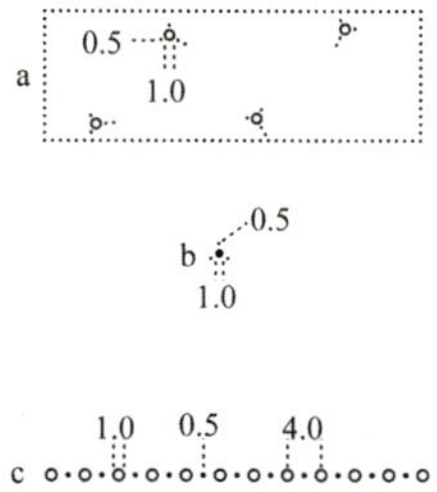 | | |
| 4.8.18 | 草地<br>a. 天然草地<br>b. 改良草地<br>c. 人工牧草地<br>d. 人工绿地 | 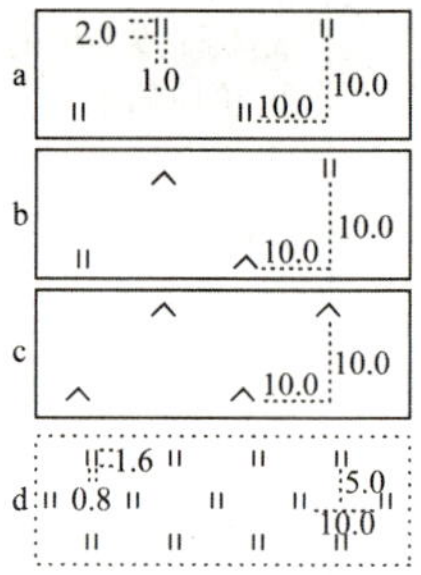 | | |
| 4.8.21 | 花圃、花坛 | 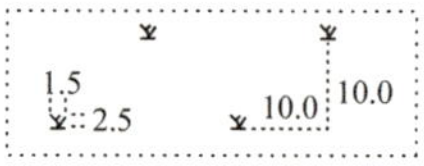 | | |
| 4.9 | 注记 | | | |
| 4.9.1.3 | 乡镇级、国有农场、林场、牧场、盐场、养殖场 | 南坪镇<br>正等线体(5.0) | | |
| 4.9.1.4 | 村庄(外国村、镇)<br>a. 行政村、外国村、镇，主要集、场、街、圩、坝<br>b. 村庄 | a 甘家寨<br>正等线体(4.5)<br>b 李家村 张家庄<br>仿宋体（3.5 4.5） | | |
| 4.9.2<br>4.9.2.1 | 各种说明注记<br>居民地名称说明注记<br>a. 政府机关<br>b. 企业、事业、工矿、农场<br>c. 高层建筑、居住小区、公共设施 | a 市民政局<br>宋体(3.6)<br>b 日光岩幼儿园 兴隆农场<br>宋体(2.5 3.0)<br>c 二七纪念塔 兴庆广场<br>宋体(2.5~3.0) | | |

2）等高距与等高线平距

相邻两条等高线之间的高差称为等高距或等高线间隔，常用符号 $h$ 表示，相邻等高线间的水平距离称为等高线平距，常用符号 $d$ 表示，则地面坡度 $i$ 为

$$i=\frac{h}{dM} \tag{1-3}$$

其中，$M$ 为比例尺分母。

因此，等高线平距 $d$ 的大小与地面坡度有关。等高线平距越小，地面坡度越大；等高线平距越大，地面坡度越小。因此，可根据地形图上等高线的疏与密来判定地面坡度的缓与陡。

3）等高线的种类

等高线一般分为首曲线、计曲线、间曲线和助曲线四种。

（1）首曲线

首曲线也叫基本等高线，是指按基本等高距绘成的等高线，一般用 0.15 mm 细实线描绘，如图 1-16 中的 98 m，100 m，102 m，104 m，106 m 和 108 m 等高线。

（2）计曲线

为便于读图，自高程起算面（0 m）开始，每隔四条首曲线加粗描绘的等高线叫计曲线，其高程应满足：

$$H_{\mathrm{J}}=5nh_{\mathrm{d}} \tag{1-4}$$

式中：$H_{\mathrm{J}}$——计曲线的高程；

$n$——自然数；

$h_{\mathrm{d}}$——等高距。

计曲线也叫加粗等高线，一般用 0.30 mm 粗实线描绘，并在适当位置断开注记高程，字头指向高处，如图 1-16 中所示的 100 m 等高线。

（3）间曲线

当首曲线不能显示某些局部地貌时，按二分之一基本等高距绘成的等高线称为间曲线，间曲线也称为半距等高线，一般用长虚线表示，仅在局部地区使用，可不闭合，但应对称，如图 1-16 中的 101 m 和 107 m 等高线。

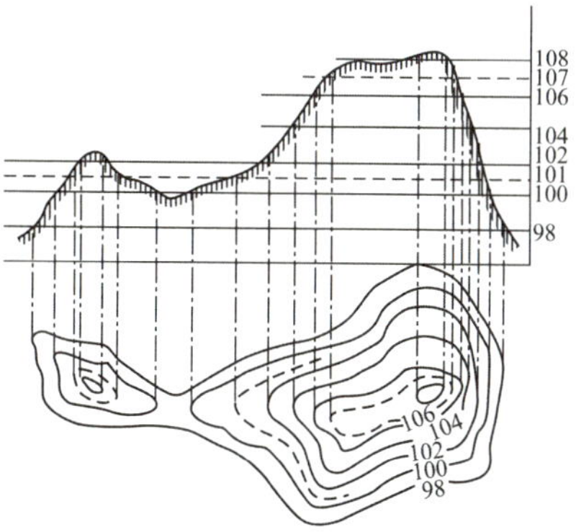


图 1-16　等高线的种类

（4）助曲线

当用间曲线仍不能表示局部地貌时，用四分之一基本等高距描绘的等高线称为助曲线，助曲线也称为辅助等高线，一般用短虚线表示（在 1∶500～1∶2 000 地形图上不表示）。

4）典型地貌等高线的特征

如图 1-17(a) 和图 1-17(b) 所示为山丘和盆地的等高线，是由若干圈闭合的曲线组成，只有根据注记的高程才能把二者加以区别。自外圈向里圈逐步升高的是山丘，自外圈向里圈逐步降低的是盆地。图中垂直于等高线顺山坡向下画出的短线，称为示坡线，指出降低的方向。

如图 1-17(c) 所示为山脊与山谷的等高线，均与抛物线形状相似。山脊的等高线是凸向低处的曲线，各凸出处拐点的连线称为山脊线或分水线。山谷的等高线是凸向高处的曲线，各凸出处拐点的连线称为山谷线或集水线。山脊或山谷两侧山坡的等高线近似于一组平行线。鞍部是介于两个山头之间的低地，呈马鞍形的地形，其等高线的形状近似于两组双曲线簇，如图 1-17(d) 所示。梯田及峭壁的等高线及其表示方法，如图 1-17(e)、图 1-17(f) 所示。在特殊情况下悬崖的等高线出现相交的情况，覆盖部分为虚线，如图 1-17(g) 所示。在坡地上，由于雨水冲刷而形成的狭窄而深陷的沟叫冲沟，如图 1-17(h) 所示。

**图 1-17　典型地貌等高线**

上述每一种典型的地貌形态，可以近似地看成由不同方向和不同斜面所组成的曲面。相邻斜面相交的棱线，一些特别明显的地方，如山脊线、山谷线、山脚线等，称为地貌特征线或地性线。由这些地性线构成了地貌的骨骼，地性线的端点或其坡度变化处，如山顶点、盆底点、鞍部最低点、坡度变换点，称为地貌特征点，它们是测绘地貌的重要依据。

图 1-18 是各种典型地貌的综合及相应的等高线。

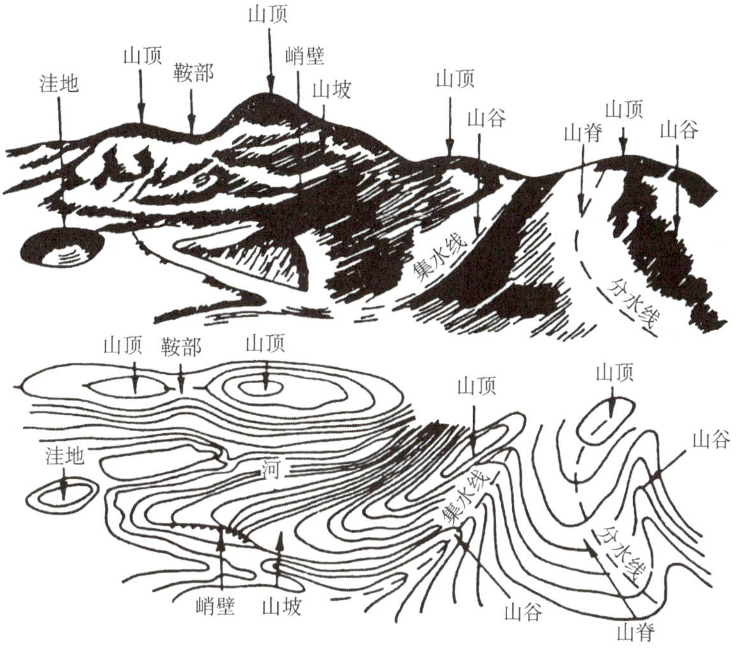


图 1-18 典型等高线特征

## 三、地形图应用

1. 确定点的坐标

在工程设计时，往往需要在地形图上量算一些设计点位的坐标。利用地形图的直角坐标格网和分度带，可以确定图中任一地面点的地理坐标和平面直角坐标。如图 1-19 所示，欲求图上 $A$ 点的坐标，首先将 $A$ 点所在方格网的顶点 $a$，$b$，$c$，$d$ 用直线连接，其西南角 $a$ 点的坐标为（$x_a$，$y_a$），然后过 $A$ 点作格网线的平行线 $gh$，$ef$，再量出 $ae$ 和 $ag$ 的长度，则可以获得 $A$ 点的平面坐标：

$$\begin{cases} x_A = x_a + d_{ag}M \\ y_A = y_a + d_{ae}M \end{cases} \tag{1-5}$$

式中：$M$ ——地形图的比例尺分母；

$x_a$，$y_a$ ——图形上 $a$ 点的坐标；

$d_{ag}$，$d_{ae}$ ——图形上量取的长度(cm)。

2. 确定点的高程

如果该点正好在某等高线上，则该点的高程即为等高线的高程，如图 1-20 所示，$M$ 点的高程 $H_M$ 为 27 m。

如果该点不在某等高线上，则应根据比例内插法确定点的高程。图 1-19 中 $B$ 点位于两等高线之间，则可以通过 $B$ 点作一条大致垂直于两相邻等高线的线段 $MN$，则 $B$ 点的高程为：

$$H_B = H_M + \frac{d_{MB}}{d_{MN}}h \tag{1-6}$$

式中：$H_M$ ——图上 $M$ 点的高程；

$d_{MB}$，$d_{MN}$ ——图形上量取的长度(cm)；

$h$ ——地形图的等高距。

在图上求某点的高程时，通常可以根据相邻的两等高线的高程目估确定。例如图 1-20 中的 $B$ 点可以目估为 27.8 m。

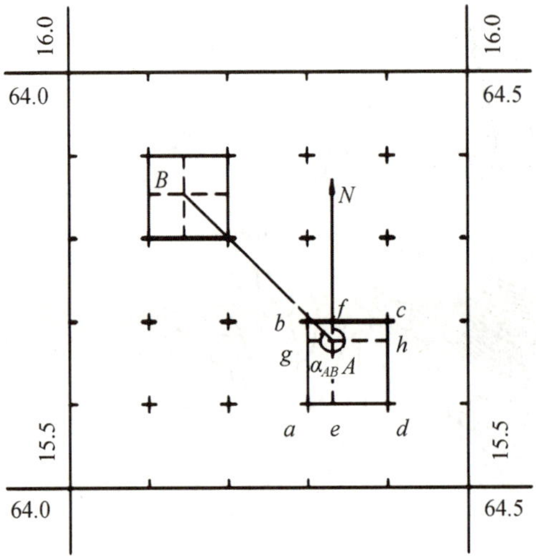


图 1-19　确定图上点的平面坐标

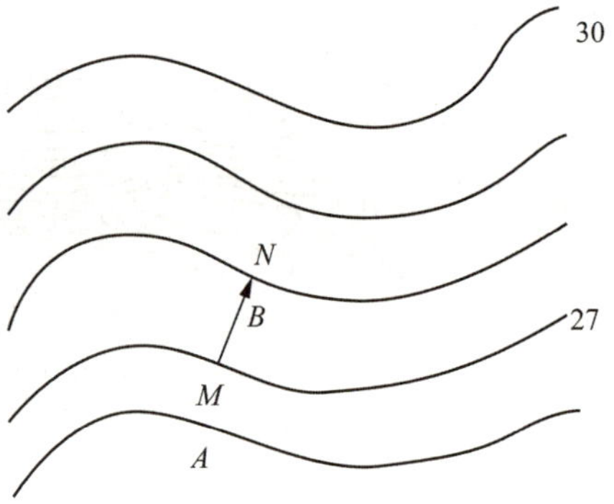


图 1-20　确定图上点的高程

3. 确定直线的距离、坐标方位角、坡度

如图 1-19 所示，欲求 $A$，$B$ 两点的水平距离、坐标方位角、坡度，先用式(1-5)和式(1-6)求出 $A$，$B$ 两点的坐标及高程，则 $A$，$B$ 两点的水平距离为

$$D_{AB}=\sqrt{(x_B-x_A)^2+(y_B-y_A)^2} \tag{1-7}$$

直线 $AB$ 的坐标方位角为

$$\alpha_{AB}=\arctan\frac{y_B-y_A}{x_B-x_A} \tag{1-8}$$

地面上两点的高差与其水平距离的比值称为坡度，用 $i$ 表示。欲求图上直线 $AB$ 的坡度，可按前述的方法求出直线段的水平距离 $D_{AB}$ 与高差 $h_{AB}$，再用下式计算其坡度：

$$i=\frac{h_{AB}}{D_{AB}}=\frac{H_B-H_A}{d_{AB}M} \tag{1-9}$$

式中：$i$ ——直线的坡度；

$D_{AB}$，$h_{AB}$ ——直线 $AB$ 的水平距离和高差；

$H_A$，$H_B$ ——点 $A$，$B$ 的高程；

$d_{AB}$ ——图上直线 $AB$ 的距离；

$M$ ——地形图的比例尺分母。

坡度常以百分率或千分率表示。

如果 $A$，$B$ 两点在同一幅图中，距离或者坐标方位角就可以用比例尺或量角器，直接在图上量取。

# 任务五
# 道路勘测设计的阶段划分和任务安排

## 能力要求

1. 明确道路设计的依据。
2. 掌握各设计依据的作用。
3. 明确道路工程基本建设的程序。

## 任务描述

道路的主要服务对象是机动车，故其线形设计首先必须考虑设计速度、设计车辆、交通量等因素，然后进行施工图的设计，最后依据设计文件进行施工。本任务结合公路设计文件成果简要介绍，引导学生理解公路设计依据在设计过程中的作用，并通过公路建设程序的学习使学生了解公路各建设阶段对应的任务。

## 任务实施

通过自主学习及查阅相关资料，完成下列引导问题：

1. 公路工程基本建设一般分为____________、____________和____________三个阶段。

2. 公路勘测设计根据项目的规模大小和技术的繁简程度不同可分为____________、____________和____________三种。

3. 公路工程可行性研究一般包括哪些内容？

4. 施工图设计文件共有哪几部分？

5. 公路勘测设计可分为哪几个阶段？简述各阶段的主要任务。

## 相关知识

道路勘测设计的阶段和任务

道路工程建设应该按照一定的程序进行，我国《公路工程基本建设管理办法》规定，公路工程基本建设一般分为三个阶段：前期工作阶段、设计施工阶段和竣工验收试运营阶段。在实施过程中必须严格遵守从设想选择、评估决策、设计施工到竣工验收、投入生产的基本建设程序，它反映了工程建设的客观自然规律和经济规律。

前期工作阶段的主要内容：

(1) 根据国民经济和社会发展的长远规划，结合行业和地区发展规划要求，进行工程规划。

(2) 根据长远规划或项目建议书，进行可行性研究。

(3) 根据可行性研究，编制计划任务书。

设计施工阶段的主要内容：

(1) 根据批准的计划任务书，进行现场勘测，编制初步设计文件和概算。

(2) 根据批准的初步设计文件，编制施工图和施工图预算。

(3) 列入年度基本建设计划。

(4) 进行施工前的各项准备工作。

(5) 编制实施施工组织设计及开工报告，报上级主管部门审批。

(6) 严格执行有关施工的规程和规定，坚持正常施工秩序，作好施工记录，建立技术档案。

竣工验收试运营阶段主要是编制竣工图表和工程决算，进行竣工验收并交付建设单位试运营。

下面主要介绍可行性研究、设计的阶段划分及其主要内容、计划任务书和设计文件组成。

## 一、道路工程建设可行性研究

可行性研究是基本建设前期工作的一项重要内容，是建设程序的组成部分，是建设项目决策和编制设计任务书的科学依据。可行性研究的目的是对某项工程建设的必要性、技术可行性、经济合理性、实施可能性等方面进行综合研究，进行投资估算并作出经济评价，为建设项目的决策和审批提供科学的依据。待项目建议书批准后，方可进行可行性研究工作。可行性研究视工程的规模一般分为两阶段，即初步可行性（预可行性）研究和工程可行性研究，对小型不复杂的工程也可直接进行工程可行性研究。

初步可行性研究是项目建议书与工程可行性研究之间的中间阶段，它在内容结构上与工程可行性研究基本一致，但论证依据不需过分详细，对数据资料的准确程度要求也不是很高。

工程可行性研究的内容一般包括以下九个方面：

(1) 工程项目的背景。论述建设任务依据和历史发展背景、研究范围与主要内容、研究的主要结论等。

(2) 现状及问题。调查及论述建设地区综合运输网的交通现状和建设项目在交通运输网中的地位与作用，论述原有道路的工程技术状况以及不适应的程度。

(3) 发展预测。进行全面的交通调查和经济预测，论述建设项目所在地区的经济特征，研究建设项目与经济发展的内在联系，预测交通运输量的发展情况。

（4）建设规模与标准。论述项目建设规模和采用的等级及其主要技术指标。

（5）建设条件和方案选择。调查建设项目所处地理位置的地形、地质、气候水文等自然特征，建筑材料来源及运输条件；进行工程方案的比选，提出推荐路线方案的走向和主要控制点；评价建设项目对环境的影响，并提出合理保护环境的措施。

（6）投资估算与资金筹措。计算建造项目所需的投资估算金额，包括主要工程数量，公路建设与拆迁，单价拟定，投资估算及资金筹措等。

（7）工程建设实施计划。勘测设计和工程施工的计划与要求、工程管理和技术人员的培训等。

（8）经济评价。经济评价一般包括运输成本等经济参数的确定，建设项目的直接经济效益和费用的估算，经济评价敏感性分析，建设项目的间接经济效益分析。收费公路还需作财务分析。

（9）问题与建议。客观地说明可行性研究中存在的问题，相应地提出对下一步工作的建议。

根据上述研究结果，通过综合分析评价，提出技术先进、经济合理、投资效益高的最优建设方案。

需强调指出，工程可行性研究必须实事求是，尊重客观经济规律，使可行性研究工作确实起到“把关作用”，使项目投产后能达到预期的效果，减少投资风险。“不可行”的研究结果，也是一个成功的可行性研究报告，从避免造成投资浪费的意义上讲，其价值更高。切忌一开展可行性研究工作就在主观上形成必定“可行”的不实事求是的做法，更应避免站在本单位立场上，而想方设法使研究结论成为“可行”的情况出现。

## 二、设计的阶段划分及其主要内容

工程可行性研究报告经主管部门审查批准后，即可进入工程建设的第二阶段即设计施工阶段。根据工程的性质、复杂程度等具体情况，可采用一阶段设计、两阶段设计和三阶段设计。

（1）一阶段设计：适用于技术简单、方案明确的小型公路工程。根据批准的设计任务书，进行一次详细定测，编制施工图设计和工程预算。

（2）两阶段设计：初步设计和施工图设计，适用于一般建设项目，为公路测设的主要程序。

（3）三阶段设计：初步设计、技术设计和施工图设计三个阶段，适用于技术复杂而又缺乏经验的建设项目或建设项目中的个别路段、特殊大桥、互通式立体交叉、隧道等。

两阶段和三阶段设计中的初步设计应根据批准的可行性研究报告、设计任务书（或测设合同）和初测资料编制，主要内容包括拟定修建原则、选定设计方案、计算工程数量和主要材料数量、提出施工方案、编制设计概算、提供文字说明及图表资料。初步设计在选定方案时，应对路线的走向控制点和方案进行现场核查，征求沿线地方政府和建设单位意见，基本落实路线布置方案。一般应进行纸上定线，赴实地核对，落实并放出必要的控制线位桩。对复杂困难地段的路线、互通式立体交叉、隧道、特大桥、大桥的位置等，应选择两个或两个以上的方案进行同深度、同精度的测设工作和方案比选，提出推荐方案。

三阶段设计中的技术设计应根据批复的初步设计、测设合同和定测、详勘资料编制。技术设计阶段的目的是对重大复杂的技术问题进一步落实设计方案。主要内容包括，通过科学实验、专题研究，加强勘探调查及分析比较，解决初步设计中未解决的问题，落实技术方案，计算工程数量，提出修正的施工方案，修正设计概算。

施工图设计阶段的目的是对批准的推荐方案进行详细设计以满足施工的要求。其主要内容包括对审定的修建原则、设计方案、技术决定加以具体和深化，最终确定各项工程数量，提出文字说明和适应施工需要的图表资料以及施工组织计划，并编制施工图预算。

为了把事故隐患消灭在设计阶段，提高公路建成后运营的安全性，《标准》明确规定公路设计应采用运行速度进行检验，相邻路段的运行速度差应小于 20 km/h，同一路段运行速度与设计速度差宜小于 20 km/h。《公路项目安全性评价规范》对于公路设计各个阶段的安全性评价的具体内容、方法和要求有明确规定，限于篇幅，在此不赘述。

## 三、计划任务书

公路勘测设计工作是根据批准的计划任务书进行的，设计任务书一般由提出计划的主管部门下达或由下级单位编制后报批。计划任务书应包括下列内容：

(1) 建设的依据和意义。

(2) 路线的建设规模和修建性质。

(3) 路线的基本走向和主要控制点。

(4) 工程技术等级和主要技术标准。

(5) 勘测设计的阶段划分及各阶段完成的时间。

(6) 建设期限，投资估算，需要钢材、木材、水泥的数量，分期修建应提出每期的建设规模和投资估算。

(7) 施工力量的部署安排。

(8) 路线示意图。

工程数量，钢材、木材、水泥用量和工程投资估算在上报任务书时列入，以供审批时参考。在计划任务书实施过程中，如建设规模、期限、技术等级标准及路线走向等重大问题有变更时，应报原批准机关审批同意。

## 四、设计文件组成

设计文件是道路勘测设计的最后成果，经审查批准后是道路施工的依据，其组成、内容和要求随设计阶段不同而异。

以公路设计为例，根据《公路工程基本建设项目设计文件编制办法》规定，设计文件包括初步设计文件、施工图设计文件和技术设计文件。

### 1. 初步设计文件

初步设计文件由总体设计、路线、路基、路面、桥梁涵洞、隧道路线交叉、交通工程及沿线设施环境保护与景观设计、其他工程、筑路材料、施工方案、设计概算共 12 篇和基础资料组成。

2. 施工图设计文件

施工图设计文件由总说明、路线、路基、路面、桥梁、涵洞、隧道、路线交叉、沿线设施及其他工程环境保护筑路材料、施工方案设计预算组成。

3. 技术设计文件

技术设计文件的组成和内容可参照初步设计文件和施工图设计文件编制规定编制，对于公路工程建设项目中的特大桥、互通式立体交叉、隧道、交通工程及沿线设施的技术设计文件，还必须对整个建设项目的总体设计情况予以补充说明，对总概算加以修正。

设计单位编制设计文件时，均应按上述要求执行。

# 任务六
# 道路几何设计参数选择

## 能力要求

1. 明确道路几何设计的基本依据。
2. 掌握设计速度及其选取要点。
3. 掌握设计速度的规定以及选取。
4. 掌握设计交通量的定义及交通量的折算。
5. 明确通行能力与服务水平的关系。

## 任务描述

道路线形和结构设计的标准应与道路上行驶的车辆的性能如行驶速度、车辆几何尺寸、行驶车辆的数量、道路沿线景观给驾乘人员的感受等因素相适应，因此，《公路工程技术标准》（JTG B01—2014）规定了设计速度、设计车辆、设计交通量以及道路服务水平是道路几何设计和各部结构设计的基本依据。本任务结合公路设计文件的说明书及成果，通过设计说明书引导学生如何选择各个几何设计参数。

## 任务实施

通过自主学习及查阅相关资料，完成下列引导问题：

1. 公路设计的基本依据为__________、__________、__________和__________；设计车辆分为__________、__________、__________、__________和__________五种。

2.《公路工程技术标准》中规定的各级公路所能适应的交通量是指（　　）。

A. 年平均昼夜交通量　　B. 日平均小时交通量　　C. 最大日交通量

3. 公路设计交通量是指（　　）。

A. 公路设计时的交通量　B. 公路竣工开放交通时的交通量

C. 设计年限末的交通量

4. 设计速度是决定公路（　　）的基本要素。

A. 平面线形　　B. 纵面线形　　C. 横面线形　　D. 几何线形

5. 名词解释：设计车辆、设计速度、交通量。

6. 道路基本通行能力、可能通行能力、设计通行能力之间的区别是什么？如何使用？

## 相关知识

道路几何设计基本依据

道路主要是为汽车行驶服务的，提供的服务质量高低，取决于道路的几何线形和结构设计的指标高低。因此，道路线形和结构设计的标准应与道路上行驶的车辆的性能如行驶速度、车辆几何尺寸、行驶车辆的数量、道路沿线景观给驾乘人员的感受等因素相适应，有关车辆的特征数据是道路几何设计和各部结构设计的基本依据。在道路几何设计中，基本的设计依据包括设计速度、设计车辆、设计交通量以及道路服务水平。

### 一、设计速度

1. 设计速度定义

《公路工程技术标准》中将设计速度定义为确定公路设计指标并使其相互协调的设计基准速度。美国 AASHTO 出版的 *A Policy on Geometric Design of Highways and Streets*（简称“绿皮书”）2011 版中这样描述设计速度：设计速度是公路设计时确定几何要素而采用的速度，选定的设计速度在考虑了地形、邻近土地利用和公路功能的前提下应该是合理的。设计速度直接影响曲线半径、缓和曲线最小长度、超高、视距纵坡和竖曲线半径等技术指标。车道宽度、中间带宽度、路肩宽度等指标也与设计速度有密切关系。这些技术指标均应与设计速度配合以获得均衡设计。

2. 设计速度的确定

影响设计速度的因素很多，主要有地形、地区、设计交通量、汽车的技术性能、司机的适应性、行车的安全与舒适性等。目前我国采用行政决定和统计分析相结合的方法来规定各级道路的设计车速。

（1）高速公路与一级公路

由于对向行驶车辆采用分隔带分隔，同向行驶车辆采用路面画线分隔，即对向行车与同向行车均不相互干扰，故参考国外设计资料，与国际上大多数国家的设计速度相近，采用行政方式确定。

（2）二、三、四级公路

对二级及二级以下公路，采用对已建成公路的实测平均技术车速统计资料分析决定设计车速，特别对山区公路，设计速度按照调查的车辆在平曲线最小半径上行驶的实际车速为控制条件确定。

我国《公路工程技术标准》规定的各级公路的设计速度见表 1-7。

表 1-7　各级公路的设计速度

| 公路等级 | 高速公路 | | | 一级公路 | | | 二级公路 | | 三级公路 | | 四级公路 | |
|---|---|---|---|---|---|---|---|---|---|---|---|---|
| 设计速度（km/h） | 120 | 100 | 80 | 100 | 80 | 60 | 80 | 60 | 60 | 40 | 30 | 20 |

3. 设计速度选取要点

公路路线设计的总原则是快捷、安全、舒适、经济、美观，以上原则应根据所设计公路的性质、功能、等级的不同而有所侧重。设计速度的选用应根据公路的功能与技术等级，结合地形、工程经济、预期的运行速度和沿线土地利用性质等因素综合论证确定。《公路工程技术标准》规定在选用设计速度时，要求考虑以下要点：

（1）应根据公路的功能、等级及交通组成，结合沿线地形、地物、地质状况等，论证选用设计速度。条件许可时，宜采用大值。

（2）高速公路设计速度不宜低于 100 km/h，受地形、地质等条件限制时，可以选用 80 km/h。

（3）作为干线的一级公路，设计速度宜采用 100 km/h；受地形、地质等条件限制，可采用 80 km/h。作为集散的一级公路，设计速度宜采用 80 km/h；受地形、地质等条件限制，可采用 60 km/h。

（4）高速公路和作为干线的一级公路的特殊困难局部路段，且因新建工程可能诱发工程地质病害时，经论证，该局部路段的设计速度可采用 60 km/h，但长度不宜大于 15 km，或仅限于相邻两互通式立体交叉之间的路段。

（5）作为干线的二级公路，设计速度宜采用 80 km/h；受地形、地质等条件限制，可采用 60 km/h。作为集散的二级公路，设计速度宜采用 60 km/h；受地形、地质等条件限制，可采用 40 km/h。

（6）三级公路设计速度宜采用 40 km/h；受地形、地质等条件限制，可采用 30 km/h。

（7）四级公路设计速度宜采用 30 km/h；受地形、地质等条件限制，可采用 20 km/h。

（8）公路限制速度应根据设计速度、运行速度及路侧干扰与环境等因素综合论证确定。

（9）地形条件：各级公路均有不同档次的设计速度，设计速度越高、地形条件越差，工程造价越大，即公路设计速度的选取与地形条件有关，应尽量准确划分路线所经过地区的地形类别，保证公路等级选定合理。

城市道路与公路相比，具有功能多样、组成复杂、行人交通量大、车辆多、类型杂、车速差异大、道路交叉点多等特点，平均行驶速度比之公路有较大的降低。《城市道路设计规范》规定的各级道路设计速度见表 1-8。条件允许时宜采用较大值。其中：快速路和主干路的辅路设计速度宜为主路的 0.4～0.6 倍；在立体交叉范围内，主路设计速度应与路段一致，匝道及集散车道设计速度宜为主路的 0.4～0.7 倍；平面交叉口内的设计速度宜为路段的 0.5～0.7 倍。

表 1-8　各级道路设计速度

| 道路等级 | 快速路 | | | 主干路 | | | 次干路 | | | 支路 | | |
|---|---|---|---|---|---|---|---|---|---|---|---|---|
| 设计速度（km/h） | 100 | 80 | 60 | 60 | 50 | 40 | 50 | 40 | 30 | 40 | 30 | 20 |

4. 设计速度与运行速度的关系

需要指出，驾驶员往往不是以设计速度驾驶车辆，而是根据沿途的地形、交通等实际条件选择适应道路几何状况的行驶速度。在路面平整、潮湿、自由流状态下，行驶车速累计分布曲线上对应于85%分位值的速度称为运行速度（简称$V_g$）。就是说，运行速度与设计速度并非一致。在设计速度低的路段，当路线本身几何要素超过安全行驶的需要，外部条件（交通密度、地形、气候等）又较好时，运行速度常接近或超过设计速度，设计速度越低，出现这种可能性的概率就越高。反之，在设计速度高的路段，当外部条件不好时，运行速度一般低于设计车速，设计速度越高，外部条件越差，出现这种可能性的概率就越高。上述分析说明，以设计速度进行路线设计而得到的线形指标，很可能与运行速度要求的不一致，这一缺陷已经引起国内外广大公路科技工作者和设计人员的重视，并展开了相关的研究工作。目前常用的改进办法是用设计速度与运行速度差对设计指标的合理性进行检查和评估。《公路工程技术标准》规定：公路设计应采用运行速度进行检验。相邻路段运行速度之差应小于20 km/h，同一路段运行速度与设计速度之差宜小于20 km/h。

## 二、设计车辆

1. 设计车辆定义

道路几何线形设计依据的车型称设计车辆。道路上行驶的车辆主要是汽车，各种车辆的几何尺寸、特性及行驶于道路上各种大小车辆的组成对于道路几何设计有决定意义，它直接关系到道路的行车道宽度、平曲线半径、弯道加宽、道路纵坡、行车视距、道路建筑净空、路基路面及桥梁涵洞荷载等。因此必须选择有代表性的车辆作为道路设计的依据（即设计车辆）。

2. 设计车辆规定

汽车的种类很多，按使用目的、结构或发动机的不同分成各种类型，而作为道路设计依据的汽车可分为五类：小客车、载重汽车、大型客车、铰接列车和铰接客车，其基本外廓尺寸见表1-9及图1-21。

**表1-9　设计车辆外廓尺寸表**　　（单位：m）

| 车辆类型 | 总长 | 总宽 | 总高 | 前悬 | 轴距 | 后悬 |
|---|---|---|---|---|---|---|
| 小客车 | 6.0 | 1.8 | 2 | 0.8 | 3.8 | 1.4 |
| 载重汽车 | 12.0 | 2.5 | 4 | 1.5 | 6.5 | 4.0 |
| 大型客车 | 13.7 | 2.55 | 4 | 2.6 | 6.5+1.5 | 3.1 |
| 铰接列车 | 18.1 | 2.55 | 4 | 1.5 | 3.2+11 | 2.3 |
| 铰接客车 | 18.0 | 2.5 | 4 | 1.7 | 5.8+6.7 | 3.8 |

注：1. 前悬指车体前面到前轮车轴中心的距离。
2. 轴距指前轮车轴中心到后轮车轴中心的距离。
3. 后悬指后轮车轴中心到车体后面的距离。

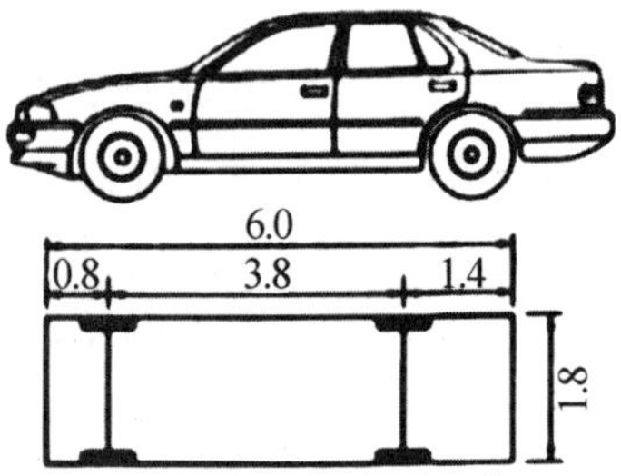


(a) 小客车

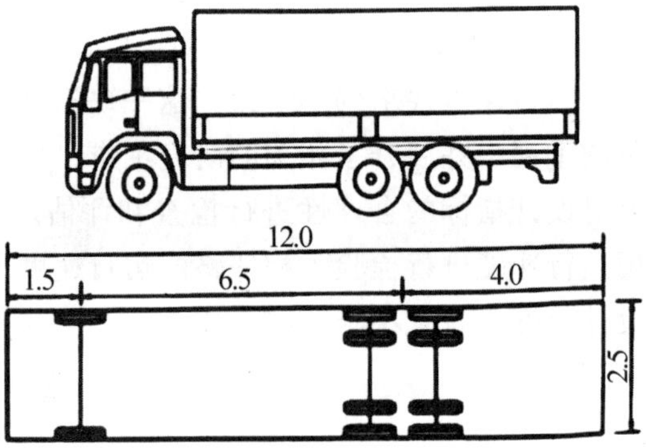


(b) 载重汽车

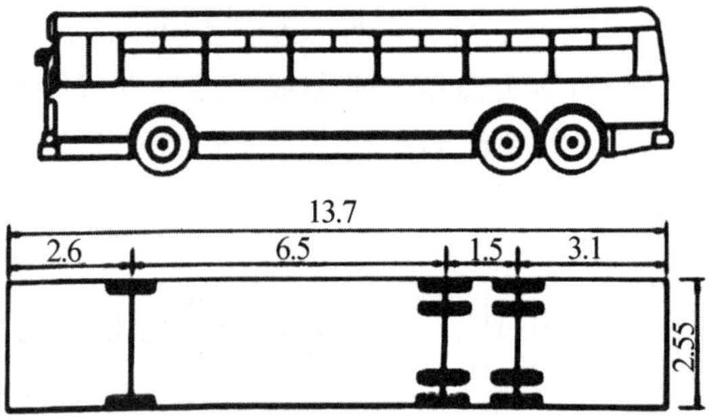


(c) 大型客车

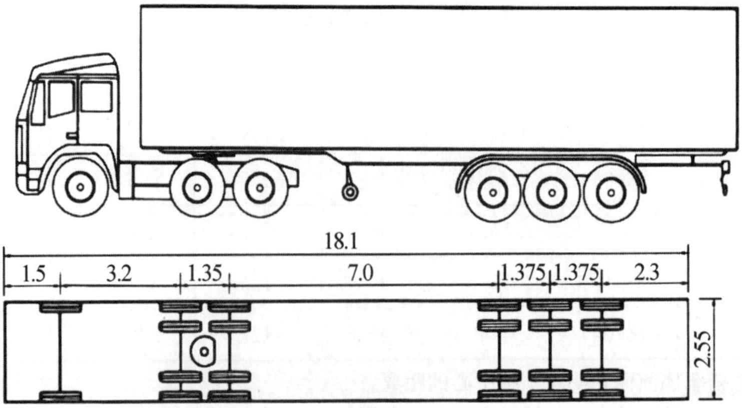


(d) 铰接列车

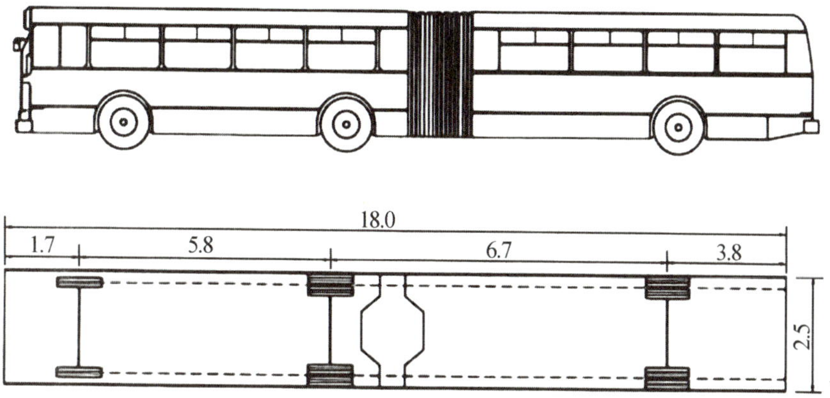


(e) 铰接客车

图 1-21　设计车辆的外轮廓尺寸图

3. 设计车辆的选取

选择设计车辆要考虑符合汽车制造业车辆尺寸的发展趋势，并代表当前一个时期内道路上运行车辆的一种组合。公路设计中设计者应考虑交通流中比例较高、尺寸最大的设计车辆，因为只要满足了这部分车辆的要求，小客车的要求就容易满足。作为一般性规则，选择设计车辆时，可按下列要求进行：

(1) 高速公路、一级公路和有大型集装箱运输的公路，应选择鞍式列车作为设计车辆。

(2) 其他公路必须保证小客车及载重汽车的安全和顺利通行。

(3) 城市道路可选择铰接车作为设计车辆。

(4) 确定路缘石或交通岛的转弯车道半径时，一般应以鞍式列车的转弯半径作为控制因素。

以上设计车辆仅为路线几何设计的依据，对路面设计和桥梁涵洞设计的荷载，应按其重量和荷载作用次数来计算，将在“路面工程”和“桥梁工程”课程中介绍。

## 三、设计交通量

1. 交通量定义

交通量是指单位时间内通过道路某断面的交通流量（即单位时间通过道路某断面的双向车辆数目）。其具体数值由交通调查和交通预测确定。交通量的计量单位有年、日、小时。在道路上行驶的各种车辆按不同折算系数换算成设计车辆的总和，其单位为辆/日或辆/小时。

(1) 年平均日交通量（Average Daily Traffic，ADT）：一年 365 天内观测交通量结果的平均值，即用全年的交通量除以 365 而得。年平均日交通量是公路路线设计中普遍采用的设计依据，它是决定路线等级及拟定道路修建时机的主要依据，但数值不够精准，因为在一年中每日的交通量都会随季节而变化，在某些季节、某些时段可能会高出年平均日交通量数倍，一般不直接作为路线几何设计之用。

(2) 最大日交通量：一年中 365 个交通量中的最大值。用以研究道路交通不均匀情况。

(3) 高峰小时交通量：一年中（或一日内）的最大小时交通量。用以研究道路交通不均匀情况。

(4) 日平均小时交通量：一日内，从上午 5 时到晚上 21 时，共 16 个小时中通过车辆数按小时计算的平均值。

(5) 设计交通量：预期到设计年限末，用以作为道路设计依据而确定的交通量。有设计年平均日交通量和设计小时交通量。

2. 各级公路规划交通量预测

设计交通量是指道路在远景设计年限时所能达到的年平均昼夜交通量，它在确定道路等级、论证道路的修建费用或各项结构设计时有着重要的作用，但直接用于道路几何设计却不适宜。因为交通量是某一时段内的统计量，具有随时间和空间变化的特性，如一年中的每月、每日、每时的交通量都会变化。因此，设计交通量不宜直接作为具体的道路几何设计依据，而应经分析确定。

设计交通量依道路使用任务及性质，根据历年交通观测资料，按设计年限预测求得。目前一般按年平均增长率累计计算确定。

$$N_{\mathrm{d}}=N_0(1+\gamma)^{n-1} \tag{1-10}$$

式中：$N_{\mathrm{d}}$——远景设计年平均日交通量（辆/日）；

$N_0$——起始年平均日交通量，包括现有交通量和道路建成后从其他道路吸引过来的交通量，由交通量调查资料确定（辆/日）；

$\gamma$——年平均增长率，由交通量调查资料推算，以百分数表示；

$n$——远景设计年限，由各级公路的交通量预测年限确定。

我国《公路工程技术标准》规定：

(1) 高速公路和一级公路设计交通量预测年限为 20 年。

(2) 二级公路、三级公路设计交通量预测年限为 15 年。

(3) 四级公路可根据实际情况确定。

(4) 设计交通量预测年限的起算年为该项目可行性研究报告中的计划通车年。当提交可行性研究报告年到公路通车年超过 5 年时，编制初步设计前应对规划交通量予以核对。

3. 设计小时交通量

设计小时交通量（辆/小时）是以小时为计算时段的交通量，是确定公路等级、评价公路运行状态和服务水平的重要参数，设计小时交通量越小，所选用的车道数越少，公路的建设规模就越小，建设费用也就越低，但是不恰当地降低设计小时交通量会使公路的交通条件恶化、交通阻塞和交通事故增多，公路的综合经济效益降低。但如果用一年中最大的高峰小时交通量作为设计依据，又会造成一定浪费。为了设计交通量的取值既保证交通安全畅通，又使工程造价经济、合理，可以借助一年中每小时交通量的变化曲线来指导确定最合乎设计使用的小时交通量。

方法如下：将一年中所有每小时交通量按其与年平均日交通量的百分数的大小顺序排列起来并绘成曲线，如图 1-22 所示。从该图可以看出，在 30～50 小时交通量附近，曲线急剧变化，然后向右曲线明显变缓，而在它的左侧，曲线坡度则急剧加大。根据以上曲线规律，设计小时交通量显然应选在第 30～50 小时的范围以内。如以第 30 个高峰小时交通量作为设计依据，意味着在一年中有 29 个小时超过设计值，将发生拥挤，占全年小时数的 0.3%，也就是说，能顺利通过的保证率达 99.67%。目前世界许多国家，包括我国均采用第 30 小时交通量作为设计依据，或根据项目特点与需求，结合当地调查结果和经济承受能力，控制在第 20～40 小时交通量之间取值。

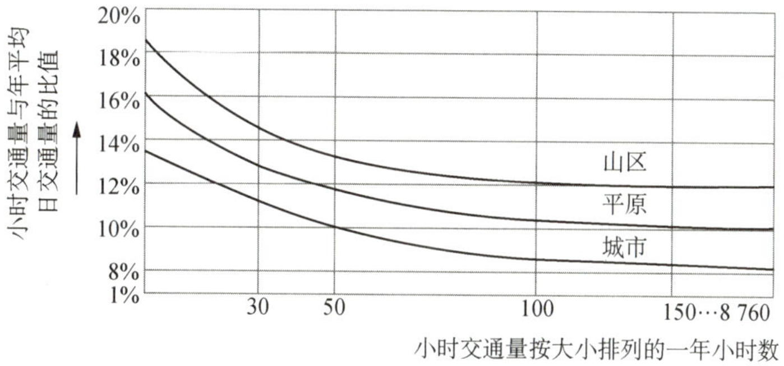


**图 1-22　年平均日交通量与小时交通量关系曲线**

对于各种不同年份、不同地区的道路均可绘制如图 1-22 所示的小时交通量与 ADT 关系曲线。虽然各条曲线的弯曲程度和上下位置各有所差别，但曲线的基本形状都是类似的。在确定设计小时交通量时，应依据平时交通量观测资料绘制 ADT 与小时交通量关系曲线图，没有观测资料的，可参考性质相似、交通情况相仿的其他道路观测资料进行推算。

设计小时交通量按下式计算：

$$N_h = N_d \times K \times D \tag{1-11}$$

式中：$N_h$——主要方向的设计小时交通量（辆/小时）。

$N_d$——规划年度的年平均日交通量（辆/小时）。

$D$——方向不均匀系数，即高峰小时期间主要方向交通量与往返方向总交通量之比，一般取 0.5～0.6，具体应用可根据当地的交通量观测资料确定。

$K$——设计小时交通量系数，应参照道路功能、交通量、地区气候及地形条件相似公路的预测数据确定。若平时有观测资料，仿照图 1-22 绘制关系图求得；缺乏资料地区，系数 $K$ 根据气候分区根据表 1-10 取值。

**表 1-10　分地区的设计小时交通量系数**

| 公路环境及分类 | | 华北 | 东北 | 华东 | 中南 | 西南 | 西北 |
|---|---|---|---|---|---|---|---|
| | | 京、津、冀、晋、蒙 | 辽、吉、黑 | 沪、苏、浙、皖、闽、赣 | 豫、湘、鄂、粤、桂、琼 | 川、滇、黔、藏 | 陕、甘、青、宁、新 |
| 近郊 | 高速公路 | 8.0% | 9.5% | 8.5% | 8.5% | 9.0% | 9.5% |
| | 一级公路 | 9.5% | 11.0% | 10.0% | 10.0% | 10.5% | 11.0% |
| | 双车道公路 | 11.5% | 13.5% | 12.0% | 12.5% | 13.0% | 13.5% |

（续表）

| 公路环境及分类 | | 华北<br>京、津、冀、晋、蒙 | 东北<br>辽、吉、黑 | 华东<br>沪、苏、浙、皖、闽、赣 | 中南<br>豫、湘、鄂、粤、桂、琼 | 西南<br>川、滇、黔、藏 | 西北<br>陕、甘、青、宁、新 |
|---|---|---|---|---|---|---|---|
| 城间 | 高速公路 | 12.0% | 13.5% | 12.5% | 12.5% | 13.0% | 13.5% |
| | 一级公路 | 13.5% | 15.0% | 14.0% | 14.0% | 14.5% | 15.0% |
| | 双车道公路 | 15.5% | 17.5% | 16.0% | 16.5% | 17.0% | 17.5% |

4. 交通量的折算

我国的各级道路上行驶的车辆种类较多，其速度、行驶规律以及占用道路的净空差异较大，但作为道路设计的交通量应折算成某一种标准车型。我国《公路工程技术标准》规定的标准车型为小客车，各种车辆对小客车的折算系数与该车辆的行驶速度和车辆行车时占用道路净空以及不同车型的驾驶员在道路上行驶的规律性有关，以小客车为标准车型的折算系数见表 1-11。

表 1-11　各汽车代表车型及车辆折算系数

| 车型编号 | 代表车型 | 车辆折算系数 | 车种说明 |
|---|---|---|---|
| 1 | 小客车 | 1.0 | 座位≤19 座的客车和载重量≤2 t 的货车 |
| 3 | 中型车 | 1.5 | 座位>19 座的客车和 2 t<载重量≤7 t 的货车 |
| 4 | 大型车 | 2.5 | 7 t<载重量≤20 t 的货车 |
| 5 | 汽车列车 | 4.0 | 载重量>20 t 的货车 |

用于公路通行能力分析时的车辆折算系数应针对路段交叉口等形式，按不同地形条件和交通需求，采用相应的折算系数，参见《城市道路设计规范》有关规定。对于非机动车占较大比重的混合交通道路，畜力车、人力车、自行车等非机动车按路侧干扰因素计，修正公路的通行能力，不再参与交通量折算，具体应用时可参考《城市道路设计规范》的相关规定。公路上行驶的拖拉机，每辆可折算为 4 辆小客车。

城市道路上各种车辆的折算系数可按《城市道路设计规范》的规定采用。

## 四、通行能力和服务水平

道路通行能力指一定的道路和交通条件下，道路上某一路段适应车流的能力，以单位时间内通过的最大车辆数表示，单位时间通常以小时计（辆/小时）。车辆数对多车道道路用一条车道的通过数表示，双车道道路用往返车道合计数表示，它是正常条件下道路交通的极限值。

1. 基本通行能力

基本通行能力指理想条件下，单位时间内一条车道或一条车道的某一路段可以通过的小客车最大数，是计算各种通行能力的基础。理想条件包括道路本身条件和交通条件两方面：理想道路条件指道路本身应在车道宽度、侧向净宽、建筑净空、平面、纵面线形标准、设计视距等各几何标准上满足设计规范要求；理想的交通条件指的是车道上只有设计车辆（小客车）通行，没有其他车型混入且不限制行驶速度。现有的道路即使是高速公路基本上也没有完全合乎理想条件的，所以道路上可能通过的车辆数一般都低于基本通行能力。基本通行能力的计算可采用“车头时距”或“车头间距”求得。车头时距是指连续两车通过车道或道路上同一地点的时间间隔。车头间距是指交通流中连续两车之间的距离。

2. 可能通行能力

可能通行能力指考虑了现实道路和交通条件与理想条件的差距，对影响通行能力的各种因素进行相应的修正后的通行能力。

3. 设计通行能力与服务水平

设计通行能力指的是道路交通的运行状态保持在某一设计的服务水平时，单位时间内道路上某一路段可以通过的最大车辆数。我国按照车流运行状态，把从小交通量的自由流至交通量达到可能状态的受限制流运行范围划分为六级服务水平，与每一级服务水平相应的交通量称为服务交通量。设计通行能力由可能通行能力乘以与该路服务水平相应的最大服务交通量和基本通行能力之比（$V/C$）得到。当 $V/C$ 值较小时，服务交通量较小，车流运行条件好，相应的服务水平就高；当 $V/C$ 值较大时，服务交通量也大，车流运行条件差，服务水平也低。当设计小时交通量超过设计通行能力时，道路将发生堵塞。

服务水平是驾驶员感受公路交通流运行状态的质量指标，通常用平均行驶速度、行驶时间、驾驶自由度和交通延误等指标表征。各级公路的服务水平应不低于表 1-12 的规定。

**表 1-12　各级公路设计服务水平**

| 公路等级 | 高速公路 | 一级公路 | 二级公路 | 三级公路 | 四级公路 |
|---|---|---|---|---|---|
| 服务水平 | 三级 | 三级 | 四级 | 四级 | — |

注：1. 一级公路用作集散公路时，设计服务水平可降低一级。
2. 长隧道及特长隧道路段、非机动车及行人密集路段、互通式立体交叉的分合流区段以及交织区段，设计服务水平可降低一级。

道路是国家现代化的标志，它是需要高额投入、长期使用的基础设施。道路一经规划和修建，将影响国家的城市化布局、国土的整治和利用、区域规划和建设以及区域经济带的形成，尤其对道路沿线环境景观有巨大影响。我国在交通环境保护方面极其重视，已出台相关的政策、法规，如《交通建设项目环境保护管理办法》《公路建设环境影响评价规范》《公路环境保护设计规范》《建设项目竣工环境保护验收技术规范　公路》等。今后，道路景观和环境保护将是道路设计的基本依据之一。

**知识链接：**

道路勘测设计应遵守以下现行技术规定和要求：

1.《公路工程技术标准》(JTG B01—2014)

该标准是法定的技术要求，反映了我国公路建设的技术方针，指导我国公路工程建设，公路设计时必须遵守。它是我国公路建设长期生产实践经验的总结，随着公路工程建造技术的进步和科学技术的发展，其内容也在不断更新和完善。

2.《公路路线设计规范》(JTG D20—2017)

该规范是为了指导设计者正确运用上述标准，合理确定公路等级、建设规模、主要技术指标而制定的。它以上述标准中路线几何方面的基本规定和主要技术指标为依据，随上述标准的更新而不断修订和完善。设计者应掌握制定标准的理论基础，结合项目的特点，创造性地运用该规范。

3.《公路项目安全性评价规范》(JTG B05—2015)

该规范是为了指导公路项目的工程可行性研究阶段、初步设计阶段、施工图阶段的安全性评价工作而制定的规范，也适用于项目的交工阶段和后评价。其目的是完善公路设施，改善交通安全环境，提高公路建设项目的安全性。三级及以上等级公路项目的安全性评价执行该规范。

4.《城市道路工程设计规范》(CJJ 37—2012)

该规范是根据我国城市道路建设和发展的需要，规范城市道路工程设计，统一城市道路工程设计主要技术指标，指导城市道路专用标准的编制而制定的规范。城市范围内的新建和改建各级城市道路设计均应执行该规范。

另外，还有交通运输部颁布的路基路面、桥涵、隧道、交通工程及沿线设施等方面的技术规范和要求，也是在勘测设计中应该了解、掌握并遵守的。

## 项目评价

在对道路勘测设计的基础知识的初识基础上，教师提供项目的工程可行性研究报告和《公路工程技术标准》（JTG B01—2014）、《公路路线设计规范》（JTG D20—2017）、《公路工程基本建设项目设计文件编制办法》等相关标准规范，结合设计过程中主要技术指标、相关参数的选用注意事项，布置任务并说明完成的工作内容。

道路初识工作评价表

<table>
<tr><td>小组号</td><td></td><td>班级</td><td colspan="3"></td></tr>
<tr><td>学号</td><td></td><td>姓名</td><td></td><td>成绩</td><td></td></tr>
<tr><td>设备要求</td><td>地形图，道路专业软件</td><td>场地要求</td><td colspan="3">专业机房</td></tr>
<tr><td>项目资讯</td><td colspan="5">（1）教师提出公路设计文件的组成及设计成果展示的内容要求，结合设计过程中主要技术指标、相关参数的选用注意事项，布置任务并说明完成的工作内容；<br>（2）基于任务，教师提供某项目的工程可行性报告、相关设计文件，学生在学习完成后，提炼出相关设计说明，了解公路建设的程序、明确公路设计的依据，进行设计说明的编制；<br>（3）学生完成学习后，提交有关设计说明，明确主要技术指标及各个几何设计参数选择依据；<br>（4）学生依据规范和资料，自我逐一检查设计说明情况完成任务；<br>（5）小组推选代表，展示成果；<br>（6）教师评价、纠正，学生修改、完善任务；<br>（7）提交任务，教师评价。</td></tr>
<tr><td>项目实施情况</td><td colspan="5"></td></tr>
<tr><td>学生自查情况</td><td colspan="5"></td></tr>
<tr><td>小组评价推荐</td><td colspan="5"></td></tr>
<tr><td>教师评价</td><td colspan="5"></td></tr>
<tr><td>综合评价</td><td colspan="5"></td></tr>
</table>

# 项目二

# 道路平面设计

道路中心线在水平面上的投影称作路线的平面。现代道路的平面线形由直线、圆曲线、缓和曲线三种线形构成，通常称为“平面线形三要素”。各要素与汽车行驶状态相互对应：直线——曲率为零，汽车车身轴向与汽车行驶方向的夹角为零；圆曲线——曲率为常数，汽车车身轴向与汽车行驶方向的夹角为固定值；缓和曲线——曲率为变数，汽车车身轴向与汽车行驶方向的夹角为变数。为适应不同的地形条件，平面线形三要素可形成不同的组合线形，如对称基本形、不对称基本形、凸形、S形、C形、卵形、复合形等，为满足行车力学和道路景观要求，不同线形组合应满足一定的几何标准。

从行车安全上讲，驾驶员应能随时看到汽车前面相当远的一段路程，一旦发现前方路面上有障碍物或迎面来车，能及时采取措施，避免相撞，这一必需的最短距离称为行车视距 $S$。选择适当的视距类别和合理的视距标准，也是平面设计的重要内容之一。平面线形的各项指标经正确选用，合理组合后，设计意图与成果应体现在工程图纸上。绘制满足工程惯例的平面设计图，利用平面设计图来检查设计缺陷、优化设计内容，是平面设计综合能力的体现。

## 任务一
## 道路平面设计线形选择

### 能力要求

1. 明确平面线形组成。
2. 熟悉平面设计指标的推导方法，各平面设计指标的正确选用。
3. 熟悉最小圆曲线半径的含义及相关标准中提出的相关要求。
4. 熟悉相关规范对直线的相关规定。
5. 熟悉缓和曲线的相关计算及规定。

6. 掌握平面线形三要素的合理组合，平面线形组合的几何计算与评价。

## 任务描述

公路是一个三维的空间带状构造物。平面线形设计是指公路中线的位置，而公路的平面线形，由于其位置受自然地理、社会经济和技术条件等因素的制约，公路从起点到终点在平面上不可能是一条直线，而是由直线、圆曲线及缓和曲线组成。本任务通过公路图片或案例引导学生讨论分析公路线形组成，并分析《公路工程技术标准》对直线、圆曲线、缓和曲线技术指标的规定，最后结合工程实例使学生理解直线、圆曲线、缓和曲线技术指标在工程中的具体应用。

## 任务实施

通过自主学习及查阅相关资料，完成下列引导问题：

1. 公路平面线形的三要素是指__________、__________和__________。

2. 在转向相同的两相邻曲线间夹直线段处，其直线长度一般不小于__________。

3. 在转向相反的两相邻曲线间夹直线段处，其直线长度一般不小于__________。

4.《公路工程技术标准》规定，公路上的圆曲线最小半径可分为__________、__________、__________三种。

5.《公路工程技术标准》规定，公路上的圆曲线最大半径不宜超过______ m。

6.《公路工程技术标准》规定：当圆曲线半径小于__________，应设缓和曲线。但__________公路可不设缓和曲线，用直线径相连接。

7.《公路工程技术标准》规定，缓和曲线采用__________，其方程表达式为__________。

8. 横向力系数的定义为（　　）。

A. 单位车重上受到的横向力　　B. 横向力和竖向力的比值

C. 横向力和垂向力的比值

9. 不使驾驶员操作方向盘感到困难的平曲线最小长度为设计速度的（　　）倍。

A. 3　　B. 5　　C. 6　　D. 9

10. 判断：

（1）极限最小半径是指按计算行车速度行驶的车辆能保证其安全性和舒适性的最小半径。（　　）

（2）缓和曲线参数 $A$ 值决定了回旋线曲率变化的缓急程度，$A$ 值越大，曲率变化越急。（　　）

12. 平面设计的主要成果有哪些？如何获得这些成果？

13. 简述平面线形的组合形式。

14. 缓和曲线的定义是什么？缓和曲线的作用是什么？确定其长度应考虑哪些因素？

15. 某二级公路平原微丘区交点桩号 K3＋383.76，$R=400$ m，右转角 $\alpha=34°12'32''$，缓和曲线 $l=70$ m。试确定该平曲线要素及平曲线主点桩号。

## 相关知识

道路平面设计

### 一、道路平面设计概述

1. 道路路线

道路是一条带状的三维空间实体，是由路基、路面、桥梁、涵洞、隧道和沿线设施组成的线形构造物。道路路线即该空间实体的中心线，如图 2-1 所示。道路路线在水平面上的投影称作路线的平面，如图 2-2 所示。沿中线竖直剖切并拉直后展开的是路线的纵断面。中线上任意一点的法向切面是道路在该点的横断面。道路路线设计是指确定路线的空间位置和各组成部分的几何尺寸。为研究方便，把道路空间曲线分解成路线平面、路线纵断面和横断面三方面，在设计过程中，应注意三剖面设计相互关联、相互制约。三剖面设计后应通过有效的手段，如组合设计准则、透视图和曲率图方法来检验。

道路的路线位置受社会经济、自然条件和技术标准等因素的制约。路线设计者的任务就是在综合考虑各种制约因素的前提下，合理确定路线的几何参数，满足技术标准、行车安全和工程经济等要求，并与地形、地物、环境和景观等相协调。

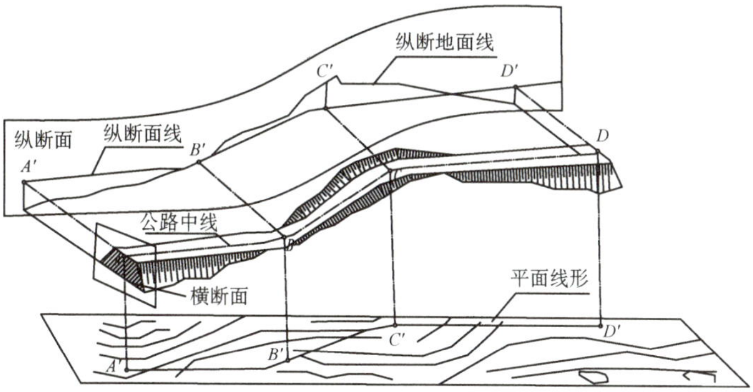


图 2-1　道路的平面、纵断面、横断面

在公路设计的顺序上，一般是在尽量顾及纵断面、横断面平衡的前提下先定平面，沿着先行选定的平面线进行高程测量和横断面测量，取得地面线和地质、水文及其他必要的资料后，再设计纵断面和横断面。为达到设计的目标，必要时再修改平面，多次反复，以达到一个较为满意的结果。在城市道路设计中，由于道路的平面位置和纵断面高程往往受城市规划的控制较严，变化余地不大，而横断面布置要考虑的因素较多，因此，城市道路设计时，一般是先布置横断面，然后再进行平面和纵断面的设计。道路勘测设计的研究范围，仅限于路线的几何性质，不涉及结构。结构设计在路基路面和桥梁工程等课程中讲述。

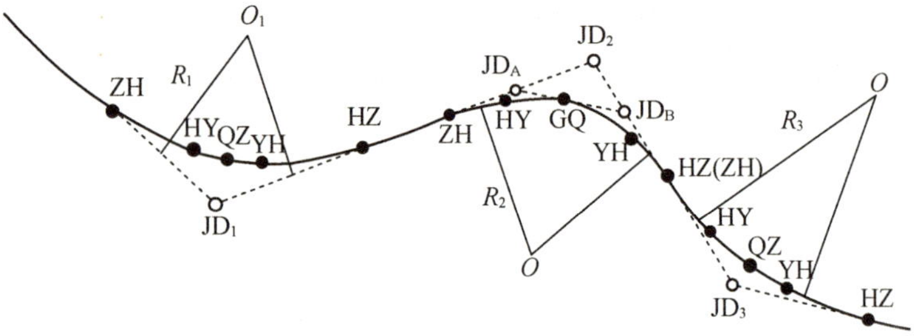


图 2-2　路线的平面

2. 平面线形要素

在简化条件下，汽车在行驶中的前转向轮与车身纵轴的夹角呈三种关系：导向轮与车轴平行，角度为零；导向轮与车身纵轴夹角保持不变，角度为常数；导向轮与车身夹角均匀变化，角度为变数。与上述相对应的车辆行驶轨迹为：曲率为零的线形——直线；曲率为常数的线形——圆曲线；曲率为常变数的线形——缓和曲线。现代道路平面线形由直线、圆曲线和缓和曲线构成，称之为平面线形三要素。

道路在遇到地形、地物障碍而转折时，在路线转折处应设置缓和曲线和圆曲线组成的组合曲线来绕越，要求组成的道路平面线形的曲率是连续的，如图 2-3 所示。但在设

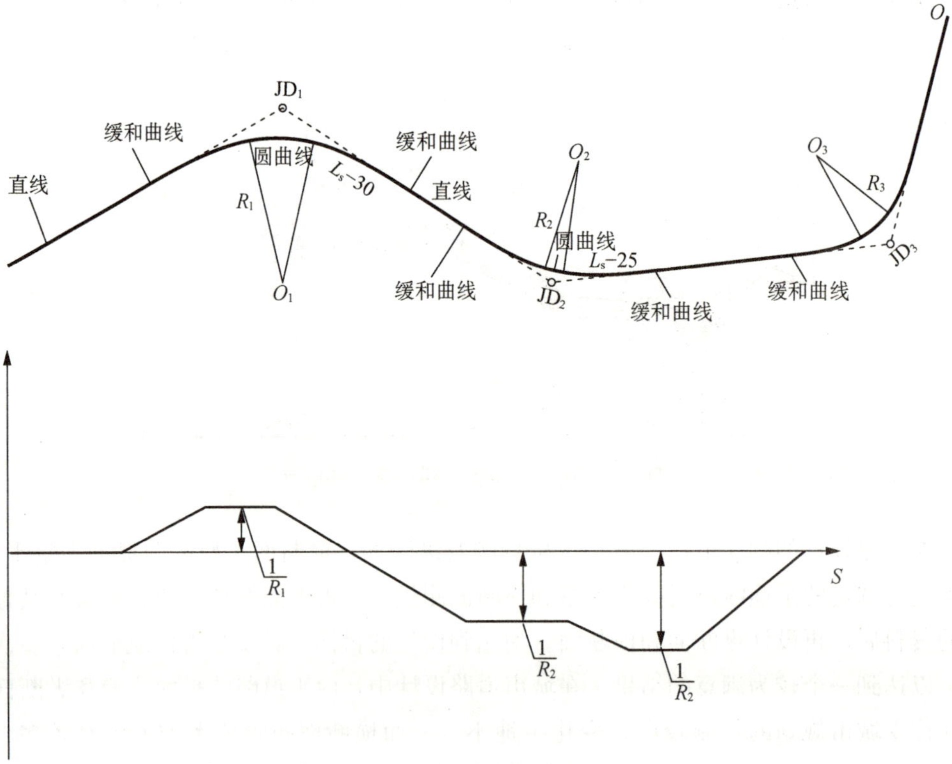


图 2-3　曲率连续的路线

计速度低的道路上，为简化设计，也可以只用圆曲线绕越。实践证明：道路，特别是设计速度较高的道路，由于设置了缓和曲线，其平面线形在视觉上更加平顺，能更好地引导驾驶员的视线，路线更容易被驾驶员跟踪。因此，道路平面线形设计就是从线形的角度去研究三个要素的选用和相互间的组合问题。在高速公路设计中，为避免直线路段上行车单调而引起的驾驶员疲劳，也有全部采用曲线的道路设计，已有的文献表明，采用高次函数的全路段曲线设计一直在研讨中。上述事实表明：路线三要素的组成中，各要素所占比例并无硬性规定，只要与地形情况、驾驶员心理、周围环境及道路等级配合得当，使用合理，均能满足汽车行驶要求。

## 二、直线

### （一）直线的特点

直线是平面线形中的基本线形，因为两点间以直线为最短，所以其在公路和城市道路中使用最为广泛。一般在定线时，只要地势平坦、无大的地形、地物障碍，设计工程师都会首先考虑使用直线通过。直线从视觉上看，线形大方，给人以短捷、直达的良好印象，也有利于城市道路沿线建筑物布置；从车辆受力上看，汽车在直线上行驶受力简单，方向明确，驾驶操作简易；从测设条件上看，直线只需定出两点，就可方便地测定方向和距离；同时直线上行车视距较好，能提供超车条件，对双车道公路有必要在间隔适当的距离设置一定长度的直线路段。直线基于这些优点，在各种线形工程中都被广泛使用。

但是，过长的直线并不好。从行车安全和线形美观来看，过长的直线线形呆板，行车单调，易使驾驶员感到心理上疲倦，难以目测车间距离，长直线上对向行车会产生眩光等，从而容易导致交通事故的发生。直线线形大多难与地形和周围环境相协调，特别在山区、丘陵地区，过长的直线会破坏自然景观，并易造成大填大挖，工程经济性差，所以不宜采用过长的直线。当然，直线过短也不好，曲线间的短直线容易造成视觉不连续、驾驶员操纵困难等问题。所以，在定线中直线的运用、长度的确定，应慎重考虑。综合考虑路线所经过地区的地形、地物、驾驶员的视觉、心理状态及保证行车安全等因素才能合理布设直线。

### （二）直线的表达式

1. 路线方向的表示

直线是道路平面线形中最常采用的基本线形，直线的位置通常是由两端的交点位置来确定的。直线的方向决定了路线的走向，其表示方法有以下两种。

1）用直线间的夹角或转角表示

如图 2-4 所示，直线 $JD_1$—$JD_2$ 延长线与直线 $JD_2$—$JD_3$ 的夹角称为路线的转角，通常用 $\alpha$ 表示。路线转角有右转角与左转角之分，常用 $\alpha_Y$（表示右转）或 $\alpha_Z$（表示左转）表示。

如 $JD_1$—$JD_2$ 的方向已知，则由转角即可求得 $JD_2$—$JD_3$ 的方向。

2）用方位角表示

方位角即路线某一直线方向与正北方向的夹角（由正北方向起按顺时针方向旋转到

该直线方向的夹角），通常用 $\theta$ 表示，如图 2-4 路线的方向示意图，$JD_1$—$JD_2$ 的方位角用 $\theta_1$ 表示，$JD_2$—$JD_3$ 的方位角用 $\theta_2$ 表示。

路线的转角等于后一方位角与前一方位角之差，即

$$\alpha=\theta_2-\theta_1$$

当 $\alpha$ 为正时，路线右转，即 $\alpha=\alpha_Y$；当 $\alpha$ 为负时，路线左转，即 $\alpha=\alpha_Z$。

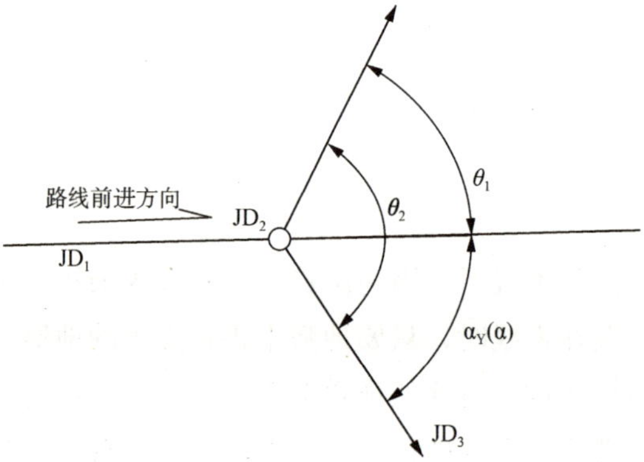


图 2-4　路线的方向

2. 直线的数学表达式

1）直线的数学表达式

若直线上有两点的坐标为已知，则直线的数学表达式可用两点式表示，即

$$\frac{Y-Y_1}{Y_2-Y_1}=\frac{X-X_1}{X_2-X_1}$$

式中：$X$，$Y$——直线上任意点的坐标；

$X_1$，$Y_1$；$X_2$，$Y_2$——直线上两已知点的坐标。

直线上任意两点间的长度为

$$\overline{JD_1-JD_2}=\sqrt{(X_2-X_1)^2+(Y_2-Y_1)^2}$$

2）直线的方向计算

路线与 $X$ 轴的夹角：

$$\beta=\arctan\frac{|y_2-y_1|}{|x_2-x_1|}$$

3）直线 $L_1$ 与 $L_2$ 的一般表达式

$$直线\ L_1：\ A_1x+B_1y+C=0$$

$$直线\ L_2：\ Ax_2+By_2+C=0$$

直线 $L_1$ 与直线 $L_2$ 的交角为

$$\alpha=\arctan\frac{A_1B_2-A_2B_1}{A_1A_2+B_1B_2}$$

**(三) 直线的设计标准**

在道路平面线形设计时，一般应根据沿线地形、地物条件，驾驶员的视觉心理感受

以及保证行车安全等因素，合理设计直线路段，对直线的最大长度与最小长度有所限制。

1. 直线的最大长度

考虑到线形的连续和驾驶的方便，相邻两曲线之间应有一定长度的直线。这个长度是指前一曲线的终点到后一曲线的起点之间的距离。

直线过长，行车单调，驾驶员易犯困，尾随车辆不容易估计车速，易造成车速过快而发生交通事故。因此各国设计规范都对直线的最大长度作出限制，根据国外资料介绍，对于设计速度大于或等于 60 km/h 的公路，最大直线长度（以 m 计）为以汽车按设计速度行驶 70 s 左右的距离控制，一般直线路段的最大长度（以 m 计）应控制在设计速度的 20 倍为宜。由于直线的最大长度主要和驾驶员的视觉反应及心理承受能力有关，理论上求解非常困难，而且最大直线的运用还有与地形、地貌条件相配合的问题，如我国新疆地区最大直线段长曾用到 47.5 km，已建成的沈大高速公路多处出现 5.8 km 的长直线，最长为 13 km，从运营效果看，也未导致严重的交通安全问题。所以，我国对长直线的标准目前尚无统一规定，但《公路工程技术标准》规定：直线的最大长度应有所限制，尽量避免使用长直线。设计人员在实际工作中，应根据地形、地物、自然景观以及工作经验等来判断决定。因某些原因限制而采用长直线时，为弥补长直线路段景观单调缺陷，应结合沿线具体情况采取相应技术措施。

2. 直线的最小长度

1）同向曲线间直线的最小长度

同向曲线是指两个转向相同的圆曲线中间用直线或缓和曲线衔接，或两圆曲线径向连接（径向连接指两个半径不同的圆曲线在其径向所指公切点处直接连接）而成的平面线形，如图 2-5(a) 所示。

同向曲线间的直线较短时，在视觉上容易产生把直线与两端曲线看成为反向曲线的错觉；当直线过短时甚至把两个曲线看成是一个曲线，破坏了线形的连续性，易造成驾驶员操作失误，应尽量避免。这种同向曲线间插入短直线的曲线组合，通常被称为断背曲线。图 2-6(a) 为同向曲线间插入短直线构成断背曲线的示意图，这种曲线破坏了线形的连续性，且容易造成驾驶操作的失误，设计中应尽量避免。由于这种线形组合所产生的缺陷是来自驾驶员的错觉，若是限制中间直线的最短长度，使对向曲线在驾驶员的视觉以外则可以避免上述缺点。图 2-6(b) 为将断背曲线替换为单曲线，可见同向曲线之间插入短直线会影响视觉的连续性。所以《公路路线设计规范》规定：当设计速度大于或等于 60 km/h 时，同向圆曲线间的直线最小长度（以 m 计）以不小于设计速度（以 km/h 计）的 6 倍为宜；设计速度小于或等于 40 km/h 时，可参考执行。在受到条件限制时，无论是高速路还是低速路，宜在同向曲线间插入大半径曲线或将两曲线做成复曲线、卵形曲线或 C 形曲线。

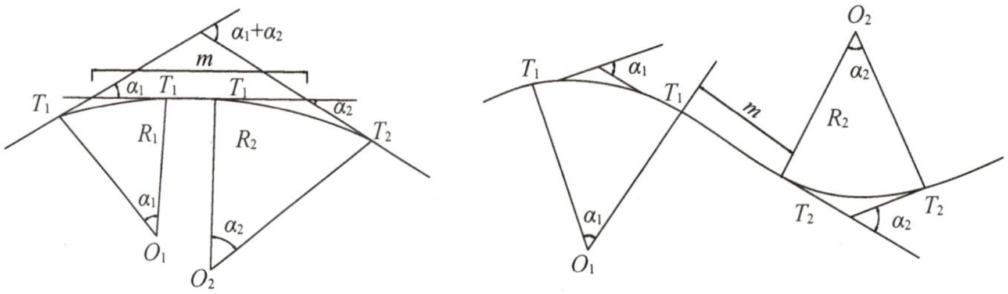


(a) 同向曲线　　(b) 反向曲线

**图 2-5　曲线间的直线**

(a) 断背曲线　　(b) 以单个曲线代替断背曲线

**图 2-6　断背曲线影响视觉连续性**

2）反向曲线间直线的最小长度

反向曲线是指两个转向相反的圆曲线之间以直线或缓和曲线衔接，或两圆曲线径向连接而成的平面线形，如图 2-5(b) 所示。由于两弯道转弯方向相反，考虑超高和加宽过渡的需要，以及驾驶员操作的方便，其间直线的最小长度应予限制。《公路路线设计规范》规定：当设计速度大于或等于 60 km/h 时，反向圆曲线间直线最小长度（以 m 计）以不小于设计速度（以 km/h 计）的 2 倍为宜。当两反向曲线两端设有缓和曲线时，在受到限制的地点也可将两反向曲线首尾相接，构成 S 形曲线。但被连接的两缓和曲线和圆曲线宜满足一定的条件。

圆曲线间的直线长度不宜过短，是基于保证线形的连续性而考虑的。《公路路线设计规范》在用词严格程度上采用“宜”，表示允许有选择，在有条件时首先应这样做。这对设计速度高，特别是车道数多的公路线形设计有利。对设计速度小于或等于 40 km/h 的公路，只规定“可参照执行”。

3）相邻回头曲线间直线的最小长度

回头曲线是指山区公路为克服高差在同一坡面上回头展线时所采用的曲线，如图 2-7 所示。《公路路线设计规范》规定，在回头曲线之间，前一回头曲线的终点至后一回头曲线的起点的距离宜满足表 2-1 的要求。

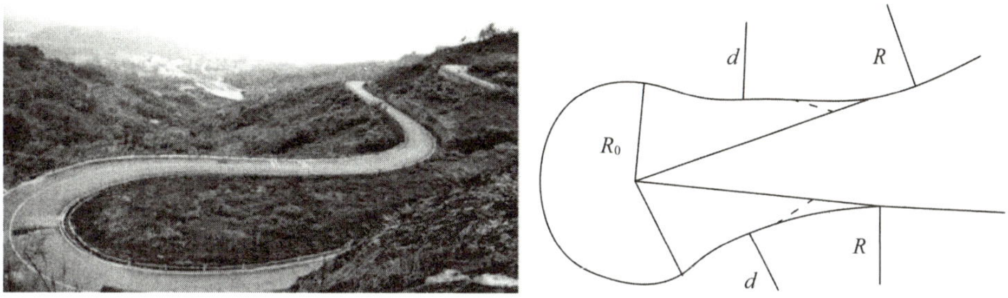


图 2-7　回头曲线

表 2-1　回头曲线间最小直线长度

| 公路等级 | 直线长度 | |
|---|---|---|
| | 一般值(m) | 低限值(m) |
| 二级公路 | 200 | 120 |
| 三级公路 | 150 | 100 |
| 四级公路 | 100 | 80 |

### (四) 直线的运用

可采用直线的路段：

(1) 不受地形、地物限制的平坦地区或山间的开阔谷地。

(2) 市镇及其近郊或规划方正的农耕区等以直线条为主的地区。

(3) 桥梁、隧道等构造物路段。

(4) 路线交叉点及其前后。

(5) 双车道公路提供超车的路段。

采用长的直线线形时，应采取相应的技术措施并注意下述问题：

(1) 在长直线上纵坡不宜过大，因长直线再加下陡坡行驶更易导致高速度。

(2) 长直线与大半径凹形竖曲线组合为宜，这样可以使生硬呆板的直线得到一些缓和如图 2-8 所示为长直线与纵断面的不同组合透视图，但应注意控制凹曲线底部的行车速度。

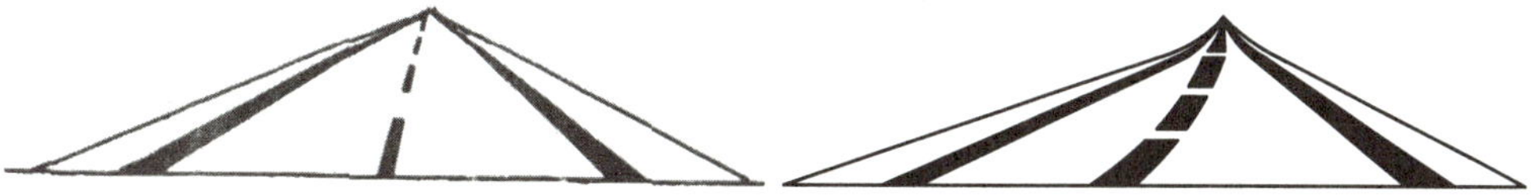

(a) 长直线与直坡组合　　(b) 长直线与凹形竖曲线组合

图 2-8　长直线与纵断面的不同组合

(3) 道路两侧地形过于空旷时，宜采取植不同树种或设置一定建筑物、雕塑、广告牌等措施，以改善景观的单调。

(4) 长直线或长下坡尽头不宜设小半径平曲线，除曲线半径、超高、视距等必须符合规定外，还必须采取设置标志、增加路面抗滑能力等安全措施。

(5) 长直线上汽车运行速度应予以充分考虑，通过透视图等方法检查，确保直线段与相邻曲线段上车速之差不应超过 20 km/h。

## 三、圆曲线

### (一) 概述

圆曲线

圆曲线能较好地适应地形变化，易与地形、地物、景观配合协调，是道路平曲线的主要组成部分。《公路路线设计规范》规定：各级道路不论转角大小均应设置圆曲线，其主要的线形特征如下：

(1) 曲线上任何一点的曲率半径 $R$ 为常数，易于测设。

(2) 圆曲线上每一点都在不断改变方向，故汽车在圆曲线上行驶时受到离心力的作用，当汽车在圆曲线上行驶速度保持为匀速时，所受到的离心力为一常量，道路设计中为降低离心力不利影响，需设置超高。

(3) 汽车在圆曲线上行驶时，前后车轮的轨迹不同，前、后轮轨迹宽度大于在直线上行驶的轨迹宽度，故汽车在圆曲线上行驶时比在直线上要多占据路面宽度。

(4) 汽车在圆曲线内侧行驶时，视线受到路堑边坡或其他的障碍物阻挡，通视条件差，容易发生交通事故。

(5) 为适应地形条件的要求，圆曲线灵活搭配缓和曲线或单独组合成复曲线、双交点或多交点曲线、虚交点曲线、回头曲线等线形。较大半径的长缓圆曲线具有线形美观、顺适、行车舒适等特点，是道路线形常采用的线形。

### (二) 圆曲线的数学表达式

1. 单圆曲线

如图 2-9 所示，道路工程中单圆曲线的几何关系由以下公式表示：

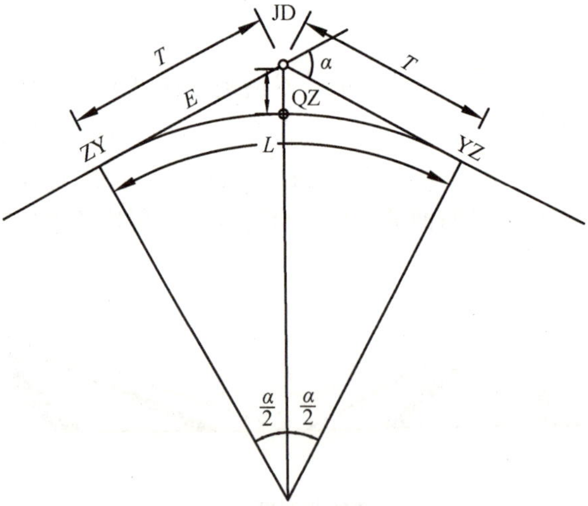


图 2-9 单圆曲线几何关系

$$T = R\tan\frac{\alpha}{2}$$

$$L = \frac{\pi}{180}\alpha R = 0.01745\alpha R$$

$$E = R\left(\sec\frac{\alpha}{2} - 1\right)$$

$$J = 2T - L$$

式中：$T$——切线长（m）；

$L$——曲线长（m）；

$E$——外距（m）；

$J$——校正数（m）；

$R$——圆曲线半径（m）；

$\alpha$——路线转角（°）。

2. 复曲线

两个或两个以上不同半径的单圆曲线在公切点处首尾相接构成的组合曲线称为复曲线（图 2-10）。复曲线的连接点称为公切点，用 GQ 表示。当复曲线的一个曲线半径 $R_1$ 已确定时，另一曲线半径 $R$ 即可求得：

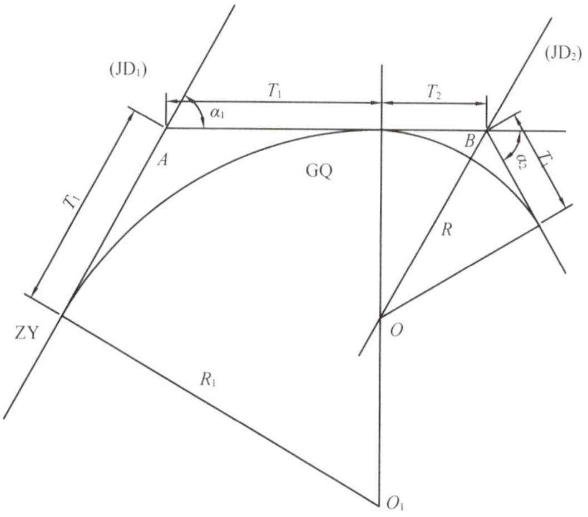


图 2-10　复曲线

$$R = \frac{AB - T_1}{\tan\frac{\alpha_2}{2}} = \frac{AB - R_1\tan\frac{\alpha_1}{2}}{\tan\frac{\alpha_2}{2}}$$

式中符号如图 2-10 所示。

由于复曲线可由不同半径的多个圆曲线组合而成。因此，线形比较灵活，对地形、地物和环境有更强的适应性，是山区公路上常见的线形，应注意的是在选配圆曲线半径时，应先考虑选配受地形、地物条件控制较严格的那一个弯道半径。

### （三）圆曲线半径计算公式的推导

1. 横向力系数

汽车在圆曲线上行驶时，假定汽车行驶速度为常数，即作匀速圆周运动。汽车除受到自身的重力作用外，坐在车厢的人会感到往弯道外侧偏倒，这是圆周运动引起离心力作用在汽车上的效应。也正是有离心力的存在，使行驶在圆曲线上的汽车有两种横向不稳定的危险：一是汽车向弯道外侧滑移；二是汽车向外侧倾覆。

1）汽车在圆曲线上行驶时的受力平衡

根据动力学的基本原理可知，物体作圆周运动产生的离心力为：

$$C=\frac{G}{g}\frac{v^2}{R}=\frac{GV^2}{127R}$$

式中：$C$ ——离心力；

$G$ ——汽车所受重力（N）；

$g$ ——重力加速度（9.81 m/s²）；

$R$ ——圆曲线的半径（m）；

$v$，$V$ ——汽车的行驶速度，分别以 m/s，km/h 计。

由上式可知，离心力 $C$ 的大小与行车速度 $V$ 成正比，与圆曲线的半径 $R$ 成反比，即速度越大，离心力越大；半径越大，离心力越小。

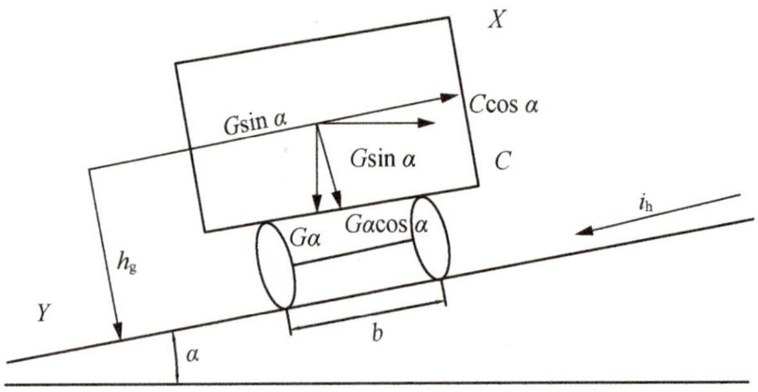


图 2-11　汽车在曲线上行驶受力分析图

离心力对汽车在圆曲线上行驶的稳定性影响很大，它可能使汽车向外侧滑移或倾覆。为抵消或减小离心力的作用，保证汽车在圆曲线上稳定行驶，必须使圆曲线上路面做成外侧高、内侧低、呈单向横坡的形式，称为横向超高。如图 2-11 所示，汽车行驶在具有超高的圆曲线上时，其重力的水平分力可抵消一部分离心力，将离心力和重力分解为沿着平行于路面的横向力方向 $X$ 和垂直于路面的竖直力方向 $Y$，即

$$X=C\cos\alpha-G\sin\alpha$$
$$Y=G\cos\alpha+C\sin\alpha$$

式中：$\alpha$ ——路面横坡坡角，一般很小，取 $\sin\alpha=\tan\alpha=i_h$，$\cos\alpha\approx 1$。

$i_h$ 为超高横坡度。$C\sin\alpha$ 数值很小，略去不计，因此，公式可以写成

$$\begin{cases}X=C-G_{i_h}=\dfrac{Gv^2}{gR}-Gi_h=G\left(\dfrac{v^2}{gR}-i_h\right)\\ Y\approx G\end{cases}\tag{2-1}$$

（2）横向力系数

平行于路面的横向力 $X$ 是反映汽车行驶的不稳定因素，而垂直于路面的竖直力 $Y$ 是反映汽车行驶的稳定因素。但相同横向力作用在不同重量的汽车上的效应是不同的，如同一大小的横向力作用在小汽车上能使小汽车翻车，而作用在重型载重汽车上则安然无恙。所以只用横向力大小不能准确反映汽车的稳定性。为反映汽车在圆曲线上行驶时的稳定性、安全性和舒适性，引进横向力系数，定义为横向力和垂直力的比值，即单位重量上受到的横向力大小，用 $\mu$ 表示。

$$\mu=\frac{X}{Y}\approx\frac{X}{G} \tag{2-2}$$

以式（2-1）代入式（2-2）可得

$$\mu=\frac{X}{G}=\frac{v^2}{gR}\pm i_h=\frac{V^2}{127R}\pm i_h \tag{2-3}$$

式（2-3）表示了横向力系数与车速、圆曲线半径及超高值之间的关系。$\mu$ 值越大，汽车在圆曲线上的稳定性越差。此式对确定圆曲线半径、超高值以及评价汽车在圆曲线上行驶时的安全性和舒适性有十分重要的意义。

汽车在曲线内侧行驶时，车辆自重的分量与离心力方向相反，抵消了一部分离心力，超高横坡 $i$ 取“－”值，横向力系数小。汽车在曲线外侧行驶且圆曲线外侧不设向内倾斜的横坡时（称反向超高横坡），车辆自重的分量与离心力方向相同，增加了横向力的数值，超高横坡 $i$ 取“＋”值，横向力系数大。

2. 汽车在弯道上行驶时横向稳定性分析

1）横向滑移分析

汽车在圆曲线上行驶时以向内侧滑移进行分析，即汽车受到向外侧滑移的横向力 $X$，也受到阻止汽车向外侧滑移的横向反力 $Y\varphi_{横}$ 作用，要使汽车在圆曲线上行驶时不产生横向滑移，就应使最大横向力小于或等于横向摩阻力，即

$$X\leqslant Y\varphi_{横}\approx G\varphi_{横}$$

$$\mu\leqslant\varphi_{横} \tag{2-4}$$

其中，$\varphi_{横}$ 指的是车轮与路面之间的横向摩阻系数，一般 $\varphi_{横}=(0.6\sim0.7)\varphi$，$\varphi$ 为附着系数。将式（2-4）代入式（2-3）并整理，得

$$R\geqslant\frac{V^2}{127(\mu+i_h)} \tag{2-5}$$

根据式（2-5）可计算出汽车在圆曲线上行驶时，不产生横向滑移的最小圆曲线半径 $R$ 或最大允许行驶速度 $V$。

2）横向倾覆稳定

汽车在圆曲线上作圆周运动时，由于有横向力的存在，有可能产生横向倾覆。产生横向倾覆的极限条件是横向力 $X$ 引起的倾覆力矩大于车辆自重 $G$ 产生的稳定力矩，即由图 2-11 可知

$$Xh_g\leqslant Y\frac{b}{2}=(Fi_h+G)\frac{b}{2}$$

因 $Fi_h$ 比 G 小很多，上式近似为

$$\mu=\frac{X}{Y}\approx\frac{X}{G}\leqslant\frac{b}{2h_g} \tag{2-6}$$

其中，$b$ 为汽车轮距；$h_g$ 为汽车重心到地面的高度，$Y\approx G$。

将式（2-6）代入式（2-3）并整理，得

$$R\geqslant\frac{V^2}{127\left(\frac{b}{2h_g}+i_h\right)} \tag{2-7}$$

由式（2-7）可计算出汽车在圆曲线上行驶时，不产生横向倾覆的最小圆曲线半径 $R$ 或最大允许行驶速度 $V$。

3）横向稳定性的保证

比较式（2-4）及式（2-6），倾覆失稳与滑移失稳现象何者先出现取决于 $\varphi_{横}$ 与 $\frac{b}{2h_g}$ 的数值大小。若 $\frac{b}{2h_g}>\varphi_{横}$，则倾覆先于滑移；若 $\frac{b}{2h_g}<\varphi_{横}$，则滑移先于倾覆。现代汽车由于轮距宽、重心低，一般 $\frac{b}{2h_g}$ 大于 $\varphi_{横}$，通常 $\frac{b}{2h_g}\approx 1$，而 $\varphi_{横}<0.5$，所以滑移发生先于倾覆。道路设计如能保证汽车不发生滑移也能保证汽车不倾覆。但必须注意，若汽车装货过高，使重心提高，则也有可能出现倾覆，所以，一般应对汽车的装载高度有限制。

3. 圆曲线半径公式的建立

1）圆曲线半径公式

式（2-3）可改写成以下表达式：

$$R=\frac{V^2}{127(\mu \pm i_h)} \tag{2-8}$$

式（2-8）即为求圆曲线半径值的计算公式，使用中要特别注意的是超高横坡度 $i_h$ 的正、负号取值问题。对于双向路拱横坡的路面，在圆曲线内侧行驶时，$i_h$ 取“+”值；在圆曲线外侧行驶时，$i_h$ 取“－”值；当路面为全超高单向断面时，$i_h$ 都取“+”值。

从式（2-8）可以看出，在 $V$ 为定值条件下，圆曲线的半径值大小取决于容许的横向力系数 $\mu$ 和最大超高横坡度值 $i_h$。

2）关于横向力系数 $\mu$ 的取值

横向力系数的存在会对行车产生种种不利影响，横向力系数越大越不利，具体表现在以下四方面。

（1）危及行车安全

汽车能在弯道上行驶的基本前提是轮胎不在路面上滑移，这就要求横向力系数不大于轮胎与路面之间所能提供的横向摩阻系数，即 $\mu \leqslant f$。

$f$ 与车速、路面种类及状态、轮胎状态等有关。一般在干燥路面上为 0.4～0.8，在潮湿的沥青路面上汽车高速行驶时，降低到 0.25～0.40。

（2）增加驾驶操纵的困难

弯道上行驶的汽车，在横向力作用下，弹性的轮胎会产生横向变形，使轮胎的中间平面与轮迹前进方向形成一个横向偏移角（图 2-12），其存在增加了汽车在方向操纵上的困难，特别是车速较高时，如果横向偏移角超过了 5°，一般驾驶员就不易保持驾驶方向上的稳定。

（3）增加燃料消耗和轮胎磨损

$\mu$ 的存在使车辆的燃油消耗和轮胎磨损增加，实测的增加百分比见表 2-2。

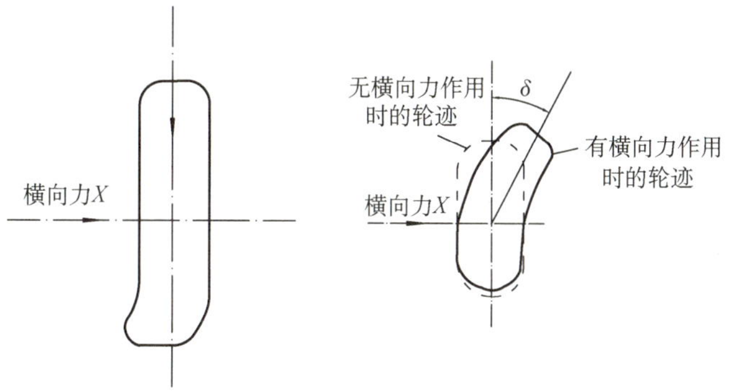


(a) 轮胎横向变形　　(b) 轮迹的偏移角

**图 2-12　汽车轮胎的横向偏移角**

**表 2-2　实测的燃料消耗和轮胎磨损**

| 横向力系数 $\mu$ | 燃料消耗 | 轮胎磨损 |
|---|---|---|
| 0 | 100% | 100% |
| 0.05 | 105% | 160% |
| 0.10 | 110% | 220% |
| 0.15 | 115% | 300% |
| 0.20 | 120% | 390% |

（4）乘客感觉不舒适

横向力的存在不仅使驾驶员操作困难、燃油消耗及轮胎磨耗增加，对于乘客来说，横向力系数 $\mu$ 值的增大，同样感到不舒适，据试验，乘客随 $\mu$ 的变化其心理反应如下。

- 当 $\mu<0.10$ 时，不感到有曲线存在，很平稳；
- 当 $\mu=0.15$ 时，稍感到有曲线存在，尚平稳；
- 当 $\mu=0.20$ 时，已感到有曲线存在，稍感不稳定；
- 当 $\mu=0.35$ 时，感到有曲线存在，不稳定；
- 当 $\mu\geqslant0.40$ 时，非常不稳定，有倾车的危险感。

综上所述，$\mu$ 值关系到行车的安全性、经济性与舒适性。为计算最小圆曲线半径，应考虑各方面因素采用一个合适的 $\mu$ 值。研究指出：$\mu$ 的舒适界限，0.10～0.16 是比较恰当的，设计中随道路等级不同、道路所提供的服务水平不同可取不同的数值。

3）关于超高横坡度 $i_h$ 的取值

设置超高的目的是抵消部分离心力的作用，但道路上行驶的车辆速度并不一致，特别在混合交通的道路上，不仅要考虑快车，同时也要照顾慢车。因此，选择合适的超高值才能保证所有车辆的行车安全。

（1）最大超高

在车速较高、圆曲线半径较小的情况下，为了平衡离心力需要使用较大的超高，最大超高值用 $i_{bmax}$ 表示。但对于慢车，乃至因故障停在弯道上的车辆，其离心力接近于0或等于0。如超高率过大，超出轮胎与路面间的横向摩阻系数，车辆有沿着路面最大

合成坡度下滑的危险，因此必须满足

$$i_{bmax} \leqslant f_w \tag{2-9}$$

其中，$f_w$ 为一年中气候恶劣季节路面的横向摩阻系数。

确定最大超高坡度 $i_{bmax}$ 除根据道路的行车速度、圆曲线半径大小和所在地区的气候条件外，还必须考虑给予驾驶员和乘客心理上的安全感、路面的路容美观等。故对山岭重丘区、城市附近、交叉口以及有相当数量非机动车行驶的道路，最大超高坡度要比一般道路小。

我国《公路工程技术标准》对公路最大超高的规定见表 2-3，城市道路最大超高见表 2-4。

**表 2-3　各级公路圆曲线最大超高值**

| 公路等级 | 高速公路、一级公路 | 二、三、四级公路 |
|---|---|---|
| 一般地区 | 8%（10%） | 8% |
| 积雪冰冻地区 | 6% | |
| 城镇区域各级公路 | 4% | |

**表 2-4　城市道路最大超高值**

| 计算行车速度（km/h） | 80 | 60，50 | 40，30，20 |
|---|---|---|---|
| 最大超高横坡度 | 6% | 4% | 2% |

（2）最小超高与反超高

当路面的超高横坡度计算数值小于路拱横坡度值时，应设等于公路直线部分正常路拱横坡的最小单向超高。当经计算不设超高横坡仍能保证行车安全时，可设与原路面横坡度相同的反向超高，即圆曲线部分的路拱横坡与直线段上一致。

**（四）圆曲线半径选用**

依据汽车横向稳定性分析，一般汽车的横向滑移先于横向倾覆发生，因此，在设计时应控制横向力系数 $\mu$ 不超过摩阻系数。《公路工程技术标准》根据不同横向力系数及超高值，对不同等级的公路规定了圆曲线最小半径的极限值、一般值和不设超高的最小半径。

1. 圆曲线最小半径（极限值）

圆曲线的最小半径极限值，指的是一方面考虑汽车在这种半径的曲线上以设计速度或以接近设计速度行驶时，乘客有充分的安全舒适感，另一方面也要注意到在地形比较复杂的情况下不会过多地增加工程量。

在设置全超高的情况下，车辆沿与路面平行的方向分解的重力分量将抵消部分离心力影响，从而可以减小曲线半径，故计算公式中超高横坡取正值。

$$R=\frac{V^2}{127(\mu+i)} \tag*{[2-8(a)]}$$

横向力系数 $\mu$ 的大小直接影响到乘客的舒适感，综合考虑乘客舒适感受，横向力系数不超过实测路面与轮胎之间摩阻系数的安全要求因素，得出横向力系数采用0.10～0.17。

全超高横坡值 $i$ 与道路等级和地区自然条件有关，《公路工程技术标准》和《公路路线设计规范》规定了最小半径极限值横向力系数 $\mu$ 采用0.10～0.17，超高横坡 $i_h=4\%\sim10\%$，将该取值代入式[2-8(a)]，得出《公路工程技术标准》规定的圆曲线最小半径（极限值），见表2-5。

值得注意的是，极限最小半径是路线设计中的极限值，是在特殊困难条件下不得已而采用的。一般不要轻易使用，若要采用极限最小半径，应有充分的理由并出合理的论证。

**表2-5　圆曲线最小半径（极限值）**

| 设计速度（km/h） | | 120 | 100 | 80 | 60 | 40 | 30 | 20 |
|---|---|---|---|---|---|---|---|---|
| 横向力系数 | | 0.10 | 0.12 | 0.13 | 0.14 | 0.15 | 0.16 | 0.17 |
| 圆曲线最小半径（极限值）（m） | $i=10\%$ | 570 | 360 | 220 | 115 | — | — | — |
| | $i=8\%$ | 650 | 400 | 250 | 125 | 60 | 30 | 15 |
| | $i=6\%$ | 710 | 440 | 270 | 135 | 60 | 35 | 15 |
| | $i=4\%$ | 810 | 500 | 300 | 150 | 65 | 40 | 20 |

2. 圆曲线最小半径（一般值）

一般圆曲线最小半径对按设计速度行驶的车辆能保证其安全性与舒适性，此时确定的圆曲线最小半径一般值采用的横向力系数值为0.05～0.06，超高横坡 $i_h=6\%\sim8\%$，将该取值代入式[2-8(a)]计算，将计算结果取整，即得出《公路工程技术标准》规定的圆曲线最小半径（一般值），见表2-6。圆曲线最小半径（一般值）是通常情况下推荐采用的最小半径。

**表2-6　各级公路圆曲线最小半径（一般值）**

| 设计车速（km/h） | 120 | 100 | 80 | 60 | 40 | 30 | 20 |
|---|---|---|---|---|---|---|---|
| 圆曲线最小半径（一般值）（m） | 1 000 | 700 | 400 | 200 | 100 | 65 | 30 |

3. 不设超高圆最小半径

路面上不设超高，对于行驶在曲线外侧车道上的车辆来说是“反超高”，其超高横坡 $i$ 取值应为负，大小与路拱坡度相同。

$$R=\frac{V^2}{127(\mu-i)} \qquad [2\text{-}8(b)]$$

从舒适和安全的角度考虑，横向力系数 $\mu$ 也应取尽可能小的值，以使乘客行驶在曲线上有与行驶在直线上大致相同的感觉。我国《公路工程技术标准》所制定的“不设超高的最小半径”是取横向力系数 $\mu=0.035\sim0.040$，并规定分路拱横坡≤2%和路拱>2%来计算考虑，即得出《公路工程技术标准》规定的圆曲线不设超高最小半径，见表2-7。

《城市道路设计规范》中所规定的圆曲线最小半径见表2-8。

表 2-7　各级公路圆曲线最小半径

| 设计速度（km/h） | | 120 | 100 | 80 | 60 | 40 | 30 | 20 |
|---|---|---|---|---|---|---|---|---|
| 不设超高圆曲线最小半径（m） | 路拱≤2% | 5 500 | 4 000 | 2 500 | 1 500 | 600 | 350 | 150 |
| | 路拱>2% | 7 500 | 5 250 | 3 350 | 1 900 | 800 | 450 | 200 |

表 2-8　城市道路圆曲线最小半径

| 设计速度（km/h） | | 100 | 80 | 60 | 50 | 40 | 30 | 20 |
|---|---|---|---|---|---|---|---|---|
| 设超高最小半径（m） | 一般值 | 650 | 400 | 300 | 200 | 150 | 85 | 40 |
| | 极限值 | 400 | 250 | 150 | 100 | 70 | 40 | 20 |
| 不设超高最小半径（m） | | 1 600 | 1 000 | 600 | 400 | 300 | 150 | 70 |

4. 圆曲线最大半径

从以上的分析可知，选用圆曲线半径越大，离心力越小，行车的舒适性越好，所以在与地形等条件相适应的前提下应尽量采用大的圆曲线半径。但半径大到一定程度时，其几何性质和行车条件与直线无太大区别，容易给驾驶员造成判断上的错误而带来不良后果，同时也增加计算和测量上的负担。所以《公路工程技术标准》规定圆曲线的最大半径不宜超过 10 000 m。

## 四、缓和曲线

缓和曲线是道路平面线形三要素之一，它是设置在直线与圆曲线之间或半径相差较大的两个转向相同的圆曲线之间的一种曲率连续变化的曲线。《公路工程技术标准》规定，除四级公路可不设缓和曲线外，其余各级公路都应设置缓和曲线。

### （一）缓和曲线的作用

1. 行车缓和

缓和曲线

缓和曲线通过其曲率逐渐变化，适应汽车转向的行车轨迹。汽车在转弯行驶的过程中，存在一条曲率连续变化的轨迹线。从安全的角度出发，有必要设置一条与汽车转向行驶轨迹线相同的路线，使车辆在进入或离开圆曲线时不致侵入邻近车道，以保证行车安全。而从驾驶员转弯操纵方向盘来看，汽车前轮在直线和圆曲线上的转向角差为 $\beta$，其中间应插入一段曲率逐渐变化的缓和曲线，才能使汽车在保持一定车速条件下前轮转向角从 $0^{\circ}$ 向 $\beta$ 的逐渐转向，从而有利于驾驶员操纵方向盘。

2. 离心力缓和

离心加速度逐渐变化，乘客感觉舒适。直线段上离心力 $C$ 为零，圆曲线上离心力为与半径有关的定值。汽车由直线驶入圆曲线或由圆曲线驶入直线，由于曲率的突变而产生的离心力突变会使乘客有不舒适的感觉。所以为消除离心力突变和限制离心力的变化率，应在直线与圆曲线或曲率不同的两圆曲线之间设置一条曲率渐变的曲线以缓和并限制离心加速度的变化。

3. 线形缓和

直线和圆曲线直接连接时，在连接处形成曲率突变点，视觉上有不平顺的感觉。如图 2-13 所示，这种线形视觉效果差，存在折点和扭曲现象。而加入缓和曲线后，能使线形曲率渐变，线形圆滑美观，获得较好的视觉效果和心理作用。

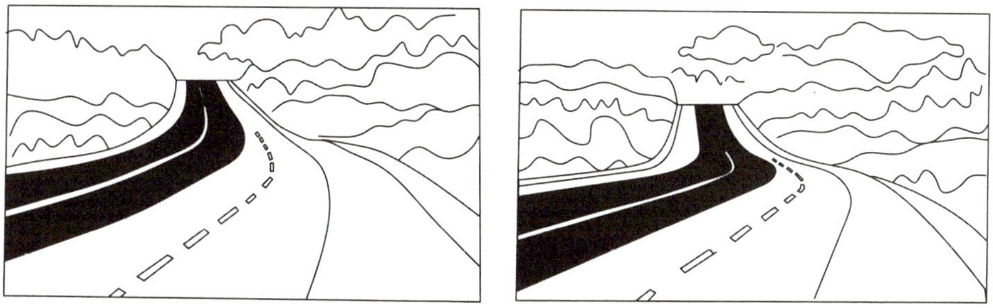

(a) 不设缓和曲线感觉线形别扭　　(b) 设置缓和曲线后线形美观顺适

图 2-13　直线与曲线连接效果

4. 超高、加宽缓和

圆曲线上有超高和加宽时，由直线上无超高加宽过渡到主圆曲线上的全超高加宽处，必须有一段超高加宽过渡段。通过设置缓和曲线，不但能提供行车缓和、离心力缓和、线形缓和，也可以在缓和曲线段上完成超高和加宽逐渐过渡。

### (二) 缓和曲线的线形选择

1. 汽车转向行驶的理论轨迹

当汽车逐渐由直线驶入圆曲线，为方便讨论作两个假定：一是汽车作匀速行驶，即汽车半径 $\rho$ 从 $\infty$ 过渡到 $R$ 时，汽车以等速通过距离 $S$ 所需时间 $t$；二是驾驶员操纵方向盘作等角速度 $\omega$ 转动，即汽车的前轮转向角由直线上的 0° 均匀地增加到圆曲线上的定值 $\beta$ 角。图 2-14 表示汽车从开始转动方向盘到行驶 $t$(s) 后汽车的行驶轨迹，如果汽车方向盘仅转动 $\varphi$，则前轮只变化方向 $\phi$，$\phi$ 与 $\varphi$ 的关系为

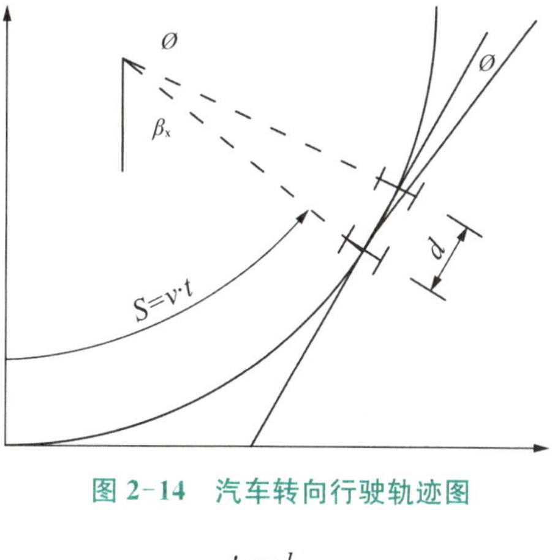


图 2-14　汽车转向行驶轨迹图

$$\phi = k\varphi \tag{2-10}$$

$$\varphi = \omega t \tag{2-11}$$

式中：$k$ ——小于 1 的系数；

$\varphi$ ——方向盘的转动角度（rad）；

$t$——行驶时间（s）；

$\omega$ ——方向盘转动的角速度（rad/s）。

由式（2-10）及式（2-11）可得汽车前轮的转向角为

$$\phi = k\omega t$$

假定汽车前后轮之间距离为 $d$，当前轮只转向 $\phi$ 角度时，汽车行驶轨迹线的半径为

$$\rho = \frac{d}{\tan\phi}$$

因为 $d$ 很小，所以 $d$ 所对应的圆心角很小，$\phi \approx 0$， $\tan\phi \approx \phi$，则有

$$\rho = \frac{d}{\phi} = \frac{d}{k\omega t} = \frac{d}{k\omega}\frac{v}{s}$$

即

$$S = \frac{d}{k\omega}\frac{v}{\rho} = \frac{1}{\rho}\frac{d}{k\omega}v$$

因 $d$，$k$，$\omega$，$v$ 均为常数，令

$$A^2 = \frac{d}{k\omega}v$$

可得

$$S = \frac{A^2}{\rho} \tag{2-12}$$

式中：$S$——汽车从曲线起点行驶时间 $t$ 至所求任一点的距离，即缓和曲线长度（m）；

$A$——参数，为常数，因 $S$ 与 $\rho$ 的乘积为二次量纲，故设为 $A^2$ 值；

$\rho$——曲线上所求点处的曲率半径（m）。

式（2-12）为汽车转弯时的理论轨迹方程，从中可以得出两个结论：一是该曲线上任一点的曲率半径 $\rho$ 与该点至曲线起点距离 $S$ 成反比；二是参数 $A$ 对某一曲线来讲，是一个常数，但对整个道路线形而言，其实质是一个放大倍数，$R$ 确定圆的大小，$A$ 则确定了缓和曲线曲率变化的缓急。

2. 缓和曲线的线形选择

由上面的分析可知，汽车转弯时的理论轨迹方程上任一点的曲率半径 $\rho$ 与该点至曲线起点距离 $S$ 成反比。数学上满足这一几何特性的曲线有不少，如回旋曲线、双纽曲线、正弦形曲线、多圆弧曲线、样条曲线、高次抛物线等，如图 2-15 所示，由于回旋曲线与汽车由直线进入圆曲线的轨迹完全相符，计算上简便，因此，我国《公路工程技术标准》规定道路缓和曲线采用回旋曲线。

式（2-12）中，$S = L_h$， $\rho = R$，则可得回旋曲线作为缓和曲线的基本方程：

$$L_h R = A^2 \tag{2-13}$$

其中，$A$ 称为回旋曲线参数，如同圆曲线一样，只要事先定出圆曲线半径值，就可以确定圆曲线的大小，在回旋曲线中，事先定出回旋线参数 $A$，也就可以定出回旋曲线的大小。

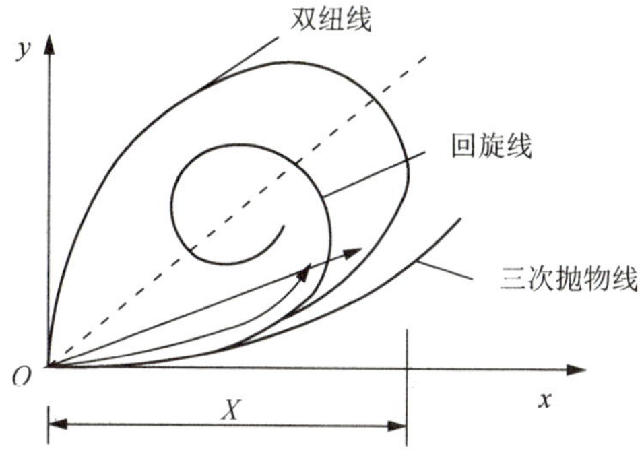


图 2-15　回旋线、双纽线和抛物线

### （三）缓和曲线设计标准

1. 缓和曲线的最小长度 $l_h$

汽车在缓和曲线上行驶时，要有足够的缓和曲线长度，以保证驾驶员操纵方向盘所需的时间、限制离心加速度的增长率、缓和曲线与圆曲线之间线形的协调美观及满足设置超高与加宽过渡等要求。主要从以下四个方面考虑。

1）从乘客感觉舒适度考虑，对离心加速度增长率应加以控制

汽车行驶在缓和曲线上，其离心力加速度随缓和曲线曲率的变化而变化，为了保证乘客乘车的舒适性，就需控制离心力的变化率。

在缓和曲线起点处：$\rho=\infty$，$a_1=0$

在缓和曲线终点处：$\rho=R$，$a_2=a_{\max}=\dfrac{v^2}{\rho}$

如果设汽车从缓和曲线起点行驶至终点的行程时间为 $t$，则

$$t=\frac{l_h}{v}$$

离心加速度平均增长率为 $a_s=\dfrac{\Delta a}{t}=\dfrac{a_2-a_1}{t}=\dfrac{a_{\max}}{t}=\dfrac{v^3}{L_h R}=\dfrac{V^3}{47Rl_h}$

式中：$V$——设计车速（km/h）；

$R$——圆曲线半径（m）；

$a_s$——离心加速度平均增长率（$m/s^2$）；

$t$——汽车在缓和曲线上行驶的时间，一般采用 3 s；

$\Delta a$——离心加速度的变化率（$m/s^2$）。

在确定缓和曲线的最小长度时，我国公路设计将离心加速度变化率控制在 0.5～0.6 $m/s^2$，则有

$$l_{h_{\min}}=\frac{V^3}{47Ra_s} \tag{2-14}$$

2）按驾驶员操纵方向盘所需的时间考虑

缓和曲线的最小长度选择不可使车辆在缓和曲线上的行驶时间过短，使驾驶员驾驶操纵过于紧张，一般认为汽车在缓和曲线上的行驶时间至少应达到 3 s。按该因素选择的缓和曲线最小长度为

$$l_{h_{min}} = vt = \frac{V}{3.6}t = \frac{V}{1.2} \tag{2-15}$$

式中：$v$——汽车行驶速度（m/s）；

$V$——汽车设计速度（km/h）；

$t$——汽车在缓和曲线上的行驶时间，一般取 3 s。

3）从超高渐变率适中考虑

超高渐变率是指在缓和曲线上设置超高缓和段后，因路基外侧由双向横坡逐渐变成单向超高横坡所产生的附加纵坡。由于在缓和曲线上要完成超高过渡，设置超高缓和段时，如果缓和曲线太短，使超高渐变太快，不但对行车和路容不利，还影响到舒适性；如果缓和曲线太长，使超高渐变率太小，则对排水不利。《公路路线设计规范》规定了适中的超高渐变率，由此可导出计算缓和曲线最小长度的计算公式。

超高缓和段长度计算公式为

$$\begin{aligned} L_c &= \frac{b' \cdot \Delta i}{p} \\ l_h \geqslant L_c &= \frac{b' \cdot \Delta i}{p} \end{aligned} \tag{2-16}$$

式中：$L_c$——超高缓和段长度（m）；

$l_h$——缓和曲线最小长度（m）；

$b'$——旋转轴至行车道（设路缘带时为路缘带）外侧边缘的宽度（m）；

$\Delta i$——超高旋转轴外侧的最大超高坡度与原路拱坡度的代数差，以百分数表示；

$P$——超高渐变率，见表 2-16。

4）从视觉平顺感考虑

根据视觉要求，缓和曲线的起点和终点的切线角 $\beta$ 宜在 3°～29°，缓和曲线和圆曲线的线形才能很好协调，可获得良好的视觉效果。由回旋线缓和曲线角计算公式可知：

$$\beta_0 = \frac{90}{\pi} \times \frac{l_h}{R}$$

从而得

$$A = \sqrt{l_h \times R} = R\sqrt{\frac{\beta_0}{28.6479}} \tag{2-17}$$

将 $\beta_0 = 3°$ 和 $\beta_0 = 29°$ 代入式（2-17）得：

$$\frac{R}{3} \leqslant A \leqslant R \tag{2-18}$$

按上述四点要求，计算缓和曲线长度的公式与设计速度关系最大，与半径的关系则有差异。《公路工程技术标准》规定按设计速度来确定缓和曲线最小长度，同时考虑了行车时间和附加纵坡的要求，各级公路最小缓和曲线长度见表 2-9(a)，城市道路缓和曲线长度取值见表 2-9(b)。

还需指出的是，选用了缓和曲线最小长度，就意味保证了汽车行驶安全和驾驶员的操作要求，但并不表示缓和曲线与圆曲线之间能协调，为了线形美观协调，还应从视觉角度对缓和曲线长度取值，回旋线长度应随圆曲线半径的增大而增长，一般要满足缓和曲线与主圆曲线长度的比值为 1∶1的关系，即 $l_h : l_y = 1 : 1$。此外，选用缓和曲线长度时宜取 5 m 的整倍数。缓和曲线长度应随圆曲线半径的增大而增大。当圆曲线部分需要设置超高时，缓和曲线的长度应满足超高缓和段长度，且应满足最大超高渐变率和最小超高渐变率要求。

**表 2-9(a)　各级公路缓和曲线最小长度**

| 设计速度(km/h) | 120 | 100 | 80 | 60 | 40 | 30 | 20 |
|---|---|---|---|---|---|---|---|
| 缓和曲线最小长度（m） | 100 | 85 | 70 | 60 | 40 | 30 | 20 |

**表 2-9(b)　城市道路缓和曲线最小长度**

| 设计速度(km/h) | 80 | 60 | 50 | 40 | 30 | 20 |
|---|---|---|---|---|---|---|
| 缓和曲线最小长度（m） | 70 | 50 | 45 | 35 | 25 | 20 |

2. 缓和曲线的参数 *A* 取值

缓和曲线采用的回旋线基本公式是以参数形式表达的（$L_h R = A^2$），其中缓和曲线参数 *A* 值决定了回旋线曲率变化的缓急程度。*A* 的最小值应根据汽车在缓和曲线上缓和行驶的要求、行驶时间要求以及允许的超高渐变率要求等确定。由前述从视觉平顺感出发，确定了最小参数 *A* 值［式（2-18）］，即缓和曲线参数 *A* 与连接的圆曲线半径 *R* 之间，只要满足 $R/3 \leqslant A \leqslant R$ 的要求，便可获得视觉上协调、舒顺的线形。

3. 缓和曲线的省略

在直线和圆曲线之间设置缓和曲线后，圆曲线产生了内移值 $p = \dfrac{L_h^2}{24R}$。*R* 与 *p* 成反比，当 *R* 大到一定程度时，此内移值与车道中的富裕宽度相比很小，即使直线与圆曲线径相连接，汽车也能完成缓和曲线的行驶。所以《公路路线设计规范》规定，在下列两种情况下可不设回旋线。

1）在直线与圆曲线间缓和曲线的省略

当圆曲线半径大于或等于“不设超高的最小半径”时，四级公路可将直线与圆曲线直接连接，在圆曲线的起、终点设超高、加宽缓和段。

《公路路线设计规范》规定：城市道路不设缓和曲线的最小圆曲线半径见表 2-10。

**表 2-10　城市道路不设缓和曲线的最小圆曲线半径**

| 设计速度（km/h） | 80 | 60 | 50 | 40 |
|---|---|---|---|---|
| 不设缓和曲线的圆曲线最小半径（m） | 2 000 | 1 000 | 700 | 500 |

2）半径不同的同向圆曲线间缓和曲线的省略

（1）当小圆半径大于或等于“不设超高的最小半径”时，缓和曲线省略；

（2）小圆半径大于表 2-11“复曲线中小圆半径临界值”，且符合下列条件之一时：

表 2-11　复曲线中小圆临界曲线半径

| 设计速度（km/h） | 120 | 100 | 80 | 60 | 40 | 30 |
|---|---|---|---|---|---|---|
| 临界曲线半径（m） | 2 100 | 1 500 | 900 | 500 | 250 | 130 |

① 小圆曲线按规定设置相当于最小缓和曲线长的回旋线时，其大圆与小圆的内移值之差不超过 0.10 m。

② 设计速度≥80 km/h 时，大圆半径与小圆半径之比小于 1.5。

③ 设计速度<80 km/h 时，大圆半径与小圆半径之比小于 2。

**（四）回旋线作为缓和曲线的数学计算**

*1. 以回旋线的缓和曲线角 $\beta$ 或任意点曲率半径 $\rho$ 和长度 $l$ 为参数的表达式*

回旋线上任意一点的法线方向与 $y$ 轴的夹角称缓和曲线角 $\beta$，如图 2-17 所示，回旋线可用 $\beta$ 参数来表示其直角坐标，推导过程此处省略，则缓和曲线角为

$$\beta=\frac{l}{2\rho} \tag{2-19}$$

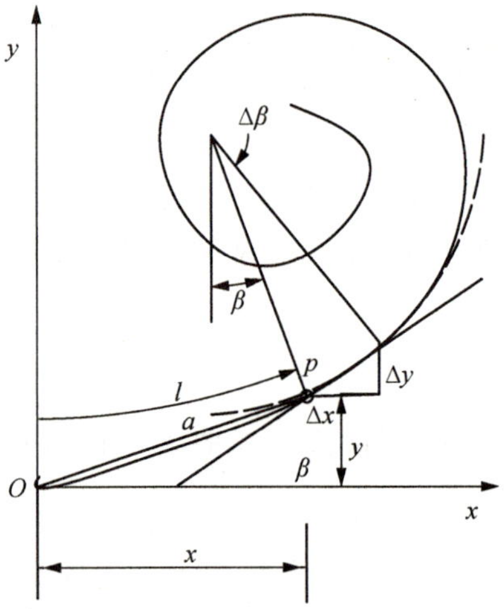


图 2-16　回旋曲线

缓和曲线上任意点的直角坐标表达式为

$$\begin{aligned} x&=l-\frac{l^3}{40\rho^2}+\frac{l^5}{3\,456\rho^4}-\cdots \\ y&=\frac{l^2}{6\rho}-\frac{l^4}{336\rho^3}+\frac{l^6}{42\,240\rho^5}-\cdots \end{aligned} \tag{2-20}$$

*2. 回旋线的缓和曲线角 $\beta_x$*

为了能在直线与圆曲线之间插入缓和曲线，必须将原有圆曲线向内移动一定的距离 $p$。采用圆心不动的平行移动方法，可以看成是平曲线在未设置缓和曲线时的圆曲线半径为 $R+p$，而该平曲线要插入缓和曲线，向内移动距离 $p$ 后，圆曲线半径正好减小一个值，即为 $R$，如图 2-17 所示。回旋线上任一点的缓和曲线角 $\beta_x$，如图 2-18 所示，由式（2-19）可得

$$\beta_x=\frac{l_x}{2\rho} \tag{2-21}$$

计算回旋线终点的总缓和曲线角 $\beta_0$，即 $l_x=l_h$ 时，以 $l_x=l_h$，$\rho=R$ 代入式(2-21)，则得回旋曲线终点处总缓和曲线角。

$$\beta_0=\frac{l_h}{2R}=28.6479\times\frac{l_h}{R} \tag{2-22}$$

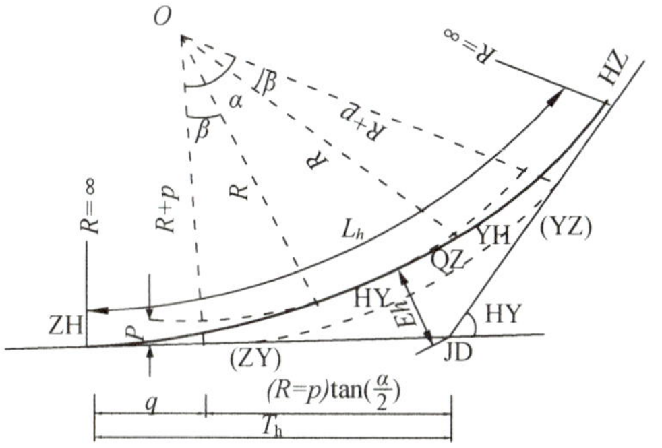


图 2-17　圆心不动、半径缩小插入回旋线法

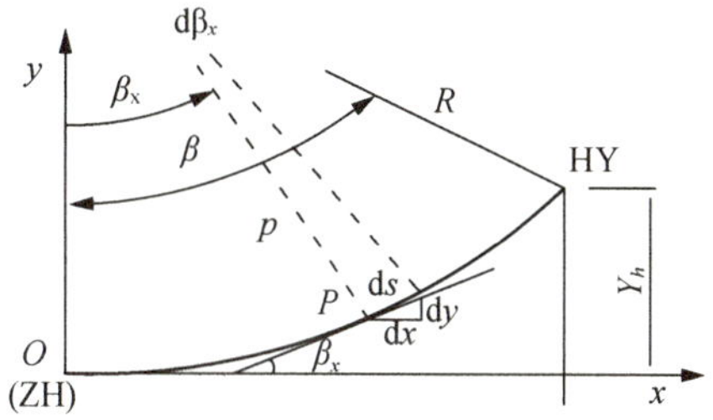


图 2-18　回旋线 $\beta_x$ 图

3. 缓和曲线的直角坐标

式(2-19)和式(2-20)分别介绍了用参数 $\beta$，$\rho$，$l$ 表达的 $x$，$y$ 表达式。在图 2-18 中，任意一点 $P$ 处取一微分弧段 $ds$，其所对应的中心角为 $d\beta$，则

$$dx=ds\times\cos\beta$$

$$dy=ds\times\sin\beta$$

将 $\sin\beta$ 及 $\cos\beta$ 用幂级数函数展开可得

$$dx=ds\left(1-\frac{\beta_x^2}{2!}+\frac{\beta_x^4}{4!}-\frac{\beta_x^6}{6!}+\cdots\right)$$

$$dy=ds\left(\beta_x-\frac{\beta_x^3}{3!}+\frac{\beta_x^5}{5!}-\frac{\beta_x^7}{7!}+\cdots\right)$$

积分后略去高次项并化简得

$$\begin{aligned}x&=l-\frac{l^5}{40R^3l_h^2}\\y&=\frac{l^3}{6Rl_h}-\frac{l^7}{336R^3l_h^3}\end{aligned} \tag{2-23}$$

当 $l=l_h$，即缓和曲线终点处时，其坐标值为

$$\begin{aligned}x_0&=l_h-\frac{l_h^3}{40R^3}\\y_0&=\frac{l_h^3}{6R}-\frac{l_h^4}{336R^3}\end{aligned} \tag{2-24}$$

4. 有缓和曲线的道路平曲线几何元素

如图 2-19 所示，在单圆曲线与直线连接两端，分别加入一段参数 $A$ 相同的缓和曲线，即构成对称基本形平曲线，该平面线的三要素基本组成是直线—回旋线—圆曲线—回旋线—直线。其曲线几何要素的计算如下。

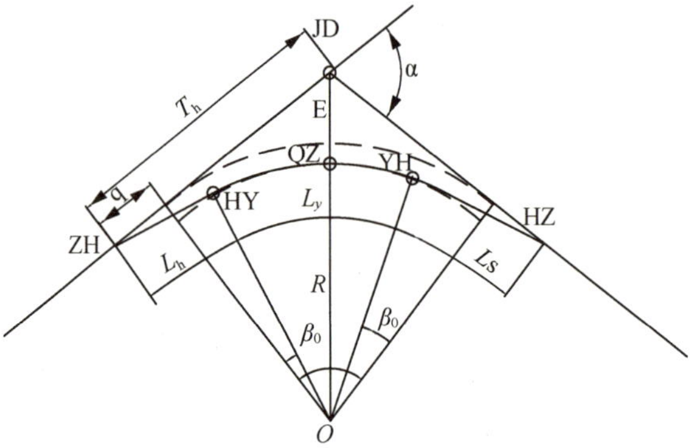


图 2-19　对称基本型平曲线

1）缓和曲线几何要素计算公式

$$\beta_0=\frac{l_h}{2R}=\frac{90^\circ}{\pi}\frac{l_h}{R} \tag{2-25}$$

$$p=\frac{l_h^2}{24R}-\frac{l_h^4}{2\ 688R^3} \tag{2-26}$$

$$q=\frac{l_h}{2}-\frac{l_h^3}{240R^2} \tag{2-27}$$

$$T_h=(R+p)\tan\frac{\alpha}{2}+q \tag{2-28}$$

$$L_h=\frac{\pi}{180}\times\alpha R+l_h=(\alpha-2\beta_0)\frac{\pi}{180}R+2l_h \tag{2-29}$$

$$L_y=L_h-2\times l_h \tag{2-30}$$

$$E_H=(R+p)\sec\frac{\alpha}{2}-R \tag{2-31}$$

$$J_h=2T_h-2l_h \tag{2-32}$$

式中：$T_h$——总切线长（m）；

$\beta_0$——缓和曲线终点处（$HY$ 或 $YH$）的缓和曲线角（°）；

$L_h$——总曲线长（m）；

$E_H$——外距（m）；

$L_y$——圆曲线长（m）；

$J_h$——校正距（m）；

$R$——主圆曲线半径（m）；

$\alpha$——路线转角（°）；

$p$——缓和曲线内移值（m）；

$q$——缓和曲线切线增长值（m）。

2）主点桩号的计算

在设置了缓和曲线后，整个平曲线上有 $ZH$，$HY$，$QZ$，$YH$，$HZ$ 五个主点桩，如图 2-19 所示，各主点桩号计算方法如下：

$$
\begin{aligned}
ZH &= JD - T_h \\
HY &= ZH + l_h \\
YH &= HY + L_y \\
HZ &= YH + l_h \\
QZ &= HZ - L_H/2 \\
JD &= QZ + D_H/2
\end{aligned} \tag{2-33}
$$

式中：$ZH$——第一段缓和曲线的起点（直缓点）；

$HY$——第一段缓和曲线的终点（缓圆点）；

$QZ$——平曲线的中点（曲中点）；

$YH$——第二段缓和曲线的终点（圆缓点）；

$HZ$——第二段缓和曲线的起点（缓直点）。

3）坐标计算公式

回旋曲线上任意点的坐标

$$
\begin{aligned}
x &= l - \frac{l^5}{40R^3 l_h^2} \\
y &= \frac{l_h^3}{6Rl_h} - \frac{l^7}{336R^3 l_h^3}
\end{aligned} \tag{2-34}
$$

回旋曲线上终点的坐标

$$
\begin{aligned}
x_0 &= l_h - \frac{l_h^3}{40R^2} \\
y_0 &= \frac{l_h^2}{6R} - \frac{l_h^4}{336R^3}
\end{aligned} \tag{2-35}
$$

圆曲线上任意点以 $ZH$ 或 $HZ$ 为坐标原点 $xOy$ 的计算公式

$$\varphi_m = \alpha_m + \beta_0 = \frac{90}{\pi}\left(\frac{2l_m + l_h}{R}\right) \tag{2-36}$$

$$x = q + R\sin\varphi_m \tag{2-37}$$

$$y = p + R(1 - \cos\varphi_m) \tag{2-38}$$

式中：$\alpha_m$——圆曲线弧长（$m$ 点至 $HY$ 或 $YH$）所对应的圆心角（°）；

$l_m$——圆曲线上任一点 $m$ 到缓和曲线起终点（$HY$ 或 $YH$）的弧长（m）；

$x$，$y$——曲线上任意一点的切线支距坐标（m）；

$x_0$，$y_0$——缓和曲线终点的切线支距坐标（m）。

例 2-1 某平原微丘区二级公路有一弯道，其平曲线半径 $R=400$ m，$l_h=100$ m，交点 $JD$ 桩号为 K16+700，偏角为 $\alpha=29°23'24''$，试计算该曲线上设置缓和曲线后的五个主点桩桩号。

解：1）计算缓和曲线几何参数

内移距：$p = \dfrac{l_h^2}{24R} = \dfrac{100^2}{24\times400} = 1.016$ (m)

切移距：$q = \dfrac{l_h}{2} - \dfrac{l_h^3}{240R^2} = \dfrac{100}{2} - \dfrac{100^3}{240\times400^2} = 49.974$ (m)

切线长：$T_h = (R+p)\tan\frac{\alpha}{2}+q = (400+1.016)\tan\frac{29°23'24''}{2}+49.974 = 155.141$ (m)

曲线总长：$L_h = \frac{\pi}{180}\times\alpha R + l_h = \frac{\pi}{180}\times 29°23'24''\times 400+100 = 305.181$ (m)

主圆曲线长：$L_y = L_h - 2\times l_h = 305.181 - 2\times 100 = 105.181$ (m)

外距：$E_h = (R+p)\sec\frac{\alpha}{2} - R = (400+1.016)\sec\frac{29°23'24''}{2} - 400 = 14.576$ (m)

校正距：$J_h = 2T_h - L_h = 2\times 155.141 - 305.181 = 5.101$ (m)

回旋曲线上终点的坐标

$$x_0 = l_h - \frac{l_h^3}{40R^2} = 100 - \frac{100^3}{40\times 400^2} = 99.843(\text{m})$$

$$y_0 = \frac{l_h^2}{6R} - \frac{l_h^4}{336R^3} = \frac{100^2}{6\times 400} - \frac{100^4}{336\times 400^3} = 4.136(\text{m})$$

计算中，桩号一般取到小数点后两位，如 K16＋240 等，但平曲线上的五大主点桩桩号应取值到小数点后三位，所以主点桩的几何参数计算也要取值到小数点后三位。

2）主点桩号计算

| | |
|---|---|
| $JD$ | K16＋700 |
| $-T_h$ | 155.141 |
| $ZH$ | 544.859 |
| $+l_h$ | 100.000 |
| $HY$ | 644.859 |
| $+L_y$ | 105.181 |
| $YH$ | 750.040 |
| $l_h$ | 100.000 |
| $HZ$ | 850.040 |
| $-L_h/2$ | 152.590 |
| $QZ$ | 697.450 |
| $+J_h/2$ | 2.550 |
| $JD$ | k16＋700.000（计算准确无误） |

3）主点桩实地敷设步骤

（1）在 $JD$ 处沿两切线方向分别量取 155.141 m 得平曲线起点（$ZH$）和终点（$HZ$）的位置；

（2）在 $JD$ 沿分角线向圆心方向量取 14.576 m 得平曲线中点（$QZ$）位置；

（3）分别以 $HZ$（或 $ZH$）为坐标原点，沿切线方向分别以 $XH$ 和 $YH$ 用切线支距法定出 $HY$（或 $YH$）的位置。

（4）缓和曲线、圆曲线上任意点的测设见《建筑工程测量（第 3 版）》（李冰，厦门大学出版社，2022）曲线详细测设部分。

# 任务二
# 平曲线的加宽、超高设置

## 能力要求

1. 理解设置超高、加宽的原因。
2. 掌握加宽的设置条件及设置方法。
3. 掌握超高设置的条件及设置方法。

## 任务描述

汽车在平曲线上行驶时，会存在离心力，若离心力较大，则会使车辆倾覆或侧滑，同时还会存在因离心力作用内侧车道上的车辆会侵占对向车道现象，这些都会影响行驶车辆的安全，因此在平曲线拐弯处，横断面处应设置成内侧低、外侧高的形式以消除或减小离心力对车辆的影响；同时汽车在曲线路段上行驶时，后轮轨迹偏向曲线内侧，为满足行车需要，弯道内侧相应增加路面宽度，且半径越小，车辆行驶所需要的路面越宽，故根据需要还应对路面进行加宽。本任务引导学生分析讨论汽车在弯道上的行驶特点，并要求学生结合施工图设计文件，掌握根据平曲线半径大小判断横断面是否设置超高或加宽，同时掌握超高或加宽的设置方法。

## 任务实施

通过自主学习及查阅相关资料，完成下列引导问题：

1. 无中间分隔带公路的超高缓和段过渡形式可采用三种方式，即__________、__________和__________。

2. 圆曲线上全加宽值的大小与__________、__________、__________等因素有关。

3. 《公路工程技术标准》规定，当圆曲线半径______ m 时，应在圆曲线______设置加宽。

4. 无中央分隔带的公路缓和段上的超高，绕内边轴旋转时，是指__________的路面内侧边缘线保留在原来的位置不动。

5. 公路直线部分的路拱横坡度为 2%，则公路圆曲线部分最小超高横坡度应是__________。

6. 为什么要在圆曲线内设置加宽？在什么情况下要加宽？加宽值如何确定？

7. 何谓超高？设置超高的原因及条件分别是什么？

8. 简述无中央分隔带超高缓和段绕内边轴旋转的形成过程。

## 相关知识

### 一、平曲线加宽

公路平曲线是由圆曲线和缓和曲线构成。汽车在曲线路段上行驶时，后轮轨迹偏向曲线内侧，为适应行车需要，弯道内侧相应增加路面、路基宽度，称之为弯道加宽（亦称平曲线加宽）。

#### （一）圆曲线上设置加宽的原因和条件

1. 圆曲线上设置加宽的原因

圆曲线加宽

汽车在圆曲线上行驶时，各个车轮的轨迹半径是不相等的，后轴内侧车轮的行驶轨迹半径最小，前轴外侧车轮的行驶轨迹半径最大。因而在圆曲线半径较小时，车道内侧需要更宽一些的路面以满足后轴外侧车轮的行驶轨迹要求，故当曲线半径小时需要加宽曲线上的行车道宽度。

汽车在圆曲线上行驶时，驾驶员不可能将前轴中心的轨迹操纵得完全符合理论轨迹，而是有一定的摆幅，而且汽车在圆曲线上行驶时的摆幅要比在直线上行驶大。所以，当圆曲线半径小时，要加宽曲线上的行车道宽度，以利于安全。

2. 圆曲线上设置加宽的条件

我国《公路工程技术标准》规定，当圆曲线半径小于或等于 250 m 时，应在圆曲线内侧设置加宽。

#### （二）加宽值的确定

圆曲线上加宽值与平曲线半径、设计车辆的轴距有关，同时还要考虑弯道上行驶车辆摆动及驾驶员的操作所需的附加宽度，因此，圆曲线上的加宽值由几何需要的加宽和汽车转弯时摆动加宽两部分组成。

1. 几何加宽值的计算

对于普通载重汽车，由图 2-20 可计算一条车道的加宽值：

$$e = R - (R_1 + K)$$

而

$$R_1 + K = \sqrt{R^2 - A^2}$$

代入

$$e = R - \sqrt{R^2 - A^2} = R - \left(R - \frac{A^2}{2R} - \frac{A^4}{8R^3} - \cdots\right) = \frac{A^2}{2R} + \frac{A^4}{8R^3} + \cdots$$

上式第二项以后的数值极小，可略去不计，故一条车道的加宽值为

$$e = \frac{A^2}{2R} \tag{2-39}$$

对于半挂车，由图 2-21 的几何关系，可求得牵引车的几何加宽值为

$$e_1 = \frac{A_1^2}{2R}$$

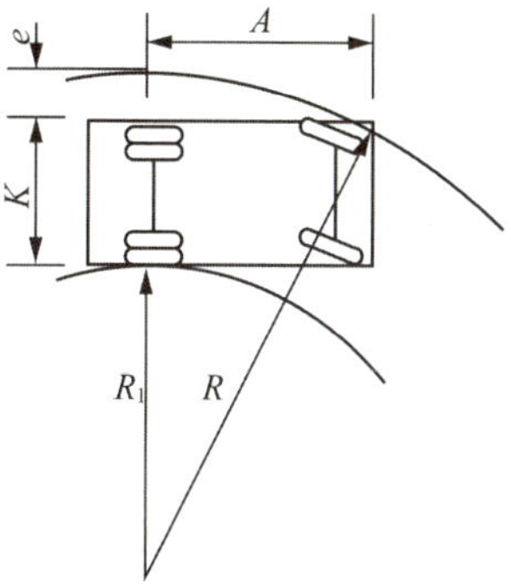


图 2-20 单车道加宽

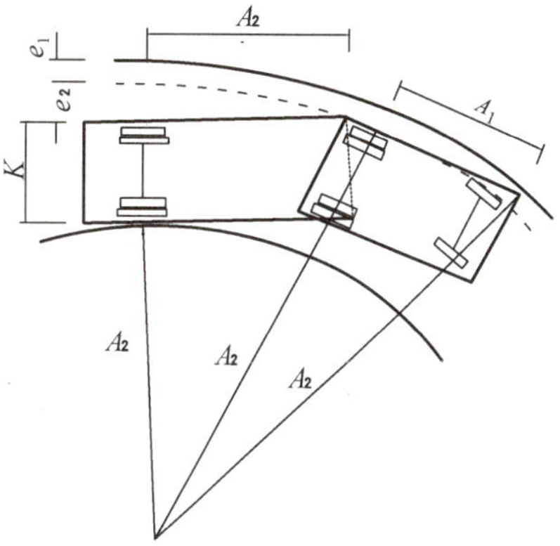


图 2-21 半挂车加宽

而拖挂车的加宽值为

$$e_2=\frac{A_1^2}{2R'}$$

其中，$R'=R-e_1$，由于 $e_1$ 与 $R$ 相比甚小，可取 $R'\approx R$。故对于半挂车，一个车道的加宽值为

$$e=e_1+e_2=\frac{A_1^2+A_2^2}{2R}$$

式中：$e$——一个车道加宽值（m）；

$R$——曲线半径（m）；

$A$——设计车长（m），普通载重汽车后轴至前保险杠的距离，对半挂车为当量车长，$A=\sqrt{A_1^2+A_2^2}$；

$A_1$——牵引车保险杠至第二轴的距离（m）；

$A_2$——第二轴至拖车最后轴的距离（m）。

令 $A_1^2+A_2^2=A^2$，则

$$e=\frac{A^2}{2R}$$

与式（2-39）相同。

2. 摆动加宽值

据实测，汽车转弯摆动加宽与车速有关，一个车道摆动加宽值计算经验公式为

$$e'=\frac{0.05V}{\sqrt{R}} \tag{2-40}$$

其中，$V$ 为汽车转弯时车速，单位为 km/h。

3. 相关标准规定的加宽值

考虑上述几何加宽值和摆动加宽值两项因素，对于单车道，上述两项加宽值为

$$b_j=e+e'=\frac{A^2}{2R}+\frac{0.05V}{\sqrt{R}} \tag{2-41}$$

考虑到车速的影响，对于多车道加宽值按式（2-41）计算：

$$b_j = N\left(\frac{A^2}{2R} + \frac{0.05V}{\sqrt{R}}\right) \tag{2-42}$$

4. 加宽的规定和要求

二、三、四级公路的圆曲线半径小于或等于 250 m 时，应设置加宽。双车道公路路面加宽值应符合表 2-12 的规定，圆曲线加宽值应根据公路功能技术等级和实际交通组成确定，并应符合下列规定：

(1) 作为干线的二级公路，应采用第 3 类加宽值。

(2) 作为集散的二级公路和三级公路，在考虑铰接列车通行时应采用第 3 类加宽值；不考虑通行铰接列车时，可采用第 2 类加宽值。

(3) 作为支线的三级公路、四级公路可采用第 1 类加宽值。

(4) 有特殊车辆通行的专用公路，应根据特殊车辆验算确定其加宽值。

加宽应设置在曲线内侧。双向行驶整体式断面加宽，应先于曲线内侧设置整幅加宽总值，之后调整中心标线或者分隔带位置，以使双向两幅加宽均位于曲线内侧。

**表 2-12　公路平曲线双车道加宽值**

| 加宽类别 | 设计车辆 | 圆曲线半径（m） | | | | | | | | |
|---|---|---|---|---|---|---|---|---|---|---|
| | | 250～200 | 200～150 | 150～100 | 100～70 | 70～50 | 50～30 | 30～25 | 25～20 | 20～15 |
| 第 1 类 | 小客车 | 0.4 | 0.5 | 0.6 | 0.7 | 0.9 | 1.3 | 1.5 | 1.8 | 2.2 |
| 第 2 类 | 载重汽车 | 0.6 | 0.7 | 0.9 | 1.2 | 1.5 | 2.0 | — | — | — |
| 第 3 类 | 铰接列车 | 0.8 | 1.0 | 1.5 | 2.0 | 2.7 | — | — | — | — |

单车道公路曲线加宽采用表 2-12 规定值折半。由三条以上车道组成的行车道，其路面的加宽值应另行计算；对于强制分道行驶的双车道公路，若平曲线半径较小，其内侧车道的加宽值应大于外侧车道的加宽值，设计时应通过计算确定其差值。

一、二、三级公路及路基宽度为 4.5 m 的四级公路，其路面加宽后，路基也相应加宽。四级公路路基采用 6.5 m 以上时，若路面加宽后剩余的路肩宽度不小于 0.5 m，则路基可不予加宽；若小于 0.5 m，则应加宽路基以保证路肩宽度不小于 0.5 m。

《公路路线设计规范》规定，城市道路圆曲线半径小于或等于 250 m 时，应在圆曲线内侧加宽，每条车道加宽值见表 2-13。

**表 2-13　城市道路圆曲线每条车道的加宽值**

| 加宽类型 | 汽车轴距加前悬（m） | 车型 | 圆曲线半径（m） | | | | | | | | |
|---|---|---|---|---|---|---|---|---|---|---|---|
| | | | 200<R≤250 | 150<R≤200 | 100<R≤150 | 80<R≤100 | 70<R≤80 | 70<R≤50 | 40<R≤50 | 30<R≤40 | 20<R≤30 |
| 1 | 0.8+3.8 | 小客车 | 0.30 | 0.30 | 0.35 | 0.40 | 0.40 | 0.45 | 0.50 | 0.60 | 0.75 |
| 2 | 1.5+6.5 | 大型车 | 0.40 | 0.45 | 0.60 | 0.65 | 0.70 | 0.90 | 1.05 | 1.30 | 1.80 |
| 3 | 1.7+5.8+6.7 | 铰接车 | 0.45 | 0.60 | 0.75 | 0.90 | 0.95 | 1.25 | 1.50 | 1.90 | 2.75 |

### (三) 加宽缓和段

1. 加宽缓和段设置原因

当平曲线半径小于等于 250 m 时，一般在弯道内侧圆曲线段范围内设置全加宽，而直线段不加宽；当其平曲线内无圆曲线（凸型）时，仅平曲线中点处断面设置全加宽。为了使路面和路基均匀变化，一般设置从加宽值为零逐渐加宽到全加宽的过渡段，称之为加宽过渡段。加宽缓和段（或超高缓和段、缓和曲线）范围内，路面宽度应逐渐变化。加宽过渡段设置应根据公路性质和等级采用不同的方法。

2. 加宽缓和段形式

1）比例过渡

二、三、四级公路的加宽缓和段设置，应采用在相应的缓和曲线或超高、加宽缓和段全长范围内按长度成比例增加的方法，即加宽缓和段任一点的加宽值 $b_{jx}$ 与该点到加宽缓和段起点的距离 $L_x$ 同加宽缓和段全长 $L_J$ 的比率成正比，如图 2-22 所示。

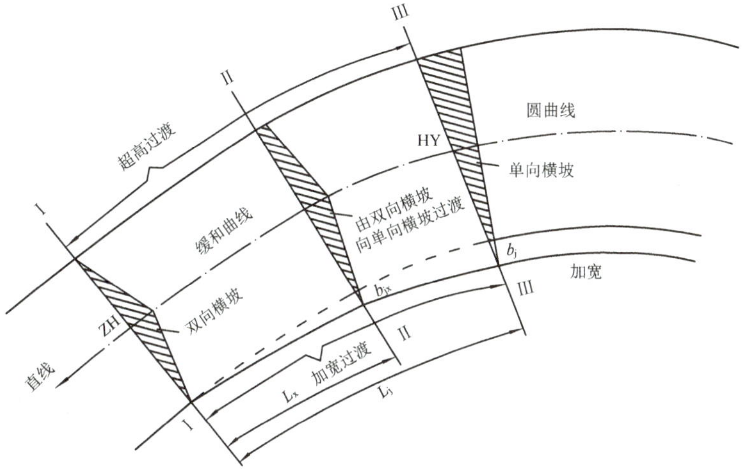


图 2-22 圆曲线缓和段

$$b_{jx}=\frac{L_x}{L_J}b_j \tag{2-43}$$

式中：$b_{jx}$——加宽缓和段上任一点加宽值（m）；

$L_x$——加宽缓和段内任一点到缓和段起点的长度（m）；

$L_j$——加宽缓和段长度，可取缓和曲线长为加宽缓和段长度（m）；

$b_j$——圆曲线上的全加宽值（m）。

这种过渡方式处理简单粗糙，不够圆滑美观，适用于一般二、三、四级公路。

2）高次抛物线过渡

对于高等级公路设置加宽缓和段时，应采用高次抛物线过渡形式。

加宽缓和段内任一点的加宽值 $b_{jx}$ 按下列公式计算：

$$b_{jx}=\left[4\left(\frac{L_x}{L_J}\right)^3-3\left(\frac{L_x}{L_J}\right)^4\right]b_j \tag{2-44}$$

这种方法得到的路面边缘和线圆滑、顺适，适用于高速公路、一级公路、对路容有较高要求的二级公路、城市道路及互通式立体交叉的匝道。

3）二次抛物线过渡

为使加宽缓和段的路面边缘线是平顺、优美的曲线，在 $ZH$ 点（$HZ$）点和 $HY$ 点（$YH$ 点）插入二次抛物线。加宽缓和段按下述三个区段设计：

$$① \ b_{jx}=\frac{L_x^2}{30l_s}b_j(0<L_x<15) \tag{2-45(a)}$$

$$② \ b_{jx}=\frac{L_x-7.5}{l_s}b_j(15<L_x\leqslant L_V-15) \tag{2-45(b)}$$

$$③ \ b_{jx}=b_j-\frac{L_V-L_s}{30l_s}b_j(L_V-15<L_x<L_V) \tag{2-45(c)}$$

式中：$L_V$——加宽总长度（m）；

$L_s$——缓和曲线长度（m）；

$L_x$——加宽缓和段内任一点到缓和段起点的长度（m）；

$b_j$——行车道加宽值（m）；

$b_{jx}$——加宽缓和段内任一点加宽值（m）。

本方式适用于高等级公路或大城市郊区、桥梁、高架桥、挡土墙、隧道、构造物以及设置各种安全防护设施等的路段。

3. 加宽缓和段长度 $L_J$

（1）对于设置有缓和曲线的平曲线，加宽缓和段应采用与缓和曲线相同的长度。

（2）对于不设缓和曲线，但设置有超高缓和段的平曲线，可采用与超高缓和段相同的长度。

（3）对于不设缓和曲线，又不设置超高缓和段的平曲线，其加宽缓和段长度应按渐变率为 1∶15 且长度不小于 10 m 的要求设置。此时，超高、加宽缓和段一般设于紧接圆曲线起、终点的直线段上。

## 二、平曲线超高

公路平曲线是由圆曲线与缓和曲线构成的，当圆曲线半径小于不设超高最小半径时，在圆曲线上必须设置全超高。从直线到圆曲线上的全超高是在缓和曲线上过渡变化完成的。

横断面超高

### （一）平曲线上设置超高的原因及条件

为减小车辆在曲线路段上行驶时所产生的离心力，在该路段横断面上设置的外侧高于内侧的单向横坡，称为超高。当圆曲线半径小于不设超高的最小半径时，半径越小、离心力越大，汽车行驶条件就越差。为改善汽车行驶条件，减小横向力，将此弯道横断面做成向内倾斜的单向横坡形式，当汽车行驶在设有超高的弯道上时，汽车自重分力将抵消一部分离心力，从而提高行车的安全性和舒适性。

### （二）圆曲线上全超高横坡度

1. 圆曲线上全超高横坡度的确定

圆曲线超高横坡度应据公路等级、设计速度、圆曲线半径、路面类型、自然条件和车辆组成等情况查《公路路线设计规范》确定，见前文表 2-7。因圆曲线段半径不变，故超高横坡度从圆曲线起点至圆曲线终点是一个不变的定值，称为全超高。

《公路工程技术标准》规定，当平曲线半径小于不设超高的最小半径时，必须设置超高。

2. 圆曲线上超高横坡度的最大值

为了保证慢车，特别是停在弯道上的车辆，不产生向内侧滑移现象，尤其是冬季路面有积雪结冰的情况下，更有可能出现滑移危险，所以超高横坡度不能太大。公路圆曲线最大超高值由前面平曲线半径计算公式 $R=\frac{v^2}{127(\mu \pm i_c)}$，可得超高坡度的计算公式：

$$i_c=\frac{v^2}{127R}-\mu \tag{2-46}$$

当采用极限最小半径时，计算最大超高坡度公式为

$$i_{cmax}=\frac{v^2}{127R_{min}}-\mu \tag{2-47}$$

最大超高坡度的限值与气候条件、地形、地区、汽车以低速行驶的频率、路面施工的难易程度等因素有关。从保证汽车转弯时有较高速度和乘客舒适性来看，要求超高横坡应尽量大，但考虑车辆组成不同，车速不一，特别是在弯道上停车（$v=0$），有可能向弯道内侧滑移的危险，以及在冰雪状态下，过大的超高对车辆起动及刹车不利等综合因素，结合国内外设计经验及我国公路上车辆组成状况，我国《公路工程技术标准》限制了各级公路圆曲线最大全超高值，见表 2-14。

《公路工程技术标准》规定一般地区公路，圆曲线最大超高值应采用 8%；以通行中、小型客车为主的高速公路和一级公路最大超高值可采用 10%；在积雪、严寒地区，由于汽车起动、刹车时会产生打滑现象，因此规定各级公路的最大超高不宜大于 6%；当公路通过市镇或与市镇连接作为城市街道使用时，公路按规定设置最大超高横坡度不宜大于 4%。

**表 2-14　各级公路圆曲线最大超高值**

| 公路等级 | 高速公路、一级公路 | 二、三、四级公路 |
|---|---|---|
| 一般地区 | 8%或 10% | 8% |
| 积雪冰冻地区 | 6% | |
| 市镇区域 | 4% | |

3. 圆曲线上超高横坡度的最小值

各级公路圆曲线部分的最小超高横坡度应是该级公路直线部分的路拱横坡度。

**(三) 设置超高的一般规定和要求**

(1) 各级公路当圆曲线半径小于表 2-7 所列“不设超高最小半径”时，应在曲线上设置超高。

(2) 超高横坡度的大小按公路等级、圆曲线半径大小及公路所处的环境、自然条件、路面类型、车辆组成等因素合理确定。具体确定可按表 2-15 执行。

(3) 各级公路圆曲线部分最小超高应与该公路直线部分的正常路拱横坡度一致，以利于排水。

(4) 分向行驶的多车道公路位于纵坡较大的路段，其上、下坡的行车速度会有明显的差异，故可采用不同的超高值，以确保行车安全。

**表 2-15　圆曲线半径与超高坡**

| 设计速度(km/h) | 120 | | | | 100 | | | | 80 | | | | 60 | | | | |
|---|---|---|---|---|---|---|---|---|---|---|---|---|---|---|---|---|---|
| | 一般情况 | | | 积雪冰冻 | 一般情况 | | | 积雪冰冻 | 一般情况 | | | 积雪冰冻 | 一般情况 | | | | 积雪冰冻 |
| | 10% | 8% | 6% | | 10% | 8% | 6% | | 10% | 8% | 6% | | 10% | 8% | 6% | 4% | |
| 超高 2 | 5 500 (7 550) ~2 950 | 5 500 (7 550) ~2 860 | 5 500 (7 550) —2 730 | 5 500 (7 550) ~2 780 | 5 400 (5 250) ~2 180 | 5 400 (5 250) ~2 150 | 5 400 (5 250) ~2 000 | 5 400 (5 250) ~2 090 | 2 500 (3 350) ~1 460 | 2 500 (3 350) ~1 410 | 2 500 (3 350) ~1 360 | 2 500 (3 350) ~1 390 | 1 500 (1 900) ~900 | 1 500 (1 900) ~870 | 1 500 (1 900) ~800 | 1 500 (1 900) ~610 | 1 500 (1 900) ~860 |
| 3 | 2 950~2 080 | 2 860~1 990 | 2 730~1 840 | 2 780~1 910 | 2 180~1 520 | 2 150~1 480 | 2 000~1 320 | 2 090~1 410 | 1 460~1 020 | 140~960 | 1 360~890 | 139~940 | 860~570 | 860~570 | 800~500 | 610~270 | 860~570 |
| 4 | 2 080~1 590 | 1 990~1 500 | 1 840~1 340 | 1 910~1 410 | 1 520~1 160 | 1 480~1 100 | 1 320~920 | 1 410~1 040 | 1 020~770 | 960~710 | 890~600 | 940~680 | 860~570 | 860~570 | 500~320 | 270~150 | 570~410 |
| 5 | 1 590~1 280 | 1 500~1 190 | 1 340~970 | 1 410~1 070 | 1 160~920 | 1 100~800 | 920~630 | 1 040~770 | 770~610 | 710~550 | 600~400 | 680~490 | 860~570 | 860~570 | 320~200 | — | 410~290 |
| 6 | 1 280~1 070 | 1 190~980 | 970~710 | 1 070~810 | 920~760 | 800~690 | 863~440 | 770~565 | 610~500 | 550~420 | 400~270 | 490~360 | 860~570 | 860~570 | 200~135 | — | 290~205 |
| 7 | 1 070~910 | 980~7 900 | — | — | 760~640 | 690~530 | — | — | 500~410 | 420~320 | — | — | 860~570 | 860~570 | — | — | — |
| 8 | 910~790 | 790~650 | — | — | 640~540 | 530~400 | — | — | 410~340 | 320~250 | — | — | 860~570 | 860~570 | — | — | — |
| 9 | 790~680 | — | — | — | 540~450 | — | — | — | 340~280 | | — | — | 860~570 | — | — | — | — |
| 10 | 680~570 | — | — | — | 450~360 | — | — | — | 280~220 | | — | — | 860~570 | — | — | — | — |

（续表）

| 设计速度（km/h） | | 40 | | | | | 30 | | | | | 20 | | | | |
|---|---|---|---|---|---|---|---|---|---|---|---|---|---|---|---|---|
| | | 一般情况 | | | | 积雪冰冻 | 一般情况 | | | | 积雪冰冻 | 一般情况 | | | | 积雪冰冻 |
| | | 8% | 6% | 4% | 2% | | 8% | 6% | 4% | 2% | | 8% | 6% | 4% | 2% | |
| 超高 | 2 | 600(800)～470 | 600(800)～410 | 600(800)～330 | 600(800)～75 | 600(800)～430 | 350(450)～250 | 350(450)～230 | 350(450)～150 | 350(450)～40 | 350(450)～270 | 150(200)～140 | 150(200)～110 | 150(200)～70 | 150(200)～20 | 150(200)～120 |
| | 3 | 470～310 | 410～250 | 330～130 | — | 430～280 | 250～170 | 230～140 | 150～60 | — | 270～180 | 140～90 | 110～70 | 70～30 | — | 120～80 |
| | 4 | 310～220 | 250～150 | 130～70 | — | 280～190 | 170～120 | 140～80 | 60～35 | — | 170～120 | 90～70 | 70～40 | 30～15 | — | 80～60 |
| | 5 | 220～160 | 150～90 | — | — | 190～130 | 120～90 | 80～50 | — | — | 120～90 | 70～50 | 40～30 | — | — | 60～40 |
| | 6 | 160～120 | 90～60 | — | — | 130～90 | 90～60 | 50～35 | — | — | 90～55 | 50～40 | 30～15 | — | — | 40～25 |
| | 7 | 120～80 | — | — | — | — | 60～40 | — | — | — | | 40～30 | — | — | — | — |
| | 8 | 80～55 | — | — | — | — | 40～30 | — | — | — | | 30～15 | — | — | — | — |

注：括号内的数值为路拱大于2%时的不设超高最小半径。

（5）在有纵坡的弯道上设置超高时，应考虑合成坡度。

$$i_{合}=\sqrt{i_{纵}^{2}+i_{c}^{2}} \tag{2-48}$$

式中：$i_{纵}$——道路纵坡，以百分数计；

$i_{合}$——合成纵坡，以百分数计。

（6）圆曲线部分设有全超高后，应在圆曲线与直线之间设置超高过渡段，使其顺适连接。

**（四）超高方式**

1. 公路

单向横坡超高是通过在圆曲线两端的超高缓和段（或缓和曲线）来实现过渡的。超高的过渡方式，根据超高旋转轴在公路横断面上的位置，分为下列三种。

1）无中间带的公路

（1）超高横坡度等于路拱坡度时，外侧车道绕路中线旋转，直至超高横坡值，如图 2-23 所示。

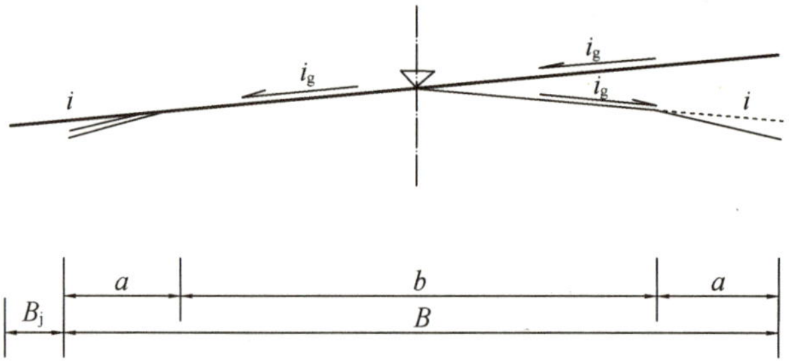


图 2-23　超高横坡等于路拱坡度的旋转

（2）超高横坡度大于路拱横坡度时，有以下三种过渡方式：

① 内边缘旋转，如图 2-24 所示。

在缓和段起点之前将路肩的横坡逐渐变为路拱横坡，再以路中线为旋转轴，逐渐抬高外侧路面与路肩，使之达到与路拱坡度一致的单向横坡后，整个断面再绕未加宽前的内侧车道边缘旋转，直至达到超高横坡度为止，由于此时行车道内侧边缘高程不降低，有利于纵向排水，一般新建公路多采用此种方式。

② 中线旋转，如图 2-25 所示，简称轴旋转。

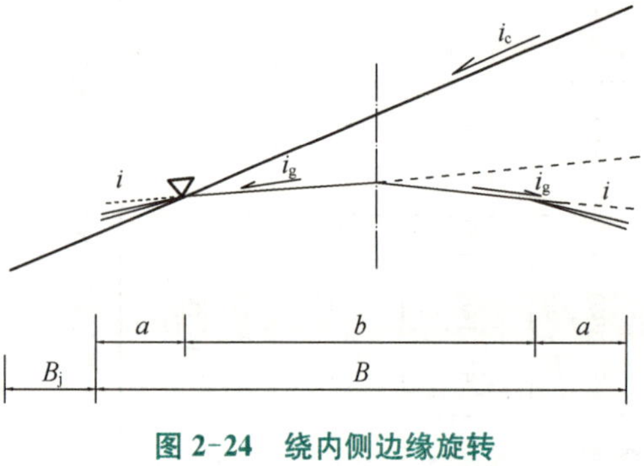


图 2-24　绕内侧边缘旋转

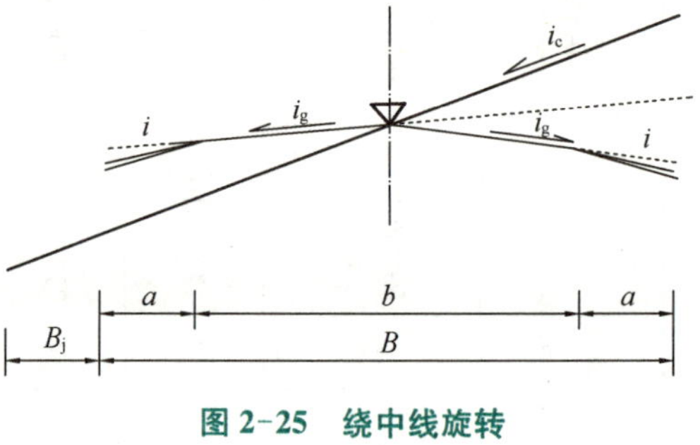


图 2-25　绕中线旋转

在超高缓和段之前，先将路肩横坡逐渐变为路拱横坡，再以路中线为旋转轴，使外侧车道和内侧车道变为单向的横坡度后，整个断面一同绕中线旋转，使单坡横断面达到超高横坡度为止。此方法可保持中线高程不变，且在超高坡度一定的情况下，外侧边缘的抬高值较小，一般改建公路常采用此方式。

③ 外边缘旋转，如图 2-26 所示。

先将外侧车道绕外边缘旋转，与此同时，内侧车道随中线的降低而相应降坡，待达到单向横坡后，整个断面仍绕外侧车道边缘旋转，直至达到超高横坡度为止。此种方法仅在特殊设计时采用，如路基外侧边缘高程因受条件限制不能抬高或者路容美观有特殊要求的地点。

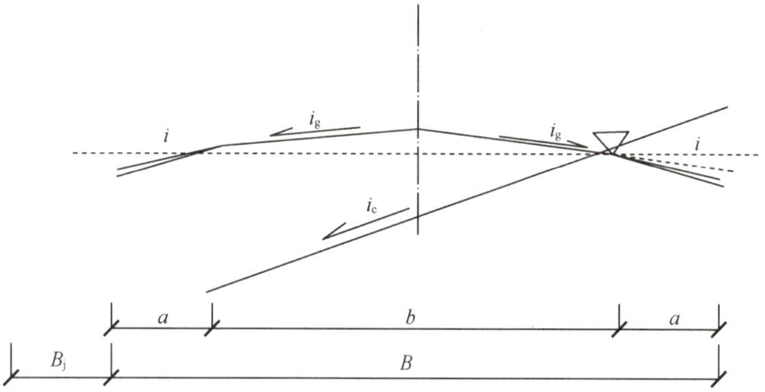


图 2-26　绕外侧边缘旋转

2）有中间带的公路

（1）绕中间带的中心线旋转。如图 2-27 所示，先将外侧行车道绕中间带的中心旋转，待达到与内侧行车道构成单向横坡后，整个断面一同绕中心线旋转，直至超高横坡值。此时，中央分隔带呈倾斜状。采用窄中间带的公路可选用此方式。

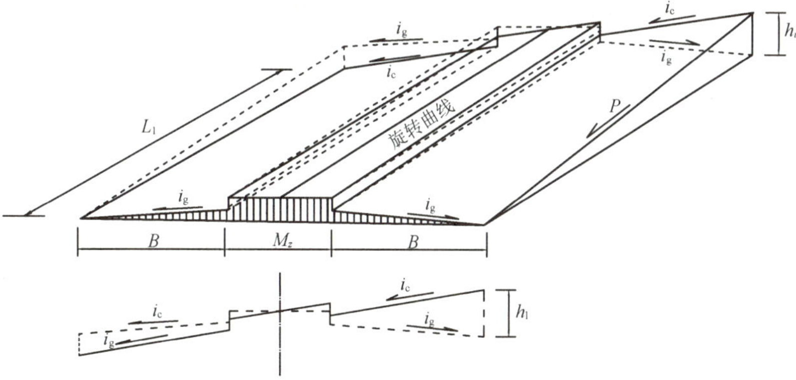


图 2-27　绕中间带中心线旋转

（2）绕中央分隔带边缘旋转，如图 2-28 所示。将两侧行车道分别绕中央分隔带边缘旋转，使之各自成为独立的单向超高断面，此时中央分隔带维持原水平状态。各种宽度不同的中间带均可选用此种方式。

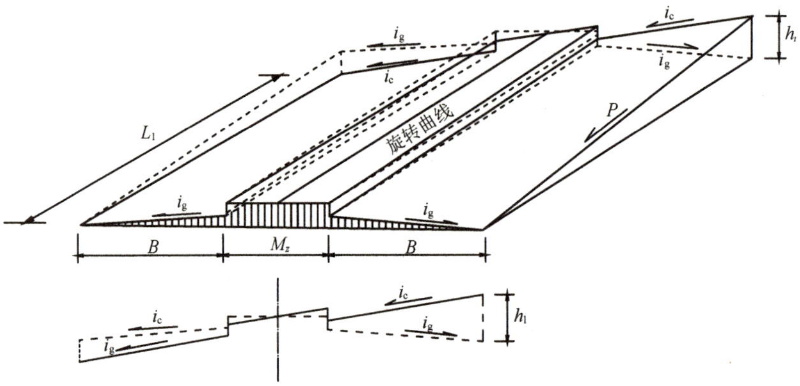


图 2-28　绕中央分隔带边缘旋转

(3) 绕各自行车道中线旋转，如图 2-29 所示。

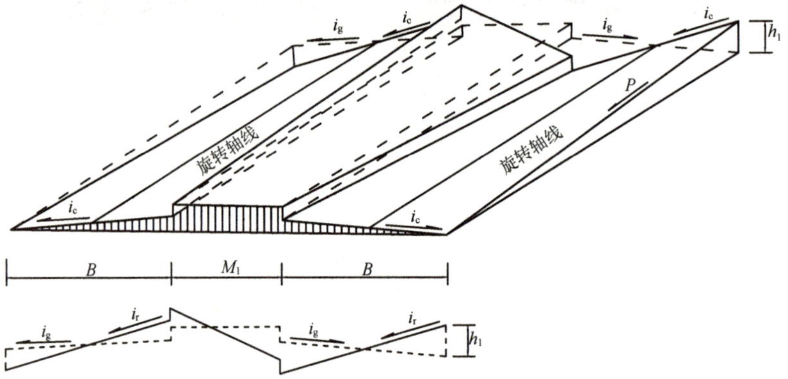


图 2-29　绕各自行车道中线旋转

将两侧行车道分别绕各自的中线旋转，使之各自成为独立的单向超高断面。此时中央分隔带两边缘分别升高与降低而成为倾斜断面。单向车道数大于四条的公路可采用此种方式。

3) 分离式公路

分离式断面公路的超高过渡方式为两条无中间带的公路分别予以处理。

2. 城市道路

城市道路超高方式应根据地形状况、车道数、超高横坡度值、横断面型式、便于排水、路容美观等因素确定。单幅路及三幅路的路面宽度宜绕中心线旋转；双幅路及四幅路的路面宽度宜绕中央分隔带边缘旋转，使两侧车行道各自成为独立的超高横断面，如图 2-30 所示。

图 2-30　城市道路超高方式示意图

### （五）超高过渡段

1. 超高过渡段的设置条件和原因

平面圆曲线部分，当半径小于不设超高的最小半径时必须设置超高，汽车从没有超高的双向横坡直线段进入设有单向横坡全超高的圆曲线是一个突变，不能顺利行车；从图 2-31 来看，这个突变也影响美观。所以在直线和圆曲线之间必须设置超高过渡段，完成从直线双向横坡逐渐过渡到圆曲线上的单向超高横坡，使汽车顺适地从直线驶入圆曲线。

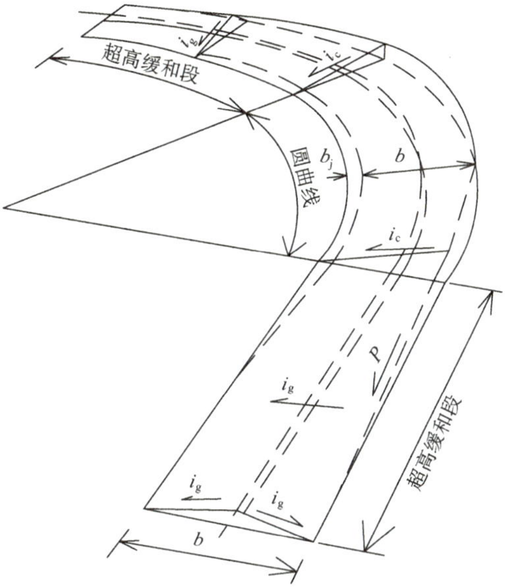


图 2-31 超高缓和段示意图

2. 超高缓和段长度

为了满足行车舒适、路容美观及排水的要求，超高过渡段必须有一定的长度，超高过渡段长度的确定一般以“超高渐变率”来控制。所谓超高渐变率，是指在超高缓和段上由于弯道外侧路基抬高，使外侧路缘纵坡较原来设计纵坡增加的附加纵坡。超高渐变率过大，会使行车不舒适，路容不美观；但超高渐变率过小，容易在路面上积水。我国《公路工程技术标准》规定的超高渐变率见表 2-16。

双车道公路的超高缓和段长度按式（2-49）计算：

$$L_c=\frac{B'\cdot\Delta i}{p} \tag{2-49}$$

式中：$L_c$——超高缓和段长度（m）；

$B'$——旋转轴至行车道（设路缘带时为路缘带）外侧边缘的宽度（m）；

$\Delta i$——超高坡度与路拱坡度代数差，以百分数表示；

$p$——超高渐变率，即旋转轴线与行车道（设路缘带时为路缘带）外侧边缘线之间相对升降的比率，其值见表 2-16。

对绕中线旋转的超高过渡段长度，式（2-49）可写为：

$$L_C=\frac{\frac{b}{2}\cdot(i_c+i_g)}{p} \tag{2-50}$$

**表 2-16　超高渐变率 *p***

| 设计速度（km/h） | 超高旋转位置 | |
|---|---|---|
| | 绕中线旋转 | 绕边线旋转 |
| 120 | 1/250 | 1/200 |
| 100 | 1/225 | 1/175 |
| 80 | 1/200 | 1/150 |
| 60 | 1/175 | 1/125 |
| 40 | 1/150 | 1/100 |
| 30 | 1/125 | 1/75 |
| 20 | 1/100 | 1/50 |

对绕边线旋转，式（2-50）可写为：

$$L_C=\frac{b\cdot i_c}{p} \tag{2-51}$$

式中：$b$ ——路面宽度（m）；

$i_c$ ——最大超高横坡；

$i_g$ ——路拱横坡。

为了行车的舒适，超高过渡段长度应不小于式（2-49）计算的长度。在确定超高缓和段长度时，还应注意以下四点：

（1）超高缓和段长度应采用 5 m 的倍数，并不小于 10 m。

（2）超高的过渡应在回旋线全长范围内进行，但当超高渐变率过小时（为保证排水，超高渐变率不得小于 1/330），则只设在该回旋线的某一区段范围之内。

（3）在确定缓和曲线最小长度时，已经考虑了超高缓和段所需的最短长度，一般情况下，超高缓和段的长度应等于缓和曲线的长度，即 $L_c=L_h$。

（4）四级公路不设缓和曲线，但若圆曲线设置超高，则应设置超高过渡段，可以将超高过渡段的一部分插入圆曲线，但插入圆曲线内的长度不得超过超高过渡段长度的一半。

**（六）超高值计算**

为了便于道路的施工放样，实际使用的不是超高横坡度，也不是路面内（外）侧的超高值，而是加宽后由超高横坡度推算出路肩内（外）边缘和路中线与原设计高程（未加宽和超高时的路肩边缘设计高程）的抬高或降低值，这一差值即为“超高值”。圆曲线上的超高值称为全超高，其值的计算与超高方式有关。

公路中线和路基内外侧边缘线与路基设计高程的差应予以计算并列于“路基设计表”中，以便于施工。这些超高计算公式见表 2-17 和表 2-18，超高计算图示如图 2-32 所示，在设计文件中，图 2-32 应在路线平面图说明栏中体现。图 2-33 为超高方式立体图，设计文件中一般单独出图。

**表 2-17　绕边线旋转超高值计算公式**

<table>
<tr><td colspan="2" rowspan="2">超高位置</td><td colspan="2">计算公式</td><td rowspan="8">注：<br>1. 计算结果均为与设计高之差；<br>2. 临界断面距过渡段起点：<br>$x_0=\frac{i_g}{i_c}L_C$<br>3. $x$ 距离处的加宽值：<br>$B_{jx}=\frac{x}{L_C}B_j$<br>4. 过渡段上 $h_c$ 或用近似公式<br>$h^*\approx\frac{x}{L_C}h_c$</td></tr>
<tr><td>$x\leqslant x_0$</td><td>$x>x_0$</td></tr>
<tr><td rowspan="3">圆曲线上</td><td>外缘 $h_c$</td><td colspan="2">$a_{ij}+(b_j+a)i_c$</td></tr>
<tr><td>中线 $h'_c$</td><td colspan="2">$a_{ij}+\frac{b}{2}i_c$</td></tr>
<tr><td>内缘 $h''_c$</td><td colspan="2">$a_{ij}-(a+B_j)i_c$</td></tr>
<tr><td rowspan="3">过渡段上</td><td>外缘 $h_c$</td><td colspan="2">$a(i_j-i_g)+[ai_g+(a+b)i_c]\frac{x}{L_C}$</td></tr>
<tr><td>中线 $h'_c$</td><td>$ai_j+\frac{b}{2}i_g$</td><td>$ai_j+\frac{b}{2}\frac{x}{L_C}i_c$</td></tr>
<tr><td>内缘 $h''_c$</td><td>$ai_j-(a+B_{jx})i_g$</td><td>$ai_j-(a+B_{jx})\frac{x}{L_C}i_c$</td></tr>
</table>

**表 2-18　绕中线旋转超高值计算公式**

<table>
<tr><td colspan="2" rowspan="2">超高位置</td><td colspan="2">计算公式</td><td rowspan="8">注：<br>1. 计算结果均为与设计高之差；<br>2. 临界断面距过渡段起点：<br>$x_0=\frac{2i_g}{i_g+i_c}L_C$<br>3. $x$ 距离处的加宽值：<br>$B_{jx}=\frac{x}{L_C}B_j$</td></tr>
<tr><td>$x\leqslant x_0$</td><td>$x>x_0$</td></tr>
<tr><td rowspan="3">圆曲线上</td><td>外缘 $h_c$</td><td colspan="2">$a(i_j-i_g)+(B_j+\frac{b}{2})(i_g+i_c)$</td></tr>
<tr><td>中线 $h'_c$</td><td colspan="2">$ai_j+\frac{b}{2}i_g$</td></tr>
<tr><td>内缘 $h''_c$</td><td colspan="2">$ai_j+\frac{b}{2}i_g-(a+\frac{b}{2}+B_j)i_c$</td></tr>
<tr><td rowspan="3">过渡段上</td><td>外缘 $h_c$</td><td colspan="2">$a(i_j-i_g)+(a+\frac{b}{2})(i_g+i_c)\frac{x}{L_C}$<br>（或 $\approx\frac{x}{L_C}h_c$）</td></tr>
<tr><td>中线 $h'_c$</td><td colspan="2">$ai_j+\frac{b}{2}i_g$</td></tr>
<tr><td>内缘 $h''_c$</td><td>$ai_g-(a+B_{jx})i_g$</td><td>$ai_j+\frac{b}{2}i_g-\left(a\cdot\frac{b}{2}+B_{jx}\right)\frac{x}{L_C}i_c$</td></tr>
</table>

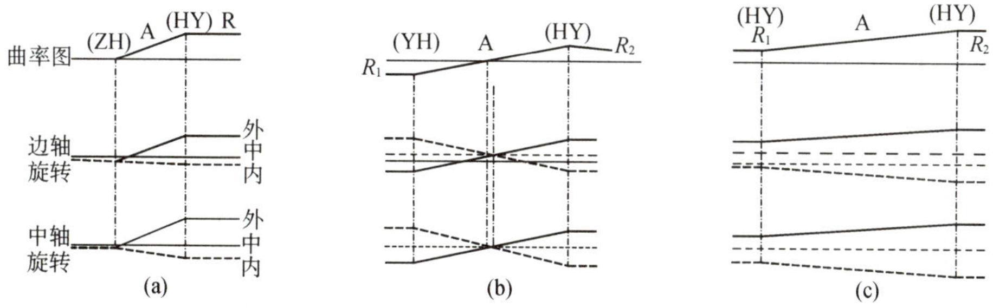


图 2-32　超高设计图

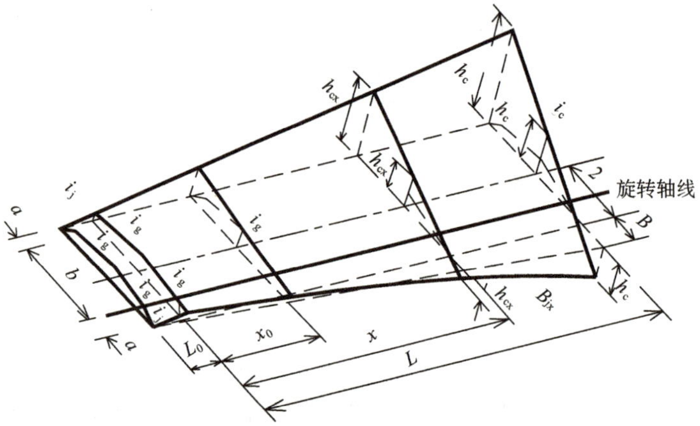


(a) 绕内边轴旋转

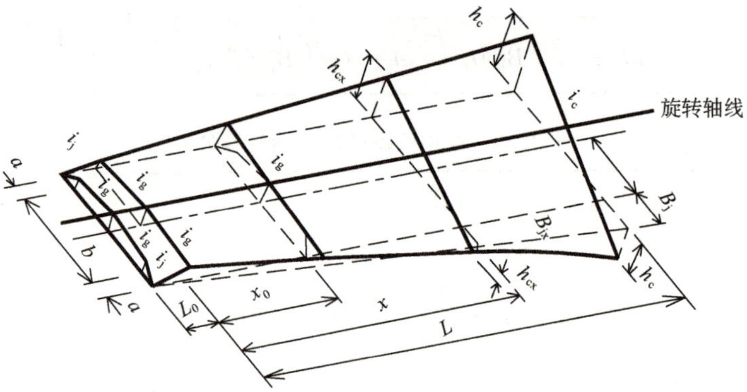


(b) 绕中轴旋转

**图 2-33　超高过渡方式**

注：$b$ ——路面宽度(m)；

$a$ ——路肩宽度(m)；

$i_g$ ——路拱横坡；

$i_c$ ——超高横坡；

$L$——超高缓和段长度或缓和曲线长度(m)；

$L_0$——路拱横坡由 $i_j$ 变为 $i_g$ 所需距离，一般可取 1.0 m；

$x_0$——与路拱同坡度单向超高点至超高缓和段起点的距离(m)；

$x$—— 超高缓和段上任一点至起点的距离(m)；

$h_c$——路基外缘最大抬高值(m)；

$h_{cx}$——$x$ 距离处路基外缘抬高值(m)；

$B$——路基加宽值(m)；

$B_{jx}$——$x$ 距离处路基加宽值(m)。

# 任务三
# 中桩坐标计算

## 能力要求

1. 明确中桩坐标系的建立。
2. 理解坐标计算原理。
3. 掌握中桩坐标的计算方法。

## 任务描述

公路中线的位置是通过测量坐标放样实测到地面上的，故为了给施工放样提供数据，必须进行中桩坐标的计算。本任务根据路线施工图设计文件中平面设计成果，介绍逐桩坐标的作用，并要求学生能根据测量坐标系计算原理，在交点坐标已知的情况下，进行中桩上逐桩坐标的推算。

## 任务实施

通过自主学习及查阅相关资料，完成下列引导问题：

1. 我国测量坐标系统通常有三种，即____________、____________和____________。

2. 若 $C$，$D$ 两点间的坐标增量 $\Delta x$ 为正，$\Delta y$ 为负，则直线 $CD$ 的坐标方位角位于第________象限。

3. 直线坐标方位角的角值范围是____________。

4. 方位角为 120°是第________象限角。

5. 同一条直线，在第四象限角 $R$ 和方位角 $A$ 的关系为（　　）。

   A. $R=A$　　B. $R=180°-A$　C. $R=A-180°$　D. $R=360°-A$

6. 名词解释：方位角。

7. 已知平面上四点坐标 $A$（100，100），$B$（100，400），$C$（400，300），$D$（400，100），求 $AC$，$BD$ 两直线的数学方程和夹角。

8. 某平原微丘三级公路，路线偏角 $\alpha=30°30'30''$，半径取 $R=280$ m，缓和曲线长 $l_h=70$ m，求曲线要素和距缓和曲线起点 50 m，100 m 处的直角坐标。

## 相关知识

中桩的坐标即“逐桩坐标”，是指各桩在测量坐标系中的坐标。测量人员可利用软件或中桩坐标计算公式先计算好公路中桩的坐标数据，再到现场进行实地放样。这里主要介绍测量坐标系统以及按照公式计算中桩坐标的方法。

### 一、测量坐标系统

中桩计算

1. 大地坐标系统

在大地坐标系中，地面点在地球椭球上的投影位置用大地经度、大地纬度和大地高来表示。大地坐标系的建立，主要涉及地球椭球的选取及其定位方式，我国先后建立了 1954 年北京坐标系、1980 年国家大地坐标系、新 1954 年北京坐标系，2008 年 6 月，又正式启用了 2000 国家大地坐标系。一个大地坐标系有一个大地原点（2000 国家大地坐标系大地原点位于陕西咸阳），地面点的大地坐标均由此点推算得出。

2. 高斯平面直角坐标系统

我国从 1952 年开始采用高斯投影系统，以高斯投影的方法建立了高斯平面直角坐标系统。地面点的高斯平面坐标与大地坐标可以相互转换。高速公路的勘测设计和施工放样都采用高斯平面直角坐标系统进行。

3. 平面直角坐标系统

当测量范围为二级和二级以下公路、独立桥梁、隧道及其他构造物时，可以把该测区的球面当作平面进行直接投影，采用平面直角坐标系统。

### 二、中桩坐标计算

#### （一）导线点坐标计算

采用两阶段设计的公路或一阶段设计但遇地形困难的路段，一般都要先作平面控制测量，而路线的平面控制测量多采用导线测量的方法，在有条件时可优先采用全球定位系统（简称 GPS）测量的方法，或采用全站仪进行导线测量。当采用导线测量作为公路平面控制测量时，导线应与国家三角点进行联测，可使所测的导线点与国家三角点形成一个整体，获得导线坐标起算数据。测出导线各边长和夹角后，用坐标增量法逐点推算各导线点的坐标。

1. 方位角的确定

如图 2-34 所示，有

$$\tan\beta=\left|\frac{\Delta y}{\Delta x}\right| \tag{2-52}$$

$$\text{方位角：}\begin{cases} A_i=\beta, & \Delta y>0,\quad \Delta x>0\ (\text{第一象限}) \\ A_i=180^\circ-\beta, & \Delta y>0,\quad \Delta x<0\ (\text{第二象限}) \\ A_i=180+\beta, & \Delta y<0,\quad \Delta x>0\ (\text{第三象限}) \\ A_i=360^\circ-\beta, & \Delta y<0,\quad \Delta x<0\ (\text{第四象限}) \end{cases}$$

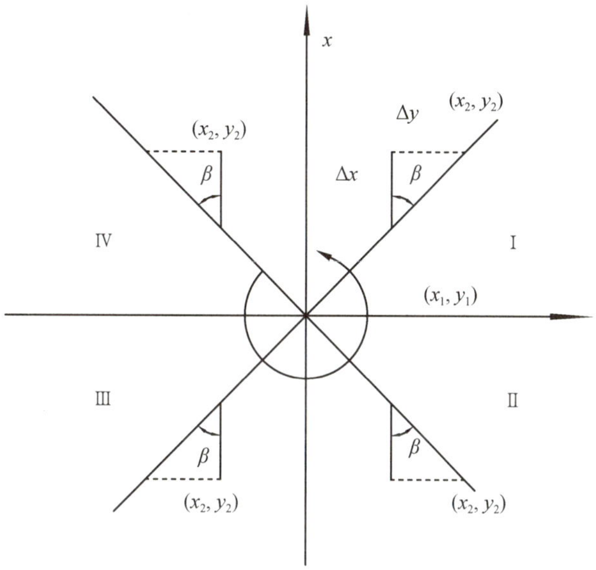


图 2-34　路线方位角计算简图

2. 坐标计算

$$
\begin{aligned}
X_{i+1} &= X_i + D\cos A_i \\
Y_{i+1} &= Y_i + D\sin A_i
\end{aligned}
\tag{2-53}
$$

式中，$D$ 为两导线点间的水平距离。

### （二）交点坐标计算

根据初测布设导线测绘的地形图，初步设计进行纸上定线，完成平面线形设计。路线交点的坐标可以利用导线点的坐标推算，或从初测坐标网格地形图中直接读出。

### （三）中桩坐标计算

1. 未设缓和曲线的单圆曲线坐标计算

1）圆曲线起终点坐标计算

如图 2-35 所示，$JD_i$ 的坐标为（$X_{JD_i}$，$Y_{JD_i}$），交点前后直线边的方位角分别为 $A_{i-1}$，$A_i$，圆曲线的半径为 $R$，平曲线切线长为 $T_i$，曲线起、终点的坐标可用式（2-29）、式（2-30）计算。

圆曲线起点的坐标

$$
\begin{aligned}
X_{ZY_i} &= X_{JD_i} - T_i\cos A_{i-1} \\
Y_{ZY_i} &= Y_{JD_i} - T_i\sin A_{i-1}
\end{aligned}
\tag{2-54}
$$

圆曲线终点的坐标

$$
\begin{aligned}
X_{ZY_i} &= X_{JD_i} + T_i\cos A_i \\
Y_{ZY_i} &= Y_{JD_i} + T_i\sin A_i
\end{aligned}
\tag{2-55}
$$

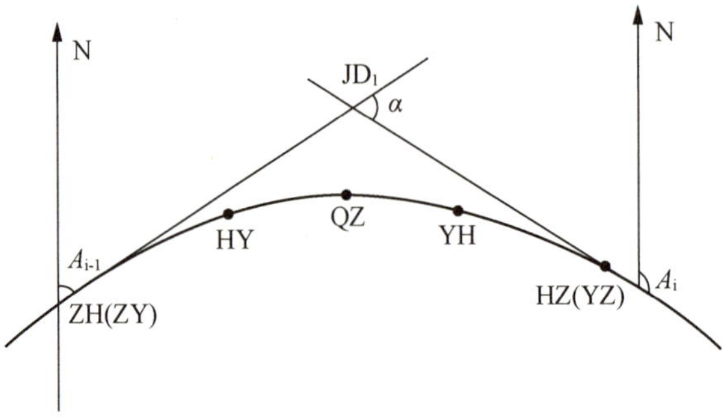


图 2-35　中桩坐标计算示意图

2）圆曲线上任意点坐标计算

*ZY*～*QZ* 段（*YZ*～*QZ* 段）的坐标计算以曲线起点 *ZY*（曲线终点 *YZ*）为坐标原点，切线指向交点的方向为 $X'$轴，通过 *ZY* 的法线为 $Y'$轴，建立直角坐标系，即得切线支距坐标为

$$\begin{aligned} X' &= R\sin\frac{l'180°}{R\pi} \\ Y' &= R - R\cos\frac{l'180°}{R\pi} \end{aligned} \tag{2-56}$$

其中，$l'$为圆曲线上任意一点至 *ZY*（*YZ*）点的弧长。

*ZY*～*QZ* 段各点的坐标：利用上述公式计算出以 *ZY* 为坐标原点圆曲线段内各中桩 $X'$，$Y'$的值，则 *ZY*～*QZ* 段各点的坐标为

$$\begin{aligned} X &= X_{ZY_i} + X'\cos A_{i-1} - \xi Y'\sin A_{i-1} \\ Y &= Y_{ZY_i} + X'\sin A_{i-1} + \xi Y'\cos A_{i-1} \end{aligned} \tag{2-57}$$

其中，$\xi$ 为路线转向，右转角时，$\xi=1$；左转角时，$\xi=-1$，以下各式同。

*YZ*～*QZ* 段各点的坐标：利用上述公式计算出以 *YZ* 为坐标原点圆曲线段内各加桩 $X'$，$Y'$的值，则 *ZY*～*QZ* 段各点的坐标为

$$\begin{aligned} X &= X_{YZ_i} - X'\cos A_i - \xi Y'\sin A_i \\ Y &= Y_{YZ_i} - X'\sin A_i + \xi Y'\cos A_i \end{aligned} \tag{2-58}$$

2. 设缓和曲线的单圆曲线坐标计算

1）曲线起、终点坐标计算

如图 2-35 所示，$JD_i$ 的坐标为（$X_{JD_i}$，$Y_{JD_i}$），交点前后直线边的方位角分别为 $A_{i-1}$，$A_i$，圆曲线的半径为 $R$，缓和曲线长度 $l_h$，平曲线切线长为 $T_{h_i}$，曲线起、终点的坐标可用式（2-59）、式（2-60）计算。

$$\begin{cases} X_{ZH_i} = X_{JD_i} - T_{h_i}\cos A_{i-1} \\ Y_{ZH_i} = Y_{JD_i} - T_{h_i}\sin A_{i-1} \end{cases} \tag{2-59}$$

$$\begin{cases} X_{HZ_i} = X_{JD_i} + T_{h_i} \cos A_i \\ Y_{HZ_i} = Y_{JD_i} + T_{h_i} \sin A_i \end{cases} \tag{2-60}$$

2）曲线任意点坐标计算

$ZH \sim QZ$ 段的坐标计算：以曲线起点 $ZH$ 为坐标原点，切线方向为 $X'$轴，法线为 $Y'$轴，建立直角坐标系。

缓和曲线段各点在此坐标系下的坐标，即切线支距坐标为

$$\begin{aligned} X &= l - \frac{l^5}{40R^3 l_{\mathrm{h}}^2} \\ Y &= \frac{l_{\mathrm{h}}^3}{6Rl_{\mathrm{h}}} - \frac{l^7}{336R^3 l_{\mathrm{h}}^3} \end{aligned} \tag{2-61}$$

圆曲线段 $X'$，$Y'$：

$$\begin{aligned} X' &= q + R\sin\left(\beta + \frac{l'180^\circ}{R\pi}\right) \\ Y' &= p + R - R\cos\left(\beta + \frac{l'180^\circ}{R\pi}\right) \end{aligned} \tag{2-62}$$

式中：$l$——$ZH$ 点到加桩点的曲线长度；

$l'$——$ZY$ 点到圆曲线上加桩点的曲线长度。

利用上述公式计算出缓和段内各加桩和圆曲线段内各加桩 $X'$，$Y'$的值，则 $ZH \sim QZ$ 段各点的坐标为

$$\begin{aligned} X &= X_{ZH_i} - X'\cos{}_{i-1} - \xi Y'\sin{}_{i-1} \\ Y &= Y_{ZH_i} - X'\sin{}_{i-1} + \xi Y'\cos{}_{i-1} \end{aligned} \tag{2-63}$$

$QZ \sim HZ$ 段的坐标计算：以曲线终点 $HZ$ 为坐标原点，切线为 $X'$轴，法线为 $Y'$轴建立直角坐标系，利用式（2-62）、式（2-63）可以计算出缓和曲线和圆曲线段内各点的 $X'$，$Y'$的坐标，则 $QZ \sim HZ$ 段各点的坐标为

$$\begin{aligned} X &= X_{HZ_i} - X'\cos{}_i - \xi Y'\sin{}_i \\ Y &= Y_{HZ_i} - X'\sin A_i + \xi Y'\cos A_i \end{aligned} \tag{2-64}$$

3）直线段中桩坐标的计算

位于 $ZH$ 点之前或 $HZ$ 点之后的直线段可利用 $JD$ 点的坐标或 $ZH$、$HZ$ 点的坐标与该点的距离及其方位角计算出该点的坐标。

例 2-2　某高等级公路，路线 $JD_2$ 的坐标为 $X_{JD_2}=1\ 477\ 600.270$ m，$Y_{JD_2}=31\ 589\ 813.880$ m；路线 $JD_3$ 的坐标为 $X_{JD_3}=1\ 479\ 958.056$ m，$Y_{JD_3}=31\ 589\ 773.850$ m；路线 $JD_4$ 的坐标为 $X_{JD_4}=1\ 483\ 034.875$ m，$Y_{JD_4}=31\ 592\ 181.750$ m；$JD_3$ 的里程桩号 K16+680.205；圆曲线半径 $R=2\ 500$ m，缓和曲线长度 $l_{\mathrm{h}}=90$ m。试计算该平曲线的主点桩号及按整桩号（20 m）确定平曲线各主点和加桩的坐标。

解：（1）主点桩号的计算

① 计算路线转角。

$$\tan A_{32}=\left|\frac{Y_{JD_2}-Y_{JD_3}}{X_{JD_2}-X_{JD_3}}\right|=\left|\frac{+40.030}{-2\ 357.786}\right|=0.016\ 977\ 792$$

$$A_{32}=180°-0°58'21.6''=179°01'38.4''$$

$$\tan A_{32}=\left|\frac{Y_{JD_4}-Y_{JD_3}}{X_{JD_4}-X_{JD_3}}\right|=\left|\frac{+2\ 407.9}{-3\ 076.819}\right|=0.872\ 593\ 97$$

$$A_{34}=38°02'47.5''$$

右角：$\beta=179°01'38.4''-38°02'47.5''=140°58'50.9''<180°$

右转角：$\alpha=180°-140°58'50.9''=39°01'09.1''$

缓和曲线常数如下。

$$\text{缓和曲线角：}\beta=\frac{l_h 180}{2R\pi}=1°01'52.8''$$

$$\text{内移距：}\quad p=\frac{l_h^2}{24R}=\frac{90^2}{24\times 2\ 500}=0.135(\text{m})$$

$$\text{切移距：}\quad q=\frac{l_h}{2}-\frac{l_h^3}{240R^2}=\frac{90}{2}-\frac{90^3}{240\times 2\ 500^2}=44.995(\text{m})$$

平曲线要素如下。

$$\text{切线长：}\quad T_h=(R+p)\tan\frac{\alpha}{2}+q=930.815(\text{m})$$

$$\text{曲线总长：}\quad L_h=\frac{\pi}{180}\times\alpha R+l_h=1\ 792.533(\text{m})$$

$$\text{主圆曲线长：}\quad L_y=L_h-2\times l_h=1\ 612.533(\text{m})$$

$$\text{外距：}\quad E_h=(R+p)\sec\frac{\alpha}{2}-R=142.422\ 3(\text{m})$$

$$\text{校正距：}\quad J_h=2T_h-L_h=69.097(\text{m})$$

② 主点桩号计算。

主点桩桩号：

| | |
|---|---|
| $JD$ | K16+680.205 |
| $-T_h$ | 930.815 |
| $ZH$ | K15+749.39 |
| $+l_h$ | 90 |
| $HY$ | K15+839.39 |
| $+L_y$ | 1 612.533 |
| $YH$ | K17+451.923 |
| $l_h$ | 90 |
| $HZ$ | K17+541.923 |
| $-L_y$ | 896.266 5 |

| | |
|---|---|
| $QZ$ | K16+645.656 5 |
| $+J_h/2$ | 34.548 5 |
| $JD$ | K16+680.205（计算准确无误） |

（2）中桩坐标及方位角计算

$ZH$ 点的坐标计算：

$$A_{23}=A_{32}+180°=359°01'38''$$

$$X_{ZH_3}=X_{JD_3}-T_h\cos A_{23}=1\ 479\ 027.375(\text{m})$$

$$Y_{ZH_3}=Y_{JD_3}-T_h\sin A_{23}=31\ 589\ 789.653(\text{m})$$

$ZH$～$HY$ 第一缓和曲线上中桩坐标的计算：如桩号 K15+800 的坐标

$$l=15\ 800-15\ 749.39=50.61(\text{m})$$

$$X=l-\frac{l^5}{40R^3l_h^2}=50.609\ 8(\text{m})$$

$$Y=\frac{l_h^3}{6Rl_h}=0.096(\text{m})$$

$$X=X_{ZH_3}+X'\cos A_{23}-Y'\sin A_{23}=1\ 479\ 077.979(\text{m})$$

$$Y=Y_{ZH_3}+X'\sin A_{23}+Y'\cos A_{23}=31\ 589\ 788.890(\text{m})$$

$HY$ 点的坐标计算：

$$l=15\ 839.39-15\ 749.39=90(\text{m})$$

$$X=l-\frac{l^5}{40R^3l_h^2}=89.997(\text{m})$$

$$Y=\frac{l_h^3}{6Rl_h}=0.540(\text{m})$$

$$X=X_{ZH_3}+X'\cos A_{23}-Y'\sin A_{23}=1\ 479\ 117.368(\text{m})$$

$$Y=Y_{ZH_3}+X'\sin A_{23}+Y'\cos A_{23}=31\ 589\ 788.665(\text{m})$$

$HY$～$QZ$ 圆曲线部分的中桩坐标计算：如桩号 K16+100 的坐标

$$l'=16\ 100-15\ 839.39=260.61(\text{m})$$

$$X'=q+R\sin\left(\beta+\frac{l'180°}{R\pi}\right)=296.185(\text{m})$$

$$Y'=p+R-R\cos\left(\beta+\frac{l'180°}{R\pi}\right)=18.791(\text{m})$$

$$X=X_{ZH_3}+X'\cos A_{23}-Y'\sin A_{23}=1\ 479\ 323.836(\text{m})$$

$$Y=Y_{ZH_3}+X'\sin A_{23}+Y'\cos A_{23}=31\ 589\ 803.379(\text{m})$$

$QZ$ 点的坐标计算：

$$l'=16\ 645.656\ 5-15\ 839.39=806.266\ 5(\text{m})$$

$$X'=q+R\sin\left(\beta+\frac{l'180°}{R\pi}\right)=879.911\ 5(\text{m})$$

$$Y'=p+R-R\cos\left(\beta+\frac{l'180^\circ}{R\pi}\right)=143.671(\mathrm{m})$$

$$X=X_{ZH_3}+X'\cos A_{23}-Y'\sin A_{23}=1\ 479\ 909.598(\mathrm{m})$$

$$Y=Y_{ZH_3}+X'\sin A_{23}+Y'\cos A_{23}=31\ 589\ 918.365(\mathrm{m})$$

$HZ$ 点的坐标计算：

$$A_{34}=38^\circ02'47.5''$$

$$X_{HZ_3}=X_{JD_3}+T_{\mathrm{h}}\cos A_{34}=1\ 480\ 691.083(\mathrm{m})$$

$$Y_{HZ_3}=Y_{JD_3}+T_{\mathrm{h}}\sin A_{34}=31\ 590\ 347.512(\mathrm{m})$$

$YH$～$HZ$ 第二缓和曲线上的中桩坐标计算：如 K17＋500 点的坐标

$$l=17\ 541.923-17\ 500=41.923(\mathrm{m})$$

$$X'=l-\frac{l^5}{40R^3l_{\mathrm{h}}^2}=41.923(\mathrm{m})$$

$$Y'=\frac{l_h^3}{6Rl_{\mathrm{h}}}=0.055(\mathrm{m})$$

$$X=X_{HZ_3}-X'\cos A_{34}-Y'\sin A_{34}=1\ 480\ 658.034(\mathrm{m})$$

$$Y=Y_{HZ_3}-X'\sin A_{34}+Y'\cos A_{34}=31\ 590\ 321.718(\mathrm{m})$$

$YH$ 点的坐标：$l=90$ m

$$X'=l-\frac{l^5}{40R^3l_{\mathrm{h}}^2}=89.997(\mathrm{m})$$

$$Y'=\frac{l_{\mathrm{h}}^3}{6Rl_{\mathrm{h}}}=0.540(\mathrm{m})$$

$$X=X_{HZ_3}-X'\cos A_{34}-Y'\sin A_{34}=1\ 480\ 619.876(\mathrm{m})$$

$$Y=Y_{HZ_3}-X'\sin A_{34}+Y'\cos A_{34}=31\ 590\ 292.472(\mathrm{m})$$

$QZ$～$YH$ 点的坐标计算：如 K17＋000 点的坐标

$$l'=17\ 451.923-17\ 000=451.923(\mathrm{m})$$

$$X'=q+R\sin\left(\beta+\frac{l'180^\circ}{R\pi}\right)=538.657(\mathrm{m})$$

$$Y'=p+R-R\cos\left(\beta+\frac{l'180^\circ}{R\pi}\right)=49.359(\mathrm{m})$$

$$X=X_{HZ_3}-X'\cos A_{34}-Y'\sin A_{34}=1\ 480\ 236.464(\mathrm{m})$$

$$Y=Y_{HZ_3}-X'\sin A_{34}+Y'\cos A_{34}=31\ 590\ 054.408(\mathrm{m})$$

直线上中桩坐标的计算：如 K17＋500 点的坐标

$$D=17\ 500-17\ 451.923=48.077(\mathrm{m})$$

$$X=X_{HZ_3}+D\cos A_{34}=1\ 480\ 728.944(\mathrm{m})$$

$$Y=Y_{HZ_3}-D\sin A_{34}=31\ 590\ 377.142(\mathrm{m})$$

# 任务四
# 行车视距计算及标准选用

## 能力要求

1. 明确视距不良的情况。
2. 掌握行车视距的类型。
3. 掌握道路设计视距类别的选用和指标值的正确使用。

## 任务描述

汽车在行驶期间，驾驶员的视线畅通是保证车辆安全行驶的必要条件。本任务结合生活实际展示视线不良时行车的安全隐患，引导学生掌握行车视距的类型，并知道在视线不良路段，通过开挖视距台可以保证视线的畅通及连续。本任务主要介绍平面视距，对于纵断面视距将在后文项目三中介绍。

## 任务实施

通过自主学习及查阅相关资料，完成下列引导问题：

1. 停车视距计算中的眼高和物高《公路路线设计规范》规定：眼高____，物高____。
2. 行车视距分为______________、______________、______________和______________。
3. 停车视距可分解为____________、____________、____________三部分距离。
4. 《公路工程技术标准》规定：高速和一级公路应满足________视距的要求；二、三、四级公路应保证________视距的要求。
5. 平曲线上行车视距的检查有两种方法，一是__________，二是________。
6. 新建双车道公路的超高方式一般采用（　　）。

   A. 内边轴旋转　　B. 中轴旋转　　C. 外边轴旋转
7. 一般公路在高路堤情况下的超高构成可采用（　　）。

   A. 内边轴旋转　　B. 外边轴旋转　　C. 中轴旋转
8. 一般公路在旧公路改建时的超高构成可采用（　　）。

A. 内边轴旋转　　B. 外边轴旋转　　C. 中轴旋转

9. 名词解释：停车视距，超车视距。

10. 行车视距的种类有哪些？分述其构成并说明各级公路对行车视距的规定。

11. 简述视距包络图的绘制方法与步骤。

## 相关知识

视距是指在车辆正常行驶中，驾驶员从正常驾驶位置能连续看到公路前方行车道范围内路面上一定高度障碍物，或者看到公路前方交通设施、路面标线的最远距离。为了行车安全，驾驶员一旦发现前方路面上有障碍物或迎面来车，能及时采取措施，避免相撞，这一必需的最短距离称为行车视距 $S$。行车视距是否充分，直接关系到行车的安全，它是道路使用质量的重要指标之一。在道路平面上的暗弯（处于挖方路段的弯道和内侧有障碍物的弯道）、纵断面上的凸形竖曲线以及下穿式立体交叉的凹形竖曲线上都有可能存在视距不足的问题，如图 2-36 所示。

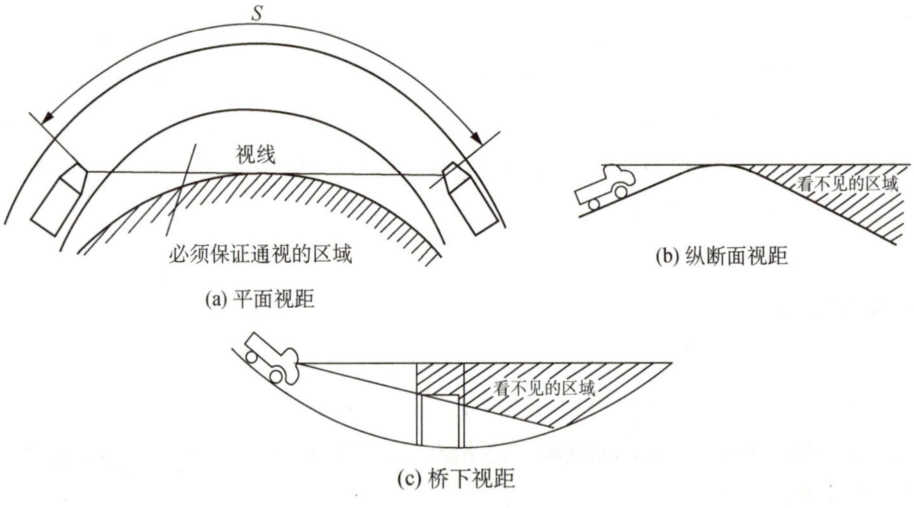


图 2-36　影响行车视距的地点

视距的几何标定，对设计车型为小客车而言，从内侧车辆行车轨迹线上 1.2 m 的高度（按设计车型小客车驾驶员的眼睛高度位置），看到该车辆行驶轨迹线上高为 0.1 m（按设计车型底盘高度控制）的物体顶点的距离；对载重货车而言，目高取 2.0 m，物高取 0.1 m 进行计算。必须注意的是，视距是沿该车道轨迹线量得的曲线距离，与之相对应的一个概念是视线，视线是驾驶员看到前方障碍物的方向，是一条直线，二者不可混淆。

### 一、视距的类型

驾驶员发现障碍物或迎面来车，根据其采取措施的不同，公路视距主要包括：停车视距、超车视距、会车视距及识别视距等。

(1) 停车视距：车辆以一定速度行驶中，驾驶员自看到前方障碍物时起，至到达障碍物前安全停止所需要的最短行驶距离。

(2) 会车视距：在同一车道上对向行驶车辆，为避免发生迎面相撞，自车辆在行驶过程中发现对向来车起，至驾驶员采取合理的减速操作后两车安全停止、不发生相撞所需的最短行驶距离。

(3) 超车视距：在需要临时占用对向车道完成超车的公路上，后车超越前车过程中，自开始驶离原车道起，至可见对向来车并能超车后安全驶回原车道所需的最短行驶距离。

(4) 识别视距：车辆以一定速度行驶中，驾驶员自看清前方分流、合流、交叉、渠化、交织等各种行车条件变化时的导流设施、标志、标线，做出制动减速、变换车道等操作，至变化点前使车辆达到必要的行驶状态所需要的最短行驶距离。

## 二、视距的计算

1. 停车视距

停车视距是指驾驶员发现前方有障碍物到汽车在障碍物前停住所需要的最短距离。停车视距可分解为反应距离 $S_1$、制动距离 $S_2$ 和安全距离 $S_3$ 三部分，如图 2-37 所示。

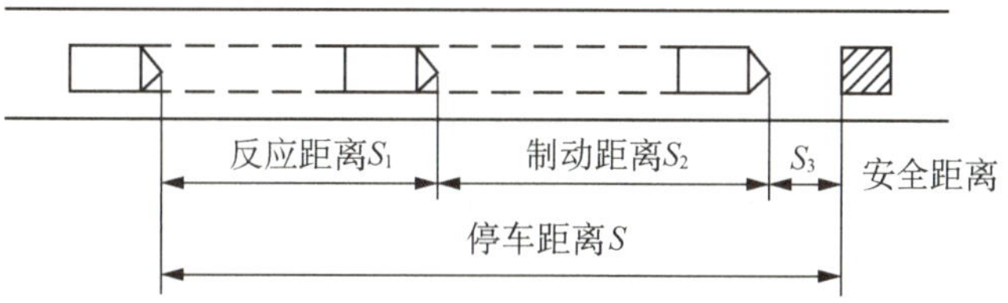


图 2-37　停车视距计算示意图

总的停车距离为

$$S = S_1 + S_2 + S_3 \tag{2-65}$$

1) 反应距离

反应距离是指当驾驶人员发现前方的障碍物，经过判断决定采取制动措施的那一瞬间到制动器真正开始起作用的那一瞬间汽车所行驶的距离。这段时间可分为“感觉时间”和“反应时间”，并可通过试验测定。根据测定的资料，设计上采用感觉时间为 1.5 s，制动反应时间取 1.0 s 是较适当的。感觉和制动反应的总时间 $t=2.5$ s，在这个时间内汽车行驶的距离为

$$S_1 = \frac{V}{3.6}t$$

2) 制动距离

制动距离是指汽车从制动生效到汽车完全停住这段时间内所走过的距离。汽车在刹车制动过程中受到的阻力有迎风面的空气阻力、弹性轮胎变形引起的滚动阻力、上（下）坡车辆自重引起的坡度阻力和路面对车辆的摩阻力。略去影响较小的空气阻力、

滚动阻力，考虑坡度阻力和路面阻力因素，根据能量守恒定律可得（推导过程省略）：

$$S_2 = \frac{V_1^2}{19.6 \times 3.6^2(\varphi \pm i)} = \frac{V_1^2}{254(\varphi \pm i)}$$

式中：$S_2$——制动距离（m）；

$V_1$——制动初速度（km/h）；

$i$——路线纵坡值，以小数点数值参加计算，上坡为“+”，下坡为“−”；

$\varphi$——路面与轮胎之间的纵向摩阻系数，因轮胎新旧、路面、制动条件等的不同而异，计算停车视距一般按路面潮湿状况考虑，数据见表 2-19。

**表 2-19　不同车速下的路面纵向摩阻系数值**

| 计算行车速度（km/h） | 120 | 100 | 80 | 60 | 50 | 40 | 30 | 20 |
|---|---|---|---|---|---|---|---|---|
| $\varphi$ | 0.29 | 0.31 | 0.31 | 0.33 | 0.35 | 0.38 | 0.44 | 0.44 |

3）安全距离 $S_3$

安全距离指汽车在实际行驶时的速度与设计速度可能的差异，汽车在障碍物之间的能完全停下的距离，可取 5～10 m。

4）停车视距标准

按以上的分析可知，停车视距的计算公式为

$$S = S_1 + S_2 + S_3$$

$$S = \frac{V}{3.6}t + \frac{V_1^2}{254(\varphi \pm i)} + S_3 \tag{2-66}$$

2. 会车视距

会车视距指的是两对向行驶的车辆在同一车道上相遇，从相互发现时起，同时采取制动措施使两车安全停止所需的最短距离。

会车视距由三部分组成：①双方驾驶员反应时间所行驶的距离；②双方汽车的制动距离；③安全距离。

从图 2-38 可知，会车视距略小于停车视距的 2 倍，《公路路线设计规范》对会车视距的规定值是其长度不应小于停车视距的 2 倍。

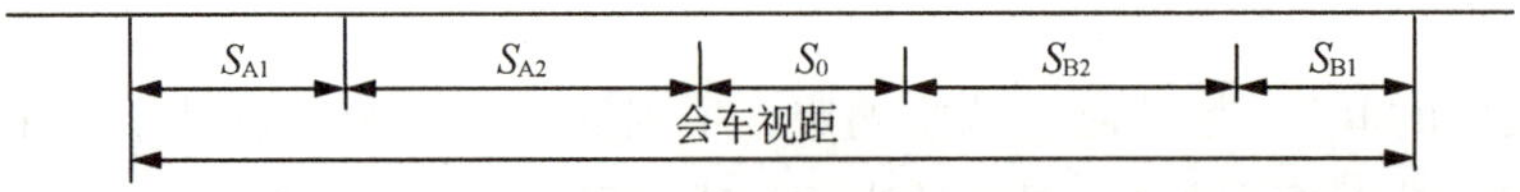


**图 2-38　会车视距**

3. 超车视距

超车视距指的是在双车道道路上，后车超越前车，从开始驶离原车道之处起，至超车后安全驶回原车道并与对向来车保持所必要安全距离所需的最短距离，如图 2-39 所示。

超车视距的全程可分为四个阶段。

(1) 加速行驶距离 $S_1$。

当超车汽车经判断认为有超车的可能时，于是加速行驶移向对向车道，在进入该车道之前的行驶距离为 $S_1$。

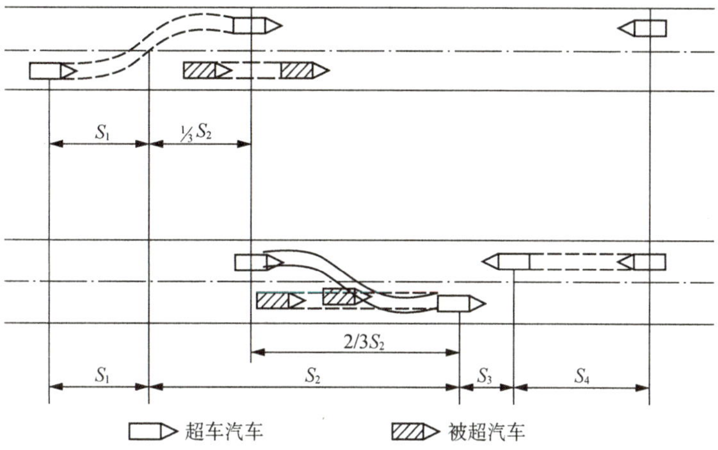


图 2-39　超车视距图示

$$S_1 = \frac{V_0}{3.6}t_1 + \frac{1}{2}at_1^2 \tag{2-67}$$

式中：$V_0$——被超汽车的速度（km/h）；

$t_1$——加速时间（s）；

$a$——平均加速度（m/s）。

（2）超车汽车在对向车道上行驶的距离 $S_2$，按下式计算：

$$S_2 = \frac{V}{3.6}t_2 \tag{2-68}$$

式中：$V$——超车汽车的速度（km/h）；

$t_2$——超车车辆在对向车道上的行驶时间（s）。

（3）超车完成时，超车汽车与对向汽车之间的安全距离 $S_3$。

这个距离视超车汽车和对向汽车的行驶速度不同采用不同的数值，一般取：

$$S_3 = 15 \sim 100\ \text{m} \tag{2-69}$$

（4）超车汽车从开始加速到超车完成时对向汽车的行驶距离 $S_4$，对向车辆按匀速行驶考虑。

$$S_4 = \frac{V}{3.6}(t_1 + t_2) \tag{2-70}$$

以上四个距离之和是比较理想的全超车过程，但距离较长，在地形比较复杂的地点感到很难实现。实际上在计算 $S_4$ 所需的时间时只考虑超车车辆从完全进入对向车道到超车完成所行驶的时间就可保证安全了。因为，尾随在慢车后面的快车驾驶员开始超车操作行驶 $S_1$，进入对向车道之后发现迎面有汽车开来而超车距离不足时还来得及返回自己的车道。因此，对向汽车行驶时间大致为 $t_2$ 的 2/3 就足够了，即

$$S_4^* = \frac{2}{3} \times \frac{V}{3.6}(t_1 + t_2) \tag{2-71}$$

由上面分析可知，最小超车视距为

$$S = S_1 + S_2 + S_3 + S_4^* \tag{2-72}$$

计算中，$V$ 采用设计速度，设超车汽车和对向汽车都按设计速度行驶。

### 三、视距标准的选用

停车视距、会车视距、超车视距的选用，应根据道路的等级、设计速度、交通管理方式和具体条件选用。《公路工程技术标准》《公路路线设计规范》规定如下。

（1）各级道路每一条车道均应满足大于停车视距要求。更详细的说明是车道上任意点位不论是平面还是纵断面均应保证大于停车视距。

（2）高速公路、一级公路的设计视距采用停车视距。因为高速公路和一级公路都有中央分隔带，无对向行车，不存在会车问题。故高速公路、一级公路的停车视距的标准见表 2-20。我国城市道路停车视距的标准见表 2-21。

**表 2-20　高速公路、一级公路停车视距**

| 设计速度（km/h） | 120 | 100 | 80 | 60 |
|---|---|---|---|---|
| 停车视距（m） | 210 | 160 | 110 | 75 |
| 货车停车视距（m） | 245 | 180 | 125 | 85 |

**表 2-21　城市道路停车视距**

| 设计速度（km/h） | 80 | 60 | 50 | 45 | 40 | 35 | 30 | 25 | 20 | 15 | 10 |
|---|---|---|---|---|---|---|---|---|---|---|---|
| 停车视距（m） | 110 | 70 | 60 | 45 | 40 | 35 | 30 | 25 | 20 | 15 | 10 |

（3）二、三、四级公路上、下行车道没有分开，混合交通严重，所以《公路路线设计规范》规定二、三、四级公路的视距应满足会车视距要求，会车视距长度应不小于停车视距的 2 倍，见表 2-22。工程特别困难或受其他条件限制地段，可采用停车视距，但必须采用分道行驶措施如设分隔带、分道线、分隔桩或设成分离式的单车道。

**表 2-22　二、三、四级公路停车、会车、超车视距**

| 设计速度（km/h） | | 80 | 60 | 40 | 30 | 20 |
|---|---|---|---|---|---|---|
| 停车视距（m） | | 110 | 75 | 40 | 30 | 20 |
| 货车停车视距（m） | | 125 | 85 | 50 | 35 | 20 |
| 会车视距（m） | | 220 | 150 | 80 | 60 | 40 |
| 超车视距最小值（m） | 一般值 | 550 | 350 | 200 | 150 | 100 |
| | 极限值 | 350 | 250 | 150 | 100 | 70 |

（4）具有干线功能的二级公路宜在 3 min 的行驶时间内，提供一次满足超车视距要求的超车路段。一般情况下，超车路段为路线总长度的 10%～30%。

（5）高速公路、一级公路以及大型车比例高的二、三级公路，应按货车停车视距对相关路段进行检验。即在超车视距检验时，载重货车采用的驾驶员视点高度为 2.0 m，视点前方路面上障碍物顶点高度为 0.60 m，即对向车辆（小客车）的前灯高度位置进行检验。

（6）对于超车要占用对向车道双车道公路，为保证行车安全，相关标准中规定：双车道公路应间隔设置具有超车视距的路段。

（7）积雪冰冻地区的停车视距宜适当增长。

（8）互通式立交、服务区、停车区、公共汽车停靠站等各类出、入口应满足识别视距要求。不同设计速度对应的识别视距见表 2-23。

**表 2-23 不同设计速度对应的识别视距**

| 设计速度(km/h) | 120 | 100 | 80 | 60 |
|---|---|---|---|---|
| 识别视距(m) | 350(460) | 290(380) | 230(300) | 170(240) |

注：括号中数值为行车环境复杂、路侧出入口提示信息较多时应采取的视距值。

## 四、道路上视距的保证

1. 横断面上视距保证

汽车在弯道上行驶时，弯道内侧行车视线可能被树木、建筑物、路堑边坡等障碍物所遮挡，行车视距受到影响。因此，在路线设计时必须检查平曲线上的视距是否能得到保证，如不能，则必须清除视距区内侧横净距内的障碍物，平面视距的检查方法有两种：最大横净距法和视距曲线法。所谓横净距指的是道路曲线最内侧的车道线行车轨迹与设计视距两端点连线所构成的曲线内侧空间的界限线（即包络线）的距离。行车轨迹线一般取弯道内侧车道路面内缘（不包括加宽）加 1.5 m，驾驶员视点离地面 1.2 m（对货车而言取 2.0 m）。视距台上的下挖深度对于土质台阶，考虑到长草后对视线有影响，故取 0.3 m，对于岩石，取 0.1 m。

2. 解析法确定最大横净距

如图 2-40 所示，图中阴影部分是阻碍驾驶员视线的范围，范围以内的障碍物都应加以清除。$Z$ 为内侧车道上汽车应保证的横净距，$Z_0$ 为最大横净距，$S$ 为平面视距长度，图 2-40(a) 中阻碍驾驶员视线的阴影部分为清除范围。

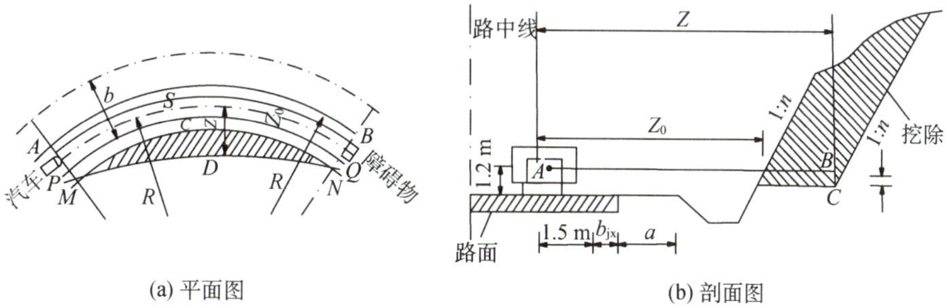


(a) 平面图 (b) 剖面图

**图 2-40 视线障碍与视距保证**

由图 2-40 知：

当 $Z<Z_0$ 时，视距能保证。

当 $Z>Z_0$ 时，视距不能保证，应进行障碍物清除。

为了保证汽车行驶的平面视距，需通过计算确定最大横净距值 $Z_0$。$Z_0$ 值可在公路横断面图上量取。对最大横净距 $Z_0$ 值的确定，可采用解析法，具体如下。

平曲线内最大横净距 $Z_0$ 计算公式见表 2-24。表中符号如图 2-41、图 2-42 所示。

表 2-4　公路最大横净距计算公式

| | | |
|---|---|---|
| 不设回旋线 | $L_S > S$[图 2-41(a)]<br>$Z_0 = R_S\left(1-\cos\frac{\alpha}{2}\right)$ | $\alpha = \frac{180°S}{\pi R_S}$ |
| | $L_S < S$[图 2-41(b)]<br>$Z_0 = R_S\left(1-\cos\frac{\alpha}{2}\right)+\frac{S-L}{2}\sin\frac{\alpha}{2}$ | $L = \frac{\pi}{180°}\alpha R_S$ |
| 设回旋线 | $S < L'_S$<br>$Z = R_S\left(1-\cos\frac{\alpha}{2}\right)$ | $\alpha = \frac{180°S}{\pi R_S}$ |
| | $L'_S \leqslant S \leqslant L_S$[图 2-42(a)]<br>$Z_0 = R_S\left(1-\cos\frac{\alpha-2\beta}{2}\right)+(l_h-l_0)\sin\left(\frac{\alpha}{2}-\delta\right)$ | $\delta = \arctan\left\{\frac{1}{6}\frac{l_h}{R_S}\left[1+\frac{l_0}{l_h}+\left(\frac{l_0}{l_h}\right)^2\right]\right\}$ |
| | $S > L_S$[图 2-42(b)]<br>$Z_0 = R_S\left(1-\cos\frac{\alpha-2\beta}{2}\right)+l_h\sin\left(\frac{\alpha}{2}-\delta\right)+\frac{S-L_S}{2}\sin\frac{\alpha}{2}$ | $\delta = \arctan\frac{L_h}{6R_S}$ |

注：$Z_0$——最大横净距(m)；
$S$——视距(m)；
$L$——曲线长度(m)；
$L'_S$——圆曲线长度(m)；
$l_h$——缓和曲线长度(m)；
$L_S$——曲线内侧行驶轨迹长度(m)；
$l_0$——汽车计算位置 $M$(或 $N$)到缓和曲线起点的距离(m)，$l_0 = \frac{L_S - S}{2}$；
$R_S$——曲线内侧行驶轨迹的半径，其值为未加宽前路面内缘的半径加上 1.5 m，即 $R_S = R - \frac{B}{2} + 1.5$，$B$ 为路面宽度；
$\alpha$——曲线转角(°)；
$\delta$——视距线所对应的圆心角(°)；
$\beta$——缓和曲线切线角(°)。

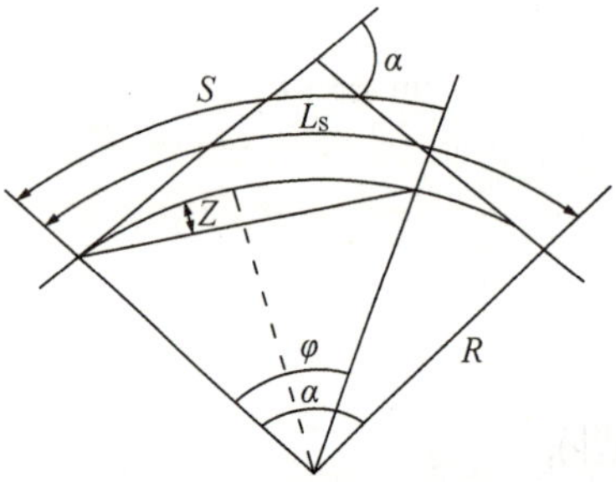

(a) $L_S>S$

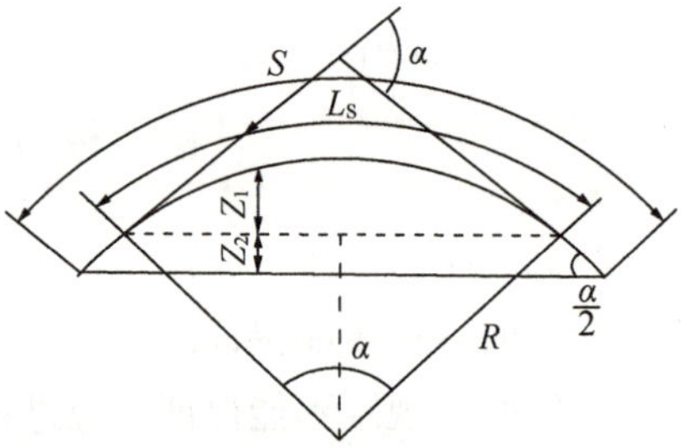

(b) $L_S<S$

图 2-41　不设回旋线时横净距计算图

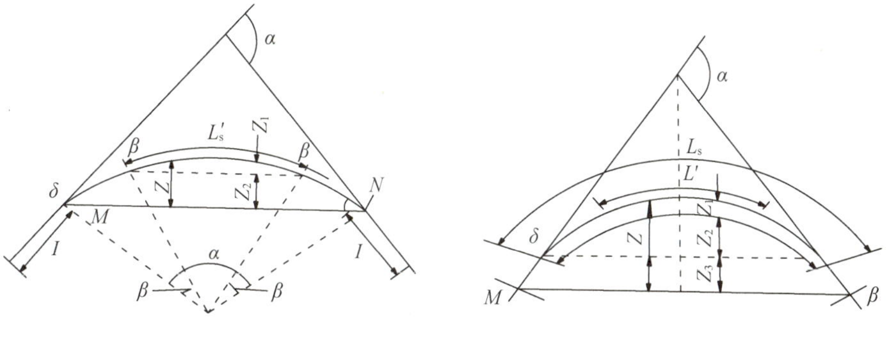


(a) $L_S \leqslant S \leqslant L$  (b) $L_S < S$

图 2-42 设回旋曲线时横净距计算图

3. 图解法确定视距切除范围步骤

一条路线的弯道个数很多，到底哪一个弯道的现有横净距小于要求的最大横净距，一般应通过理论公式求出最大要求横净距值，并把最大横净距值卡在道路横断面上检查。但是按公式（该套公式可查阅公路设计手册）计算的 $Z$ 值是弯道上须清除的最大横净距，它位于曲线中点或中点附近。在曲线上任意位置的横净距是随行车位置的改变而变化的，如果曲线全长上按最大横净距切除，则必造成工程上的浪费。对于需要清除的重要建筑物或岩石边坡时，目前多用图解法来确定清除范围。如图 2-43 所示，其方法如下：

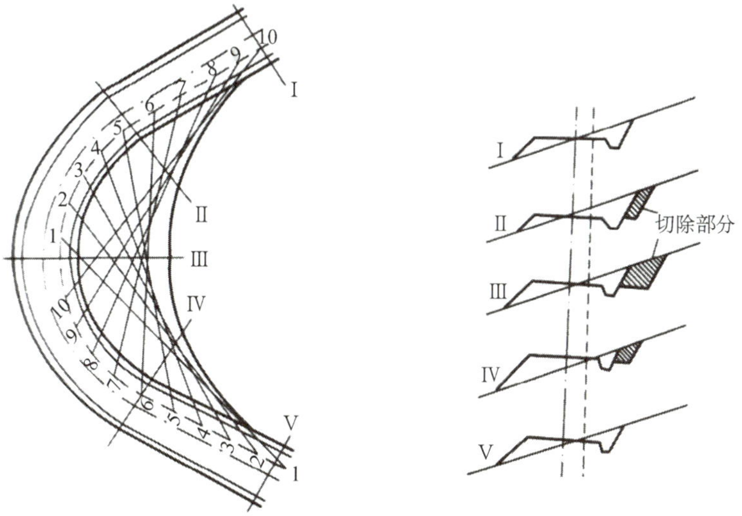


(a) 平面  (b) 横断面

图 2-43 图解法确定视距切除范围

（1）按一定比例绘制弯道平面图，并标示出行车轨迹线位置；

（2）在轨迹线上从弯道两端相连直线上距曲线起点（或终点）$s$ 的地方开始，按距离 $S$ 定出多组视线 1-1，2-2，3-3，……，10-10；

(3) 用曲线板绘出这些视线的光滑包络线（内切曲线）即为视距曲线；

(4) 量出相应断面位置的横净距，即可按上面的方法确定相应横断面上的视距切除范围。

必须指出，除平曲线上考虑视距外，在竖曲线上也有保证视距的问题，其保证措施在选择竖曲线半径时就应考虑。《公路工程技术标准》对竖曲线最小半径的规定值也考虑了视距的保证因素。为保证必要的视距有时需做大量的开挖和拆迁工作，在交通量不大的低等级公路上，对于不能保证会车视距的路段，可以采取其他的措施以防止碰车事故的发生，如在路中心划线或设置高出路面的明显标志带，强调“各行其道”“靠右边走”“转弯鸣号”等，以降低工程造价。

# 任务五
# 平面线形组合设计

## 能力要求

1. 学会在线形组合设计中如何考虑平面线形设计一般原则。
2. 熟悉平面线形要素的组合类型。
3. 熟练应用线形组合设计的基本参数进行线形设计。

## 任务描述

平面线形由直线、圆曲线、缓和曲线三要素组成，为适应不同的地形条件，可组合成不同的组合线形。为满足行车的力学和道路景观要求，不同的线形组合应满足一定的几何标准。通过各种线形的参数设置以及线形优缺点讲解，引导学生对于实战设计时线形的取舍进行综合性评价。

## 任务实施

通过自主学习及查阅相关资料，完成下列引导问题：

1. 平面线形组合的基本型是按________、________、________、________和________的顺序组合起来的线形形式。

2. 基本型平曲线，其回旋线、圆曲线、回旋线的长度之比宜为（　　）。

A. 1∶1∶1　　B. 1∶2∶1　　C. 1∶2∶3　　D. 3∶2∶1

3. 平面线形组合有哪些形式？各种组合应满足哪些要求？

## 相关知识

线形组合设计

### 一、平面线形设计一般原则

（1）平面线形应直捷、连续、顺适，并与地形、地物相适应，与周围环境相协调。

在地势平坦开阔的平原微丘区，路线直捷舒顺，在平面线形三要素中直线所占比例较大。而在地势有很大起伏的山岭和重丘区，路线则多弯曲，曲线所占比例较大。可以设想，如果在没有任何障碍物的开阔地区（如戈壁、草原）故意设置一些不必要的弯道，或者在高低起伏的山地拉长直线都将给人以不协调的感觉。路线要与地形相适应，这既是美学问题，也是经济问题和保护生态环境的问题。直线、圆曲线、回旋线的选用与合理组合取决于地形、地物等具体条件，片面强调路线要以直线为主或以曲线为主，或人为规定三者的比例都是不合理的。

（2）行驶力学上的要求是基本的，视觉和心理上的要求对高速路应尽量满足。高速公路、一级公路应注重立体线形设计，尽量做到线形连续、指标均衡、视觉良好、景观协调、安全舒适。计算行车速度越高，线形设计所考虑的因素应越周全；二、三、四级公路，首先应在保证行车安全的前提下，正确地运用平面线形要素一般最小值，慎重使用极限最小值。在不过多增加工程量的情况下力求做到各种线形要素的合理组合，并尽量避免和减少不利的组合，以期充分发挥投资效益。

（3）保持平面线形的均衡与连贯。为使一条公路上的车辆尽量以均匀的速度行驶，应注意各线形要素保持连续性而不出现技术指标的突变。以下两点在设计时应充分注意：

① 长直线尽头不能接以小半径曲线。长的直线和长的大半径曲线会导致较高的车速，若突然出现小半径曲线，会因减速不及而造成事故，特别是在下坡方向的尽头更应注意。若由于地形所限，小半径曲线难免时，中间应插入中等曲率的过渡性曲线，并使纵坡不要过大。

② 高、低标准之间要有过渡。同一等级的公路由于地形的变化在指标的采用上也会有变化，或同一条公路按不同设计速度的各设计路段之间也会形成技术标准的变化。遇有这种高、低标准变化的路段，除满足有关设计路段对长度的要求外，还应结合地形的变化，使路线的平面线形指标逐渐过渡，避免出现突变。不同设计标准路段相互衔接的地点，应选在交通量发生变化处，或者驾驶员能够明显判断前方需要改变行车速度的地方。

（4）应避免连续急弯的线形。这种线形会给驾驶员造成不便，给乘客的舒适度也带来不良影响。设计时可在曲线间插入足够长的直线或回旋线。

（5）平曲线应有足够的长度。平曲线太短，汽车在曲线上行驶时间过短会使驾驶员来不及操纵，所以《公路路线设计规范》规定了平曲线（包括圆曲线及其两端的缓和曲线）长度的一般值，见表 2-25。当受到地形条件及其他特殊情况限制时，可采用表中的“最小值”。

公路弯道在一般情况下是由两段缓和曲线（或超高、加宽缓和段）和一段圆曲线组成。缓和曲线（一般采用回旋线）的长度不能小于该级公路对其最小长度的规定；中间圆曲线的长度也宜有大于 3 s 的行程，当条件受限时，可将缓和曲线在曲率相等处直接连接，此时的圆曲线长度等于 0，如凸形曲线。

表 2-25　平曲线长度

| 设计速度（km/h） | 120 | 100 | 80 | 60 | 40 | 30 | 20 |
|---|---|---|---|---|---|---|---|
| 一般值（m） | 600 | 500 | 400 | 300 | 200 | 150 | 200 |
| 最小值（m） | 200 | 170 | 140 | 100 | 70 | 50 | 40 |

当路线交点转角很小时，驾驶员在高速行车中会把平曲线长度看得比实际的小，产生路线急转弯的错觉，这种错觉在偏角越小时越明显。一般认为，路线偏角小于 7°属小偏角的范畴，对小偏角的弯道应设置较长的平曲线长度，其长度应大于表 2-26 中规定的一般值，但受地形或其他特殊情况制约时，可缩短至表中的最小值。

表 2-26　公路转角小于或等于 7°时的平曲线长度

| 设计速度（km/h） | 120 | 100 | 80 | 60 | 40 | 30 | 20 |
|---|---|---|---|---|---|---|---|
| 一般值（m） | 1 400/$\theta$ | 1 200/$\theta$ | 1 000/$\theta$ | 700/$\theta$ | 500/$\theta$ | 350/$\theta$ | 280/$\theta$ |
| 最小值（m） | 200 | 170 | 140 | 100 | 70 | 50 | 40 |

注：表中 $\theta$ 为路线转角值（°），当 $\theta<2°$时，按 2°计算。

## 二、平面线形要素的组合类型

平面线形由直线、圆曲线、缓和曲线三要素组成，为适应不同的地形条件，可组合成不同的组合线形，为满足行车的力学要求和道路景观要求，不同的线形组合应满足一定的几何标准。

1. 基本型

按直线—回旋线—圆曲线—回旋线—直线的顺序组合，如图 2-44 所示。基本型中的回旋线参数、圆曲线最小长度都应符合有关规定。从线形的协调性与美观角度上看，宜将回旋线、圆曲线、回旋线之长度比设计成 1∶1∶1。当左右两缓和曲线参数 $A_1=A_2$ 时，称对称基本型曲线，回旋线参数应在下述范围中取值：

$$R/3 \leqslant A \leqslant R$$

式中：$A$——回旋线参数；

$R$——与回旋线相连接的圆曲线半径（m）。

当 $R$ 接近 100 m 时，取 $A$ 等于 $R$；当 $R$ 小于 100 m 时，取 $A$ 等于或大于 $R$。

当 $R$ 较大或接近 3 000 m 时，取 $A$ 等于 $R/3$；当 $R$ 大于 3 000 m 时，取 $A$ 小于 $R/3$。

当左右两缓和曲线参数 $A_1 \neq A_2$ 时，称不对称基本型曲线，此时回旋曲线参数应满足：$A_1 : A_2 \leqslant 1.5$。

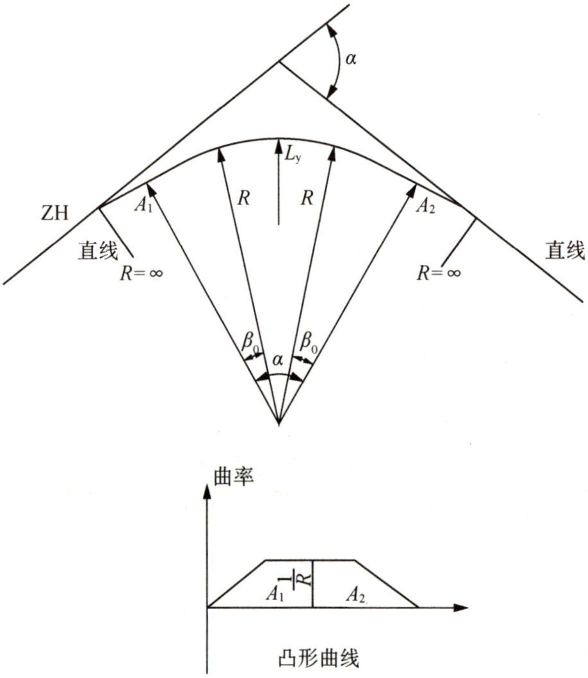


图 2-44　基本型

2. S形

S形曲线是指两个反向圆曲线用回旋线连接的组合，如图 2-45 所示。

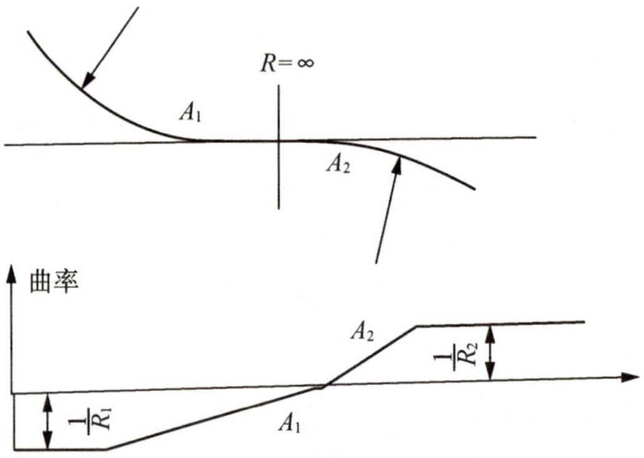


图 2-45　S形

两个回旋线参数 $A_1$ 与 $A_2$ 宜相等。当采用不同的参数时，$A_1$ 与 $A_2$ 之比应小于 2.0，有条件时以小于 1.5 为宜。高速公路，当 $A_2 \leqslant 200$ 时，$A_1$ 应不大于 $1.5A_2$。

在S形曲线上，两个反向回旋线之间不设直线，是行驶力学上所希望的。当地形条件限制必须插入短直线或当两圆曲线的回旋线相互重合时，短直线或重合段的长度应符合下式要求：

$$l \leqslant \frac{A_1 + A_2}{40} \tag{2-73}$$

式中：$l$ ——反向回旋线间短直线或重合段的长度（m）；

$A_1$，$A_2$——回旋线参数。

两圆曲线半径之比不宜过大，以 $R_1/R_2=1/2\sim1$ 为宜。其中，$R_1$ 为小圆曲线半径（m），$R_2$ 为大圆曲线半径（m）。

3. 卵形

卵形曲线是指用一个回旋线连接两个同向圆曲线的组合，如图 2-46 所示。卵形按直线—缓和曲线（$A_1$）—圆曲线（$R_1$）—缓和曲线（$A_f$）—圆曲线（$R_2$）—缓和曲线（$A_2$）—直线的顺序组合构成。该组合线形用于除四级公路以外的其他各级公路中，当 $l_f$ 和 $l_h$ 的省略条件均不满足时采用。

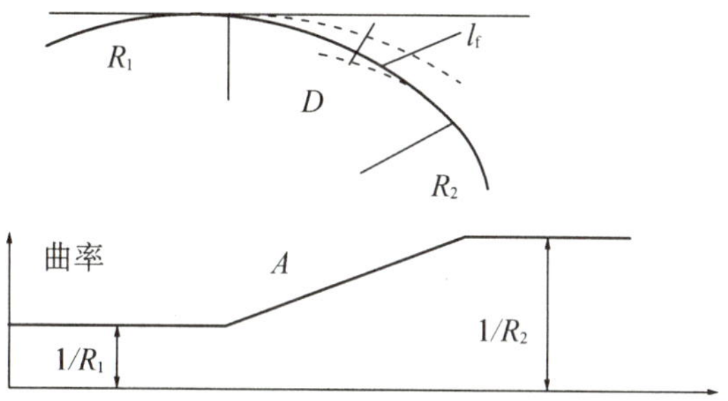


图 2-46　卵形曲线

卵形曲线要求大圆能完全包住小圆，如果大圆半径为无穷大，那么它就是直线，而回到基本型。所以卵形曲线可以认为是具有基本形式的一般线形。不过卵形的回旋曲线 $l_f$ 不是从回旋线的原点开始，而是使用回旋线中曲率从 $1/R_1$ 至 $1/R_2$ 这一段。

卵形回旋线参数 $A$ 不应小于该级公路关于回旋线最小参数的规定，同时宜在下列界限之内：$R_2/2\leqslant A\leqslant R_2$。

两圆曲线半径之比宜在下列界限之内：$0.2\leqslant R_2/R_1\leqslant0.8$。

两圆曲线的间距，宜在下列界限之内：$0.003\leqslant D/R\leqslant0.03$，其中 $D$ 为两圆曲线最小横向间距（m）。

4. 凸形

凸形曲线是指在两个同向回旋线间不插入圆曲线而径相衔接的组合，如图 2-47 所示。

设置凸形曲线的几何条件：

$$2\beta_0=\alpha \tag{2-74}$$

凸形曲线的回旋线参数及其连接点的曲率半径，应分别符合容许最小回旋线参数和圆曲线一般最小半径的规定。连接点附近的最小 $0.3v$ 的长度范围内，应保持以连接点

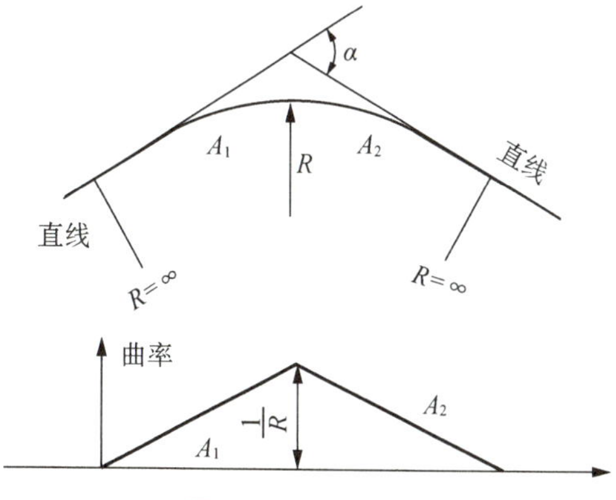


图 2-47　凸形曲线

的曲率半径确定的路拱横坡度。

凸形曲线尽管在各衔接处的曲率是连续的，但因中间圆曲线的长度为 0，对驾驶员操纵造成一些不利因素，所以只有在路线严格受地形、地物限制处方可采用凸形。

5. 复合型

复合型曲线是指两个以上同向回旋线在曲率相等处相互连接的形式，如图 2-48 所示。

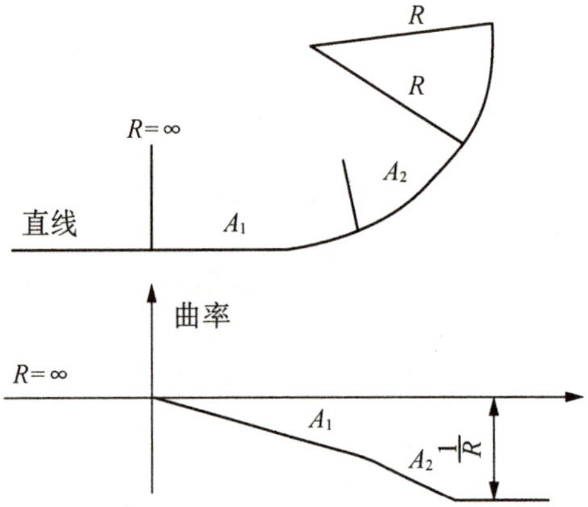


图 2-48 复合型曲线

复合型的两个回旋线参数之比以小于 1∶1.5 为宜，仅用在受地形或其他特殊原因限制时（互通式立体交叉除外）使用。

6. C 形

C 形曲线是指同向曲线的两回旋线在曲率为零处径相衔接的形式，如图 2-49 所示，其连接处的曲率为 0，也就是 $R=\infty$，相当于两基本型的同向曲线中间直线长度为 0，对行车和线形都会带来一些不利影响，所以 C 形曲线只有在特殊地形条件下方可采用。

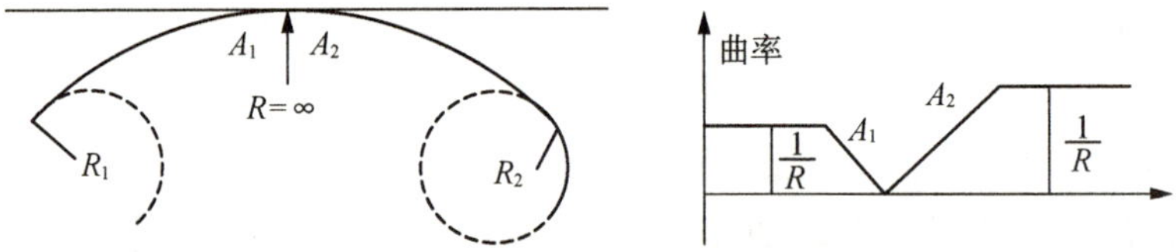


图 2-49 C 形曲线

当采用 C 形曲线时，回旋线段的路面横坡方向应与圆曲线段相一致，且应使公切点前后最小 $0.3v$ 长度内保持同一路面横坡度。

7. 简单曲线

1）单圆曲线

当一个弯道由直线与圆曲线组合时称为单圆曲线，即按直线—圆曲线—直线的顺序组合，如图 2-50 所示。

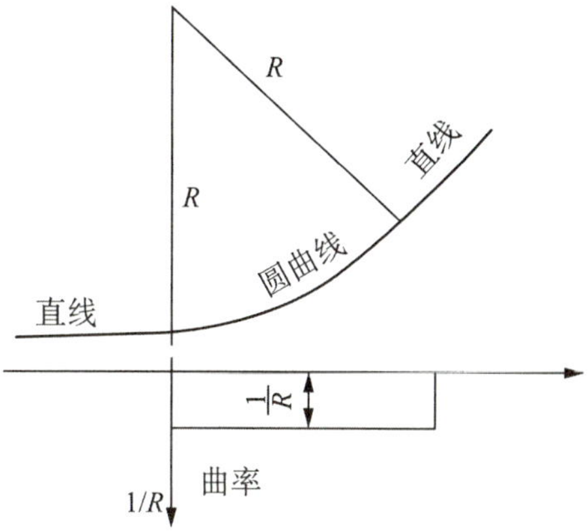


图 2-50　单圆曲线

单圆曲线有曲率突变点，对行车操纵、离心力缓和过渡不利。当半径较小时，从线形视觉上看不顺适，一般限于四级公路采用。在其他等级公路中，当平曲线半径大于不设超高半径时，省略缓和曲线后也构成简单曲线。

2）回头曲线

回头曲线是山区公路为克服高差，在同一坡面上展线时所采用的，其一般为圆心角接近于 180°的曲线，如图 2-51 所示。

回头曲线转角大、半径小、线形差，一般较少采用，只有在二、三、四级公路当自然展线无法满足需要的距离以克服高差时，或因地形、地质条件所限不能采取自然展线时，可采用回头曲线展线。相邻两回头曲线之间，应尽量有较长的距离，由上一回头曲线的终点至下一回头曲线起点的距离，在二、三、四级公路上分别应不小于 200 m、150 m、100 m。

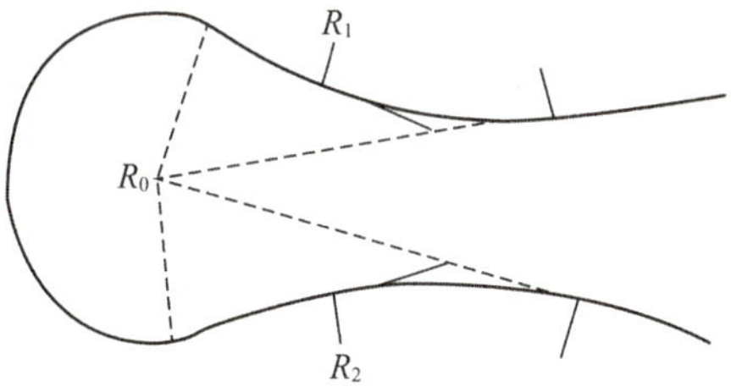


图 2-51　回头曲线

回头曲线的前后线形应有连续性，两头宜布设过渡性曲线，此外还应设置限速标志，并采取保证通视良好的技术措施。回头曲线的主要技术指标见表 2-27。

表 2-27　回头曲线的主要技术指标

| 项目 | 主线设计速度(km/h) | | | |
|---|---|---|---|---|
| | 40 | | 30 | 20 |
| 回头曲线设计速度(km/h) | 35 | 30 | 25 | 20 |
| 主曲线最小半径(m) | 40 | 30 | 20 | 15 |

（续表）

| 项目 | 主线设计速度(km/h) | | | |
|---|---|---|---|---|
| | 40 | | 30 | 20 |
| 回旋线最小长度(m) | 35 | 30 | 25 | 20 |
| 超高横坡度 | 6% | 6% | 6% | 6% |
| 双车道路面加宽值(m) | 2.5 | 2.5 | 2.5 | 3.0 |
| 最大纵坡 | 3.5% | 3.5% | 4.0% | 4.5% |

由于回头曲线位置应设置限速标志，同时进入回头曲线路段车辆的行驶速度一般比路线上行驶速度要慢，故设计速度 40 km/h 的三级公路可采用设计速度为 35 km/h 和 30 km/h 的回头曲线技术标准；设计速度 30 km/h 的三级公路可采用 25 km/h 的回头曲线技术标准。

# 任务六
# 道路平面设计图绘制

## 能力要求

1. 明确平面线形设计成果的组成。
2. 理解设计成果表中数据的关系。
3. 明确里程桩的设置方法。
4. 能绘制道路平面设计图，并利用平面设计图来检查设计缺陷、优化设计水平。

## 任务描述

公路的施工是依据设计文件中的成果来实施的，而平面设计成果较多，最主要的成果有路线设计平面图、直线曲线转角表、逐桩坐标表。本任务通过分析讨论成果表中的数据关系，引导学生看懂设计文件中的平面设计图和设计成果表格，能绘制道路平面设计图，利用平面设计图来检查设计缺陷、优化设计水平，并能根据设计文件成果进行公路中线测设。

## 任务实施

通过自主学习及查阅相关资料，完成下列引导问题：

1. 技术标准规定各级公路最大容许合成坡度的目的是（　　）。

   A. 控制急弯和陡坡的组合

   B. 控制最大超高横坡度

   C. 保证冰雪路面行车安全

   D. 比纵坡指标更科学合理

2. 不使驾驶员操作方向盘感到困难的平曲线最小长度为设计速度的（　　）行程。

   A. 3 s　　B. 5 s

   C. 6 s　　D. 9 s

3. 判断：当道路转角小于或等于 7°时，应设置较长的平曲线。（　　）

4. 从某公路设计文件《直线、曲线及转角一览表》中摘抄的一组路线设计资料如下：

$JD_8$=K3+425.982，$ZH_8$=K3+311.099，$HY_8$=K3+346.099，$YH_8$=K3+492.155，$HZ_8$=K3+527.155

$JD_9$=K4+135.169

$ZY_9$=K4+047.436，$YZ_9$=K4+221.135

试计算：(1) $JD_8$ 曲线的切线长、曲线长、缓和曲线长及曲线中点桩号；

(2) 计算 $JD_9$ 曲线的切线长、曲线长和曲线中点桩号；

(3) 计算两曲线交点间距及所夹直线段长度。

平面设计成果

## 相关知识

完成路线平面设计以后应及时清绘各种图纸和表格。其中主要的图纸有路线平面设计图、路线交叉设计图、道路用地图、纸上移线图等，主要的表格有直线、曲线及转角表、路线交点坐标表（或含在“直线、曲线及转角表”中），逐桩坐标表、路线固定表、总里程及断链桩号表等。各种图纸和表格的样式在中华人民共和国交通运输部颁布的《公路工程基本建设项目设计文件图表示例》中有具体规定，这里仅就主要的表格“直线、曲线及转角表”“逐桩坐标表”和主要的图纸“道路路线平面设计图”作说明。

### 一、直线、曲线及转角表

本表全面地反映了路线的平面位置和路线平面线形的各项指标，它是道路设计的主要成果之一。只有在完成“直线、曲线及转角表”以后，才能据此计算“逐桩坐标表”和绘制“路线平面设计图”，同时在做路线的纵断面设计、横断面设计和其他构造物设计时都要使用本表的数据。

该表的格式参见表 2-28。本表对公路和城市道路都适用。对于高等级公路，通常还应加上“交点坐标”一栏。

1. $JD$ 桩号的推算

路线上某点桩号指的是从该点沿路线中心线到路线起点的水平距离，由于 $JD$ 不是路线中心线上的点，所以 $JD$ 桩号实际上是计算过程中出现的过渡桩号，是计算一个曲线各主点桩号的基础。$JD$ 桩号的计算可按以下公式之一进行：

(1) 按前一个弯道的终点桩号推算，如图 2-52 所示。

$$JD_{i+1}=HZ_i+W_{i-i+1}-T_i \tag{2-75}$$

(2) 按前一个 $JD$ 桩号推算后一个 $JD$ 桩号。

$$JD_{i+1}=JD_i+W_{i-i+1}-J_i \tag{2-76}$$

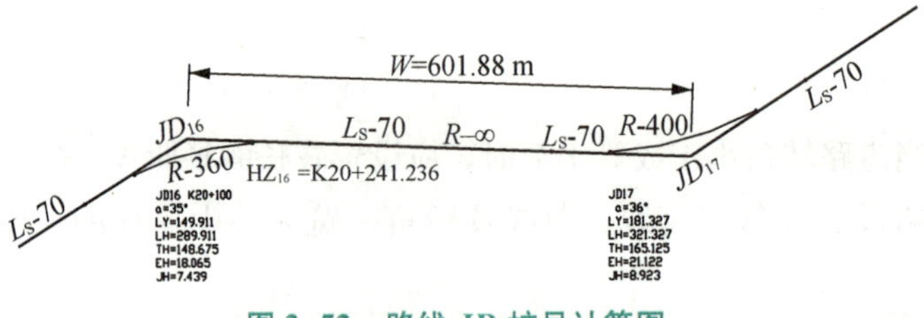


图 2-52 路线 $JD$ 桩号计算图

## 表 2-28　直线、曲线及转角表

×××至×××公路工程　　　　第 1 页　共 8 页 S2-4

| 交点号 | 交点坐标 |  | 交点桩号 | 转角值 | 曲线要素值(m) |  |  |  |  |  |  | 曲线主点桩号 |  |  |  |  | 直线长度及方向 |  |  | 备注 |
|---|---|---|---|---|---|---|---|---|---|---|---|---|---|---|---|---|---|---|---|---|
|  | N(X) | E(Y) |  |  | 半径 | 缓和曲线长度 | 缓和曲线参数 | 切线长度 | 曲线长度 | 外距 | 校正值 | 第一缓和曲线起点 | 第一缓和曲线终点或圆曲线起点 | 曲线中点 | 第二缓和曲线起点或圆曲线终点 | 第二缓和曲线终点 | 直线段长(m) | 交点间距(m) | 计算方位角 |  |
| 1 | 2 | 3 | 4 | 5 | 6 | 7 | 8 | 9 | 10 | 11 | 12 | 13 | 14 | 15 | 16 | 17 | 18 | 19 | 20 | 21 |
| BP | 300300 3.560 | 515893 .543 | K0+000 |  |  |  |  |  |  |  |  |  |  |  |  |  |  |  |  |  |
|  |  |  |  |  |  |  |  |  |  |  |  |  |  |  |  |  | 40.121 | 114.006 | 145°15′ 37.2″ |  |
| JD 1 | 300290 9.875 | 515958 .509 | K0+114 .006 | 92° 53′ 59.7″(Z) | 50 | 40 | 44.721 | 73.885 | 121.070 | 24.494 | 26.700 | K0+ 040.121 | K0+ 080.121 | K0+ 100.656 | K0+ 121.191 | K0+ 161.191 |  |  |  |  |
|  |  |  |  |  |  |  |  |  |  |  |  |  |  |  |  |  | 0.000 | 148.866 | 52°21′ 37.5″ |  |
| JD 2 | 300300 0.787 | 516076 .391 | K0+236 .172 | 94° 02′ 53.9″(Y) | 50 | 40 | 44.721 | 74.980 | 122.073 | 25.292 | 27.888 | K0+ 161.191 | K0+ 201.191 | K0+ 222.227 | K0+ 243.264 | K0+ 283.264 |  |  |  |  |
|  |  |  |  |  |  |  |  |  |  |  |  |  |  |  |  |  | 83.845 | 244.799 | 146°24′ 31.3″ |  |
| JD 3 | 300279 6.868 | 516211 .830 | K0+453 .082 | 91° 59′ 53.9″(Z) | 60 | 45 | 51.962 | 85.974 | 141.340 | 28.386 | 30.607 | K0+ 367.108 | K0+ 412.108 | K0+ 437.779 | K0+ 463.449 | K0+ 508449 |  |  |  |  |
|  |  |  |  |  |  |  |  |  |  |  |  |  |  |  |  |  | 129.467 | 262.560 | 54° 24′ 37.4″ |  |
| JD 4 | 300294 9.671 | 516425 .346 | K0+685 .035 | 28° 45′ 39.6″(Y) | 125 | 30 | 61.237 | 47.119 | 92.747 | 4.353 | 1.491 | K0+ 637.916 | K0+ 667.916 | K0+ 684.290 | K0+ 700.663 | K0+ 730.663 | 0.000 | 100.083 | 83° 10′ 17″ |  |

**(续表)**

| 交点号 | 交点坐标 N(X) | 交点坐标 E(Y) | 交点桩号 | 转角值 | 曲线要素值(m) 半径 | 缓和曲线长度 | 缓和曲线参数 | 切线长度 | 曲线长度 | 外距 | 校正值 | 曲线主点桩号 第一缓和曲线起点 | 第一缓和曲线终点或圆曲线起点 | 曲线中点 | 第二缓和曲线起点或圆曲线终点 | 第二缓和曲线终点 | 直线长度及方向 直线段长(m) | 交点间距(m) | 计算方位角 | 备注 |
|---|---|---|---|---|---|---|---|---|---|---|---|---|---|---|---|---|---|---|---|---|
| JD 5 | 300296 1.571 | 516524 .718 | K0+783 .627 | 47° 30′ 46.4″(Z) | 80 | 35 | 52.915 | 52.964 | 101.340 | 8.102 | 4.588 | K0+730.663 | K0+765.663 | K0+781.333 | K0+797.004 | K0+832.004 | 0.000 | 100.916 | 35° 39′ 30.7″ | |
| JD 6 | 300304 3.566 | 516583 .548 | K0+879.955 | 40° 03′ 49.5″(Y) | 90 | 30 | 51.962 | 47.952 | 92.932 | 6.238 | 2.972 | K0+832.004 | K0+862.004 | K0+878.470 | K0+894.936 | K0+924.936 | 0.000 | 92.598 | 75° 43′ 20.2″ | |
| JD 7 | 300306 6.403 | 516673 .285 | K0+969 .581 | 32° 18′ 47.7″(Z) | 102 | 30 | 55.317 | 44.646 | 87.525 | 4.577 | 1.766 | K0+924.936 | K0+954.936 | K0+968.698 | K0+982.461 | K1+012.461 | | | | |
| JD 8 | 300320 0.430 | 516800 .069 | K1+152 .308 | 16° 10′ 45.6″(Y) | 180 | 25 | 67.082 | 38.103 | 75.829 1.955 | 19.55 | 0.378 | K1+114.204 | K1+139.204 | K1+152.119 | K1+165.033 | K1+190.033 | 101.744 | 184.492 | 43° 24′ 32.5″ | |
| JD 9 | 300324 7.224 | 516879 .790 | K1+244 .370 | 35° 23′ 37.2″(Z) | 123 | 30 | 60.745 | 54.337 | 105.982 | 6.430 | 2.692 | K1+190.033 | K1+220.033 | K1+243.024 | K1+266.015 | K1+296.015 | 0.000 | 92.440 | 59° 35′ 18.1″ | |
| JD 10 | 300333 7.672 | 516920 .429 | K1+340 .836 | 28° 57′ 08.2″(Y) | 125 | 25 | 55.902 | 44.821 | 88.164 | 4.314 | 1.478 | K1+296.015 | K1+321.015 | K1+340.097 | K1+359.179 | K1+384.179 | 0.000 | 99.158 | 24° 11′ 40.9″ | |

（续表）

| 交点号 | 交点坐标 N(X) | 交点坐标 E(Y) | 交点桩号 | 转角值 | 曲线要素值（m）半径 | 缓和曲线长度 | 缓和曲线参数 | 切线长度 | 曲线长度 | 外距 | 校正值 | 曲线主点桩号 第一缓和曲线起点 | 第一缓和曲线终点或圆曲线起点 | 曲线中点 | 第二缓和曲线起点或圆曲线终点 | 第二缓和曲线终点 | 直线长度及方向 直线段长（m） | 交点间距（m） | 计算方位角 | 备注 |
|---|---|---|---|---|---|---|---|---|---|---|---|---|---|---|---|---|---|---|---|---|
| JD11 | 3003429.029 | 517042.313 | K1+491.680 | 14°28′13.8″(Z) | 180 | 25 | 67.082 | 35.368 | 70.460 | 1.591 | 0.276 | K1+456.311 | K1+481.311 | K1+491.542 | K1+501.772 | K1+526.772 | 72.133 | 152.322 | 53°08′49.1″ | |
| JD11 | 3003550.031 | 517139.173 | K1+646.399 | 23°18′34.6″(Z) | 143 | 30 | 65.498 | 44.545 | 88.177 | 3.278 | 0.913 | K1+601.854 | K1+631.854 | K1+645.942 | K1+660.030 | K1+690.030 | 75.082 | 154.995 | 38°40′35.3″ | |
| JD12 | 3003640.154 | 517163.941 | K1+738.950 | 23°54′27.4″(Y) | 160 | 30 | 69.282 | 48.919 | 96.763 | 3.786 | 1.076 | K1+690.030 | K1+720.030 | K1+738.412 | K1+756.793 | K1+786.793 | 0.000 | 93.464 | 15°22′00.7″ | |
| JD13 | 3003720.612 | 517229.735 | K1+841.807 | 34°39′03.2″(Z) | 128 | 30 | 61.968 | 55.014 | 107.411 | 6.390 | 2.618 | K1+786.793 | K1+816.793 | K1+840.498 | K1+864.204 | K1+894.204 | 0.000 | 103.934 | 39°16′28.1″ | |
| JD14 | 3003815.279 | 517237.391 | K1+934.166 | 14°13′25.7″(Y) | 220 | 25 | 74.162 | 39.962 | 79.615 | 1.825 | 0.309 | K1+894.204 | K1+919.204 | K1+934.012 | K1+948.819 | K1+973.819 | 0.000 | 94.977 | 4°37′24.9″ | |

例：$JD_{17}$ 桩号＝K20＋241.236＋601.88－148.675＝K20＋694.441

$JD_{17}$ 桩号＝K20＋100＋601.88－7.439＝K20＋694.441

2. 直线长度及方向

直线长度 $L$ 指的是二弯道间所夹的直线长度，由前一弯道的终点桩号减去后一弯道起点的桩号而得，直线长度应满足最小直线长和最大直线长的要求。

交点间间距 $W$ 指的是两交点之间的长度，外业选线测量中，必须控制该数值以使设置曲线后的两曲线之间夹直线长度 $L$ 满足《工程测量规范》的要求。在 $JD$ 桩号有坐标数据时，可用坐标求两点间距，当已知前后两个 $JD$ 桩号后，可用式（2-75）、式（2-76）反算交点间距。

直线方向一般用直线的方位角表示，对高等级公路，方位角按坐标计算，体现在逐桩坐标表中。对低等级公路，方位角可按路线的偏角计算，体现在直线、曲线一览表中。方位角有实测方位角与计算方位角之别，实测方位角是用罗盘仪直接测定直线的方位角，计算方位角是通过某一实测方位角与路线坐标或偏角计算而得的某一直线边的方位角，按测量规程要求，实测方位角与计算方位角的误差不得超过限值。

3. 测量断链

如前所述，路线上某点的桩号指的是从该点沿路线中心线到路线起点的水平距离。当路线测量中有错误时，或当路线改弯取直后，为避免整条路线桩号重新编制，有时可以用错误的桩号继续往前推算，从而使路线桩号与实际的真实里程不符，通常称路线桩号为名义里程。当真实里程不等于名义里程时称为断链。

路线发生断链时，路线上一个点位有两个名义里程，如 5K＋100＝5K＋200，等式左为来向桩号，等式右为去向桩号，来向桩号小于去向桩号的，真实里程小于名义里程，路线短链，如 5K＋100＝5K＋200，路线短链 100 m。反之，若 5K＋200＝5K＋100 时，来向桩号大于去向桩号，真实里程大于名义里程，路线长链 100 m。

由于有可能出现路线测量断链，路线的总里程长度就不是最后一个桩号的名义里程，而应该用以下公式计算：

$$\text{路线总长度}=\text{路线终点桩号}-\text{路线起点桩号}+\sum\text{长链}-\sum\text{短链}$$

路线断链应在直线、曲线一览表中体现，以供路线纵、横断面设计，结构物设置、土石方工程数量计算、工程造价计算等使用。

## 二、逐桩坐标表

高等级公路的线形指标高，表现在平面上是圆曲线半径较大，缓和曲线较长，在测设和放样时须采用坐标法，方能保证其测量精度。所以计算一份“逐桩坐标表”是十分必要的。

1. 坐标系统的采用

根据测区内原坐标系统，一般可有下列四种选择：

（1）采用统一的高斯正投影 3°带平面直角坐标系统；

（2）采用高斯正投影 3°带或任意带平面直角坐标系统，投影面可采用 1985 年国家高程基准、测区抵偿高程面或测区平均高程面；

（3）三级和三级以下公路、独立桥梁、隧道及其他构造物等小测区，可不经投影，采用平面直角坐标系统在平面上直接进行计算；

（4）在已有平面控制网的地区，应尽量沿用原有的坐标系统，如精度不合要求，也应充分利用其点位，选用其中一点的坐标及含此点的方位角，作为平面控制的起算依据。

2. 中桩逐桩坐标的计算

“逐桩坐标”即各个中桩的坐标，其计算和测量的方法是按“从整体到局部”的原则进行的。

1）计算导线点坐标

采用两阶段勘测设计的公路或一阶段设计但遇地形困难的路段，一般都要先作平面控制测量，而路线的平面控制测量多采用导线测量的方法，在有条件时可优先采用全球定位系统（简称 GPS-RTK）测量的方法。导线测量的方法，目前常见的有全站型电子速测仪法。其中全站仪可以直接读取导线点的坐标，其他方法可以在测得各边边长及其夹角后，用坐标增量法逐点推算其坐标。用 GPS 定位技术观测，则可在测站之间不通视的情况下，高精度、高效率地获得测点的三维坐标，这是公路勘测中控制测量的发展方向。一级导线控制点成果见表 2-29。

2）计算交点坐标

当导线点的精度满足要求并经平差后，即可展绘在图纸上测绘地形图上（纸上定线），或以导线点为依据在现场直接测得路线各交点的坐标（直接定线）。纸上定线的交点坐标可以在图纸上量取，而直接定线的交点坐标若是用全站仪测量则也可以很方便地获得（见《建筑工程测量》，李冰，厦门大学出版社，2022 年 7 月）。

**表 2-29　一级导线控制点成果表**

×××××至×××公路工程

| 1980 西安坐标系 | 测量方法:GPS 测量 | | 测量单位: | | |
|---|---|---|---|---|---|
| 1985 国家高程基准 | 中央子午线:117° | | 测量日期:××××年××月 | | |
| 点号 | X(N)坐标 | Y(E)坐标 | 高程(H) | 标石类型 | 备注 |
| N1 | 3005827.972 | 528571.540 | 377.929 | 砼 | 水准高程 |
| N2 | 3005814.103 | 528366.024 | 381.011 | 砼 | 水准高程 |
| N3 | 3005734.662 | 528193.190 | 387.600 | 砼 | 水准高程 |
| N4 | 3005774.060 | 527993.285 | 389.273 | 砼 | 水准高程 |
| N5 | 3005755.680 | 527859.093 | 393.238 | 砼 | 水准高程 |

（续表）

| 点号 | X(N)坐标 | Y(E)坐标 | 高程(H) | 标石类型 | 备注 |
|---|---|---|---|---|---|
| N6 | 3005826.338 | 527779.611 | 394.686 | 砼 | 水准高程 |
| N7 | 3005902.231 | 527662.219 | 400.097 | 砼 | 水准高程 |
| N8 | 3005971.179 | 527556.758 | 401.993 | 砼 | 水准高程 |
| N9 | 3006047.303 | 527425.302 | 398.857 | 砼 | 水准高程 |
| N10 | 3006108.157 | 527311.239 | 396.919 | 砼 | 水准高程 |
| N11 | 3006033.447 | 527230.840 | 394.342 | 砼 | 水准高程 |
| N12 | 3005961.523 | 527133.058 | 391.216 | 砼 | 水准高程 |
| N13 | 3005748.085 | 527093.367 | 387.408 | 砼 | 水准高程 |
| N14 | 3005649.128 | 527057.993 | 384.760 | 砼 | 水准高程 |
| N15 | 3005541.516 | 526964.726 | 380.853 | 砼 | 水准高程 |
| N16 | 3005534.353 | 526885.582 | 378.129 | 砼 | 水准高程 |
| N17 | 3005469.669 | 526375.600 | 394.273 | 砼 | 水准高程 |
| N18 | 3005472.454 | 526265.522 | 400.157 | 砼 | 水准高程 |
| N19 | 3005500.703 | 526164.796 | 408.061 | 砼 | 水准高程 |
| N20 | 3005610.578 | 526177.125 | 414.002 | 砼 | 水准高程 |
| N21 | 3005642.852 | 526162.239 | 418.118 | 砼 | 水准高程 |
| N22 | 3005675.480 | 526033.024 | 424.963 | 砼 | 水准高程 |
| N23 | 3005756.700 | 526066.752 | 429.190 | 砼 | 水准高程 |
| N24 | 3005809.553 | 525998.893 | 435.920 | 砼 | 水准高程 |
| N25 | 3005835.739 | 525936.360 | 439.784 | 砼 | 水准高程 |
| N26 | 3005944.985 | 525878.276 | 443.901 | 砼 | 水准高程 |
| N27 | 3005989.335 | 525778.359 | 442.192 | 砼 | 水准高程 |

3）计算各中桩坐标

可先计算直线和曲线主要点桩坐标，然后计算缓和曲线、圆曲线上每一个中桩的坐标。计算公式参见本项目任务三，计算结果列于表 2-30。这是后文图 2-53 中的一部分路段。

**表 2-30 逐桩坐标表**

××××× 至 ×××× 公路工程 　　第 5 页 共 14 页 　　S2-06

| 桩号 | 坐标 | | 桩号 | 坐标 | | 桩号 | 坐标 | | 桩号 | 坐标 | |
|---|---|---|---|---|---|---|---|---|---|---|---|
| | N(X) | E(Y) | | N(X) | E(Y) | | N(X) | E(Y) | | N(X) | E(Y) |
| K4+820 | 3004799.814 | 519259.7002 | K5+141.546 | 3004910.335 | 519554.6092 | K5+436.502 | 3005033.492 | 519806.2895 | K5+740 | 3005157.588 | 520031.3226 |
| K4+832.999 | 3004800.429 | 519272.6785 | K5+160 | 3004915.488 | 519572.3105 | K5+440 | 3005035.181 | 519809.3524 | K5+748.237 | 3005165.773 | 520030.5057 |
| K4+840 | 3004801.293 | 519279.6258 | K5+170.891 | 3004917.233 | 519583.0568 | K5+459.176 | 3005046.354 | 519824.8971 | K5+760 | 3005176.956 | 520026.9372 |
| K4+860 | 3004805.062 | 519299.2634 | K5+180 | 3004917.974 | 519592.1342 | K5+460 | 3005046.903 | 519825.512 | K5+780 | 3005194.143 | 520016.7786 |
| K4+862.999 | 3004805.704 | 519302.1925 | K5+200 | 3004918.208 | 519612.1296 | K5+480 | 3005061.742 | 519838.8653 | K5+788.237 | 3005200.803 | 520011.9313 |
| K4+880 | 3004809.348 | 519318.7988 | K5+200.891 | 3004918.2 | 519613.0204 | K5+481.850 | 3005063.25 | 519839.9366 | K5+800 | 3005210.331 | 520005.0334 |
| K4+900 | 3004813.635 | 519338.3338 | K5+220 | 3004918.425 | 519632.1248 | K5+500 | 3005078.883 | 519849.1323 | K5+820 | 3005227.476 | 519994.7816 |
| K4+920 | 3004817.923 | 519357.8689 | K5+235.891 | 3004920.354 | 519647.8831 | K5+511.850 | 3005089.509 | 519854.3749 | K5+823.237 | 3005230.428 | 519993.4527 |
| K4+940 | 3004822.21 | 519377.404 | K5+240 | 3004921.287 | 519651.8845 | K5+520 | 3005096.828 | 519857.9613 | K5+840 | 3005246.456 | 519988.6636 |
| K4+960 | 3004826.497 | 519396.9391 | K5+259.138 | 3004928.206 | 519669.6813 | K5+540 | 3005113.95 | 519868.243 | K5+860 | 3005266.376 | 519987.761 |
| K4+975.156 | 3004829.746 | 519411.7428 | K5+260 | 3004928.614 | 519670.4407 | K5+551.850 | 3005122.659 | 519876.2483 | K5+875.385 | 3005281.456 | 519990.6709 |
| K4+980 | 3004830.789 | 519416.4732 | K5+280 | 3004940.205 | 519686.6782 | K5+560 | 3005127.516 | 519882.7823 | K5+880 | 3005285.83 | 519992.1397 |
| K5+000 | 3004835.624 | 519435.8761 | K5+282.385 | 3004941.842 | 519688.4126 | K5+570.676 | 3005132.16 | 519892.3729 | K5+900 | 3005303.443 | 520001.4901 |
| K5+005.156 | 3004837.147 | 519440.8019 | K5+300 | 3004955.182 | 519699.8875 | K5+580 | 3005134.472 | 519901.3918 | K5+920 | 3005317.969 | 520015.1513 |
| K5+020 | 3004842.45 | 519454.6596 | K5+317.385 | 3004969.49 | 519709.7587 | K5+589.501 | 3005135.066 | 519910.8602 | K5+927.533 | 3005322.42 | 520021.224 |
| K5+028.679 | 3004846.177 | 519462.4962 | K5+320 | 3004971.668 | 519711.2067 | K5+600 | 3005133.726 | 519921.2583 | K5+940 | 3005328.382 | 520032.1575 |
| K5+040 | 3004851.709 | 519472.3709 | K5+340 | 3004987.916 | 519722.8557 | K5+620 | 3005127.276 | 519940.1556 | K5+960 | 3005333.945 | 520051.3066 |
| K5+052.201 | 3004858.485 | 519482.5134 | K5+347.385 | 3004993.489 | 519727.6984 | K5+629.501 | 3005123.36 | 519948.8122 | K5+975.009 | 3005334.684 | 520066.2723 |
| K5+060 | 3004863.225 | 519488.7051 | K5+360 | 3005002.059 | 519736.9411 | K5+640 | 3005119.059 | 519958.3889 | K5+980 | 3005334.265 | 520071.2448 |
| K5+080 | 3004876.252 | 519503.8778 | K5+361.944 | 3005003.262 | 519738.4687 | K5+660 | 3005113.04 | 519977.4157 | K6+000 | 3005329.32 | 520090.5627 |
| K5+082.201 | 3004877.719 | 519505.5189 | K5+376.502 | 3005011.172 | 519750.6717 | K5+669.501 | 3005112.234 | 519986.869 | K6+020 | 3005319.46 | 520107.8948 |
| K5+100 | 3004889.387 | 519518.9573 | K5+380 | 3005012.773 | 519753.7811 | K5+680 | 3005113.579 | 519997.2571 | K6+022.485 | 3005317.922 | 520109.8471 |
| K5+112.201 | 3004896.756 | 519528.6781 | K5+400 | 3005020.264 | 519772.3115 | K5+700 | 3005122.52 | 520014.9633 | K6+040 | 3005305.607 | 520122.2699 |
| K5+120 | 3004900.978 | 519535.2334 | K5+406.502 | 3005022.372 | 519778.4626 | K5+708.869 | 3005128.8 | 520021.2057 | K6+057.485 | 3005291.938 | 520133.1694 |
| K5+140 | 3004909.781 | 519553.166 | K5+420 | 3005026.85 | 519791.195 | K5+720 | 3005138.206 | 520027.1048 | K6+060 | 3005289.943 | 520134.6995 |

## 三、路线平面设计图绘制

路线平面设计图是道路设计文件的重要组成部分。该图全面、清晰地反映了道路平面位置和经过地区的地形、地物等，它是设计人员设计意图的重要体现。平面设计图对提供有关部门审批、专家评议、日后指导施工、恢复定线等方面都有重要作用。

1. 公路路线平面图绘制

1）平面图的比例尺和测绘范围

公路路线平面图是指包括道路中线在内的有一定宽度的带状地形图。若为供工程可行性研究、初步设计阶段的方案研究与比选，可采用 1∶50 000 或 1∶10 000 的比例尺测绘（或向国家测绘部门和其他工程单位搜集），但若作为初步设计、施工图设计的设计文件组成部分应采用更大的比例尺。一般常用的是 1∶2 000，在平原微丘区可用 1∶5 000。在地形特别复杂地段的路线初步设计、施工图设计可用 1∶500 或 1∶1 000。若为纸上移线，则比例尺将更大。

路线带状地形图的测绘宽度，一般为中线两侧各 100～200 m。对 1∶5 000 的地形图，测绘宽度每侧应不小于 250 m。若有比较线，应将比较线包括进去。

2）路线平面图的内容及绘制方法

（1）导线及道路中线的展绘。在展绘导线或中线以前，需按图幅合理布局，绘出坐标方格网，坐标网格尺寸采用 5 cm 或 10 cm，要求图廓网格的对角线长度和导线点间长度误差均不大于 0.5 mm，然后将导线点（或交点，下同）坐标 $x$、$y$ 精确地点绘在相应位置上。每张导线图展绘完毕后，用三棱尺逐点复核各点间距，再用半圆仪校核每个角度是否与计算相符。复核无误后，再按“逐桩坐标表”所提供的数据，展绘曲线，并注明各曲线主要点以及公里桩、百米桩、断链桩位置。对导线点、交点逐个编号，注明路线在本张图中的起点和终点里程等。

路线一律按前进方向从左至右画，在每张图的拼接处画出接图线。在图的右上角注明第×页，共×页。在图纸的空白处注明曲线元素及主要点里程。

（2）控制点的展绘。各种比例尺的地形图均应展绘和测出各等级三角点、导线点、图根点、水准点等，并用规定的符号表示。

（3）各种构造物的测绘。各类建筑物、构筑物及其主要附属设施应按《工程测量规范》的规定测绘和表示。各种线状地物，如管线及高、低压电线等应实测其支架或电杆的位置。对穿越路线的高压线应实测其悬垂线距地面的高度并注明伏安数。地下管线应详细测定其位置。道路及其附属物应按实际形状测绘。公路交叉口应注明每条公路的走向。铁路应注明轨面高程，公路应注记路面类型，涵洞应注明洞底标高。

（4）水系及其附属物的测绘。水系及其附属物的测绘包括：海洋的海岸线位置；水渠顶边及底边高程；堤坝顶部及坡脚的高程；水井井台高程；水塘塘顶边及塘底的高程。河流、水沟等应注明水流流向。

（5）地形、地貌、植被、不良地质带等的测绘。地形、地貌、植被、不良地质地带等均应详细测绘并用等高线和国家测绘局制定的“地形图图式”符号及数字注明。

若有道路设计程序，通过输入控制参数，经程序处理后可以方便地输出所有图表，但作为工程技术人员，对测量绘图的基本技能，仍应该得到起码的训练。

3）公路路线平面图示例

公路路线平面图示例如图 2-53 所示。

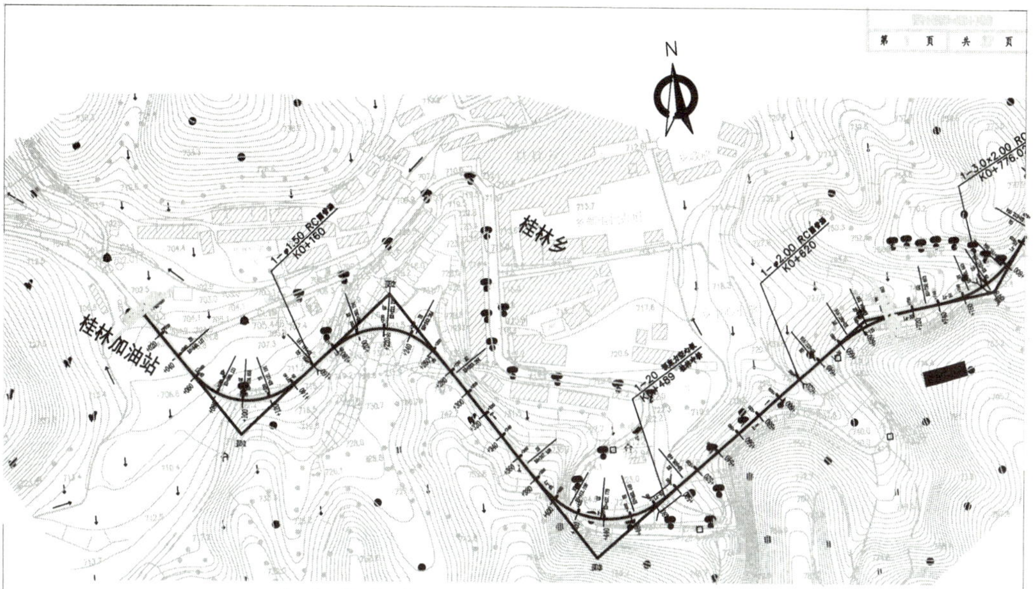


曲　线　要　素　表

| 交点号 | 交点坐标 |  | 交点桩号 | 转角值 | 曲线要素值（米） |  |  |  |  |  |
|---|---|---|---|---|---|---|---|---|---|---|
|  | X(N) | Y(E) |  |  | 半径 | 缓和曲线长度 | 切线长度 | 曲线长度 | 外距 | 校正值 |
| BP | 3003003.560 | 515893.543 | K0+000 |  |  |  |  |  |  |  |
| JD1 | 3002909.875 | 515958.509 | K0+114.006 | 92°53′59.7″(Z) | 50 | 40 | 73.885 | 121.070 | 24.494 | 26.700 |
| JD2 | 3003000.787 | 516076.391 | K0+236.172 | 94°02′53.9″(Y) | 50 | 40 | 74.980 | 122.073 | 25.292 | 27.888 |
| JD3 | 3002796.868 | 516211.830 | K0+453.082 | 91°59′53.9″(Z) | 60 | 45 | 85.974 | 141.340 | 28.386 | 30.607 |
| JD4 | 3002949.671 | 516425.346 | K0+685.035 | 28°45′39.6″(Y) | 125 | 30 | 47.119 | 92.747 | 4.353 | 1.491 |

说明：

1. 本图比例1:2000；
2. 本项目采用1980西安坐标系及1985国家高程基准，中央子午线：117°。

图 2-53　公路路线平面图示例

2. 城市道路平面设计图绘制

1）绘图比例尺和测绘范围

城市道路相对于公路，长度较短而宽度较宽，在绘图比例尺的选用上一般比公路大。在技术设计时，可采用 1：500～1：1 000 的比例尺绘制。绘图的范围，视道路等级而定，等级高的范围应大些，等级低的可小些。通常在道路两侧红线以外各 20～50 m，或中线两侧各 50～150 m，特殊例外。

2）城市道路平面设计图的内容及绘制方法

城市道路的导线、中线及路线两侧的地形、地物、水系、植被等的绘制方法与公路相同，不再重复。下面就城市道路中各种设施的绘制方法进行介绍。

（1）道路红线。道路红线是道路用地与城市其他用地的分界线，红线之间的宽度也就是城市道路的总宽度，所以当道路的中心线绘出以后，则应按城市道路的规划宽度绘出道路红线。如果有远期规划和近期规划，都应绘出并注明。

（2）坡口、坡脚线。新建道路由于原地面高低起伏必然有填有挖。填方路段在平面图中应绘出路基的坡脚线；挖方路段绘出路基的坡口线。在路基横断面图上，量出坡口或坡脚至中线的距离，点绘在平面图中相应桩号的横断面线上（左、右侧），然后用平滑的曲线分别将坡口点、坡脚点顺序连接，最后绘上示坡线。

路基的坡口与坡脚线在一般公路的平面图中由于比例尺较小不易表达，但在高速公路和一级公路中有时也要求绘制。

（3）车道线。城市道路的车道线是城市道路平面设计图的重要内容。在路幅宽度内，有机动车道、非机动车道，在机动车道中还分快车道、慢车道等。各种车道线的位置、宽度可在横断面布置图中查得，一一绘在平面图中。车道的曲线部分应按设计的圆曲线半径、缓和曲线长度绘制。各车道之间的分隔带、路缘带等也应绘出。

（4）人行道、人行横道线、交通岛按设计绘制。

（5）地上、地下管线和排水设施。各处地上、地下管线的走向和位置、雨水进水口、窨井、排水沟等都应在图中标出。必要时，需分别另绘排水管线平面图纸。

（6）交叉口。平面交叉口、立体交叉口虽然有专门的交叉口设计图，但在平面设计图中也应该按平面图的比例尺绘出并详细注明交叉口的各路去向、交叉角度、曲线元素以及路缘石转弯半径。一张完整的平面设计图，除了清楚、正确地表达上述设计内容外，还可对某些细部设施或构件画出大样图。最后在图中的空白处作一些简要的工程说明。如工程范围、采用坐标系、引用的水准点位置等。

在城市道路设计文件中所提供的平面设计图应包括两种图式：一种是直接在地形图上所作的平面布置图，红线以内和红线以外的地形、地物一律保留；另一种是只绘红线以外的地形、地物，红线以内只绘车道线和道路上的各种设施而不绘地形、地物。两种图各有优缺点：前者可以看出设计人员是如何处理道路与地形、地物之间的关系的（包括拆迁情况），后者则可更清晰地表现道路上各种设施的位置和尺寸。前一种图一般用在方案研究和初步设计中，后一种图用在技术设计中。

3）城市道路平面图示例

城市道路平面图示例如图 2-54 所示，路堤、路堑在平面图中的表示方法如图 2-55 所示。

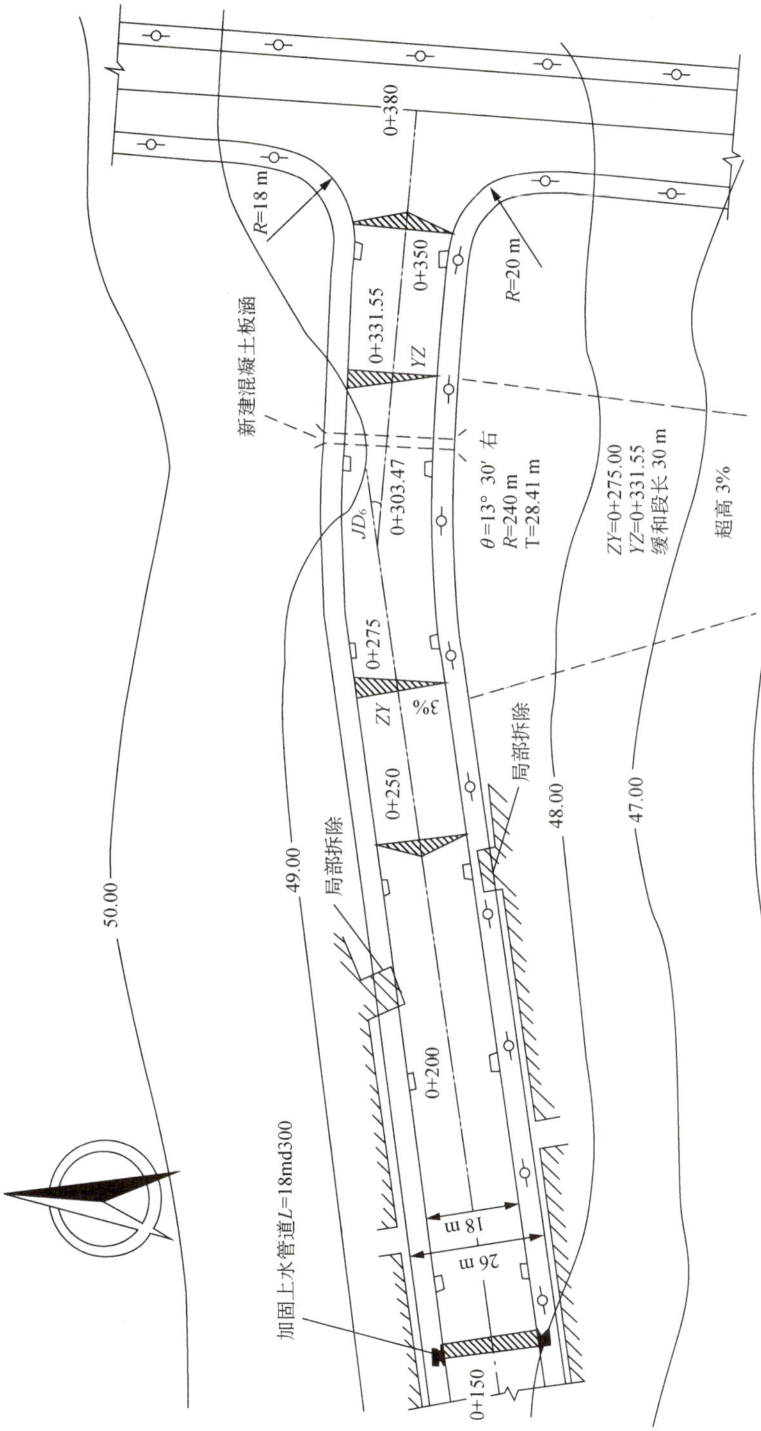


图 2-54　城市道路平面设计图示例

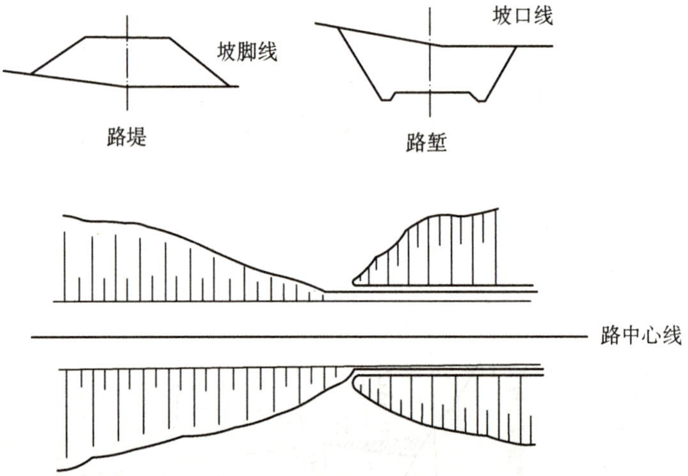


图 2-55　路堤、路堑在平面图中的表示方法

## 项目评价

平面设计工作评价表

| 小组号 | | 班级 | | | |
|---|---|---|---|---|---|
| 学号 | | 姓名 | | 成绩 | |
| 设备要求 | 地形图，道路专业软件 | 场地要求 | 专业机房 | | |
| 项目资讯 | (1) 教师提出路线平面设计组成要素之间的合理组合，线性组合设计的注意事项，布置任务并说明应完成的工作内容；<br>(2) 基于任务，教师提供山岭区具有路线控制点的地形图，学生在完成选线、定线工作后，进行平面线形组合设计；<br>(3) 学生完成平面设计，提交平面设计图，直线、曲线转角一览表，逐桩坐标计算表；<br>(4) 学生依据规范和资料，自我逐一检查平面设计情况，完成任务；<br>(5) 小组推选代表，展示成果；<br>(6) 教师评价、纠正，学生修改、完善任务；<br>(7) 提交任务，教师评价。 | | | | |
| 项目实施情况 | | | | | |
| 学生自查情况 | | | | | |
| 小组评价推荐 | | | | | |
| 教师评价 | | | | | |
| 综合评价 | | | | | |

# 项目三

# 道路纵断面设计

道路纵断面是指沿公路中线作竖向剖面并将该竖直剖面拉直后路线中心线在该剖面上的投影图，它表示路线中线上地面起伏变化及设计路线的坡度情况，是公路设计的重要技术文件之一。汽车在纵断面上行驶的必要和充分条件是，汽车在道路上行驶时，必须有足够的牵引力来克服各项行驶阻力，同时牵引力必须小于或等于轮胎与路面间的最大摩擦力（即附着力）。最大纵坡，即在纵坡设计时各级道路允许采用的最大坡度值，是道路纵断面线形设计的一项重要控制性指标。汽车驶过纵断面上的变坡点时，将受到冲击，行车的平顺性遭到破坏。为了缓和这种突变，保证行车的平稳和满足视距的要求，在转坡点竖直面内应以曲线衔接，这种曲线称为竖曲线。平、纵线形组合设计，在满足汽车运动学和行驶力学要求的前提下，要研究满足视觉和心理方面的连续、舒适，与周围环境的协调和良好的排水条件。

## 任务一 纵断面测量

### 能力要求

1. 明确纵断面线形组成。
2. 掌握设计高程的相关规定。
3. 明确纵断面测量的任务。

### 任务描述

纵断面是沿公路中线竖向剖切展开而成的，其图纸由纵断面地面线和设计线组成。而纵断面设计线又由直坡和竖曲线组成。本任务主要结合纵断面设计图纸引导学生明确纵断面设计图的组成，知道设计线中纵坡大小的表示方法，设计高程代表的位置，同时进行纵断面地面线的测量。

## 任务实施

通过自主学习及查阅相关资料，完成下列引导问题：

1. 在公路路线纵断面图上，有两条主要的线：一条是________；另一条是________。

2. 纵断面的设计线是由______________和______________组成的。

3. 公路的纵坡度是________________________________________________________________________________________________________。

4. 新建公路路基设计标高即纵断面图上设计标高：高速、一级公路为__________标高；二、三、四级公路为__________________标高。

5. 设有中间带的高速公路和一级公路，其路基设计标高为（　　）。

A. 0%　　B. 0.3%　　C. 2%　　D. 3%

6. 线路纵断面测量分__________________、__________________和__________________三步进行。

7. 什么是道路的纵断面图？道路纵断面图包含的主要内容有哪些？

## 相关知识

### 一、道路纵断面概述

道路纵断面表示道路中线上地面起伏变化及设计路线的坡度情况，是一条有起伏的空间线。纵断面设计的主要任务是根据汽车的动力特征、道路等级、道路经过地段的自然地理条件与工程经济性等，研究和解决起伏空间线几何构成的形状和尺寸问题，以实现行车安全迅速、运输经济合理及乘客感觉舒适的设计目的。

纵断面图是道路纵断面设计的主要成果，是道路设计的重要技术文件之一。把道路的纵断面图与平面图结合起来，就能准确地表达出道路的基本空间位置。路线平、纵断面图如图 3-1 所示。

纵断面图可以看成由两部分组成。一部分是图的下半部，主要用来填写有关数据，自上而下分别包括：①设计高程；②地面高程；③填挖高度；④里程桩号；⑤直线及平曲线；⑥坡度及坡长。另一部分是图的上半部，主要是用来绘制地面线和纵坡设计线，其中地面线是根据中线上各桩点的地面高程点绘的一条不规则的折线，它反映了沿道路中线地面的起伏变化情况；而设计线是经过技术上、经济上以及美学上等多方面比选后定出的一条规则的几何线，它是由直线（均匀坡度线）和竖曲线组成的，反映了道路路线的起伏变化情况。直线的坡度和长度直接影响汽车的行驶速度、安全和运输的经济效益等，对它们的一些临界值进行必要的限制是通过汽车类型和行驶性能来决定的。同时，充分考虑路基、排水及工程量等的要求，对纵坡的大小、长短、前后纵坡情况、竖曲线半径大小以及与平面线形的组合关系进行组合设计，最后得到纵坡合理、线形平顺圆滑的最优线形。

## 二、道路纵断面测量

道路纵断面测量又称线路水准测量。它是测定中线上各里程桩的地面高程，绘制中线纵断面图，作为设计线路坡度、计算中桩填挖尺寸的依据。

道路纵断面测量分三步进行：首先在线路方向上设置水准点，建立高程控制，称为基平测量；其次是根据已经建立的高程控制的水准点高程，分段测定各中桩的地面高程水准，称为中平测量；最后根据基平测量结果，绘制纵断面图。

1. 基平测量

1）水准点的设置

水准点是路线高程测量的控制点，在勘测和施工阶段要长期使用，其位置应选在稳固、醒目、便于引测以及施工时不易遭受破坏的地方。水准点可根据需要和用途设置为永久性或临时性水准点。路线起、终点或需长期观测的重点工程如大桥两岸、隧道两端以及一些需长期观测高程的重要建筑物附近应设置永久性水准点。永久性水准点可埋设标石，也可设置在永久性建筑的基础上或用金属标志嵌在基岩上。临时性水准点可埋设大木桩，顶面钉入铁钉作为标志。

水准点密度应根据地形和工程需要设定，一般相邻控制点之间的间距以 1～1.5 km 为宜；重丘、山岭区可根据需要适当加密；大桥两岸、隧道口以及其他大型构造物两端应增设水准点，特大型构造物每一端应埋设 2 个（含 2 个）以上高程控制点。

水准点应统一编号，以“$BM_i$”表示，$i$ 为水准点序号。

2）水准点的高程系统

路线水准点的高程系统宜采用 1985 年国家高程基准，同一项目应采用同一高程系统，并应与相邻高程系统联测。不能采用同一高程系统时，应给出高程系统的转换关系。独立工程或三级以下公路联测有困难时，可采用假定高程。

3）基平测量要求

基平测量应根据路线等级要求采用四等水准或五等水准进行，应使用不低于 $S_3$ 级水准仪，一组往返或两组单程在两水准点之间进行观测。

水准测量的精度要求请详见相关测量技术规范，如五等水准测量往返观测或两组单程观测的高差不符值，应满足

$$f_{h容} \leqslant \pm 30\sqrt{L} \quad （平地） \tag{3-1}$$

或

$$f_{h容} \leqslant \pm 9\sqrt{n} \quad （山地） \tag{3-2}$$

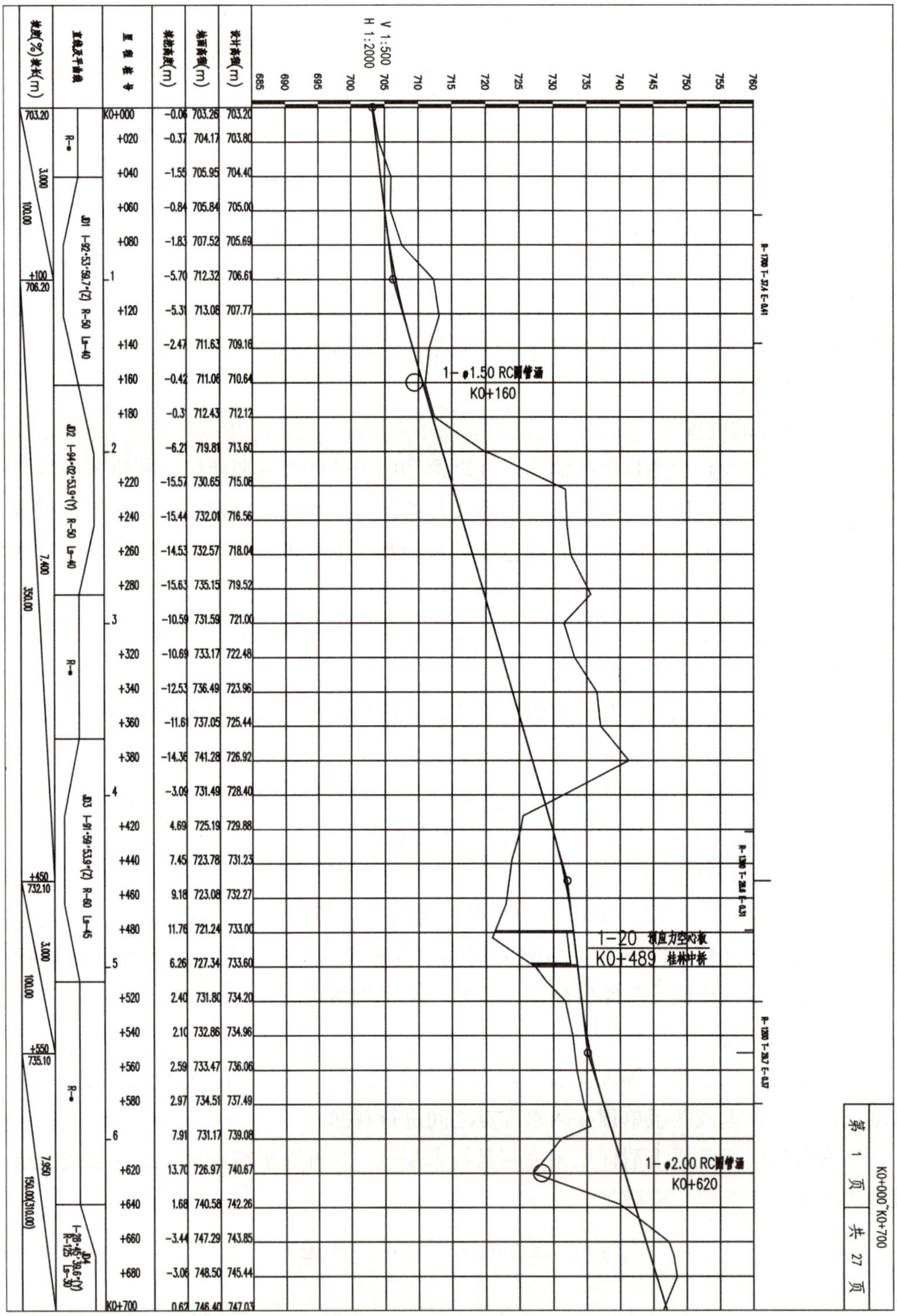


图 3-1 路线平、纵断面缩图

式中：$L$——单程水准路线的长度(km)；

$n$——测站数。

高差不符值在限差以内，取其高差平均值作为两水准点之间的高差，超限时应查明原因重测。由起始点高程及调整后高差，计算各水准点高程。

2. 中平测量

中平测量是在基平测量设置的水准点间进行单程附合水准测量，即从一个水准点出发，逐个测定中线桩的地面高程，附合到下一个水准点上。相邻水准点间构成一条附合水准路线。

测量时，在每一测站上首先读取后、前两转点的标尺读数以传递高程，再读取两转点间所有中桩点的标尺读数，以确定中桩点的地面高程。由于转点起传递高程的作用，因此，转点标尺应立在尺垫、稳固的桩顶或坚石上，尺上读数至毫米，视距一般不应超过 150 m。中间点标尺读数至厘米，要求尺子立在紧靠桩边的地面上。

目前，中平测量一般采用全站仪的对边测量功能进行观测，但应注意前后视距不应相差太大，以减小误差，且应及时进行精度校核。

如图 3-2 所示，在两水准点间进行中平测量，在 I 点安置水准仪，后视水准点 $BM_5$ 上的水准尺读数为 1.347，前视转点 $ZD_3$ 读数为 1.619，记录于表 3-1 中后视和前视栏内。然后观测 $BM_3$ 与 $ZD_3$ 间各中桩尺上的读数，将后视 $BM_3$ 上的水准尺依次立于 K4＋000，K4＋050，K4＋100，K4＋150，各中桩地面上 $R$ 的读数分别为 1.33，1.35，1.71，2.56，记录于表中“中视”栏内。

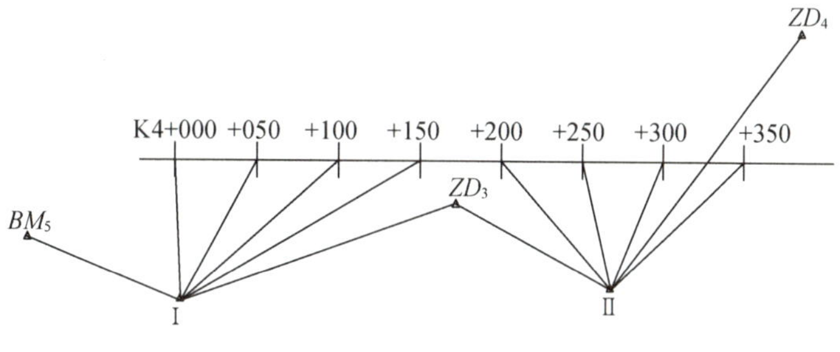


图 3-2　中平测量示意图

仪器迁至Ⅱ处，后视 $ZD_3$，前视 $BM_6$，重复上述方法，逐站施测至 $BM_6$ 为一测段，记录见表 3-1。

铁路、高速、一级公路以及要求较高的线路工程的中平测量闭合差限差为

$$f_{h容} \leqslant \pm 30\sqrt{L} \tag{3-3}$$

二级、二级以下公路及一般线路工程的中平测量闭合差限差为

$$f_{h容} \leqslant \pm 50\sqrt{L} \tag{3-4}$$

其中，$L$ 为测段长度（km）。

表 3-1　中平测量记录表

| 立尺点 | 水准尺读数 | | | 视线高(m) | 高程(m) | 备注 |
|---|---|---|---|---|---|---|
| | 后视 | 中视 | 前视 | | | |
| $BM_5$ | 1.347 | | | 59.669 | 58.322 | $BM_5$ 高程为基平所测 |
| K4+000 | | 1.33 | | | 58.34 | |
| +050 | | 1.35 | | | 58.32 | |
| +100 | | 1.71 | | | 57.96 | |
| +150 | | 2.56 | | | 57.11 | |
| $ZD_3$ | 1.558 | | 1.619 | 59.608 | 58.050 | |
| +200 | | 1.49 | | | 58.12 | |
| +250 | | 1.87 | | | 57.74 | |
| +300 | | 1.63 | | | 57.98 | |
| +350 | | 0.66 | | | 58.95 | |
| $ZD_4$ | 2.108 | | 1.693 | 60.023 | 57.915 | 基平所得 $BM_6$ 高程为 67.932 m |
| … | … | … | … | … | … | |
| K5+100 | | 1.16 | | | | |
| $BM_6$ | | | 1.284 | | 67.908 | |
| 计算校核 | $\sum h_{中} = BM_6 - BM_5 = 67.908 - 58.322 = 9.586\ \text{m}$<br>$\sum a - \sum b = H_{终} - H_{始} = 42.390 - 32.804 = 9.586\ \text{m}$<br>$h_{基} = 67.932 - 58.322 = 9.610\ \text{m}$ | | | | | |
| 精度校核 | $f_h = h_{中} - h_{基} = 9.586 - 9.610 = H_{BM6测} - H_{BM6}$<br>$= 67.908 - 67.932 = -0.024\ \text{m} = -24\ \text{mm}$<br>$f_{h容} = \pm 50\sqrt{L} = \pm 50\sqrt{1.1} = 52.4\ \text{mm}$<br>$f_h < f_{h容}$，精度满足要求 | | | | | |

测段高差与两端水准点高差之差 $f_h = h_{中} - h_{基}$ 不得超出闭合差限差，否则查明原因或重测。中桩高程取位至厘米，铁路、高速、一级公路以及要求较高的线路检测限差为±5 cm，二级、二级以下公路及一般线路为±10 cm。

每一站计算转点高程和中桩点地面高程都采用视线高法计算，即

$$\begin{cases} 视线高程 = 后视点高程 + 后视读数 \\ 中桩高程 = 视线高程 - 中视读数 \\ 转点高程 = 视线高程 - 前视读数 \end{cases} \tag{3-5}$$

中平测量一般只作单程观测，每测段观测结束后，应进行计算校核，即后视读数总

和减前视读数总和等于 $BM_6$ 的计算高程减 $BM_5$ 的已知高程，$\sum a-\sum b=H_{终}-H_{始}$，并计算高差闭合差 $f_{\mathrm{h}}$ 和容许闭合差 $f_{\mathrm{h容}}$。$f_{\mathrm{h}}$ 为该测段的实测高程与理论高程之差，若 $\sum f_{\mathrm{h}} \leqslant \sum f_{\mathrm{h容}}$，则符合要求，不须进行闭合差调整，以原计算各中桩高程作为绘制纵断面图的依据。

# 任务二
# 纵断面设计参数选择

## 能力要求

1. 明确汽车行驶的充要条件。

2. 掌握纵断面技术指标类型。

3. 能够运用《公路工程技术标准》和相关规范，判断设计文件中技术指标运用是否合理。

## 任务描述

纵断面纵坡大小主要取决于汽车行驶对纵坡的要求。不同的公路等级、不同的地形、不同的海拔会对汽车行驶的安全性、经济性产生不同的影响。本任务通过汽车在不同外界自然条件下的行驶状况，引导学生理解汽车行驶的条件，理解《公路工程技术标准》对纵断面各技术指标的相关规定，并结合施工图设计文件理解各技术指标在路线设计过程中的实际应用。

## 任务实施

通过自主学习及查阅相关资料，完成下列引导问题：

1. 汽车在公路上行驶，当牵引力的大小等于各种行驶阻力的代数和时，汽车就（　　）行驶。

A. 加速　　B. 等速　　C. 减速　　D. 无法确定

2. 最大纵坡的限制主要是考虑（　　）时汽车行驶的安全。

A. 上坡　　B. 下坡　　C. 平坡　　D. 斜坡

3. 确定路线最小纵坡的依据是（　　）。

A. 汽车动力性能　　B. 公路等级　　C. 自然因素　　D. 排水要求

4. 各级公路的最小合成坡度，不应小于（　　）。

A. 0.3%　　B. 0.4%　　C. 0.5%　　D. 0.6%

5. 平原微丘区一级公路合成坡度的限制值为10%，设计中某一路段，按平曲线半径设置超高横坡度达到10%，则此路段纵坡度只能用到（　　）。

A. 0%　　　B. 0.3%　　　C. 2%　　　D. 3%

6. 道路纵坡设计中《公路工程技术标准》提出的技术指标有哪些？

7. 为什么规定最小纵坡？哪些路段应满足最小纵坡的规定？

8. 最大坡长的确定需要考虑哪些因素？

9. 在纵断面设计中，确定最大纵坡和最小纵坡的因素分别有哪些？

10. 名词解释：平均纵坡，合成坡度。

11. 路线纵断面设计应考虑哪些主要标高控制点？某二级公路连续纵坡设计时，第一坡段纵坡为 7%，长度为 200 m；第二坡段纵坡为 6%，长度为 300 m，则第三坡段纵坡为 5%的坡长最多可达多长？

**纵坡长度限制表**

（单位：m）

| 5% | 6% | 7% |
|---|---|---|
| 900 | 700 | 500 |

## 相关知识

汽车行驶理论

### 一、汽车行驶条件

道路设计是以满足汽车行驶要求为前提的。汽车在公路上行驶的要求是安全、迅速、经济和舒适，它是人、车、路和环境等方面来保证的。在上述因素中，道路的线形设计与汽车行驶的各主要性能关系最密切。道路线形设计的质量直接影响汽车行驶的稳定性，行驶的速度，行车的通畅、舒适和经济性。因此，汽车行驶理论是道路线形设计的基础，是制定公路线形几何标准的理论依据。

#### （一）汽车的驱动平衡

1. 汽车的牵引力

汽车行驶时需要不断克服行驶中所遇到的各种运动阻力。为克服这些运动阻力，汽车必须具备足够的动力——牵引力。

车辆的牵引力 $T$ 按式（3-6）计算：

$$T = 3\ 600 \frac{P_e}{V} \eta_T \tag{3-6}$$

式中：$P_e$——发动机功率（kW）；

$V$——汽车行驶速度（km/h）；

$\eta_T$——传动效率，取 0.85。

2. 汽车的行驶阻力

汽车行驶时需要不断克服运动中所遇到的各种阻力。这些阻力有来自汽车周围空气介质的阻力——空气阻力；来自道路不同路面类型和弹性轮胎变形及纵坡度而产生的阻力——道路阻力；来自汽车变速行驶时克服惯性的阻力——惯性阻力。

1）空气阻力

汽车在空气中运动，空气本身也有运动，二者综合形成的相对运动，造成空气质点对汽车行驶产生的阻力称为空气阻力。二者相对运动的速度越高，对汽车行驶的阻力就越大。现代汽车的行驶速度很高，因而空气阻力对汽车行驶的动力性和燃料经济性的影响日益受到重视。试验结果表明，汽车行驶的速度越快，空气阻力的影响就显著地增大，当行驶速度在 100 km/h 以上时，汽车一半的功率用来克服空气阻力。

由空气动力学的研究和试验可知，汽车在空气介质中运动时所产生的空气阻力 $R_W$ 可以用下式计算：

$$R_W = \frac{KAV^2}{21.15} \tag{3-7}$$

式中：$K$——空气阻力系数，它与汽车的流线型有关，可参考表 3-2 选用；

$A$——汽车迎风面积（或称正投影面积）（$m^2$）；

$V$——汽车与空气的相对速度（km/h），可近似地取汽车的行驶速度。

**表 3-2　汽车的空气阻力系数与迎风面积**

| 车型 | 迎风面积 $A$($m^2$) | 空气阻力系数 $K$ |
|---|---|---|
| 小客车 | 1.4～1.9 | 0.32～0.50 |
| 载重车 | 3.0～7.0 | 0.60～1.00 |
| 大客车 | 4.0～7.0 | 0.50～0.80 |

2）道路阻力

道路阻力是由弹性轮胎变形和道路的不同路面类型及纵坡度而产生的阻力，主要包括滚动阻力和坡度阻力。

（1）滚动阻力

滚动阻力是车轮滚动时轮胎与路面之间的摩擦阻力。滚动阻力的产生是由于胎面滑移引起轮胎与路面内摩擦。由于坡度角 $\alpha$ 一般较小，可认为 $\cos\alpha \approx 1$，则计算式如下：

$$R_f = Gf\cos\alpha \approx Gf \tag{3-8}$$

式中：$R_f$——滚动阻力(N)；

$G$——车辆总重量(N)；

$f$——滚动阻力系数，它与路面种类、轮胎的性质和行驶速度等因素有关，是车辆在一定条件滚动所需的推力与车轮总重量之比，即单位车重所需的推力。$f$ 一般应由试验确定，在一定类型的轮胎和一定车速范围内，可视为只和路面状况有关的常数，见表 3-3。

表 3-3　各类路面滚动阻力系数 $f$

| 路面类型 | 水泥及沥青混凝土路面 | 表面平整的黑色碎石路面 | 碎石路面 | 干燥平整的土路 | 潮湿不平整的土路 |
| --- | --- | --- | --- | --- | --- |
| $f$ 值 | 0.01～0.02 | 0.02～0.025 | 0.03～0.05 | 0.04～0.05 | 0.07～0.15 |

（2）坡度阻力

当汽车在坡道上行驶时，汽车重力沿坡道方向阻碍汽车行驶的分力称为坡度阻力，上坡时它与汽车前进方向相反，阻碍汽车行驶，下坡时与汽车前进方向相同，助推汽车行驶。因坡道倾角较小，可认为 $\sin\alpha \approx \tan\alpha = i$，则坡度阻力可用下式计算：

$$R_i = G\sin\alpha \tag{3-9}$$

式中：$R_i$ ——坡度阻力(N)；

$G$ ——车辆总重量(N)；

$i$ ——道路纵坡度，上坡为正，下坡为负。

滚动阻力和坡度阻力均与道路状况有关，且都与汽车的总重量成正比，将它们统称为道路阻力，以 $R_R$ 表示

$$R_R = G(f + i) \tag{3-10}$$

其中，$f + i$ 为统称道路阻力系数。

3）惯性阻力

汽车在变速行驶时，需要克服其变速运动时产生的惯性力和惯性力矩，称惯性阻力，用 $R_I$ 表示。

3. 汽车的驱动平衡方程式

汽车在道路上行驶时，必须要有足够的牵引力来克服各种行驶阻力。当牵引力与各种行驶阻力之代数和相等时，称为驱动平衡。其驱动平衡方程式（也叫汽车的运动方程式）为

$$T = R = R_W + R_R + R_I \tag{3-11}$$

式（3-11）中牵引力 $T$ 为发动机油门全开时的情况。如果油门部分开启，要对牵引力 $T$ 进行修正。

### （二）汽车的行驶条件

汽车在道路上行驶，当牵引力等于各种阻力之和时，汽车就等速行驶；当牵引力大于各种阻力之和时，汽车就加速行驶；当牵引力小于各种阻力之和时，汽车就减速行驶，直至停车。由上面分析可知，汽车在道路上行驶，必须有足够的牵引力来克服各项行驶阻力，即

$$T \geqslant R \tag{3-12}$$

式(3-12)就是汽车行驶的必要条件(即驱动条件)。但仅有这一条件还不能保证汽车正常行驶。根据前面的分析，牵引力 $T$ 的产生，还必须靠路面对轮胎提供足够的切向反力才能起作用。若轮胎与路面间摩擦力很小，不能提供足够的附着力，则轮胎将在路面上打滑，甚至空转，汽车仍不能前进。因此，汽车牵引力的发挥必须受到驱动轮与路面的附着力限制，由此可得到汽车行驶的充分条件：牵引力必须小于或等于轮胎与路面

间的最大摩擦力（即附着力），即

$$T \leqslant \varphi \cdot G_K \tag{3-13}$$

式中：$\varphi$——附着系数，主要取决于路面的粗糙程度和潮湿泥泞程度，轮胎的花纹和气压，以及车速荷载，计算时可从表 3-4 中选用；

$G_K$——驱动轮荷载，一般情况下，汽车为总重的 0.5～0.65 倍，载重车为总重的 0.65～0.80 倍。

**表 3-4　各类路面上附着系数 $\varphi$ 值**

| 路面类型 | 路面状况 | | | |
|---|---|---|---|---|
| | 干燥 | 潮湿 | 泥泞 | 冰滑 |
| 水泥混凝土路面 | 0.7 | 0.5 | — | — |
| 沥青混凝土路面 | 0.6 | 0.4 | — | — |
| 过渡或低级路面 | 0.5 | 0.3 | 0.2 | 0.1 |

式（3-12）和式（3-13）合为汽车行驶的必要和充分条件，也称为汽车运动的驱动程序和附着条件。

根据上述汽车行驶条件，要提高汽车的行车效率，在实际工作中应从汽车牵引力、路面与轮胎间的附着力以及行驶阻力三方面着手。

**（三）汽车的动力性能**

汽车的动力性能是指汽车在行驶时所具有的加速、上坡、最大速度等性能。汽车的动力越好，其可能的行驶速度就越高，所具有的克服道路阻力和爬坡能力也就越大，其平均技术速度也越高。因此，汽车的动力特性常用汽车行驶所可能的最高速度、最低稳定速度、所能克服的最大纵坡、加速和滑行性能等技术指标来评价，这些评价指标称为汽车的牵引性参数。

改善汽车动力性能，可以提高汽车的运行速度和降低运输成本，这通常是汽车设计者的任务。对于公路设计者，学习汽车的动力性能的主要任务是了解在道路上行驶的主要车型的动力性能，使所设计的道路能很好地发挥汽车的动力性能，也为一些道路技术标准的制定（如最大纵坡、合成坡度、坡长限制等）提供理论依据。

1. 汽车的动力因数

将汽车的驱动平衡方程式（3-11）作如下改变：

$$T - R_W = R_R + R_I$$

上式等号左端 $T - R_W$ 称为汽车的后备驱动力，其值与汽车的构造和行驶速度有关，等号右端为汽车在道路上行驶时的道路阻力 $R_R$ 和惯性阻力 $R_I$ 之和，其值主要与道路状况和汽车的行驶方式有关，将右端行驶阻力表达式代入，得

$$T - R_W = G(f + i) + \delta \frac{G}{g} a$$

为了对不同类型汽车的动力性能进行比较，且采用相同的评价尺度，将上式两端分别除以车辆总重 $G$，得

$$\frac{T-R_W}{G}=(f+i)+\frac{\delta}{g}a \tag{3-14}$$

令上式左端为 $D$，即

$$D=\frac{T-R_W}{G} \tag{3-15}$$

$D$ 称为动力因数，它表示某型号汽车在海平高程上，满载的情况下，每单位车重克服道路阻力和惯性阻力的性能（又叫单位车重所具有的潜力）。

为了使用方便，也可绘制出 $D=f(V)$ 关系曲线图来表示 $D$ 与 $V$ 的函数关系，称为动力特性图。利用该图可直接查出各排档下不同车速对应的动力因数值。

2. 汽车动力性能的评价指标

评价汽车动力性能常用的指标是汽车的最高速度和最小稳定速度。

汽车的最高速度是指节流阀全开，变速器挂直接档的情况下，汽车满载（不带挂车）在表面平整坚实的水平路段上稳定行驶时的速度。每一排档都有各自的最高速度，除个别车型外，一般直接档的速度最大。某一排档的最高速度 $V_{max}$ 可由下式计算：

$$V_{max}=\frac{0.377rn_{max}}{\gamma} \tag{3-16}$$

其中，$n_{max}$ 为汽车发动机的最大转速（r/min）。

汽车的最小稳定速度是指满载（不带挂车）在路面平整坚实的水平路段上，稳定行驶时的最低速度（即临界速度 $V_K$）。某一排档的最小稳定速度 $V_K$ 可以从动力特性图上查得，也可用下式计算。

由 $\mathrm{d}D/\mathrm{d}V=0$，可得到：

$$V_K=-\frac{Q}{2P} \tag{3-17}$$

汽车的最高速度与最小稳定速度之间的差值越大，表示汽车对道路阻力的适应性越强。

3. 汽车的爬坡能力

汽车的爬坡能力是指汽车良好路面上等速行驶时克服了其他行驶阻力后所能爬上的纵坡度。

汽车的最大爬坡能力是用最大爬坡坡度评定的。最大爬坡坡度是指汽车在坚硬路面上用最低挡作等速行驶时所能克服的最大坡度。由于最低挡爬坡能力大，坡道倾角 $\alpha$ 也大，此时计算式如下：

$$\alpha_{\mathrm{I}max}=\arcsin\frac{\lambda D_{\mathrm{I}max}-f\sqrt{1-\lambda^2D_{\mathrm{I}max}^2+f^2}}{1+f^2} \tag{3-18}$$

式中：$\alpha_{\mathrm{I}max}$ ——最低挡所能克服的最大坡道倾角；

$f$ ——滚动阻力系数；

$\lambda$ ——动力因素 $D$ 的海拔荷载修正系数；

$D_{\mathrm{I}max}$ ——最低档的最大动力因数。

用 $i_{max}=\tan\alpha_{\mathrm{I}max}$ 计算最大爬坡坡度。

### （四）汽车在坡道上行驶的要求

汽车在坡道上行驶的要求主要是指汽车行驶的稳定性，即汽车在行驶过程中，在外部因素作用下，尚能保持或者很快自行恢复原行驶状态和方向，而不致发生丧失控制产生侧滑、倾覆等现象的能力。

汽车行驶稳定性

影响汽车行驶稳定性的因素主要有：汽车本身的结构参数（如汽车的整体参数、几何参数、重量参数、轮胎特性、前后悬架的形式等）；驾驶员的操作技术；道路与环境等外部因素。

1. 汽车行驶的纵向稳定性

汽车在坡道上行驶的过程中，随着运动状况的改变，作用在前后车轮上的法向反作用力亦有相应的变化。若汽车在某一运动状况下，前轮的法向反作用力为零时，则汽车将前轴车轮离地而导致纵向倾覆；当后轮的法向反作用力为零时，根据附着条件，其牵引力将不复存在，汽车丧失行驶的可能。上述两种情况均为汽车的纵向失稳，导致汽车出现纵向倾覆或倒滑现象。如图 3-3 所示为汽车等速上坡受力图，惯性阻力为零，因车速低可略去空气阻力和滚动阻力。设 $G$ 为汽车总重力，$\alpha$ 为坡道倾角，$h_g$ 为重心高度，$Z_1$ 和 $Z_2$ 为作用在前、后轮上的法向反作用力，$X_1$ 和 $X_2$ 为作用在前、后轮上的切向反作用力，$L$ 为汽车轴距，$l_1$ 和 $l_2$ 为汽车重心至前、后轴的距离，$O$ 点为汽车重心，$O_1$ 和 $O_2$ 为前、后轮与路面接触点。

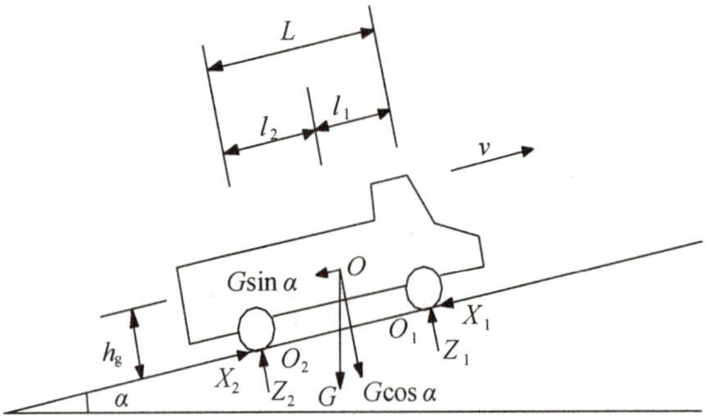


图 3-3　汽车等速上坡受力图

1）纵向倾覆

产生纵向倾覆的临界状态是汽车前轮法向反作用力 $Z_1$ 为零时，汽车可能绕 $O_2$ 点发生倾覆现象。对 $O_2$ 点取距并让 $Z_1=0$，得

$$Gl_2\cos\alpha_0-Gh_g\sin\alpha_0=0 \tag{3-19}$$

$$i_0=\tan\alpha_0=\frac{l_2}{h_g} \tag{3-20}$$

式中：$\alpha_0$—— $Z_1$ 为零时极限坡道倾角；

$i_0$—— $Z_1$ 为零时道路的纵坡值。

当坡道倾角 $\alpha\geqslant\alpha_0$（或道路纵坡 $i\geqslant i_0$）时，汽车即失去控制可能发生纵向倾覆。由式（3-20）可知，纵向倾覆的稳定性主要与汽车重心至后轴的距离 $l_2$ 和重心高度 $h_g$ 有关。$l_2$ 越大，$h_g$ 越小，纵向稳定性越好。

2）纵向滑移

对于后轮驱动的汽车，根据附着条件，驱动轮不产生滑移的临界状态是

$$G\sin\alpha_{\varphi}=\varphi G_{K} \tag{3-21}$$

由于 $\alpha_{\varphi}$ 很小，有 $\sin\alpha_{\varphi}\approx\tan\alpha_{\varphi}=i_{\varphi}$，则

$$i_{\varphi}=\tan\alpha_{\varphi}=\frac{G_{K}}{G}\cdot\varphi \tag{3-22}$$

式中：$\alpha_{\varphi}$——产生纵向滑移临界状态时的坡道倾角；

$i_{\varphi}$——产生纵向滑移临界状态时的道路纵坡度，其他符号意义同前。

当坡道倾角 $\alpha\geqslant\alpha_{\varphi}$（或道路纵坡 $i\geqslant i_{\varphi}$）时，由于驱动轮受到附着条件的限制，所能产生的牵引力不足以克服 $\alpha_{\varphi}$ 的坡度，汽车发生滑移而倒溜。

3）汽车行驶纵向稳定性的保证

对于式（3-20）来说，一般 $i_0=\tan\alpha_0=l_2/h_g$ 接近于 1；而式（3-22）中，$i_{\varphi}=\tan\alpha_{\varphi}=\varphi G_K/G$ 则远远小于 1，因此，$i_{\varphi}<i_0$。

上述分析说明，汽车在坡道上行驶时，在发生纵向倾覆之前，首先发生纵向滑移现象。为了保证汽车行驶的纵向稳定性，道路设计应以满足不产生纵向滑移为条件，同时应对运输中的汽车装载高度有所限制，以避免重心过高而破坏稳定条件，从根本上避免汽车的纵向倾覆现象出现。从上面的分析可以得到汽车行驶时纵向稳定性的条件为

$$i=i_{\varphi}=\frac{G_{K}}{G}\cdot\varphi \tag{3-23}$$

只要设计的道路纵坡坡度 $i$ 满足上述条件，汽车满载行驶时一般都能保证纵向行驶的稳定性。

2. 汽车行驶的横向稳定性

汽车在行驶过程中，横向受到如惯性力、重力等侧向力和分力的作用，当车轮的侧向反作用力达到附着力时，汽车将沿着侧向力的作用方向滑移；侧向力同时将引起左右车轮法向反作用的改变，当一侧车轮上的法向反作用力变为零时，汽车将发生侧向倾覆。

使汽车横向不产生倾覆和不产生横向滑移的条件已经在项目二的任务一中详细阐述，此处不作介绍。

3. 汽车行驶的纵横组合向稳定性

汽车在具有一定纵坡的小半径平曲线上行驶时，比在直线上行驶时增加了弯道行驶时带来的阻力。对上坡汽车，行车速度降低，功率消耗增大；对下坡汽车，由于有纵横组合方向的合成坡度方向的影响，使汽车沿合成坡度方向产生倾斜、滑移和装载偏重的可能。为此，对合成坡度的最大值进行限制，是有利于行车稳定性的。

如图 3-4 所示为汽车在平曲线路段下坡受力图。路线的纵坡为 $i(\tan\alpha)$、超高横坡为 $i_h(\tan\beta)$，则作用在前轴上的荷载 $W_1$ 为

$$W_1=\frac{G(l_2\cos\alpha+h_g\sin\alpha)}{L}\cos\beta \tag{3-24}$$

离心力 $F$ 分配在前轴上的荷载 $W_2$ 为

$$W_2=\frac{Gv^2l_2}{gRL}\sin\beta \tag{3-25}$$

在平直路段上，作用于前轴的荷载 $W_3$ 为

$$W_3=\frac{l_2}{L}G \tag{3-26}$$

在有平曲线的坡道上，前轴荷载增量与在平直路段上作用于前轴荷载的比值为

$$I=\frac{W_1+W_2-W_3}{W_3}$$

顾及倾角 $\alpha$、$\beta$ 都很小，则

$$I=\frac{h_g}{l_2}i+\frac{v^2}{gR}i_h \tag{3-27}$$

对于载重汽车，一般 $h_g/l_2\approx1$，则

$$I=i+\frac{v^2}{gR}i_h$$

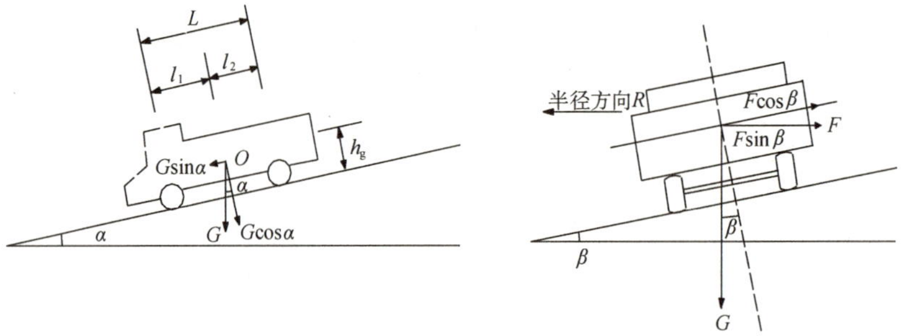


图 3-4　汽车在平曲线路段下坡受力图

汽车在直线坡道（$i_h\approx0$，则 $I=i$）下坡时，前轴荷载增量与平直路段前轴荷载的比率等于该路段的纵坡度。在曲线上若也以直线上相同大小的最大纵坡 $i_{max}$ 作为控制，则有

$$i+\frac{v^2}{gR}i_h\leqslant i_{max}$$

将车速的单位由 $v$（m/s）化成 $V$（km/h）得

$$i\leqslant i_{max}-\frac{V^2}{127R}i_h \tag{3-28}$$

式（3-28）即为汽车沿纵横组合方向的稳定条件，也是最大纵坡在平曲线上的折减条件。

## 二、纵坡设计标准

### （一）纵坡设计的一般要求

为了纵坡设计达到经济合理的目的，必须在全面掌握勘测资料基础上，结合选（定）线的纵坡安排意图，经过综合分析、优化比较定出设计纵坡。

纵坡设计
标准

纵坡设计的一般要求如下：

(1) 纵坡设计必须满足《公路路线设计规范》的各项规定，一般不轻易采用极限纵坡值。

(2) 为保证汽车以一定的车速安全顺利地行驶，纵坡应具有一定的平顺性，起伏不宜过大和过于频繁。缓和坡段最好配合地形自然设置，不宜连续采用极限长度的陡坡夹最短距离的缓坡，应争取较均匀的纵坡。越岭线垭口处的纵坡应尽量放缓一些。连续升坡或降坡路段，应避免设置反坡段。

(3) 纵坡设计应对沿线地形、地下管线、地质、水文、气候和排水等进行综合考虑，根据不同的具体情况加以处理，以保证道路的稳定与畅通。

(4) 一般情况下纵坡设计应考虑挖填平衡，尽量使挖方运作就近路段填方，以减少借方和废方，降低造价和节省用地。

(5) 平原微丘地区地下水位较浅，或湖泊、池塘分布较广，纵坡除应满足最小纵坡要求外，还应满足最小填土高度要求，保证路基稳定。

(6) 对连接段纵坡，如大、中桥引道及隧道两端接线等，纵坡应缓和，避免产生突变。交叉处前后的纵坡应平缓一些。

(7) 在实地调查的基础上，充分考虑通道及农田等方面的要求。

1. 设计标高的规定

纵断面上的设计标高，即路基的设计标高，《公路路线设计规范》规定如下。

(1) 新建公路的路基设计标高。高速公路和一级公路采用中央分隔带的外侧边缘标高；二、三、四级公路采用路基边缘标高。在设置超高、加宽地段为设超高、加宽前该处边缘标高。

(2) 改建公路的路基设计标高。一般按新建公路的规定办理，也可视具体情况而采用中央分隔带中线或行车道中线标高。

2. 路基设计洪水频率

沿河及受水浸淹的路线，路基设计标高一般应高出设计洪水频率的计算水位以上0.5 m。《公路路线设计规范》规定的路基设计洪水频率见表 3-5。

沿水库上游岸边的路线，路基最低侧边缘标高应考虑水库水位升高后地下水位壅升，以及水库淤积后壅水曲线抬高及浪高的影响；在寒冷地区还应考虑冰塞壅水对水位升高的影响。

大中桥桥头引道（在洪水泛滥范围内）的路基最低侧边缘标高，一般应高于该桥设计洪水位（并包括壅水和浪高）至少 0.5 m；小桥涵附近的路基最低侧边缘标高应高于桥（涵）前壅水水位至少 0.5 m（不计浪高）。

**表 3-5　路基设计洪水频率表**

| 公路等级 | 高速公路 | 一级公路 | 二级公路 | 三级公路 | 四级公路 |
|---|---|---|---|---|---|
| 设计洪水频率 | 1/100 | 1/100 | 1/50 | 1/25 | 按具体情况确定 |

### (二) 坡度限制

1. 最大纵坡

最大纵坡是指在纵坡设计时各级道路允许采用的最大坡度值，是道路纵断面线形设计的一项重要控制指标。纵坡的大小直接影响路线的长短、使用质量的好坏、行车安全以及运输成本和工程经济性。各级道路最大纵坡值是根据汽车的动力特性、道路等级、自然条件以及工程、运营经济等因素，通过综合分析，全面考虑，合理确定的。

1）确定最大纵坡应考虑的因素

（1）汽车的动力特性

要根据道路上行驶的车辆类型，按汽车行驶的充要条件来确定。

（2）道路的等级

道路等级越高，行车密度越大，行车速度越快，这就要求纵断面的坡度越平缓；相反，在等级较低的道路上，则可以采用较大的纵坡。

（3）自然条件等因素

道路所经过地区的地形起伏、海拔高度、气温、雨量等自然因素都会影响汽车的行驶条件、爬坡能力等。如高海拔冰冻地区，须避免采用较大纵坡，以防止行车滑溜。

2）最大纵坡的规定

我国《公路工程技术标准》在确定各级公路最大纵坡时，主要考虑了载重汽车的爬坡能力和公路的通行能力两方面的因素。对于一般公路，偏重考虑爬坡性能，而对于高速公路、一级公路，则偏重车辆的快速安全行驶，因为快速安全是保障通行能力的前提。我国相关标准规定的不同设计速度对应的最大纵坡规定见表 3-6。

**表 3-6　各级公路最大纵坡表**

| 设计速度(km/h) | 120 | 100 | 80 | 60 | 40 | 30 | 20 |
|---|---|---|---|---|---|---|---|
| 最大纵坡 | 3% | 4% | 5% | 6% | 7% | 8% | 9% |

考虑到地区差异和改建工程等的特殊性，我国《公路路线设计规范》明确指出：

（1）设计速度为 120 km/h，10 km/h，80 km/h 的高速公路，受地形条件或其他特殊情况限制时，经技术经济论证，最大纵坡可增加 1%。

（2）设计速度为 40 km/h，30 km/h，20 km/h 的公路，改建工程利用原有公路的路段，经技术经济论证，最大纵坡可增加 1%。

（3）四级公路位于海拔 2 000 m 以上或积雪冰冻地区的路段，最大纵坡不应大于 8%。

对桥上及桥头路线的纵坡，应符合下列规定：

（1）小桥处的纵坡应随路线纵坡设计。

（2）桥梁及其引道的平、纵、横技术指标应与路线总体布设相协调，各项技术指标应符合路线布设规定，大、中桥上以坡不宜大于 4%，桥头引道纵坡不宜大于 5%，引道紧接桥头部分的线形应与桥上线形相配合。

（3）易结冰、积雪的桥梁，桥上纵坡应适当减小。

(4) 位于城镇混合交通繁忙处的桥梁，桥上及桥头引道纵坡均不得大于 3%。

隧道及其洞口两端路线的纵坡应符合下列规定：

(1) 隧道内纵坡应大于 0.3%并小于 3%，但短于 100 m 的隧道不受此限。

(2) 高速公路、一级公路的中、短隧道，当条件受限制时，经技术经济论证后，最大纵坡可适当加大，但不宜大于 4%。

(3) 隧道内的纵坡宜设置成单向坡，地下水发育的隧道及特长、长隧道宜采用人字坡。

(4) 位于城镇附近且非汽车交通量较大的路段，其纵坡可根据具体情况适当放缓。

城市道路上非机动车较多，纵坡规定一般比公路的小。城市道路最大纵坡约相当于公路按设计速度计的最大纵坡减小 1%。

2. 高原纵坡折减

海拔较高的地区，汽车发动机功率因空气稀薄而降低，相应地降低了汽车的爬坡能力，同时，水箱中的水容易沸腾而破坏冷却系统。表 3-7 记录了在汽车满载的情况下，不同海拔高度 $H$ 与对应的海拔荷载修正系数 $\lambda$ 之间的关系。

**表 3-7　满载时 $H$ 与 $\lambda$ 的关系**

| 海拔高度 $H$(m) | 0 | 1 000 | 2 000 | 3 000 | 4 000 | 5 000 |
|---|---|---|---|---|---|---|
| 海拔荷载修正系数 $\lambda$ | 1.00 | 0.89 | 0.78 | 0.69 | 0.61 | 0.53 |

可见海拔高度对 $\lambda$ 值的影响比较大，也就是对纵坡的影响非常大。因此，在高原地区行驶的汽车应采取一些措施让燃油充分燃烧，避免发动机功率随海拔增高而降低过大，另外，在道路纵坡设计时应适当采用较小的坡度。

《公路路线设计规范》规定：位于海拔 3 000 m 以上的高原地区，各级公路的最大纵坡值应按表 3-8 规定予以折减。最大纵坡折减后若小于 4%，则仍采用 4%。

**表 3-8　高原纵坡折减表**

| 海拔高度(m) | 3 000～4 000 | 4 000～5 000 | 5 000 以上 |
|---|---|---|---|
| 折减值 | 1% | 2% | 3% |

3. 最小纵坡

为了保证挖方地段、设置边沟的低填方地段和横向排水不畅地段的排水，以防止积水渗入路基影响其稳定性。《公路路线设计规范》规定各级公路的长路堑路段，以及其他横向排水不良路段，均应设置不小于 0.3%的纵坡（一般情况下不宜小于 0.5%）。当必须设计平坡（0%）或纵坡小于 0.3%时，边沟应作纵向独立排水设计。

**（三）坡长限制**

1. 最短坡长的限制

由于纵坡上转坡点过多，汽车在行驶时颠簸过于频繁，特别是车速越高时越显得突出。为了提高行车的平顺性，一般要求纵坡上转折宜少，相邻转坡点之间的最短距离应不小于相邻两竖曲线的切线长，以便插入适当的竖曲线缓和转坡点。此外为保证行车安全，还必须使两个凸形转坡点之间的距离满足设计视距的要求。总之，路容美观、相邻两竖曲线的设置和纵坡视距等方面也要求坡长应有一定的长度。

最小坡长通常规定宜为汽车按设计速度行驶 9～15 s 的行程。在高速公路上，9 s 行程的长度已满足行车及几何线形布设的要求；在低速公路上，为满足行车和布线的要求可取较大值，《公路工程技术标准》和《城市道路工程设计规范》规定了各级道路的最小坡长，应按表 3-9 和表 3-10 进行选用。在平面交叉口、立体交叉的匝道以及过水路面地段，最短坡长不受此限制。

**表 3-9　城市道路最小坡长**

| 计算行车速度(km/h) | 80 | 60 | 50 | 40 | 30 | 20 |
|---|---|---|---|---|---|---|
| 最小坡长(m) | 290 | 170 | 140 | 110 | 85 | 60 |

**表 3-10　各级公路最小坡长**

| 设计速度(km/h) | 120 | 100 | 80 | 60 | 40 | 30 | 20 |
|---|---|---|---|---|---|---|---|
| 最小坡长(m) | 300 | 250 | 200 | 150 | 120 | 100 | 60 |

2. 最大坡长的限制

最大纵坡限制是指汽车在坡道上行驶，当车速下降到最低容许速度时所行驶的距离。道路纵坡的大小及其坡长对汽车正常行驶影响很大。纵坡越陡，坡长越长，对行车影响也越大。主要表现在：汽车上坡行驶时速度明显下降，甚至需要低速排档克服坡度阻力；下坡行驶时制动次数频繁，易使制动器发热失效。所以，长距离的陡坡对汽车行驶很不利，应对陡坡长度加以限制。

《公路工程技术标准》及《城市道路工程设计规范》规定，各级道路最长坡长应按表 3-11 和表 3-12 进行选用。

**表 3-11　各级公路不同纵坡的最大坡长限制**　(单位：m)

| 设计速度(km/h) | | 120 | 100 | 80 | 60 | 40 | 30 | 20 |
|---|---|---|---|---|---|---|---|---|
| 纵坡坡度值 | 3% | 900 | 1 000 | 1 100 | 1 200 | — | — | — |
| | 4% | 700 | 800 | 900 | 1 000 | 1 100 | 1 100 | 1 200 |
| | 5% | — | 600 | 700 | 800 | 900 | 900 | 1 000 |
| | 6% | — | — | 500 | 600 | 700 | 700 | 800 |
| | 7% | — | — | — | — | 500 | 500 | 600 |
| | 8% | — | — | — | — | — | 300 | 400 |
| | 9% | — | — | — | — | — | — | 200 |

高速公路、一级公路纵坡与坡长的选用应充分考虑车辆运行质量要求。高速公路即使纵坡为 2%，其坡长也不宜过长。

高速公路、一级公路当连续陡坡由不同坡度值的坡段组合而成时，应对纵坡长度受限制的路段采用平均坡度法进行验算。

表 3-12 城市道路纵坡限制

| 设计速度(km/h) | 100 | 80 | 60 | | | 50 | | | 40 | | |
|---|---|---|---|---|---|---|---|---|---|---|---|
| 纵坡坡度 | 4% | 5% | 6% | 6.5% | 7% | 6% | 6.5% | 7% | 6.5% | 7% | 8% |
| 纵坡长度限制(m) | 700 | 600 | 400 | 350 | 300 | 350 | 300 | 250 | 300 | 250 | 200 |

城市道路的非机动车道纵坡宜小于 2.5%，否则应按表 3-13 限制坡长。

表 3-13 城市道路非机动车道坡长限制 (单位:m)

| 纵坡坡度 | 车种 | |
|---|---|---|
| | 自行车 | 三轮车、板车 |
| 2.5% | 300 | 150 |
| 3% | 200 | 100 |
| 3.5% | 150 | — |

**(四) 缓和坡段**

我国在制定《公路工程技术标准》时，根据一些研究结论，认为：“在长陡纵坡设置缓坡，不利于下坡方向车辆减速，可能会给驾驶员造成进入平坡或反坡的错觉。”但从汽车行驶的动力学性能看，在连续上坡路段，为了汽车行驶速度的恢复，仍需设置较缓的纵坡路段。

《公路路线设计规范》中明确要求：各级公路的连续上坡路段，应根据载重汽车上坡时的速度折减变化，在不大于表 3-10 规定的纵坡长度之间设置缓和坡段。其设置应符合下列规定：设计速度小于或等于 80 km/h 时，缓和坡段的纵坡应不大于 3%；设计速度大于 80 km/h 时，缓和坡段的纵坡应不大于 2.5%，并且缓和坡段的长度应大于表 3-9 的规定。

需要强调指出，《公路路线设计规范》给出的缓和坡段的长度规定值是最小值，远不能满足速度恢复的需要。科学合理地设置缓和坡段，需要结合缓坡的坡度大小和速度恢复值，计算确定缓和坡段的长度。

在进行纵坡实际设计时，有时某一坡度坡长还未达到限制坡长时，可变换坡度，但其长度应按坡长限制的规定进行折算。如设计速度 30 km/h 的公路，坡段纵坡为 8%，长 120 m，该长度是相应限制坡长 300 m 的 2/5，若后续相邻坡段的纵坡为 7%，其坡长则不应超过 500×3/5=300 m，具体地讲就是 8%的纵坡设计 120 m 后，还可接着设计 300 m 长 7%的坡度，或 420 m 长 6%的坡度，当中不设缓和段。

总之，缓和坡段的具体设置应结合纵向地形起伏情况，尽量减少填挖方工程数量，同时应考虑路线的平面线形要素。在一般情况下，缓和坡段宜设在平面直线或半径较大的平曲线上，以便充分发挥缓和坡段的作用，提高整条道路的使用质量。在必须设置缓和坡段而地形又复杂地段，可将缓和坡段设于半径比较小的平曲线上，但应适当增加缓和坡段的长度，以使缓和坡段端部的竖曲线位于该小半径平曲线之外。上述这些措施对提高行车质量和保证行车安全是非常必要的。

### (五) 平均纵坡

平均纵坡是指一定长度的路段纵向所克服的高差与路线长度之比，是为了遵守最大纵坡、坡长及缓和坡长的规定，以保证车辆安全顺利行驶的限制性指标。用公式表示为

$$i_{平均}=\frac{H}{l} \tag{3-29}$$

式中：$i_{平均}$——平均纵坡，以百分数计；

$H$——相对高差（m）；

$l$——路线长度（m）。

从汽车行驶的顺适和安全出发，应该很好地应用和控制平均纵坡。在纵坡设计时，要保证路线越岭地段总长度的平均纵坡不要过陡，同时避免局部地段使用过大的平均纵坡。

为了保证纵坡均衡匀顺，确保行车安全和舒适，《公路路线设计规范》规定：二级公路、三级公路四级公路的越岭路线连续上坡或下坡路段，相对高差为200～500 m时，平均纵坡应不大于5.5%；相对高差大于500 m时，平均纵坡应不大于5.0%，任意连续3 km路段的平均纵坡宜不大于5.5%。

高速公路、一级公路连续长、陡下坡路段的平均坡度与连续坡长不宜超过表3-14的规定，超过时，应进行交通安全评价，提出路段速度控制和通行管理方案，完善交通工程和安全设施，并论证增设货车强制停车区。

表 3-14　连续长、陡下坡路段的平均坡度与连续坡长

| 平均坡度 | <2.5% | 2.5% | 3.0% | 3.5% | 4.0% | 4.5% | 5.0% | 5.5% | 6.0% |
|---|---|---|---|---|---|---|---|---|---|
| 连续坡长(m) | 不限 | 20 | 14.8 | 9.3 | 6.8 | 5.4 | 4.4 | 3.8 | 3.3 |
| 相对高差(m) | 不限 | 500 | 450 | 330 | 270 | 240 | 220 | 210 | 200 |

### (六) 合成坡度

合成坡度是指由路线纵坡与弯道超高横坡或路拱横坡组合成的坡度，其方向为流水线方向。它的计算公式为

$$I=\sqrt{i_{h}^{2}+i^{2}} \tag{3-30}$$

式中：$I$——合成坡度，以百分数计；

$i_h$——超高横坡度或路拱横坡度，以百分数计；

$i$——路线设计纵坡坡度，以百分数计。

在有平曲线的坡道上，汽车除受坡度阻力外还受曲线阻力影响，如果坡度大而平曲线半径小时，离心力造成货物偏重，给汽车行驶带来危险。所以，当弯道与坡道组合时，为了防止汽车向合成坡度方向倾斜、滑移，应将超高横坡与纵坡的组合控制在适当的范围内。

我国《公路路线设计规范》规定：在设有超高的平曲线上，超高和纵坡的合成坡度值不得超过表3-15的各级公路最大允许合成坡度的规定值。特别在冬季路面有积雪或结冰的地区、自然横坡较陡的傍山路段及非汽车交通比率高的路段，其合成坡度不应大

于 8%。

表 3-15　各级公路最大合成坡度

| 公路等级 | 高速公路、一级公路 | | | | 二、三、四级公路 | | | | |
|---|---|---|---|---|---|---|---|---|---|
| 设计速度(km/h) | 120 | 100 | 80 | 60 | 80 | 60 | 40 | 30 | 20 |
| 合成坡度 | 10.0% | 10.0% | 10.5% | 10.5% | 9.0% | 9.5% | 10.0% | 10.0% | 10.0% |

实践证明，合成坡度对于控制急弯和陡坡组合路段的纵坡设计是十分必要的，在条件许可的情况下，宜采用较小的合成坡度。各级公路最小合成坡度不宜小于 0.5%。在超高过渡的变化处，合成坡度不应设计为 0%。当合成坡度小于 0.5%时，则应采取综合排水设计措施，以保证路面排水通畅。

# 任务三 竖曲线设计标准与计算

## 能力要求

1. 明确竖曲线几何形式及竖曲线的分类。
2. 理解凸凹竖曲线半径相关规定。
3. 掌握竖曲线要素、起终点里程桩号的计算、设计高程的计算。

## 任务描述

为了保证车辆在变坡处行车平顺，同时能够满足路容、视距要求，需要在变坡点处设置竖曲线。而由于相邻两坡度的大小不同，竖曲线会存在凸凹之分。本任务引导学生分析纵断面竖曲线的类型及凸凹竖曲线最小半径的区别，使学生能够进行竖曲线上任意桩号的设计高程的计算。

## 任务实施

通过自主学习及查阅相关资料，完成下列引导问题：

1. 竖曲线起终点对应的里程桩号之差为竖曲线的________________。
2. 凸形竖曲线最小长度和最小半径的确定，主要根据（　　）来选取其中较大值。

   A. 行程时间、离心力和视距　　B. 行车时间和离心力

   C. 行车时间和视距　　D. 视距和理性加速度
3. 《公路工程技术标准》规定，公路竖曲线采用（　　）。

   A. 二次抛物线　　B. 三次抛物线　　C. 回旋曲线　　D. 双曲线
4. 名词解释：转坡角。
5. 凸形竖曲线和凹形竖曲线确定最小半径考虑的因素有哪些？
6. 什么是竖曲线？
7. 某竖曲线半径 $R=3\ 000$ m，其相邻坡段的纵坡度分别为 $i_1=3\%$，$i_2=1\%$，转坡点桩号为 K6+770，高程为 396.67 m。

（1）判别竖曲线的凸凹性，计算竖曲线的要素。

（2）计算竖曲线的起终点桩号。

（3）如果曲线上按整桩号法每隔 10 m 设置一桩，请完成竖曲线上各桩点的高程计算，并将计算结果填入下表。

竖曲线高程计算表

| 桩号 | 至曲线起、终点距离(m) | 切线上的设计高程(m) | 竖距(m) | 竖曲线高程(m) |
|---|---|---|---|---|
| | | | | |
| | | | | |
| | | | | |

## 相关知识

竖曲线设计

### 一、竖曲线概念及类型

1. 设置竖曲线的作用

汽车驶过纵断面上两条坡段的转折处（变坡点）时，将受到冲击，行车的平顺性遭到破坏。为了保证行车的平稳和满足视距的要求，在变坡点竖直面内应以曲线衔接，这种曲线称为竖曲线。

设置竖曲线的主要作用：

（1）缓和纵向变坡处行车动量变化而产生的冲击作用。

（2）确保道路纵向行车视距。

（3）将竖曲线与平曲线恰当组合，有利于路面排水和改善行车的视线诱导和舒适感。

2. 竖曲线几何形式

竖曲线主要有圆曲线或二次抛物线两种。但在设计和计算上抛物线更为方便，故一般采用二次抛物线的形式。

3. 竖曲线类型

竖曲线按其变坡点在曲线上方或下方分别称为凸形或凹形竖曲线，如图 3-5 所示。

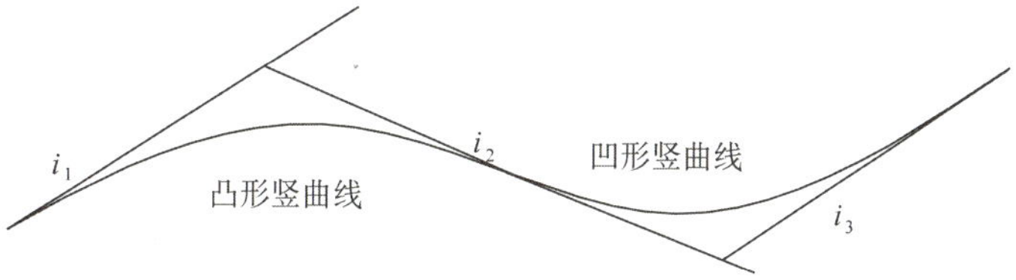


图 3-5 竖曲线形状图

### 二、竖曲线设计标准

竖曲线设计的主要标准有竖曲线半径和竖曲线长度，按“极限值”给出设计指标。竖曲线最小半径的“极限值”是汽车在纵坡变更处行驶时，为了缓和冲击和保证视距所需的最小半径的计算值，该值在受地形等特殊情况约束时方可采用。

### (一) 竖曲线最小半径

1. 凹形竖曲线极限最小半径

1）控制离心力的大小限制竖曲线的最小半径

汽车行驶在竖曲线上，由于离心力的作用，要产生失重（凸形竖曲线）和增重（凹形竖曲线）。而竖曲线半径的大小直接影响离心力的大小。因此，必须从控制离心力不致过大来限制竖曲线的极限半径。

汽车在竖曲线上产生的离心力为

$$F=\frac{GV^2}{127R}$$

则

$$R=\frac{V^2}{127\dfrac{F}{G}} \tag{3-31}$$

其中，$F/G$ 是单位车重受到的离心力，根据资料限制为 $F/G=0.028$，代入式（3-31），得

$$R_{\min}=\frac{V^2}{3.6} \tag{3-32}$$

2）夜间行车前灯照射角限制竖曲线的极限最小半径

当凹形竖曲线半径较小时，夜间行车前灯受照射角的限制，只能照到一定范围，若照射距离小于要求的视距长度，是不能保证行车安全的。以此为控制条件计算竖曲线最小半径的计算公式为

$$R=\frac{s^2}{2(h+s\cdot\tan\delta)} \tag{3-33}$$

式中：$s$ ——前灯照射距离（m），按规定的视距长度取值；

$h$ ——前灯高度（m），取 $h=0.75$ m；

$\delta$ ——前灯向上的照射角，取 $\delta=1°$。

将 $s$、$h$、$\delta$ 代入式（3-32）得

$$R_{\min}=\frac{s^2}{1.5+0.0349s} \tag{3-34}$$

3）对跨线桥下视距的影响限制竖曲线的极限最小半径

当凹形竖曲线处于跨线桥下时，驾驶员的视线要受到桥跨上部构造的遮挡。桥下净高按桥下最小净高要求控制，驾驶员的视线长度规定视距长度控制，以此为控制条件列出竖曲线最小半径的计算公式。

当视线长度小于竖曲线长度时，

$$R_{\min}=\frac{s^2}{26.93} \tag{3-35}$$

当视线长度大于竖曲线长度时，

$$R_{min}=\frac{2R}{\omega}-\frac{13.5}{\omega} \tag{3-36}$$

上述三种情况中，可计算出各设计速度下凹形竖曲线最小半径“极限值”，见表3-16。由表3-15可知，主要采用式（3-32）限制凹形竖曲线上离心力条件作为凹形竖曲线极限最小半径制定的依据。

**表3-16 凹形竖曲线最小半径“极限值”的计算**

| 设计速度（km/h） | 停车视距 $D$(m) | 缓和冲击所需要的曲线长度(m) | 前灯光束距离所要求曲线长度(m) | 跨线桥下视距所要求曲线长度(m) | 采用值 $L_t$（m） | 极限最小半径(m) |
|---|---|---|---|---|---|---|
| 120 | 210 | 40.0 | 35.3 | 16.4 | 110 | 11 000 |
| 100 | 160 | 27.8 | 25.9 | 9.5 | 65 | 6 500 |
| 80 | 110 | 17.8 | 16.7 | 4.4 | 30 | 3 000 |
| 60 | 75 | 10.0 | 10.4 | 2.1 | 14 | 1 400 |
| 40 | 40 | 4.4 | 4.4 | 0.6 | 4.5 | 450 |
| 30 | 30 | 2.5 | 2.9 | 0.3 | 2.5 | 250 |
| 20 | 20 | 1.1 | 1.6 | 0.2 | 1.0 | 100 |

2. 凸形竖曲线极限最小半径

主要从限制失重不至于过大和保证纵面行车视距两个方面计算确定。

1）从失重不致过大考虑

与凹形竖曲线的限制条件和计算公式相同，即

$$R_{min}=\frac{V^2}{3.6} \tag{3-37}$$

2）从保证纵面行车视距考虑

凸形竖曲线半径过小，路面上凸直接影响行车视距，按规定的视距控制可得到计算极限最小半径公式。

(1) 当视距 $S\leqslant L$（竖曲线长度）时，如图3-6所示，由求竖曲线上任一点距切线的纵距的计算公式可得

$$h_u=\frac{l_u^2}{2R},\quad h_m=\frac{l_M^2}{2R}$$

将上两式代入控制条件：$S=l_u+l_m$ 得

$$S=\sqrt{2R}\left(\sqrt{h_u}+\sqrt{h_m}\right) \tag{3-38}$$

式中：$h_u$——物高，《公路路线设计规范》规定，$h_u$=0.10 m；

$h_m$——目高，《公路路线设计规范》规定，$h_m$=1.2 m；

$l_u$——竖曲线顶点 $A$ 距物点的距离（m）；

$l_m$——竖曲线顶点 $A$ 距目点的距离（m）；

$S$——要求的行车视距，按停车视距考虑（m）。

将 $h_u$、$h_m$ 的值代入式（3-38）整理后得到

$$R_{min}=\frac{S^2}{3.98} \tag{3-39}$$

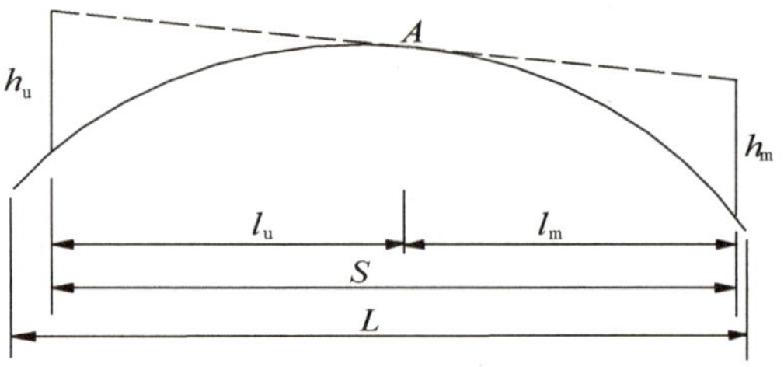


图 3-6 凸形竖曲线视距（S<L）

（2）当视距 $S>L$ 时，计算公式为

$$R_{min}=\frac{2S}{\omega}-\frac{3.98}{\omega^2} \tag{3-40}$$

综合上述几种情况，可计算出各设计速度下凸形竖曲线最小半径“极限值”，见表 3-17。由表 3-17 可知，主要采用式（3-39）作为按视距条件限制凸形竖曲线极限最小半径计算的依据。

表 3-17 凸形竖曲线最小半径“极限值”的计算

| 设计速度（km/h） | 停车视距 $D$(m) | 缓和冲击所需要的曲线长度(m) | 视距所要求曲线长度(m) | 采用值 $L_t$ (m) | 极限最小半径(m) |
|---|---|---|---|---|---|
| 120 | 210 | 40.0 | 111.0 | 110 | 11 000 |
| 100 | 160 | 27.8 | 64.5 | 65 | 6 500 |
| 80 | 110 | 17.8 | 30.2 | 30 | 3 000 |
| 60 | 75 | 10.0 | 14.1 | 14 | 1 400 |
| 40 | 40 | 4.4 | 4.1 | 4.5 | 450 |
| 30 | 30 | 2.5 | 2.3 | 2.5 | 250 |
| 20 | 20 | 1.1 | 1.0 | 1.0 | 100 |

3. 竖曲线一般最小半径

竖曲线极限最小半径是缓和行车冲击和保证行车视距所必需的最小值，该值只有在地形受限制迫不得已时才采用。《公路路线设计规范》规定的一般最小半径约为极限最小半径的 1.5～2.0 倍，通常为了使行车有较好的舒适条件，在条件许可时设计应尽量采用大于一般最小半径的竖曲线，竖曲线的最小长度相当于各级道路设计速度的 3 s 行程时间，即随设计车速减小而取较大值。

4. 竖曲线最小长度

与平曲线相似，当竖曲线坡度角很小时，即使采用较大半径，竖曲线长度也很短，这样容易使驾驶员产生变坡很急的错觉。因此，竖曲线的最小长度应按 3 s 行程时间计算，即

$$L_{min}=\frac{V}{1.2} \tag{3-41}$$

各级公路竖曲线的半径及其最小长度规定见表 3-18。

表 3-18　各级公路竖曲线的半径及其最小长度

| 设计速度(km/h) | 120 | 100 | 80 | 60 | 40 | 30 | 20 |
|---|---|---|---|---|---|---|---|
| 凸形竖曲线最小半径(m) | 11 000 | 6 500 | 3 000 | 1 400 | 450 | 250 | 100 |
| 凹形竖曲线最小半径(m) | 4 000 | 3 000 | 2 000 | 1 000 | 450 | 250 | 100 |
| 竖曲线长度(m) | 100 | 85 | 70 | 50 | 35 | 25 | 20 |

## 三、竖曲线设计

1. 竖曲线设计的一般要求

竖曲线是否平顺，在视觉上往往是构成纵断面线形优劣的主要原因。纵断面线形不好的原因大多数是由设置过多的竖曲线和竖曲线长度小或竖曲线半径小引起的。所以，竖曲线设计时应遵循以下一般原则和要求。

1）宜选用较大的竖曲线半径

竖曲线设计，首先应确定合适的半径；在不过分增加工程量的情况下，尽可能选用较大的竖曲线半径。特别是前后两相邻纵坡的代数差较小时，竖曲线更应采用大半径，以利于视觉良好和路容美观。只有当地形限制或存在其他特殊困难迫不得已时才允许采用极限最小半径。在有条件路段，为获得平顺而连续的线形，并通视良好时，可参阅表3-19 的规定选择竖曲线半径。

表 3-19　从视觉观点所需的竖曲线最小半径

| 计算行车速度(km/h) | 凸形竖曲线半径(m) | 凹形竖曲线半径(m) |
|---|---|---|
| 120 | 20 000 | 12 000 |
| 100 | 16 000 | 10 000 |
| 80 | 12 000 | 8 000 |
| 60 | 9 000 | 6 000 |
| 40 | 3 000 | 2 000 |

2）同向竖曲线间应避免“断背曲线”

同向竖曲线，特别是同向凹形竖曲线间如直线段不长时，应合并为单曲线或复曲线。

3）反向曲线间连接

一般由直线段连接，亦可相互直接连接。

反向竖曲线间，最好中间设置一段直线段，直线段长度一般不小于计算行车速度行驶 3 s 的行程长度，以使汽车从失重（或增重）过渡到增重（或失重）有一个缓和段。如受条件限制也可相互直接连接，或插入短直线。

4）竖曲线设置应满足排水需要

当相邻纵坡之代数差很小时，采用大半径竖曲线可能导致竖曲线上的纵坡小于0.3%，这样不利于排水，应重新设计，以避免这种情况。

2. 半径的选择

竖曲线半径的选择主要考虑的因素：

(1) 选择半径应符合《公路路线设计规范》规定的竖曲线最小半径和最小长度要求。

(2) 在不过分增加土石方工程数量的情况下，为使行车舒适，应采用较大的半径。

(3) 结合纵断面起伏情况和标高控制要求，确定合适的外距值，按外距控制半径，计算公式如下：

$$R=\frac{8E}{\omega^{2}} \tag{3-42}$$

(4) 考虑相邻竖曲线的连接（即保证最小直坡段长度或不发生重叠）限制曲线长度，按切线长度选择半径。

$$R=\frac{2T}{\omega} \tag{3-43}$$

(5) 过大的竖曲线半径将使竖曲线过长，从施工和排水来看都是不利的，选择半径时应注意。

(6) 夜间行车交通量较大的路段考虑灯光照射方向的改变，使前灯照射范围受到限制，选择半径时应适当加大，以使其有较长的照射距离。

3. 几何要素的计算

公路竖曲线的线形有圆形和抛物线形两种，设计时一般采用二次抛物线。在进行竖曲线设计时，由于相邻坡度差很小，而选用竖曲线半径都很大，因此采用二次抛物线计算所得到的结果在应用范围内与圆曲线相同。

如图 3-7 所示，设竖曲线两相邻纵坡的坡度分别为 $i_1$ 和 $i_2$，半径为 $R$，竖曲线的几何要素计算公式如下。

坡度代数差：$\omega=i_1-i_2$

曲线长：$L=\omega\cdot R$

由于 $\omega$ 很小，故可以认为：

$$L=R\cdot(i_1-i_2) \tag{3-44}$$

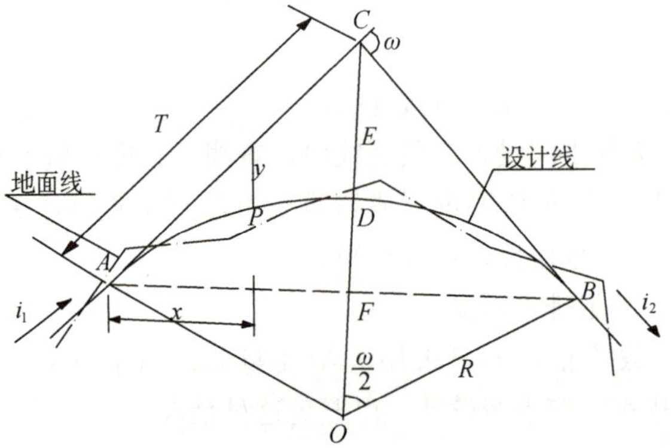


图 3-7　竖曲线要素计算略图

切线长为：$T=R\cdot\tan\frac{\omega}{2}$，因 $\omega$ 很小，$\tan\frac{\omega}{2}\approx\frac{\omega}{2}$，则

$$T=R\cdot\frac{\omega}{2}=\frac{L}{2}=\frac{1}{2}R\cdot(i_1-i_2) \tag{3-45}$$

又因为 $\omega$ 很小，可以认为：$DF=E$，$AF=T$

根据△ $ACO$ 与△ $ACF$ 相似可以列出：

$$R:T=T:2E$$

外距：

$$E=\frac{T^2}{2R} \tag{3-46}$$

同理可导出竖曲线上任一点 $P$ 距切线的纵距（亦称高程改正值）计算公式：

$$y=\frac{x^2}{2R} \tag{3-47}$$

式（3-47）中 $x$ 为竖曲线上任一点 $P$ 至竖曲线起点或终点的水平距离，$y$ 值在凹形竖曲线中为正号，在凸形竖曲线中为负号。

4. 计算竖曲线上任意点的设计高程

如图 3-15 所示，竖曲线上任意点的设计高程的计算步骤如下：

（1）起点桩号里程＝变坡点桩号里程－切线长度 $T$；

（2）起点桩号高程＝变坡点桩号高程±切线长度 $T$×竖曲线设计纵坡 $i$；

（3）$x$ ＝任意点桩号里程－起点里程；

（4）竖曲线上任意点的纵距 $y=\frac{x^2}{2R}$；

（5）各桩号对应的切线高程＝起点桩号高程＋ $x$ ×竖曲线设计纵坡 $i$；

（6）各桩号处的设计高程＝各桩号对应的切线高程±各桩号处的纵距。

例 3-1　某山岭区二级公路，变坡点桩号 K5＋030.00，高程为 427.68 m，$i_1=+5\%$，$i_2=-4\%$，竖曲线半径 $R=2\ 000$ m。试计算竖曲线诸要素以及桩号为 K5 ＋000.00 和 K5＋100.00 处的设计高程。

解：（1）计算竖曲线要素

$\omega=i_2-i_1=-0.04-0.05=-0.09$，为凸形竖曲线

曲线长 $L=Rw=2\ 000\times0.09=180$(m)

切线长 $T=\frac{L}{2}=\frac{180}{2}=90$(m)

外距 $E=\frac{T^2}{2R}=2.03$(m)

（2）计算设计高程

竖曲线起点桩号＝(K5＋030.00)－90＝K4＋940.00

竖曲线起点高程＝427.68－90×0.05＝423.18(m)

桩号 K5＋000.00 处：

横距 $x_1=$ （K5+000.00）-（K4+940.00） =60(m)

竖距 $h_1=\frac{x_1^2}{2R}=\frac{60^2}{2\times 2\ 000}=0.90(m)$

切线高程=423.18+60×0.05=426.18(m)

设计高程=426.18-0.90=425.28(m)

桩号 K5+100.00 处：

横距 $x_2=$ （K5+100.00）-（K4+940.00） =160(m)

竖距 $h_1=\frac{x_1^2}{2R}=\frac{160^2}{2\times 2\ 000}=6.40(m)$

切线高程=423.18+160×0.05=431.18(m)

设计高程=431.18-6.40=424.78(m)

# 任务四
# 平、纵面线形组合设计

## 能力要求

1. 掌握平、纵线形组合的原则。
2. 明确平、纵线形组合的检查方法。

## 任务描述

公路是一个三维带状体，要使其能够满足驾驶员视觉和心理方面的连续性、舒适性以及与周围环境相协调，保证汽车行驶的安全性、舒适性与经济性，路线的平面和纵断面线形必须合理组合才可以满足上述要求。本任务主要通过公路实际路线不同组合状态下的使用状况，引导学生理解路线平、纵组合的重要性、组合的方法，并通过识读公路施工图设计文件理解平纵组合在设计文件中的应用。

## 任务实施

通过自主学习及查阅相关资料，完成下列引导问题：

1. 检查平、纵线形组合设计是否合理的手段或方法有哪些？
2. 平、纵线形组合应该避免哪些不利组合？并说明原因。
3. 平、纵线形组合中应掌握的基本原则有哪些？
4. 在凸形竖曲线的顶部或凹形竖曲线的底部应避免插入__________平曲线，或将这些顶点作为反向平曲线的__________。
5. 请用所学知识，评价以下几组平、纵组合的优劣（图 3-8）。

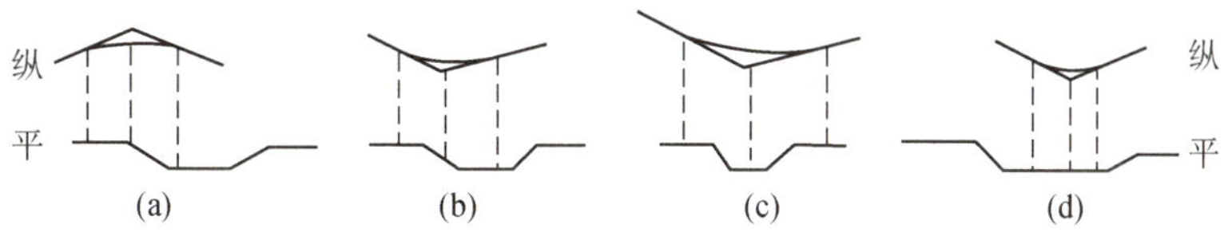


图 3-8　平、纵组合图

## 相关知识

平、纵面线形组合设计

道路线形设计首先是从路线规划开始的，然后按选线、平面线形设计、纵面线形设计和平纵线形组合设计的过程进行，最终是以平、纵组合的立体线形展现给驾驶员的。行驶过程中驾驶员所选择的实际行驶速度，是由其对立体线形进行判断后作出的，因此，平、纵线形组合是在满足汽车运动学和力学要求的前提下，研究如何满足视觉和心理方面的连续舒适，与周围环境相协调的要求，并有良好的排水条件。尽管平、纵线形均按《公路工程技术标准》要求进行设计，但如果只按平面、纵面线形标准设计，而不将二者结合起来综合考虑，最终不一定得到良好的设计效果，导致行车危险，也就不可能获得最优的立体线形。本任务主要介绍道路平、纵线形的组合要求，如何进行平、纵线形的组合设计，以及组合设计的评价问题。

### 一、平、纵组合的设计

在讨论组合设计前，首先需要明确以下问题，以便对组合设计有全面和正确的理解。首先，组合设计是完成平面线形和纵断面线形后的收尾工作，但也是最困难的一个步骤。组合设计必须在确定平面线形，甚至在选线时就要同时考虑，而不是线形设计最后孤立地总成或单独地调整。

其次，线形组合设计因道路标准高低不同，其重要性程度也不一样，也就是说，不是任何等级的道路都需要同等程度地考虑平纵组合设计。在下面将要提出的组合设计要求中，高标准道路必须考虑；低标准道路因经济等其他因素的限制，可以（或必须）舍弃一部分。有关研究表明，设计速度低的公路路面在驾驶员的视觉中所占的比例为 8%，公路两侧占 80%。在六车道高速公路上，以 40 km/h 速度行驶时，路面在视野中占的比例为 20%；以 100 km/h 行驶时，视野缩小，路面所占的比例为 30%，空间所占比例为 50%，公路两侧所占比例小于 20%。这充分说明：行驶速度越快，路面本身在视觉透视图中所描绘的形状就越构成公路美观印象的控制因素。高速公路的设计速度越高，越应重视公路的几何组成要素的设计，重视线形的优美。

因此，平、纵线形组合设计的总要求是对于设计速度大于或等于 60 km/h 的道路而言的。必须注意平、纵的合理组合，尽量做到线形连续、指标均衡、视觉良好、景观协调、安全舒适。设计速度越高，线形设计可考虑的因素应越周全。对于设计速度小于或等于 40 km/h 的道路，首先应在保证行车安全的前提下，正确地运用线形要素指标，在条件允许的情况下力求做到各种线形要素的合理组合，并尽量避免或减少不利的组合。

#### （一）平、纵组合的设计原则

1. 在视觉上自然地引导驾驶员的视线，并保持视觉的连续性

避免任何使驾驶员感到茫然、迷惑或判断失误的线形。在视觉上能否自然地诱导视线是平、纵线形组合要解决的最基本问题。

2. 保持平、纵线形的技术指标大小均衡

平、纵线形的技术指标不仅影响线形的平顺性，而且与工程费用相关。这对纵面线形反复起伏，在平面上却采用高标准的线形是无意义的；反之亦然。

3. 选择合适的合成坡度

选择组合得当的合成坡度，以利于路面排水和行车安全。

4. 注意与道路周围环境的配合

注重道路与其周围环境的配合可以减轻驾驶员的疲劳和紧张程度，并可能起到引导视线的作用。

### （二）平曲线与竖曲线的组合

1. 平曲线与竖曲线应相互重合，且平曲线应稍大于竖曲线

这种组合是使平曲线和竖曲线对应，最好使竖曲线的起、终点分别放在平曲线的两个缓和曲线内，即所谓的“平包竖”。

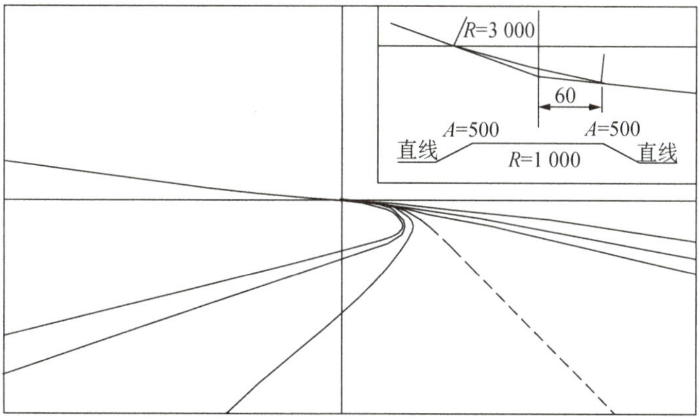


图 3-9 平曲线与竖曲线重合（单位：m）

图 3-9 表现了平曲线与竖曲线相互重合的透视形状。这种立体线形不仅能起到引导视线的作用，而且可获得平顺而流畅的效果。对于等级较高的道路应尽量使用这种组合，并使平、竖曲线半径都稍大，显得协调。

2. 平曲线与竖曲线大小应保持均衡

平曲线和竖曲线其中一方大而平缓，那么另一方也要注意大而平缓，切不能使另一方变化过多。平曲线与竖曲线的大小如果不均衡，会给人以不舒适的感觉，失去了视觉上的均衡性。根据经验，平曲线半径如果不大于 1 000 m，竖曲线半径为平曲线半径的 10～20 倍，便可达到线形的均衡性。表 3-20 为德国经验值，可供设计时参考。

表 3-20 平、竖曲线半径的均衡

| 平曲线半径(m) | 竖曲线半径(m) | 平曲线半径(m) | 竖曲线半径(m) |
|---|---|---|---|
| 500 | 10 000 | 1 100 | 30 000 |
| 700 | 12 000 | 1 200 | 40 000 |

（续表）

| 平曲线半径(m) | 竖曲线半径(m) | 平曲线半径(m) | 竖曲线半径(m) |
|---|---|---|---|
| 800 | 16 000 | 1 500 | 60 000 |
| 900 | 20 000 | 2 000 | 100 000 |
| 1 000 | 25 000 | | |

当平曲线缓而长、纵断面坡差较小时，可不要求平竖曲线一一对应，平曲线中可包含多个竖曲线

3. 选择适当的合成坡度

合成坡度过大对行车不利，特别是在冬季结冰期更危险，合成坡度过小也不好，它导致排水不畅，影响行车安全。虽然现行《公路路线设计规范》对合成坡度的最大允许值作了规定，但在进行平、纵面线形组合设计时，如条件允许，最好使合成坡度小于8%，但最小合成坡度不宜小于0.5%。

4. 平、纵线形设计中应注意避免的组合形式

平、竖曲线重合是一种理想的组合，但由于地形等条件限制，这种组合是可遇不可求的，往往不是总能争取到。如果平曲线的中点与竖曲线的顶（底）点位置错开不超过平曲线长度的 1/4 时，仍然可以获得比较满意的外观。但是，如果错位过大或大小不均衡就会出现视觉效果很差的线形。

（1）避免竖曲线的顶、底部插入小半径的平曲线。如果在凸形竖曲线的顶部有小半径的平曲线，不仅不能引导视线而且会因急转转向盘发生行车危险。如果在凹形竖曲线的底部有小半径的平曲线，便会出现汽车加速而急转弯的情况，同样可能发生危险。

（2）避免将小半径的平曲线起、讫点设在或接近竖曲线的顶部或底部。若将凸形竖曲线的顶部设在小半径平曲线的起点，会产生不连续的线形，失去了视线引导作用。而将凹形竖曲线的底部设在小半径平曲线的起点，除了视觉上扭曲外，还会产生下坡尽头接急弯的不安全组合。

（3）避免使竖曲线顶、底部与反向平曲线的拐点重合。此类组合都存在不同程度的外观扭曲：前者不能正确引导视线，会使驾驶员操作失误；后者使路面排水不畅，积水影响行车安全，如图 3-10 所示。

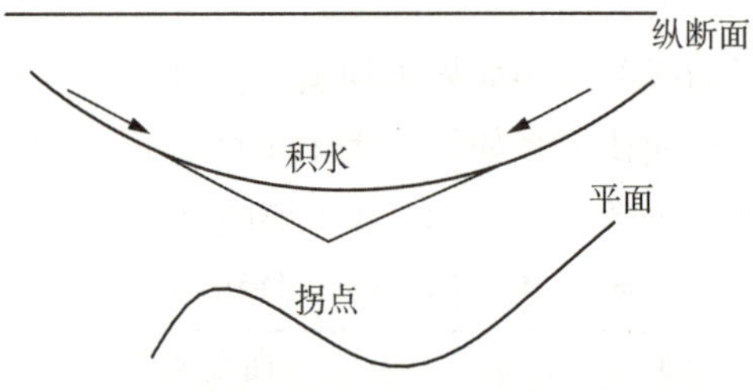


**图 3-10　凹形竖曲线与平面上拐点重合**

（4）避免出现驼峰暗凹跳跃、断背、折曲等使驾驶员视线中断的线形。

(5) 避免在长直线上设置陡坡或曲线长度短、半径小的凹形竖曲线。

在长直线上设置陡坡易使驾驶员超速行驶，危及行车安全；在长直线上设置曲线长度短、半径小的凹形竖曲线易使驾驶员产生坡底道路变窄的错觉，导致高速行驶中的制动操作，影响行车安全。但要避免驾驶员一眼能看到方向转折两次以上或纵坡起伏三次以上的线形出现，如图 3-11 所示。

图 3-11 一个平曲线包含多个竖曲线

(6) 避免急弯与陡坡的不利组合。

(7) 应避免小半径的竖曲线与缓和曲线的重合。

采用该组合形式，对凸形竖曲线，诱导性差，事故率较高；对凹形竖曲线，路面排水不良，影响行车安全。

为了便于实际应用，把平曲线与竖曲线的组合形象地表示为图 3-12。竖曲线的起终点最好分别放在平曲线的两个缓和曲线内，其中任一点都不要放在缓和曲线以外的直线上，也不要放在圆弧段之内。若平、竖曲线半径都很大，则平、竖位置可不受上述限制；若做不到平、竖曲线较好组合，则将二者拉开相当距离，使平曲线位于直线或竖曲线上。

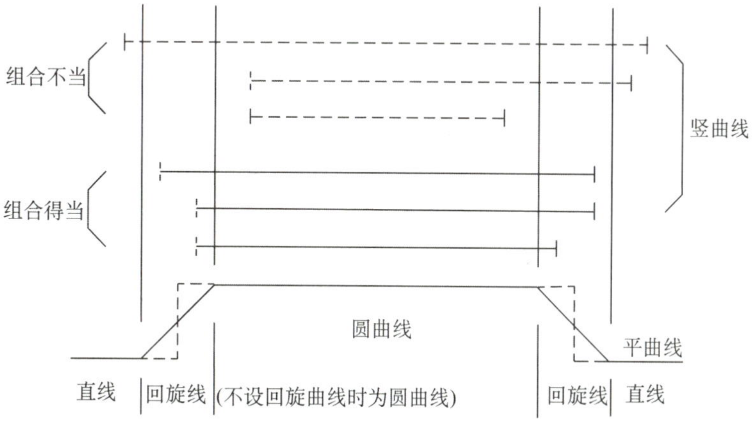


图 3-12 平曲线与竖曲线的组合

5. 平、纵线形组合与景观的协调配合

道路作为一种人工构造物，应将其视为景观对象来研究。修建道路可能会对自然景观产生一定的破坏作用。而道路两侧的自然景观又会影响道路上汽车的行驶，特别是对驾驶员的视觉、心理以及驾驶操作等都有很大影响。

平、纵线形组合必须与道路所经地区的景观相配合。否则，即使线形组合符合有关规定也不一定是良好设计。对于驾驶员来说，道路具有优美的线形和宜人的景观，会使其感觉舒适和安全。对设计速度高的道路，平、纵线形组合设计与周围景观配合尤为重要。

## 二、道路平、纵线形组合检查方法

平、纵线形组合的好坏一般可直观地通过透视图检查，也可以简单地通过曲率图与坡度图检查。

1. 透视图检查

道路线形组合常用的透视图有线形透视图、全景透视图和动态透视图。随着计算机技术的发展和仿真技术的应用，目前还出现了道路仿真和道路虚拟现实技术，为线形评价提供了更先进的平台。

驾驶员透视图是按汽车在道路上的行驶位置，根据驾驶员的目高和线形情况确定视轴方向，由行驶速度确定视轴长度，利用坐标透视的原理画出的。目前使用的道路CAD软件都具有透视图制作功能，有些软件还具有动态透视图制作工具，大大提高了透视图的制作效率。但是，应用透视图检查平、纵线形组合设计的优劣，只能是定性分析，要达到定量评价的目的，还需要有其他技术手段的配合。图 3-13 是用透视图检查线形组合的示意说明。

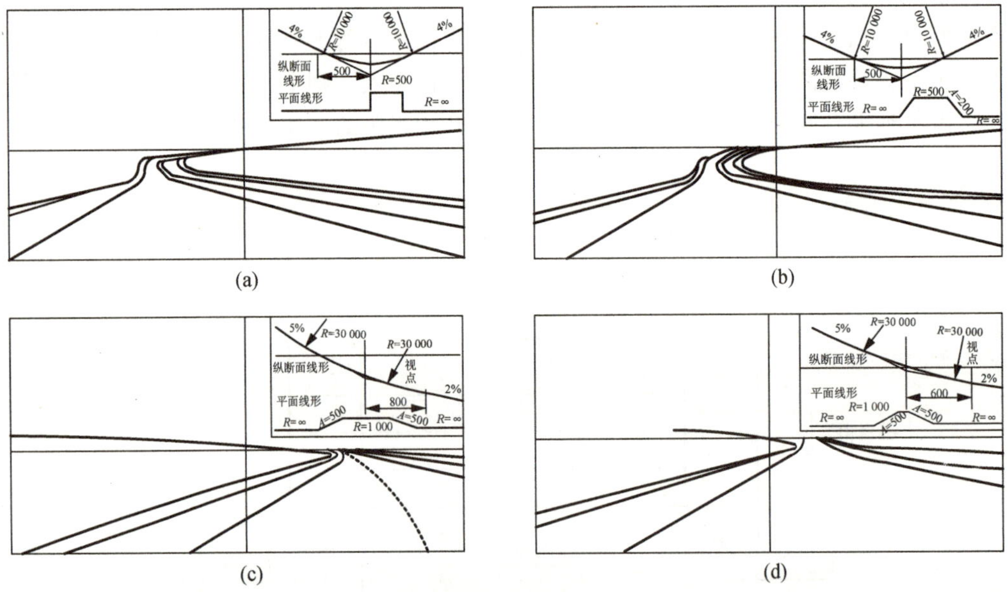

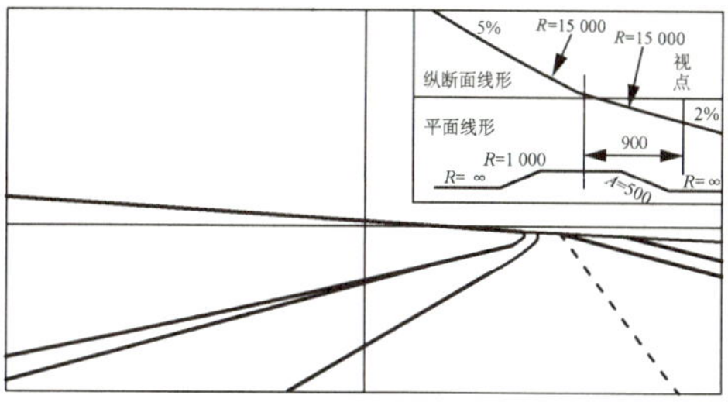


(e)

图 3-13　平、纵线形组合的透视图检查（单位：m）

2. 曲率图与坡度图检查

如图 3-14 所示，将平面线形用曲率图表示，将纵断面线形用一次微分的坡度图表示，通过比较曲率图零点与坡度图零点的对应关系来检查立体线形。如图 3-14(a) 所示，曲率图零点与坡度图零点处于同一位置是不好的组合，零点一致的 *A*、*B*、*C* 表示以下特征：点 *A* 和点 *B* 说明纵断面凸形顶部与平面线形的反弯点相互重合，视线引导上可能存在问题，点 *C* 为平面线形的变曲点与纵断面线形的凹曲线重合，易造成排水不良。图 3-14(b) 经过修改使零点相互错开，是平竖曲线一一对应、组合良好的示例。

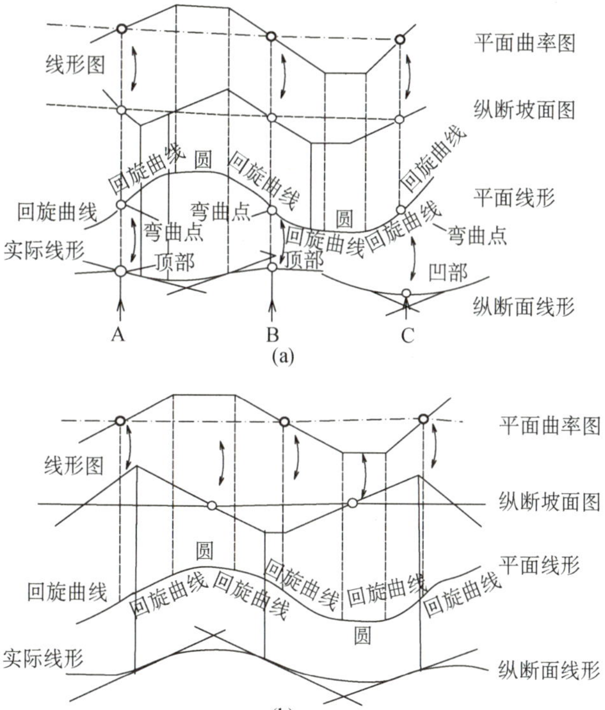


图 3-14　平、纵线形组合的曲率图与坡度图检查

# 任务五 纵断面设计图绘制

## 能力要求

1. 明确纵断面设计要点。
2. 明确纵断面设计方法和注意事项。
3. 明确纵断面设计成果的组成。
4. 理解纵断面的绘制方法。
5. 掌握路基设计表中数据间的关系。

## 任务描述

公路纵断面的测设是依据纵断面设计文件中的设计成果进行的。本任务主要通过公路施工图设计文件，使学生理解纵断面图的绘制方法，看懂纵断面设计图所反映的纵断面线形，并掌握路基设计表中的数据关系，懂得施工放样时数据是如何应用的。

## 任务实施

通过自主学习及查阅相关资料，完成下列引导问题：

1. 确定变坡点位置时应考虑哪些问题？
2. 在纵坡设计中，变坡点桩号应设在（　　）的整数倍桩号处。

   A. 5m　　B. 10m　　C. 20m　　D. 5.0m
3. 变坡点是________________________________。
4. 路基设计表汇集了路线（　　）设计成果。

   A. 平面　　B. 纵断面　　C. 横断面　　D. 平、纵、横
5. 纵断面设计的最后成果，主要反映在路线____________图和____________表上。
6. 纵断面设计时如何考虑标高控制？
7. 简述纵断面设计的方法与步骤。
8. 请填写完成下表（路肩宽 $a=0.75$ m，路面宽 $b=6$ m，路拱坡度 $i_1=2\%$，路肩坡度 $i_0=3\%$，超高横坡度 $i=6\%$）。

| 桩号 | 路基宽度(m) | | 路基边缘及中桩与设计高程之差(m) | | |
|---|---|---|---|---|---|
| | 左 | 右 | 左 | 中 | 右 |
| ZH K2+094.68 | 7.5 | 7.5 | 0.00 | 0.08 | 0.00 |
| +100 | | | | | |
| +120 | | | | | |
| HY K2+134.68 | 4.55 | | | | |
| +140 | | | | | |
| +160 | | | | | |
| QZ K2+173.32 | | | −0.07 | 0.20 | 0.43 |
| + 180 | | | | | |
| +200 | | | | | |
| YH K2+213.96 | | | | | |
| +100 | | | | | |
| +100 | | | | | |
| HZ K2+253.96 | 7.5 | 7.5 | 0.00 | 0.08 | 0.00 |

## 相关知识

纵断面设计要点

### 一、纵断面设计

#### (一)纵面线形设计要点

纵断面设计的主要内容是根据道路等级、沿线自然条件和构造物控制标高等，确定路线合适的标高、各路段的纵坡度和坡长，并设计竖曲线。基本要求是纵坡均匀平顺、起伏和缓、坡长和竖曲线长短适当、平面与纵面组合设计协调以及填挖经济、平衡等。

1. 纵面线形设计的一般原则

(1) 纵面线形应与地形相适应，设计成视觉连续、平顺而圆滑的线形，避免在短距离内出现频繁起伏。

(2) 应避免能看见近处和远处而看不见中间凹处的线形。

(3) 较长的连续上坡路段，宜将最陡的纵坡放在底部，接近坡顶的纵坡宜适当放缓。

(4) 相邻纵坡之代数差较小时，应尽量采用大的竖曲线半径。

(5) 交叉处前后的纵坡应平缓。

(6) 在积雪或冰冻地区，应避免采用陡坡。

2. 纵坡值的应用

各级公路的最大纵坡值与纵坡限制长度不应轻易采用。只有在越岭线中为争取高度、缩短路线长度或避免工程艰巨地段等不得已情况时，方可采用。

纵坡以平、缓为宜，最小纵坡不应小于 0.3%。干旱少雨地区可不受此限。

3. 各种地形条件下的纵坡设计

(1) 平原、微丘地形的纵坡应均匀、平缓。丘陵地形的纵坡应避免过分迁就地形而起伏过大。

(2) 山岭、重丘地形的沿河线，应尽量采用平缓的纵坡，坡长不宜超过规定的限值，纵坡不宜大于 6%。

(3) 越岭线的纵坡应力求均匀，应尽量不采用极限或接近极限的坡度，更不宜连续采用极限长度的陡坡夹短距离缓坡的纵坡线形。越岭展线不应设置反坡。

(4) 山脊线和山腰线，除结合地形迫不得已采用较大的纵坡外，在可能条件下应采用平缓的纵坡。

4. 竖曲线设计的要求

竖曲线应选用较大的半径。当条件受限制时，可采用一般最小值，存在特殊困难迫不得已时方可采用极限最小值。当有条件时，宜按表 3-16 的规定进行设计。

5. 相邻竖曲线的衔接

(1) 同向竖曲线间，特别是同向凹形竖曲线之间，如直线坡段不长，应合并为单曲线或复曲线，避免出现断背曲线。

(2) 反向竖曲线间宜插入直线坡段，亦可直接连接。

**(二) 纵断面设计方法和注意事项**

1. 纵断面设计方法和步骤

1) 准备工作

纵坡设计（也称为拉坡）前，应在厘米纸上根据中桩和水准记录，按比例标注里程桩号和标高，点绘地面线，填写土壤地质说明资料等有关内容。同时应收集和熟悉有关资料，并领会设计意图和要求。

纵断面设计方法和步骤

2) 标注控制点

控制点是指影响纵坡设计的标高控制点。它包含路线起点和终点、越岭垭口、重要桥涵、地质不良地段的最小填土高度、最大挖深、沿溪线的设计洪水位、隧道进出口、平面交叉和立体交叉点、铁路道口、城镇规划控制标高以及受其他因素限制必须通过的标高控制点等内容。山区道路根据路基挖填平衡关系控制道路中心填挖值的标高点，称为“经济点”。它是用“路基断面透明模板”在横断面图上得到的，如图 3-15 所示。该“模板”可用透明描图纸或透明胶片制成，其上按横断面测图比例尺绘出路基宽度（挖方段应包括边沟）和各种不同边坡坡度线。使用时将“模板”扣在横断面图上使中线重合，上下移动，使填挖面积大致相等，此时“模板”上路基顶面到中桩地面线的高差为经济填挖值，将此值按比例点绘到纵断面相应桩号上即为经济点。

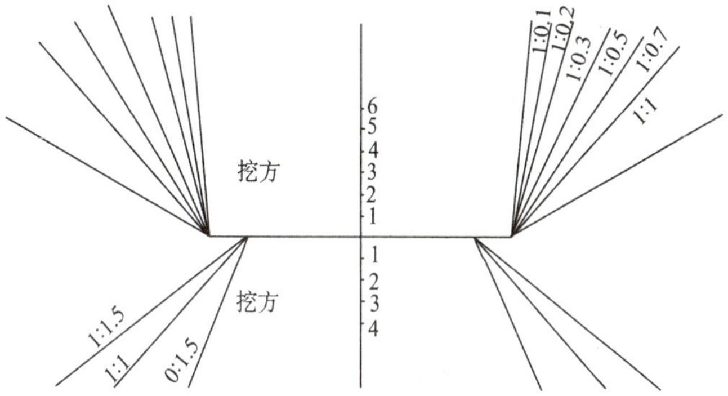


图 3-15 路基断面透明模板

3）试坡

在已标出“控制点”“经济点”的纵断面图上，根据技术指标、选线意图，结合地面起伏变化，本着以“控制点”为依据，照顾多数“经济点”的原则，在这些点位间进行穿插与取值，试定出若干直坡线。对各种可能的坡度线方案进行反复比较，最后优化出既符合技术标准，又满足控制点要求，且土石方较省的设计线作为初定坡度线，将前后坡度线延长交会出变坡点的初步位置。

4）调整

将试坡后所确定的坡度与选线时试定的坡度比较，二者应基本相符，若有较大差异应全面分析，权衡利弊，决定取舍。然后对照技术标准检查设计的最大纵坡、最小纵坡、坡长限制等是否满足《公路路线设计规范》规定的要求，平、纵线形组合是否适当，路线交叉、桥隧和接线等处的纵坡取值是否合理，若有问题应进行调整。调整方法是对初定坡度线平抬、平降、延伸、缩短或改变坡度值；调整时应以少脱离控制点、少变动填挖为原则，以便调整后的纵坡与试定纵坡基本相符。

5）核对

选择有控制意义的重点横断面，如高填深挖、地面横坡较陡的路基、挡土墙、重要桥涵以及其他重要控制点等，在纵断面图上直接读出对应桩号的填挖高度，用“模板”在横断面图上“戴帽”，检查是否存在挖填过大、坡脚落空或过远、挡土墙工程过大、桥梁过高或过低、涵洞过长等情况，若有问题应及时调整纵坡。核对工作在横坡陡峻时尤显重要。

6）定坡

经调整核对无误后，逐段确定直坡线的坡度值、变坡点桩号和标高。坡度值可采用三角板推平行线法确定，要求取值到千分之一，即 0.1%。变坡点一般要求要调整到

10 m 的整装号上，相邻变坡点桩号之差为坡长。变坡点标高是由纵坡度和坡长依次推算而得到的。

7）设置竖曲线

根据试坡时已初步考虑的平、纵组合线形情况，按照技术标准、平纵组合均衡等确定竖曲线半径，计算竖曲线要素。

2. 纵坡设计应注意的问题

1）回头曲线地段

设置回头曲线地段，试坡时应按回头曲线技术标准先定出该地段的纵坡，然后从两端接坡，应注意在回头曲线地段不宜设竖曲线。

2）大、中型桥

大、中型桥上不宜设置竖曲线，桥头两端曲线的起、终点应设在桥头 10 m 以外，如图 3-16 所示。

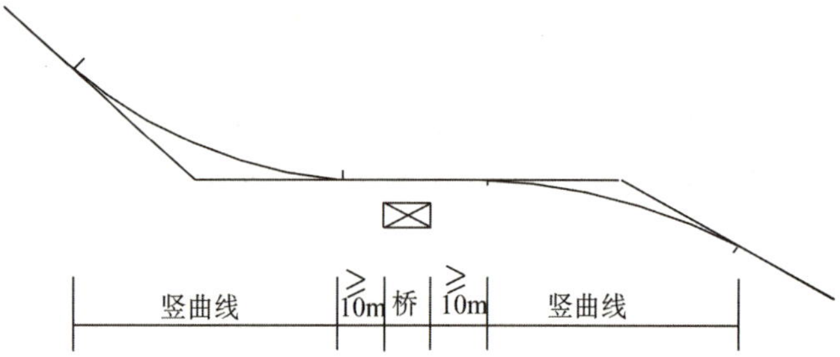


图 3-16　大、中型桥纵坡处理

3）小桥涵

小桥涵允许设在斜坡地段或竖曲线上，为保证行车平顺，应尽量避免在小桥涵处出现“驼峰式”纵坡，如图 3-17 所示。

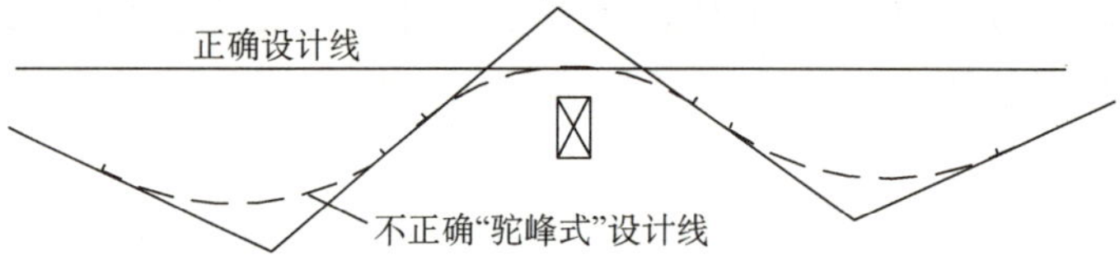


图 3-17　小桥涵纵坡处理

4）平面交叉口纵坡及两端接线要求

道路与道路交叉时，一般宜设在水平坡段，其长度应不小于最短坡长规定。两端接线纵坡应不大于 3%，山区工程艰巨地段不大于 5%。

试坡时如受“控制点”或“经济点”制约，导致纵坡起伏过大，或土方工程量太大，经调整仍难以解决时，可用纸上移线的方法修改原定纵坡线。具体方法是按理想要求定出新的纵坡设计线，然后找出对应新设计线的填挖高度，用“模板”在横断面上以新填挖高度左右移动，定出适宜的中线位置，该点距原路中线的横距就是按新纵坡设计要求希望平面线形调整移动的距离，据此可画出纸上平面移线，若为实地定线时还应到现场改线。这种移线修正纵面线形的方法，在山区和丘陵区道路的纵坡设计中时常遇到。

## 二、纵断面设计成果

纵断面设计成果主要包括路线纵断面设计图、路基设计表和纵坡、竖曲线表等。

纵断面设计成果

### （一）纵断面设计图

纵断面设计图是道路设计的重要文件之一，也是纵断面设计的最后成果。它反映路线所经范围的中心地面起伏情况与设计纵坡之间的关系。把纵面线形与平面线形组合起来，就能反映出公路线形空间位置。

1. 纵断面设计图绘制的坐标系和比例尺

1）纵断面设计图绘制的坐标系

纵断面设计图采用直角坐标，横坐标（即水平方向）表示沿路线的中心线水平距离，即里程桩号；纵坐标（即竖直方向）表示高程。

2）纵断面设计图绘制的比例尺

为了明显地表明地形起伏，方便纵断面设计，水平方向的比例尺通常与平面图一致，高程方向比例尺通常是水平方向的 10 倍。

对于高速公路，水平方向比例尺用 1∶2 000 或 1∶1 000，高程方向比例尺用 1∶200 或 1∶100。对于城市道路，水平方向比例尺用 1∶1 000 或 1∶500，高程方向比例尺用 1∶100 或 1∶50。

2. 纵断面设计图的组成内容

以道路工程为例，如图 3-18 所示。图的正面上部从左至右绘有两条贯穿全图的线，其中细折线表示中线上的地面线。绘图时，里程（水平）比例尺和高程（垂直）比例尺根据实际工程要求选取。图中的粗线表示线路的设计线，是设计时绘制的。此外，图上还注有：水准点的位置、编号和高程；桥梁的类型、孔径、跨数、长度、里程桩号和设计水位；竖曲线示意图及其曲线要素；与现有公路、铁路等工程建筑物的交叉点的位置和有关说明等。

图的下部绘有表格，填写以下有关测量和纵坡设计的资料。

（1）直线及平曲线。按里程注明路线的平面线形部分。直线用中线示意图表示，曲线部分用直角的折线表示单圆曲线、斜线表示缓和曲线，上凸的表示右弯，下凸的表示左弯，并注明其交点的编号、曲线半径、缓和曲线长度等；在转角过小不设曲线的交点位置，用锐角的折线表示。

（2）里程桩号。按距离比例尺确定里程桩位置并注明里程，绘出公里桩标。

（3）地面高程。按中平测量成果填写各里程桩的地面高程。

（4）设计高程。按中线设计纵坡计算的路基设计高程。

（5）坡度。表示中线设计线的坡度值。从左向右向上斜的表示升坡（正坡），下斜的表示降坡（负坡）。斜线上以百分数注记坡度的大小，斜线下注记坡段的水平距离。水平坡段则绘成水平线，其坡度注记为零。

（6）地质概况。标明公路沿线工程地质概况。

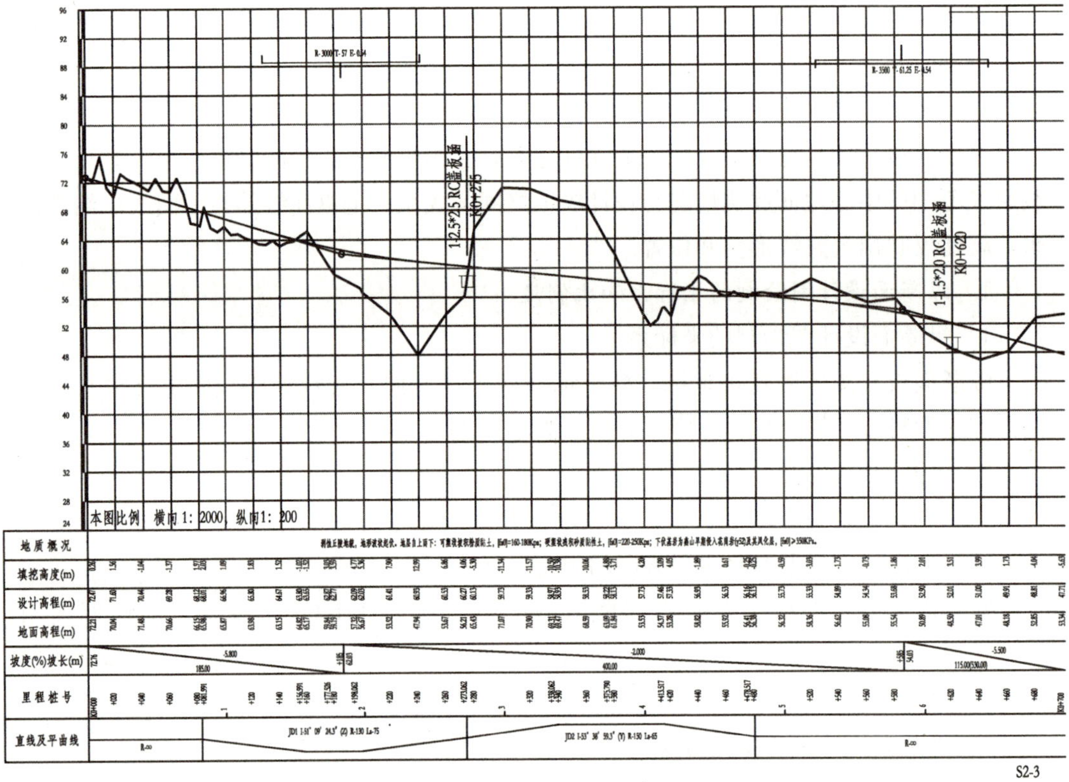


图 3-18　道路纵断面图

3. 纵断面图的绘制

（1）按照选定的里程比例尺和高程比例尺打格制表，标明横、纵坐标。图中起点高程应视图内地面高程而定，应尽量把地面线布置在图纸中央，若无法做到，应在图中适当整 10 m 桩号处另定起始坐标（参照相关标准图）。

（2）填表。按测量结果填写里程桩号、地面高程、直线与曲线、土壤地质说明等资料。

（3）绘地面线。首先在图上确定起始点高程在图上的位置。在图上按纵横比例尺依次点出各中桩的地面点，用细实线连接，即得地面线的纵剖面形状。

（4）根据设计纵坡计算设计高程。根据设计的纵坡坡度 $i$，起算点的高程 $H_A$，推算点的高程为 $H_B$，推算点至起算点的水平距离 $D_{AB}$，按下式计算设计高程：

$$H_B=H_A+i\times D_{AB} \tag{3-48}$$

其中，上坡时 $i$ 为正；下坡时 $i$ 为负。

（5）计算填挖高度。同一桩号的设计高程与地面高程之差即为该桩号的填挖高度，正号为填高，负号为挖深。

（6）结合现场实际，绘制相关内容。

有关纵断面的设计均由路线设计人员根据设计要求，结合现场实际情况，在纵断面图上将下列内容在相关位置绘制出来。

① 竖曲线及其要素；

② 设计排水沟的布置及长度、坡度、流水方向；

③ 沿线桥涵及人工构造物的位置、结构类型、孔径；

④ 与公路、铁路交叉的桩号及路名；

⑤ 沿线跨越的河流名称、位置，现有水位和设计洪水位；

⑥ 水准点的位置、编号和高程；

⑦ 断链桩位置、桩号及长短链关系。

按以上内容将图、表绘制填写完后，就形成道路纵断面图，如图 3-18 为低等级公路路线纵断面图。图 3-19 为高速公路单线纵断面图示例，本图由路线设计专业软件绘制。

### （二）路基设计表

路基设计表是公路设计文件的组成内容之一。表中填写路线平、纵面等主要测设与设计资料，里程桩号，填挖宽度（包括加宽）及超高值等有关内容，为公路横断面设计提供基本数据，同时也可作为路基施工的依据。路基设计表见表 3-21。

### （三）纵坡、竖曲线表

纵坡竖曲线表是公路设计文件的组成内容之一，反映变坡点的位置、竖曲线要素坡度、坡长及直坡段长度等，见表 3-22。

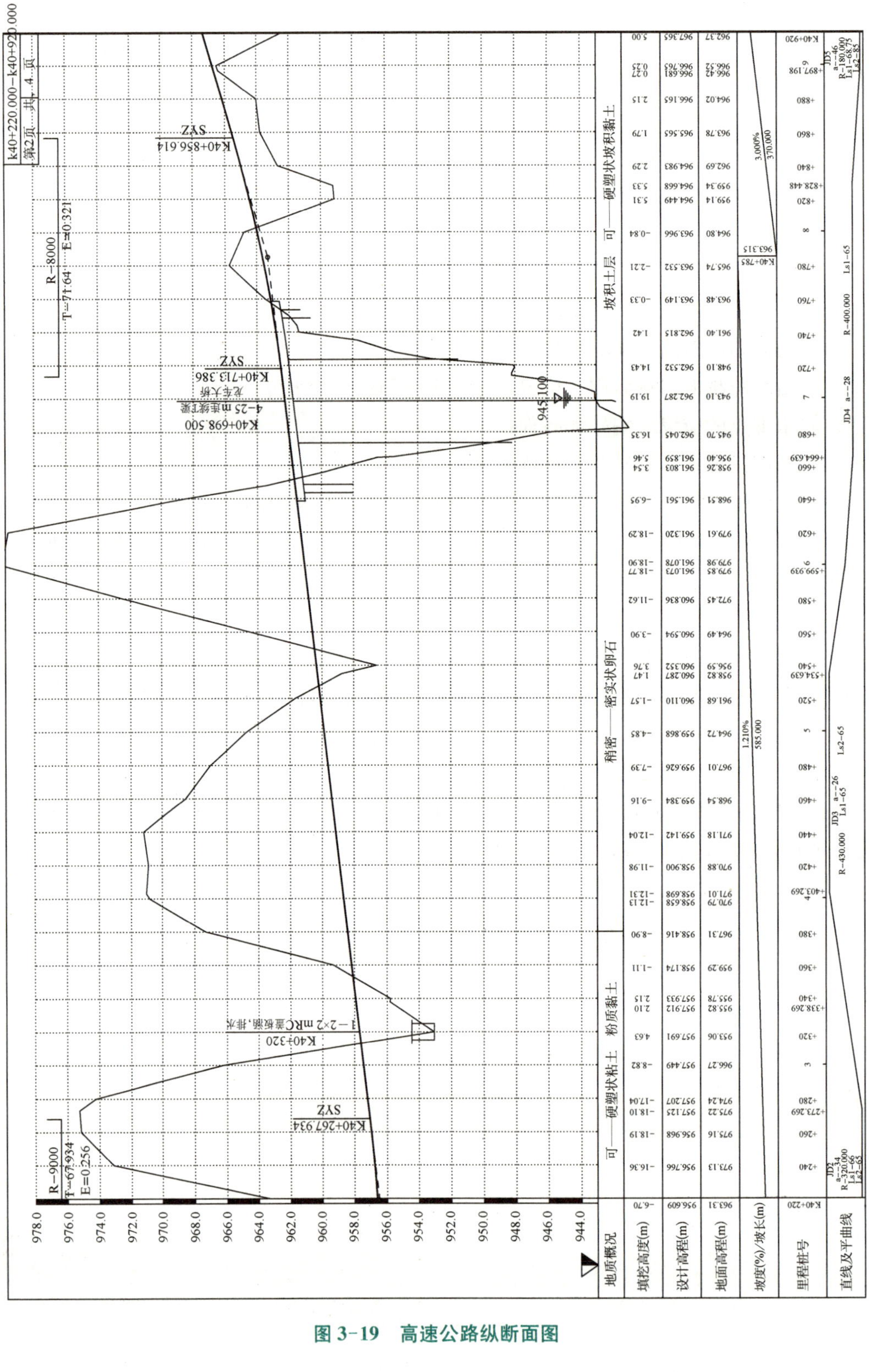


图 3-19　高速公路纵断面图

## 表 3－21　路基设计表

| 桩号 | 平曲线 | 坡度<br>坡长(m) | 竖曲线 | 地面高程(m) | 设计高程(m) | 填挖高度(m) | | 路基宽度(m) | | 横断面各点与设计高程的高差(cm) | | | | | | 施工中桩填(＋)挖(－)高(m) | 逐桩坐标 | |
|---|---|---|---|---|---|---|---|---|---|---|---|---|---|---|---|---|---|---|
| | | | | | | 填 | 挖 | 左 | 右 | 左侧 | | | 右侧 | | | | X | Y |
| | | | | | | | | | | 路基外缘 | 路面外缘 | 行车道外缘 | 行车道外缘 | 路面外缘 | 路基外缘 | | | |
| 1 | 2 | 3 | 4 | 5 | 6 | 7 | 8 | 9 | 10 | 11 | 12 | 13 | 14 | 15 | 16 | 17 | 18 | 19 |
| K40＋020.000 | JD2<br>K40＋<br>213.308 0<br>$a$ 左＝<br>34°13′18.8″<br>－320.000 0<br>$L_s$＝65.000 0<br>$T_h$＝131.170 | －0.300%<br>680.000<br>K40＋<br>200.000<br>＋1.210%<br>585.000 | $H$＝956.239<br>$R$＝9 000<br>$T$＝67.934<br>$E$＝0.256<br>凹 | 960.179 | 956.779 | | －3.400 | 5.25 | 5.25 | －14.5 | －8.5 | －7.0 | －7.0 | －8.5 | －14.5 | －3.400 | 2 773 505.939 3 | 522 274.343 8 |
| ＋040.000 | | | | 962.494 | 956.719 | | －5.775 | 5.25 | 5.25 | －14.5 | －8.5 | －7.0 | －7.0 | －8.5 | －14.5 | －5.775 | 2 773 518.023 8 | 522 258.407 5 |
| ＋060.000 | | | | 962.623 | 956.659 | | －5.964 | 5.25 | 5.25 | －14.5 | －8.5 | －7.0 | －7.0 | －8.5 | －14.5 | －5.964 | 2 773 530.108 2 | 522 242.471 2 |
| ＋075.000 | | | | 962.891 | 956.614 | | －6.277 | 5.25 | 5.25 | －14.5 | －8.5 | －7.0 | －7.0 | －8.5 | －14.5 | －6.277 | 2 773 539.171 5 | 522 230.519 0 |
| ＋080.000 | | | | 962.485 | 956.599 | | －5.886 | 5.25 | 5.25 | －14.5 | －8.5 | －7.0 | －7.0 | －8.5 | －14.5 | －5.886 | 2 773 542.192 7 | 522 226.534 9 |
| ＋100.000 | | | | 961.399 | 956.539 | | －4.860 | 5.25 | 5.25 | －14.5 | －8.5 | －7.0 | －0.3 | －0.3 | －6.3 | －4.860 | 2 773 554.240 7 | 522 210.571 1 |
| ＋120.000 | | | | 957.667 | 956.479 | | －1.188 | 5.25 | 5.25 | －14.8 | －8.8 | －7.3 | 7.3 | 8.8 | 2.8 | －1.188 | 2 773 566.012 3 | 522 194.403 1 |
| ＋140.000 | | | | 956.749 | 956.422 | | －0.327 | 5.25 | 5.25 | －24.2 | －18.0 | －14.8 | 14.8 | 18.0 | 12.0 | －0.327 | 2 773 577.187 0 | 522 177.818 3 |
| ＋160.000 | | | | 949.820 | 956.402 | 6.582 | | 5.25 | 5.25 | －28.2 | －21.2 | －17.5 | 17.5 | 21.2 | 15.2 | 6.582 | 2 773 587.436 2 | 522 160.647 7 |
| ＋180.000 | | | | 950.886 | 956.427 | 5.541 | | 5.25 | 5.25 | －28.2 | －21.2 | －17.5 | 17.5 | 21.2 | 15.2 | 5.541 | 2 773 596.595 3 | 522 142.871 9 |
| ＋200.000 | | | | 956.879 | 956.495 | | －0.384 | 5.25 | 5.25 | －28.3 | －21.2 | －17.5 | 17.5 | 21.2 | 15.2 | －0.384 | 2 773 604.626 4 | 522 124.558 8 |
| ＋220.000 | | | | 963.313 | 956.609 | | －6.704 | 5.25 | 5.25 | －28.2 | －21.2 | －17.5 | 17.5 | 21.2 | 15.2 | －6.704 | 2 773 611.497 9 | 522 105.779 7 |
| ＋240.000 | | | | 973.130 | 956.766 | | －16.364 | 5.25 | 5.25 | －28.2 | －21.2 | －17.5 | 17.5 | 21.2 | 15.2 | －16.364 | 2 773 617.183 1 | 522 086.608 2 |
| ＋260.000 | | | | 975.162 | 956.968 | | －18.194 | 5.25 | 5.25 | －28.2 | －21.2 | －17.5 | 17.5 | 21.2 | 15.2 | －18.194 | 2 773 621.659 7 | 522 067.119 0 |
| ＋273.000 | | | | 975.263 | 957.122 | | －18.141 | 5.25 | 5.25 | －28.2 | －21.2 | －17.5 | 17.5 | 21.2 | 15.2 | －18.141 | 2 773 623.913 0 | 522 054.316 6 |
| ＋280.000 | | | | 974.242 | 957.207 | | －17.035 | 5.25 | 5.25 | －25.5 | －19.0 | －15.7 | 15.7 | 19.0 | 13.1 | －17.035 | 2 773 624.912 8 | 522 047.388 5 |
| ＋300.000 | | | | 966.268 | 957.449 | | －8.819 | 5.25 | 5.25 | －18.5 | －12.5 | －10.3 | 10.3 | 12.5 | 6.5 | －8.819 | 2 773 627.074 6 | 522 027.507 5 |
| ＋320.000 | | | | 953.056 | 957.691 | 4.635 | | 5.25 | 5.25 | －12.0 | －6.0 | －4.9 | 4.9 | 6.0 | 0.0 | 4.635 | 2 773 628.503 7 | 522 007.559 3 |
| ＋338.000 | | | | 955.821 | 957.908 | 2.087 | | 5.25 | 5.25 | －6.1 | －0.1 | －0.1 | 0.1 | 0.1 | －5.9 | 2.087 | 2 773 629.479 1 | 521 989.585 8 |
| ＋340.000 | | | | 955.779 | 957.933 | 2.154 | | 5.25 | 5.25 | －5.5 | 0.5 | 0.4 | －0.4 | －0.5 | －6.5 | 2.154 | 2 773 629.582 1 | 521 987.588 4 |
| ＋360.000 | | | | 959.286 | 958.174 | | －1.112 | 5.25 | 5.25 | 0.8 | 6.8 | 5.6 | －5.6 | －6.8 | －12.8 | －1.112 | 2 773 630.672 9 | 521 967.618 2 |

**表 3 - 22 纵坡、竖曲线表(高速公路)**

×××至×××公路工程　　　　第 1 页　共 5 页　　S2 - 5

| 序号 | 桩号 | 竖曲线 | | | | | | | 纵坡 | | 变坡点间距(m) | 直坡段长(m) | 备注 |
|---|---|---|---|---|---|---|---|---|---|---|---|---|---|
| | | 标高(m) | 凸曲线半径 $R$(m) | 凹曲线半径 $R$(m) | 切线长 $T$(m) | 外距 $E$(m) | 起点桩号 | 终点桩号 | + | — | | | |
| 0 | K0+000 | 703.2 | | | | | | | | | | | |
| | | | | | | | | | 3% | | 100 | 62.6 | |
| 1 | K0+100 | 706.2 | | 1 700 | 37.400 | 0.411 | K0+062.600 | K0+137.400 | | | | | |
| | | | | | | | | | 7.4% | | 350 | 284 | |
| 2 | K0+450 | 732.1 | 1 300 | | 28.600 | 0.315 | K0+421.400 | K0+478.600 | | | | | |
| | | | | | | | | | 3% | | 100 | 41.7 | |
| 3 | K0+550 | 735.1 | | 1 200 | 29.700 | 0.368 | K0+520.300 | K0+579.700 | | | | | |
| | | | | | | | | | 7.95% | | 310 | 253.075 | |
| 4 | K0+860 | 759.745 | 1 100 | | 27.225 | 0.337 | K0+832.775 | K0+887.225 | | | | | |
| | | | | | | | | | 3% | | 100 | 40.275 | |
| 5 | K0+960 | 762.745 | | 1 300 | 32.500 | 0.406 | K0+927.500 | K0+992.500 | | | | | |
| | | | | | | | | | 8% | | 290 | 222.5 | |
| 6 | K1+250 | 785.945 | 1 400 | | 35.000 | 0.438 | K1+215 | K1+285 | | | | | |
| | | | | | | | | | 3% | | | 37.5 | |
| 7 | K1+350 | 788.945 | | 1 100 | 27.500 | 0.344 | K1+322.500 | K1+377.500 | | | | | |
| | | | | | | | | | 8% | | 220 | 161 | |
| 8 | K1+570 | 806.545 | 600 | | 31.500 | 0.827 | K1+538.500 | K1+601.500 | | | | | |
| | | | | | | | | | | −2.5 | 170 | 108.5 | |
| 9 | K1+740 | 802.295 | 2 000 | | 30.000 | 0.225 | K1+710 | K1+770 | | | | | |
| | | | | | | | | | | −5.5 | 270 | 212.5 | |
| 10 | K2+010 | 787.445 | | 2 200 | 27.500 | 0.172 | K1+982.500 | K2+037.500 | | | | | |
| | | | | | | | | | | −3 | 100 | 42.8 | |
| 11 | K2+110 | 784.445 | 1 200 | | 29.700 | 0.368 | K2+080.300 | K2+139.700 | | | | | |
| | | | | | | | | | | −7.95 | 300 | 248.025 | |

（续表）

| 序号 | 桩号 | 竖曲线 | | | | | | | 纵坡 | | 变坡点间距(m) | 直坡段长(m) | 备注 |
|---|---|---|---|---|---|---|---|---|---|---|---|---|---|
| | | 标高(m) | 凸曲线半径 $R$(m) | 凹曲线半径 $R$(m) | 切线长 $T$(m) | 外距 $E$(m) | 起点桩号 | 终点桩号 | + | — | | | |
| 12 | K2+410 | 760.595 | | 900 | 22.275 | 0.276 | K2+387.725 | K2+432.275 | | | | | |
| | | | | | | | | | | −3% | 140 | 73.525 | |
| 13 | K2+550 | 756.395 | | 5 200 | 44.200 | 0.188 | K2+505.800 | K2+594.200 | | | | | |
| | | | | | | | | | | −1.3% | 230 | 141.7 | |
| 14 | K2+780 | 753.405 | 2 100 | | 44.100 | 0.463 | K2+735.900 | K2+824.100 | | | | | |
| | | | | | | | | | | −5.5% | 220 | 147.9 | |
| 15 | K3+000 | 741.305 | | 1 600 | 28.000 | 0.245 | K2+972 | K3+028 | | | | | |
| | | | | | | | | | | −2% | 100 | 49.5 | |
| 16 | K3+100 | 739.305 | 1 000 | | 22.500 | 0.253 | K3+077.500 | K3+122.500 | | | | | |
| | | | | | | | | | | −6.5% | 190 | 139.6 | |
| 17 | K3+290 | 726.955 | | 900 | 27.900 | 0.432 | K3+262.100 | K3+317.900 | | | | | |
| | | | | | | | | | | −0.3% | 130 | 67.9 | |
| 18 | K3+420 | 726.565 | 900 | | 34.200 | 0.650 | K3+385.800 | K3+454.200 | | | | | |
| | | | | | | | | | | −7.9% | 320 | 256.4 | |
| 19 | K3+740 | 701.285 | | 1 200 | 29.400 | 0.360 | K3+710.600 | K3+769.400 | | | | | |
| | | | | | | | | | | −3% | 100 | 48.634 | |
| 20 | K3+840 | 698.285 | 900 | | 21.966 | 0.268 | K3+818.034 | K3+861.966 | | | | | |

## 项目评价

纵断面设计工作评价表

| | | | | | |
|---|---|---|---|---|---|
| 小组号 | | 班级 | | | |
| 学号 | | 姓名 | | 成绩 | |
| 设备要求 | 地形图，道路专业软件 | 场地要求 | 专业机房 | | |
| 项目资讯 | (1)教师提出路线纵断面设计的组成变坡点的选择要点、竖曲线的配置以及平纵的合理组合，布置任务并说明应完成的工作内容；<br>(2)基于任务，教师提供山岭区具有路线控制点的地形图，学生在完成选定线、平面设计工作后，进行纵断面设计；<br>(3)学生完成纵断面设计，提交纵断面设计图，路基设计表，纵坡、竖曲线表；<br>(4)学生依据规范和资料，自我逐一检查纵断面设计情况；<br>(5)小组推选代表，展示成果；<br>(6)教师评价、纠正，学生修改、完善任务；<br>(7)提交任务，教师评价。 | | | | |
| 项目实施情况 | | | | | |
| 学生自查情况 | | | | | |
| 小组评价推荐 | | | | | |
| 教师评价 | | | | | |
| 综合评价 | | | | | |

# 项目四

# 道路横断面设计

道路的横断面是指路中心线上各点的法向切面，由横断面设计线与地面线构成。公路横断面组成包括行车道、路肩、边坡、边沟、截水沟、护坡道、中间带以及专门设计的取土坑、弃土堆、植树带和其他特殊设施。城市道路横断面还包括机动车道、非机动车道、人行道、绿化带。高速公路和一级公路上还有变速车道、爬坡车道等。横断面设计的主要任务是在满足交通、环境、公用设施管线敷设以及排水要求的前提下，经济合理地确定各组成部分的宽度及相互之间的位置与高差。

## 任务一
## 道路横断面认识

### 能力要求

1. 明确横断面图的组成。
2. 掌握横断面设计线的组成部分及其作用。
3. 理解《公路工程技术标准》对横断面各组成部分尺寸的规定。

### 任务描述

公路的平面、纵面、横断面是公路线形的主要组成部分。横断面反映的是每一个断面的填挖情况。由于每个横断面所经过的地形、地质以及设计高程等不尽相同，故横断面的形式和组成也不完全相同。本任务通过展示公路施工图横断面设计成果，引导学生讨论横断面设计线的组成，并分析不同公路等级、不同地面情况，合理地确定各横断面的类型及其设计线的组成。

## 任务实施

通过自主学习及查阅相关资料，完成下列引导问题：

1. 高速公路和一级公路的路基横断面由____________、____________、____________以及紧急停车带、爬坡车道、变速车道等组成。

2. 二、三、四级公路的路基横断面由__________、__________以及错车道组成。

3. 路基填土高度小于________大于________的路堤称为一般路堤。

4. 路基标准横断面是指________________________________________。

5. 一般路堑是指____________________________________________。

6. 公路路肩组成及作用是什么？

7. 四条和四条以上车道的公路应设置中间带，其作用是什么？

8. 简述路基标准横断面的组成。

## 相关知识

横断面组成及标准

公路横断面是指中线上各点沿法向的垂直剖面，它是由横断面设计线与横断面地面线所围成的图形。其中横断面设计线是根据《公路工程技术标准》确定的不同构成部分及其宽度和横坡度组成的规则线。横断面上设计线组成包括：行车道、路肩边坡、边沟、截水沟、护坡道以及专门设计的取土坑、弃土堆等环境保护设施，各部分的位置、名称如图 4-1 所示。高速公路、一级公路还包括中间带、爬坡车道、紧急停车带、变速车道等。横断面图中的地面线是表征地面起伏变化的线，它是经过现场实测或由大比例尺地形图航测像片、数字地面模型等途径获得的。

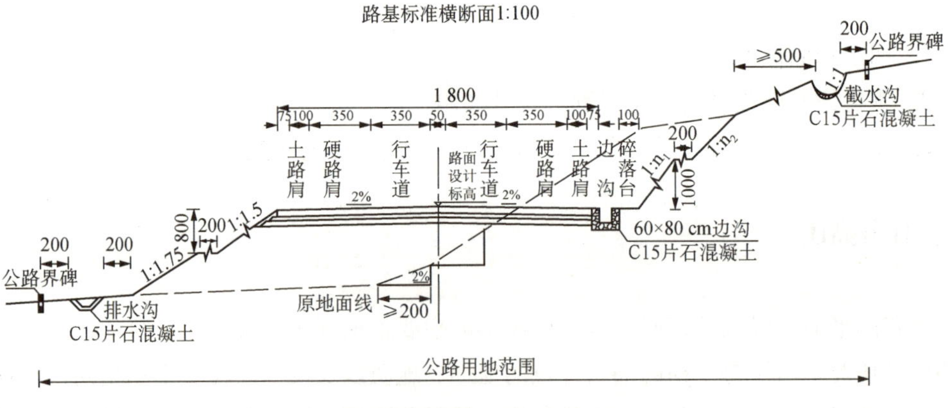


**图 4-1　路基横断面各组成部分**

### 一、公路横断面

1. 公路横断面组成

高速公路和一级公路的路基横断面分为整体式和分离式两种。高速公路和一级公路的路基横断面上下行用中央分隔带分开，其横断面由行车道、中间带、路肩以及紧急停车带、爬坡车道、变速车道等组成。

二、三、四级公路的路基横断面由行车道、路肩以及错车道组成。

2. 公路路基标准横断面形式

公路路基横断面的形式应根据公路功能、技术等级、交通量和地形条件确定。各级公路一般路基横断面形式示例如图 4-2 至图 4-6 所示，并应符合下列规定：

（1）高速公路、一级公路应根据需要采用整体式或分离式路基横断面形式。

（2）双向十车道及以上车道数的高速公路可采用复合式断面形式。

（3）二、三、四级公路应采用整体式路基断面形式。

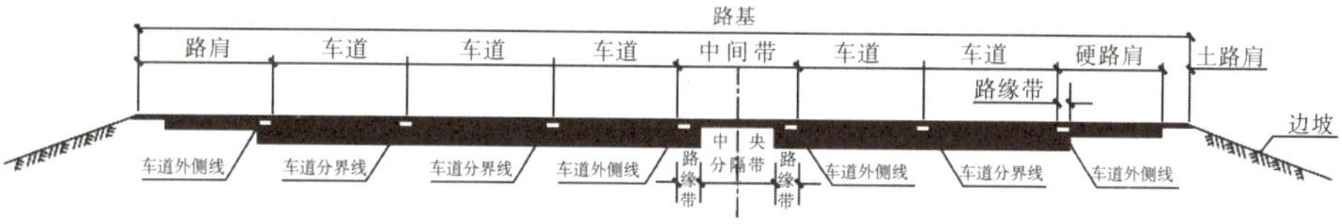


图 4-2 高速公路、一级公路整体式断面形式

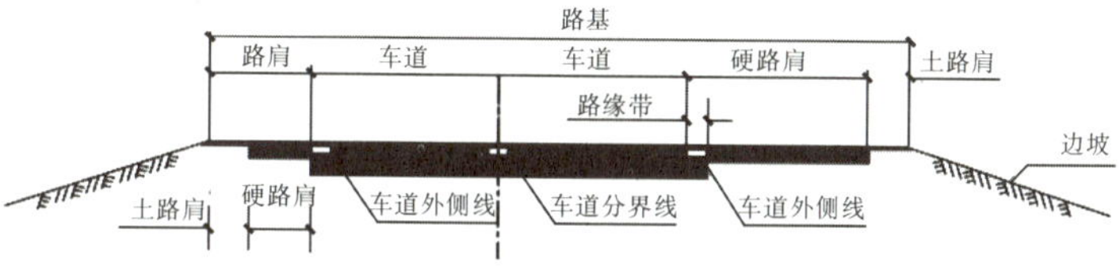


图 4-3 高速公路、一级公路分离式断面形式（右幅断面）

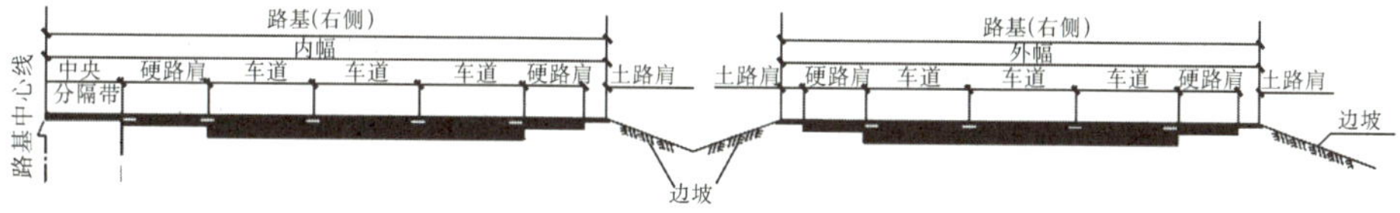


图 4-4 高速公路复合式断面形式（内、外幅路基分离）

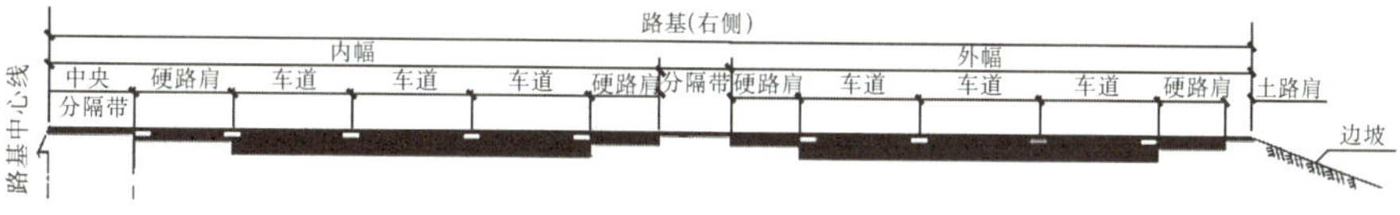


图 4-5 高速公路复合式断面形式（内、外幅整体式）

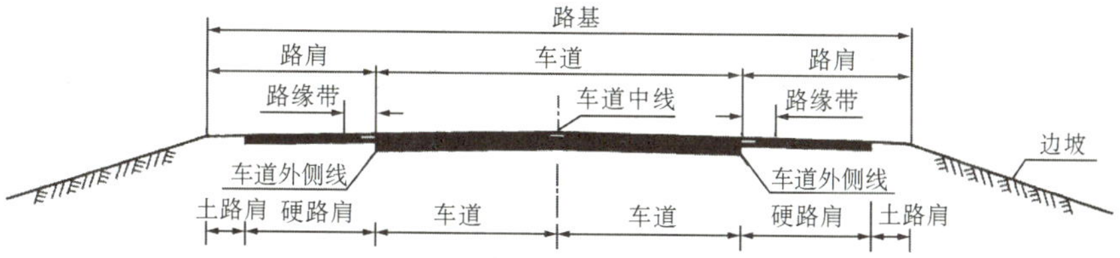


图 4-6 二、三、四级公路一般路基横断面形式

## 二、公路路基横断面各组成部分的作用及规定

1. 公路路基宽度

公路路基宽度是指在一个横断面上两路肩外缘之间的宽度。公路在直线段和小半径曲线段的路基宽度有所不同，在小半径曲线上，路基宽度还包括行车道加宽的宽度。

（1）当设有中间带、紧急停车带、爬坡车道、变速车道、错车道、超车道侧分隔带、非机动车道（或慢车道）和人行道时，应包括上部分的宽度。

（2）非机动车、行人密集公路和城市出入口的公路，可根据需要设置侧分隔带、非机动车道和人行道。

（3）一级公路在慢行车辆较多时，可利用右侧硬路肩（宽度不足时应加宽）设置慢车道，并应在车道与慢车道之间设置隔离设施。

（4）二级公路在慢行车辆较多时，可根据需要采用加宽硬路肩的方式设置慢车道，并应增加必要的交通安全设施，加强交通组织管理。

2. 行车道宽度

行车道宽度是指在保证设计速度及公路通行能力的情况下安全行车所必需的宽度。《公路工程技术标准》规定的各级公路行车道宽度的尺寸见表 4-1。

表 4-1 行车道宽度

| 设计速度(km/h) | 120 | 100 | 80 | 60 | 40 | 30 | 20 |
|---|---|---|---|---|---|---|---|
| 车道宽度(m) | 3.75 | 3.75 | 3.75 | 3.50 | 3.50 | 3.25 | 3.00 |

《公路工程技术标准》还规定了车道宽度可采用 3.50 m 的下面几种情况。

（1）八车道及以上公路在内侧车道（内侧第 1、2 车道）仅限小客车通行时，其车道宽度可采用 3.50 m。

（2）以通行中、小型客运车辆为主且设计速度为 80 km/h 及以上的公路，经论证车道宽度可采用 3.50 m。

（3）四级公路采用单车道时，车道宽度应采用 3.50 m。

（4）设置慢车道的二级公路，慢车道宽度应采用 3.50 m。

（5）需要设置非机动车道和人行道的公路，非机动车道和人行道等的宽度，宜视实际情况确定。

3. 分隔带

1）中间带

高速公路和一级公路必须设置中间带，中间带由两条左侧路缘带（其宽度按表 4-2 设置）和中央分隔带组成。

（1）中间带的作用

① 将上、下行车流分开，既可防止因快车驶入对向行车道带造成车祸，又能减少公路中心线附近的交通阻力，从而提高通行能力。

表 4-2　左侧路缘带宽度

| 设计速度(km/h) | | 120 | 100 | 80 | 60 |
|---|---|---|---|---|---|
| 左侧路缘带宽度(m) | 一般值 | 0.75 | 0.75 | 0.50 | 0.50 |
| | 最小值 | 0.50 | 0.50 | 0.50 | 0.50 |

② 可作设置公路标识牌及其他交通管理设施的场地，也可作为行人的安全岛使用。

③ 设置一定宽度的中间带并种植花草灌木或设置防眩网，可防止对向车辆灯光炫目，还可起到美化路容和环境的作用。

④ 设于分隔带两侧的路缘带，由于有一定宽度且颜色醒目，既可以引导驾驶员视线，又增加行车所必需的侧向余宽，从而提高行车的安全性和舒适性。

(2) 中间带的宽度

中间带的作用明显，但投资大、占地多。一般均采用窄分隔带高出行车道表面的中央分隔带，称为凸形，也有宽度大于 4.5 m 的凹形，表面采用植草栽灌木或铺面。

中间带可不等宽，也不一定等高，应与地形景观等配合。不等宽的中间带应逐步过渡，避免突变。中间带宽度见表 4-3，正常情况下采用一般值，当遇特殊情况时可以采用最小值。

表 4-3　中间带宽度

| 设计速度(km/h) | | 120 | 100 | 80 | 60 |
|---|---|---|---|---|---|
| 中央分隔带宽度(m) | 一般值 | 3.00 | 2.00 | 2.00 | 2.00 |
| | 最小值 | 2.00 | 2.00 | 1.00 | 1.00 |
| 左侧路缘带宽度(m) | 一般值 | 0.75 | 0.75 | 0.50 | 0.50 |
| | 最小值 | 0.75 | 0.50 | 0.50 | 0.50 |
| 中间带宽度(m) | 一般值 | 4.50 | 3.50 | 3.00 | 3.00 |
| | 最小值 | 3.50 | 3.00 | 2.00 | 2.00 |

2) 两侧带

布置在横断面两侧的分车带为两侧带，其作用与中间带相同，只是设置的位置不同而已。两侧带常用于城市道路的横断面设计中，它可以分隔快车道与慢车道、机动车道与非机动车道、车行道与人行道等。

两侧带的宽度规定为 2.0～2.25 m。在北方寒冷积雪地区，在满足最小宽度的前提下，还应考虑能否满足临时堆放积雪的要求。城市道路路侧带的组成及其宽度位于城市道路行车道两侧的人行道，绿带、公用设施带等统称为路侧带。路侧带的宽度应根据道路类别、功能、行人流量、绿化、沿街建筑性质及布设公用设施要求等确定。

(1) 人行道

人行道主要是供行人步行之用，同时也是植物、立杆的场地。人行道的地下空间还可埋设管线等。

（2）种植带

人行道上靠行车道一侧种植行道树。行道树的株距一般为 4～6 m，树池采用 1.5 m 的正方形或 1.2～1.8 m 的矩形。也有种植草皮与花丛的。

（3）设施带

设施带宽度包括设置行人护栏、照明灯柱、标识牌、信号灯等的宽度。红线宽度较窄及条件困难时，设施带可与种植带合并，但应避免各种设施与树木间的干扰。常用宽度为：护栏 0.25～0.50 m，杆柱 1.0～1.5 m。

按上述所求得的步行带宽、绿带宽与设施带宽之和即为人行道宽。此外，还要考虑人行道下面埋设管线所需要的宽度。为了使街道各部分宽度相互协调，符合视觉上的正常比例，再将计算的人行道宽度与整个街道宽度相比较。一般认为街道宽与单侧人行道宽之比在 5∶1～7∶1的范围内是比较合理的。

4. 路肩

路肩位于行车道外缘至路基边缘之间，是具有一定宽度的带状结构物，从构造上又可分为硬路肩、土路肩。硬路肩是指进行了铺装的路肩，它可以承受汽车荷载的作用力，在混合交通的公路上便于非机动车、行人通行。土路肩是指不加铺装的土质路肩，它起保护路面和路基的作用，并提供侧向余宽。公路一般应设右侧路肩，对高速公路、一级公路，当采用分离式断面时，行车道左侧应设左侧路肩。公路路肩宽度主要根据公路功能、设计速度确定。

（1）路肩的作用

① 由于路肩紧靠在路面的两侧设置，具有保护及支撑路面结构的作用。

② 供发生故障的车辆临时停放之用，有利于防止交通事故和交通紊乱发生。

③ 作为侧向余宽的一部分，能提高驾驶的安全和舒适感，这对保证设计速度是必要的，尤其在挖方路段，还可以增加弯道视距，减小行车事故。

④ 提供道路养护作业、埋设地下管线的场地。对未设人行道的道路，可供行人及非机动车等使用。

⑤ 精心养护的路肩，能提高公路的美观性。

（2）路肩的宽度

《公路路线设计规范》规定的各级公路路肩宽度见表 4-4。

**表 4-4　各级公路路肩宽度**

| 公路等级 | | 高速公路 | | | 一级公路(干线功能) | |
|---|---|---|---|---|---|---|
| 设计速度(km/h) | | 120 | 100 | 80 | 100 | 80 |
| 右侧硬路肩宽度(m) | 一般值 | 3.00(2.50) | 3.00(2.50) | 3.00(2.50) | 3.00(2.50) | 3.00(2.50) |
| | 最小值 | 1.50 | 1.50 | 1.50 | 1.50 | 1.50 |
| 土路肩宽度(m) | 一般值 | 0.75 | 0.75 | 0.75 | 0.75 | 0.75 |
| | 最小值 | 0.75 | 0.75 | 0.75 | 0.75 | 0.75 |

（续表）

| 公路等级 | | 一级公路（集散功能）和二级公路 | | | 三级公路、四级公路 | |
|---|---|---|---|---|---|---|
| 设计速度(km/h) | | 80 | 60 | 40 | 30 | 20 |
| 右侧硬路肩宽度(m) | 一般值 | 1.50 | 0.75 | — | — | — |
| | 最小值 | 0.75 | 0.25 | | | |
| 土路肩宽度(m) | 一般值 | 0.75 | 0.75 | 0.75 | 0.50 | 0.25（双车道）<br>0.50（单车道） |
| | 最小值 | 0.50 | 0.50 | | | |

高速公路、一级公路当采用分离式断面时，行车道左侧路肩宽度不应小于表 4-5 的规定值。左侧硬路肩宽度包含左侧路缘带宽度。

表 4-5　分离式断面高速公路、一级公路左侧路肩宽度

| 设计速度(km/h) | 120 | 100 | 80 | 60 |
|---|---|---|---|---|
| 左侧硬路肩宽度(m) | 1.25 | 1.00 | 0.75 | 0.75 |
| 左侧土路肩宽度(m) | 0.75 | 0.75 | 0.75 | 0.75 |

高速公路整体式路基双向八车道及以上路段宜设置左侧硬路肩，以满足内侧车道上事故车辆的临时停放需求，考虑到多车道高速公路内侧车道上行驶的车辆以小型车为主，要求左侧硬路肩宽度不应小于 2.50 m。

高速公路和作为干线一级公路的右侧硬路肩宽度小于 2.50 m 时，为满足故障或事故车辆临时停放的需要，应设紧急停车带。紧急停车带应与车道平行，在车道外侧设置，宽度应不小于 3.50 m（包括硬路肩宽度），有效长度应不小于 40 m，间距不宜小于 500 m。从正线进入和驶出紧急停车带应设置不短于 70 m 的过渡段。高速公路、一级公路的特长桥梁隧道，根据需要可设置紧急停车带，其间距不宜大于 750 m。二级公路根据需要可设置紧急停车带，其间距宜按实际情况确定。

城市道路一般采用地下管渠排水，行车道两侧设路缘石和人行道，一般不设路肩。如采用边沟排水且设计速度大于或等于 40 km/h 时，则应在路面外侧设路肩。保护性路肩一般为土质或简易铺装，其作用是为城市道路的某些交通设施（如护栏、栏杆、交通标识牌等）的设置提供场地，最小宽度为 0.50 m。有少量行人时，路肩最小宽度可为 1.50 m。

5. 变速车道

当车辆需要加速合流或减速分流时，应根据公路的等级、使用性质等增加一段用于车辆速度过渡的车道，使变速车辆不致因速度的变化而影响其他车辆的正常行驶。变速车道分为直接式与平行式两种，如图 4-7 所示，减速车道原则上采用直接式，加速车道原则上采用平行式。当变速车道为双车道时，加减速车道均应采用直接式。变速车道的宽度一般为 3.50 m。

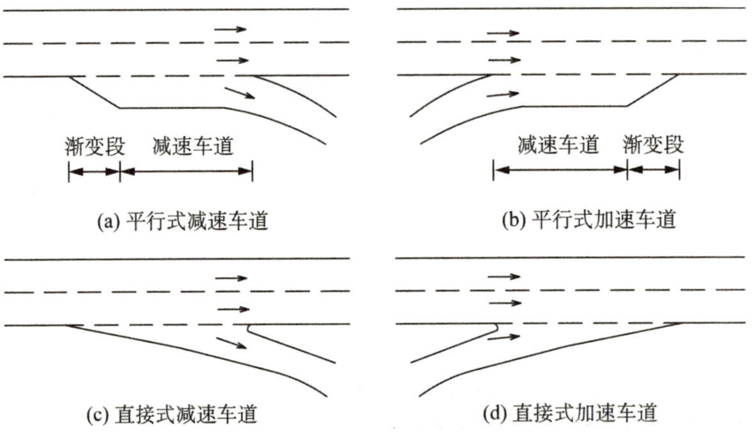


**图 4-7　变速车道的形式**

6. 错车道

对于四级公路，当采用 4.5 m 的单车道路基时，在适当的可通视的距离内设置的供车辆交错避让用的一段加宽车道称为错车道。设置错车道路段的路基宽度不小于 6.5 m，有效长度不小于 20 m，错车道布置如图 4-8 所示。

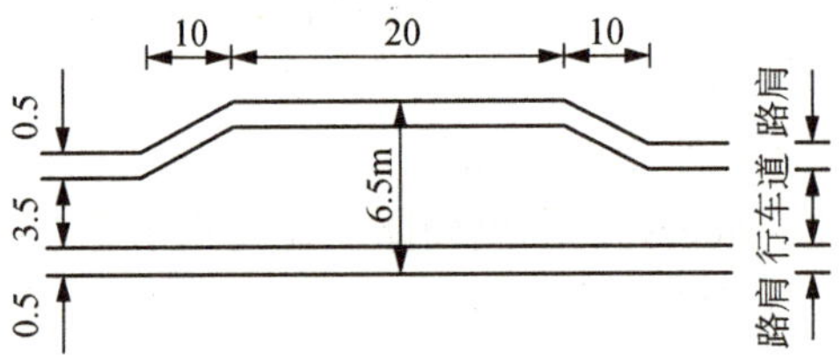


**图 4-8　错车道**

7. 爬坡车道

爬坡车道是在公路纵坡较大的路段，速度差较大的车辆混合行驶时宜在上坡方向行车道右侧设置供载重汽车行驶的专用车道。爬坡车道将载重汽车从正线车流中分离出去，可提高小汽车行驶的自由度，确保行车安全，增加路段的通行能力。

爬坡车道

1）设置爬坡车道的条件

《公路路线设计规范》规定：四车道高速公路、一级公路以及二级公路连续上坡路段，符合下列情况之一者应在上坡方向行车道右侧设置爬坡车道：

（1）沿上坡方向载重汽车的行驶速度降低到表 4-6 的允许最低速度以下时，可设置爬坡车道。

**表 4-6　上坡方向容许最低速度**

| 设计速度(km/h) | 120 | 100 | 80 | 60 |
|---|---|---|---|---|
| 容许最低速度(km/h) | 60 | 55 | 50 | 40 |

（2）上坡路段的设计通行能力小于设计小时交通量时，应设置爬坡车道。

爬坡车道设计通行能力的计算方法与正线的通行能力计算方法相同。

(3) 需设置爬坡车道的路段，应进行设置爬坡车道方案与改善主线纵坡不设爬坡车道的方案进行技术比较。

爬坡车道宽度不应小于 3.5 m。对双向六车道高公路可不另设爬坡车道，将外侧车道作为爬坡车道使用。

2) 爬坡车道的设计

(1) 爬坡车道横断面的组成

爬坡车道设于上坡正线行车道右侧，其横断面的组成如图 4-9 所示。

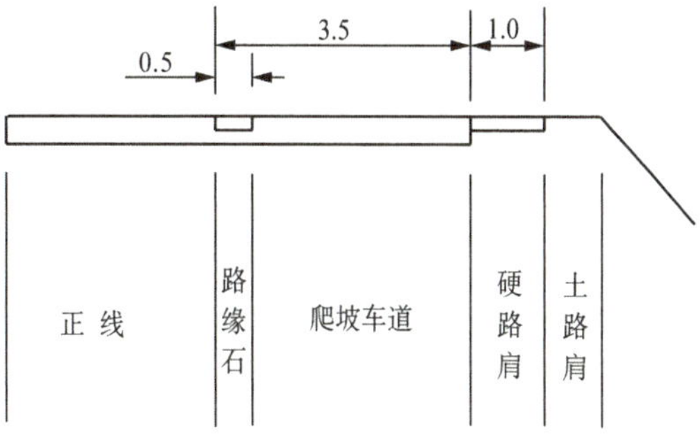


图 4-9　爬坡车道横断面组成

爬坡车道宽度一般为 3.5 m，包括设于其左侧路缘带的宽度 0.5 m。由于爬坡车道上行驶速度较低，其路肩宽度可以不按正线的安全标准要求来设计，一般为 1.0 m。而土路肩宽度以正线要求设计为宜。

对于长而连续的爬坡车道路段，应在其右侧按规定设置紧急停车带。

(2) 横坡度

由于爬坡车道的行车速度比正线小，为了行车安全，《公路路线设计规范》规定了高速公路正线超高坡度与爬坡车道的超高坡度之间的对应关系，见表 4-7。

表 4-7　爬坡车道的超高坡度

| 正线的超高坡度 | 10% | 9% | 8% | 7% | 6% | 5% | 4% | 3% | 2% |
|---|---|---|---|---|---|---|---|---|---|
| 爬坡车道的超高坡度 | 5% | | 4% | | | | | 3% | 2% |

超高坡度的旋转轴为爬坡车道内侧边缘线。若爬坡车道位于直线段，其横坡度的大小同正线路拱，采用直线式横坡，坡向向外。爬坡车道右侧路肩的横坡度大小和坡向参照正线与右侧路肩之间关系的有关规定确定。

(3) 平面布置与长度

爬坡车道通常应设在通视条件良好，容易辨认并与正线连接顺适的地点，其平面布置如图 4-10 所示。其总长度由分流渐变段长度、爬坡车道长度和合流渐变段长度组成。

爬坡车道的长度一般应根据所设计的纵断面线形，通过加、减速行程图绘制出载重车行驶速度曲线，找出小于容许最低速度的路段，从而得到需设爬坡车道的长度。

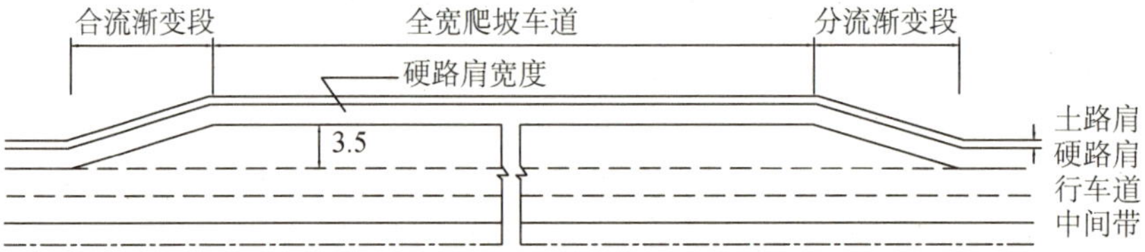

(a) 高速公路、一级公路

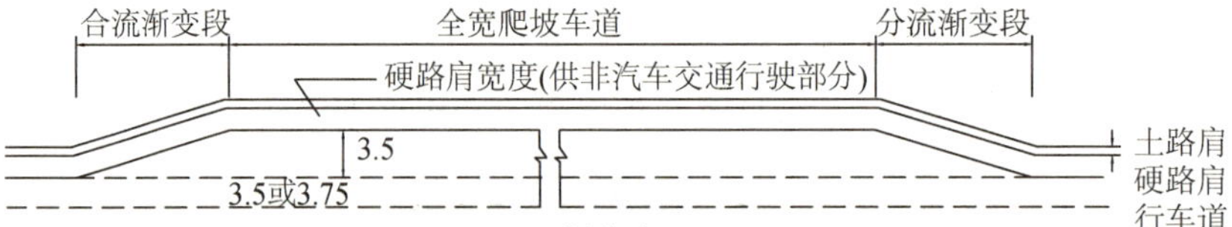

(b) 二级公路

**图 4-10　爬坡车道的平面布置**

爬坡车道的终点，应设于载重汽车爬经陡坡路段后恢复至“容许最低速度”处，或陡坡路段后延伸的附加长度的端部。该陡坡路段后延伸的附加长度见表 4-8。相邻两爬坡车道相距较近时，宜将两爬坡车道直接相连。

**表 4-8　陡坡路段后延伸的附加长度**

| 附加段的纵坡 | 下坡 | 平坡 | 上坡 | | | |
|---|---|---|---|---|---|---|
| | | | 0.5% | 1.0% | 1.5% | 2.0% |
| 附加长度(m) | 150 | 200 | 250 | 300 | 350 | 400 |

分流渐变段长度用来使正线车辆驶离正线而进入爬坡车道，汇流渐变段长度用来使车辆驶离爬坡车道而进入正线，其长度见表 4-9。爬坡车道起终点的具体位置除按上述方法确定外，还应考虑与线形的关系。

**表 4-9　渐变段长度**

| 公路等级 | 分流渐变段长度(m) | 汇流渐变段长度(m) |
|---|---|---|
| 高速公路、一级公路 | 100 | 150～200 |
| 二级公路 | 50 | 90 |

8. **避险车道**

避险车道是在长陡坡路段正线行车道下坡方向右侧为失控车辆增设的专用车道，如图 4-11 所示。

1）设置避险车道的目的

(1) 让失控车辆尽快驶离行车道，以减少其对公路上正常通行车辆人员和设施的危害性；

(2) 有利于失控车辆减速停车，减少自身失控危害或减轻事故的严重程度。

对于连续长陡纵坡路段的下坡方向，应重点依据交通量、车型组成和主要货车车型

图 4-11 避险车道

的综合性能条件，分析评价车辆连续下坡的交通安全性，对应完善和加强路段交通工程和路侧安全设施，提出路段交通组织管理、速度控制措施方案，必要时论证增设避险车道。因而，在连续长陡下坡路段，应重点通过实施有效的交通组织管理、路段速度控制与管理等措施解决通行的安全性问题（尽量主动预防制动失效事故的发生），不应将设置避险车道作为一种解决连续长陡下坡路段安全问题的弥补性工程措施。

2）避险车道的形式

国内外使用的避险车道有多种形式，主要可分为重力式、砂堆式和制动坡床式三种。其中，砂堆式和三种坡形的制动坡床（即下坡式、水平坡度式和上坡式制动坡床）避险车道占主导地位。目前，在国内最常用的为上坡式制动坡床避险车道，如图 4-12 所示。

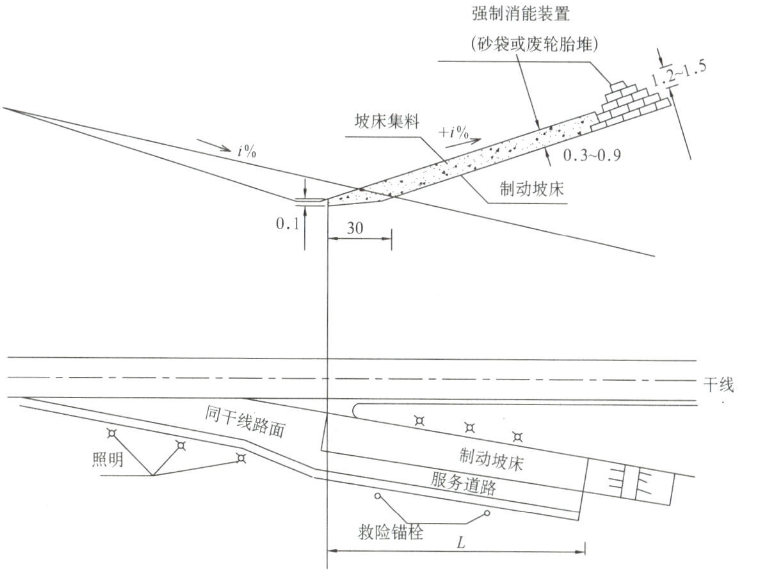


图 4-12 上坡式制动坡床避险车道

3）避险车道的设置

避险车道宜设置在连续下坡路段右侧视距良好、车辆不能安全转弯的主线平曲线之前或路侧人口稠密区之前的路段。避险车道宜沿较小半径的平曲线路段的切线方向，如设置在直线或大半径曲线路段时，避险车道与主线的夹角宜小于5°，以免造成车辆侧翻。

避险车道的出口应满足识别视距的要求。避险车道的设置位置及形式宜结合地形线形条件确定，宜避开桥梁和隧道。

避险车道的宽度宜为4～6 m，高速公路宜设置救援车道，救援车道的宽度宜为5.5 m，救援车道与制动坡床间应设置具有反光性能的隔离设施。

避险车道制动坡床的长度应根据车辆驶入速度、避险车道纵坡及坡床材料综合确定。

9. *路拱及路拱横坡*

为了迅速排除路面上的雨水，将路面做成由中间向两侧倾斜的拱形，称为路拱。

路拱虽然对排水有利，但对行车不利。这是由于汽车自身的重力沿着路拱横坡方向的分力增加了行车的不平稳性，并且当路面有水时路面与轮胎间的横向附着系数很小，更增加了侧向滑移的危险。因此，在选择路拱的大小与形状时，应该在保证排水的情况下，兼顾到行车的要求，对于不同的路面类型和行车道宽度，结合当地的自然条件、降雨强度等采用不同的路拱坡度。《公路工程技术标准》对路拱坡度的规定见表4-10。

高速公路和一级公路位于中等强度降雨地区时，路拱坡度宜采用高值；位于严重强度降雨地区时，路拱坡度可适当增大。

**表4-10 路拱坡度**

| 路面类型 | 路拱坡度 |
|---|---|
| 沥青混凝土、水泥混凝土 | 1.0%～2.0% |
| 其他沥青路面 | 1.5%～2.5% |
| 半整齐石块 | 2.0%～3.0% |
| 碎、砾石等粒料路面 | 2.5%～3.5% |
| 低级路面 | 3.0%～4.0% |

分离式路基，每侧行车道可设置双向路拱，也可设置成向路基外侧倾斜的单向横坡。但在积雪冻融地区，应设置双向路拱。

路拱的形式有抛物线形、直线接抛物线形、折线形等。可根据路面宽度及路面类型确定具体的形式。低等级公路可采用抛物线形路拱，高等级公路一般采用直线接抛物线形路拱，多车道的水泥混凝土路面可采用折线形路拱。土路肩的排水性远低于路面，其横坡度较路面宜增大1.0%～2.0%。硬路肩视具体情况（材料、宽度）可与路面采用同一横坡，也可稍大于路面。

# 任务二
# 路基横断面认识

## 能力要求

1. 明确路基典型横断面形式。
2. 掌握公路用地和建筑限界的相关规定。
3. 理解公路边坡大小的确定方法。
4. 明确《公路路线设计规范》对路基附属设施的相关规定。

## 任务描述

由于每个断面的地面高程、设计高程、地形、地质等不同，使得横断面有填方路堤、挖方路堑或半填半挖等断面形式，也使得每个断面的占地范围也不同。本任务要求学生结合施工图设计文件案例，认识路基横断面形式及影响边坡大小的因素，并明确公路用地范围及公路建筑限界的规定。

## 任务实施

通过自主学习及查阅相关资料，完成下列引导问题：

1. 路基边坡的坡度，习惯上用边坡的________________与____________的比值来表示。

2. 为防止零星土石碎落物落入边沟，通常在路堑边坡坡脚与边沟外侧边缘之间设置____________。

3. 一般情况下，(挖方）路基和填土高度小于________的矮路堤均应设置边沟。

4. 护坡道的作用是（　　）。

   A. 减缓路堤边坡保证路基稳定　　B. 路基排水的重要设施

   C. 属于路基防护工程范畴　　D. 设置弃土堆的理想位置

5. 名词解释：公路用地，建筑限界。

6. 划分公路用地的意义是什么？

7. 怎样划定公路的建筑限界？

## 相关知识

路基典型
横断面

### 一、横断面布置

当路基的设计高程低于天然地面时，需要开挖当路基的设计高程高于天然地面时需要填筑。由于填挖情况的不同，典型的路基横断面形式可归纳为路堤、路堑、半填半挖三种。

1. 公路路基典型横断面布置

公路路基横断面的布设一般不单独计算，其断面形式可结合当地地形、地质、水文、填挖等情况，参照路基典型横断面（图 4-13）进行布置，而路幅的宽度和路幅内各部分尺寸应根据公路等级、交通量、技术标准和具体情况，按图 4.2 至图 4.6 的规定进行布置。

选用典型横断面应注意的问题如下。

（1）一般路堤：填土高度小于 20 m 的路堤，如图 4.13(a) 所示。当填土高度小于 0.5 m 时，为满足最小填土高度和排除路面、路肩和边坡地面水的需要，应设置边沟；当填土高度大于 2 m 时，可将边沟断面扩大成取土坑以满足填土需要，但此时为保证边坡的稳定，应在坡脚与取土坑间设宽度不小于 1 m 的护坡道；当填土高度大时，为保证边坡稳定，应采用折线形边坡。

当地面横坡度不陡于 1∶5时，可以直接填筑路基，地基可不予处理；当地面横坡度陡于 1∶5时，地基必须挖成台阶，台阶宽度不小于 1 m，台阶的底面应向内倾斜 2%～4%，台阶的高度，填土时视分层填筑的高度而定，一般每层不大于 0.5 m；当地面横坡度陡于 1∶2时，除地基应挖成台阶外，还应设置支挡工程。

（2）挖方路基（路堑）：低于原地面的挖方路基。路堑的常见形式有全挖路堑、台口式路堑、半山洞路堑。挖方深度小于 30 m、一般地质条件下的路堑，如图 4.13(b) 所示。路堑路段均应设置边沟；为拦截和排除上侧地面水以保证边坡的稳定，应在坡顶 5 m 外设置截水沟；开挖路堑所废弃的土石方，应弃置于下侧坡顶外并做成规则形状的弃土堆；当挖方高度较大或土质变化处，边坡应随之做成折线形或台阶式边坡以保证稳定性。

（3）半填半挖路基：介于填方和挖方之间，部分为路堤、部分为路堑的路基，如图 4-13(c) 所示，当地面横坡大于 1∶5时（包括一般路堤在内），为保证填土的稳定，应将原地面挖成台阶。台阶的高度应视填料性质和施工方法而定，挖方部分与一般路堑相同。

（4）陡坡路基：山区陡坡路段的路基型式，如图 4-13(e)—图 4-13(i) 所示。填土高度虽不大，但地面横坡较陡，坡脚太远且不易填筑时，可采用如图 4-13 （e）所示的护肩路基；填土高度较大难以填筑，或地面横坡太陡以致坡脚落空不能填筑时，可采用如图 4-13 （g）所示的砌石路基或图 4-13 （f）所示的挡土墙路基，前者是干砌或浆砌片石，能保证填方的稳定，片石与路基为一个整体，而挡土墙是不依靠路基也能独立稳定的支挡结构物；当填方坡脚太远，为避免多占用耕地或拆迁其他建筑物时，可采用如

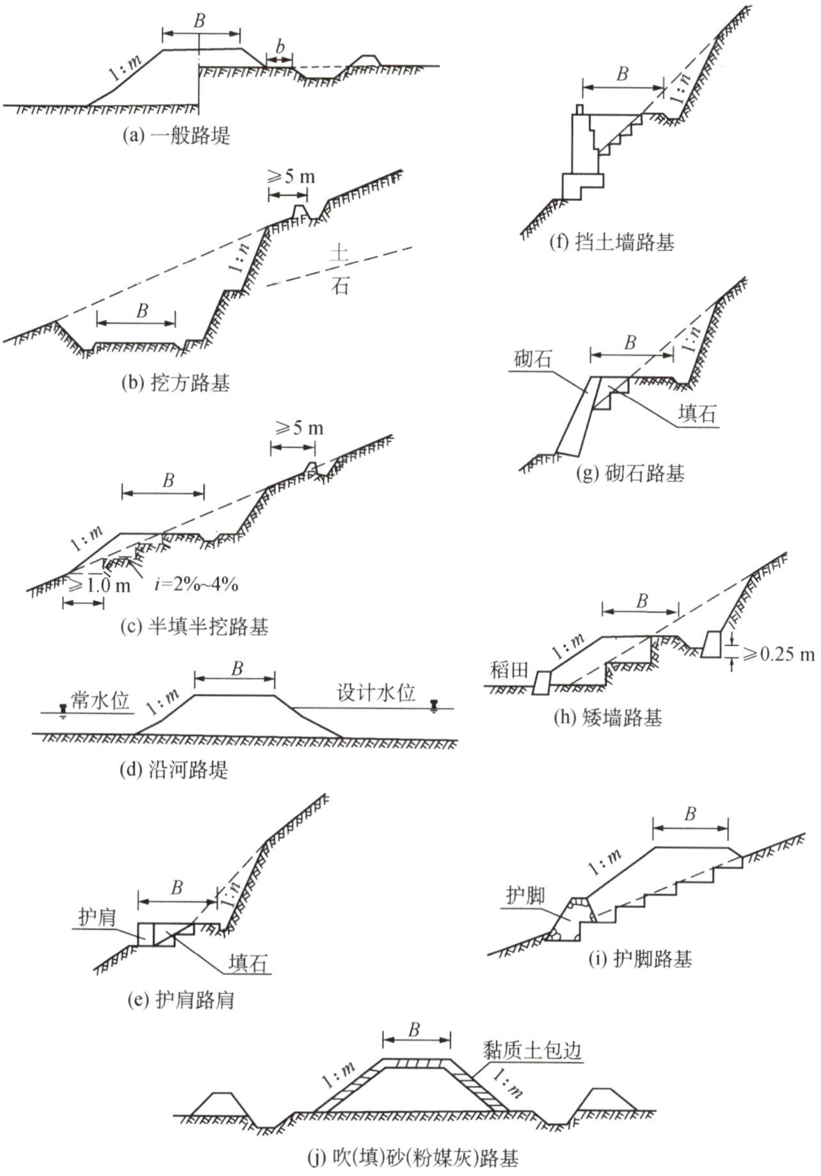


**图 4-13 路基典型横断面**

图 4-13（i）所示的护脚路基；当挖方边坡土质松散易碎落时，可采用如图 4-13（h）所示的矮墙路基；水田地段的路堤，填方坡脚可依据实地情况设置矮墙或护坡矮墙，可用浆砌片石，高度不宜超过 1.5 m；当挖方地质不良可能产生滑坍时，可采用如图 4-13（f）所示的挡土墙所提到的支挡结构物，其结构设计请参见《路基路面工程》（黄晓明，人民交通出版社，2021 年）等。

（5）沿河路堤：桥头引道和河滩路堤，如图 4-13（d）所示。路堤浸水部分边坡，除应采用较缓的坡度外，尚应视水流情况采用相应的加固防护措施。

（6）吹（填）砂（粉煤灰）路基：为了保护边坡的稳定和植物的生长，边坡表层 1～2 m 应用黏质土填筑。路床顶面可采用 0.3～0. 5 m 粗粒土封闭，如图 4-13（j）所示。

2. 城市道路横断面组成

城市道路的横断面是由车行道、人行道、绿化带和分隔带及其他部分组成，如图4-14所示。

（1）车行道：在城市道路上供各种车辆行驶的路面部分，统称为车行道。

（2）人行道：在城市道路上用路缘石或护栏及其他类似设施加以分隔的专门供人行走的部分。

（3）绿化带：在道路用地范围内供绿化的条形地带。

（4）分隔带（又名分车带）：沿道路纵向设置的分隔车行道用的带状设施。位于路中线位置称中央分隔带，位于路中线两侧的称外侧分隔带。

（5）其他组成部分：除以上组成部分外，还有路缘石、街沟、路拱、照明设施等。路缘石指设在路边的界石，简称缘石，包括平缘石和立缘石。街沟指设在路面边缘处，由立缘石与平缘石或铺装路面形成的侧沟。路拱指路面横断面的两端与中间形成一定坡度的拱起形状。

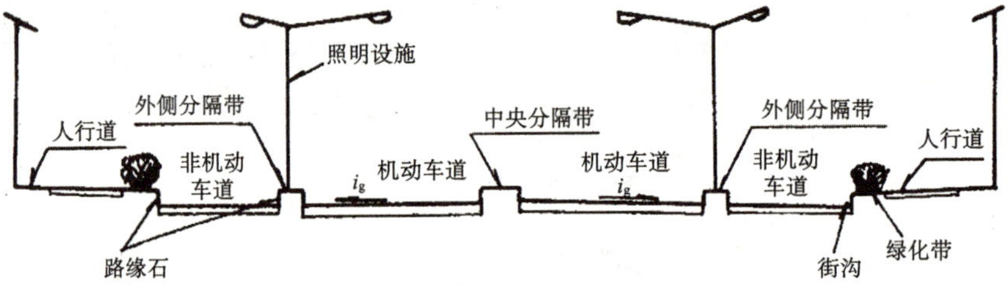


图 4-14　城市道路横断面

## 二、边沟

1. 边沟的作用

边沟是沿路基两侧布置的纵向排水沟。设置于挖方和低填方路段，路面和边坡水汇集到边沟内后，通过跌水或急流槽引到桥涵进出口处或通过排水沟引到路堤坡脚以外，排离路基。

2. 边沟的纵坡

边沟的纵坡一般与路线纵坡一致，当路线纵坡为零时，边沟仍应保持0.3%～0.5%的最小纵坡。出水口附近的纵坡应根据地形高差和地质情况作特殊设计。

3. 边沟流量

边沟的流量一般不计算，仅概略估计，其他排水沟渠的水流一般应避免进入边沟，但当个别的渠流量不大，拟利用一般边沟汇入桥涵时，应计算该段边沟的总流量，必要时应扩大边沟的断面尺寸。为防止边沟水流漫溢或产生冲刷，应尽可能利用当地有利地形条件，采取相应措施，将边沟水流分段排除路基范围之外，或引入自然沟渠，以减少边沟的集中流量。

4. 边沟的断面形式及尺寸

边沟的断面形式一般采用梯形。底宽与深度一般都不应小于0.4 m；干旱地区也可

采用 0.3 m。边沟边坡根据地质情况而定，内侧边坡一般为 1∶1～1∶1.5，

石质路段可以直立；边沟外侧边坡，通常与挖方边坡一致。

当采用机械化施工时，土方边沟可做成三角形，其内侧边坡为 1∶2～1∶3，外侧边坡一般为 1∶1～1∶2。

当路线通过分水岭时，路堑中的石质边沟在凸形变坡点外，边沟最小深度可降至 0.2 m，底宽可不变。边沟的横断面形式如图 4-15 所示。

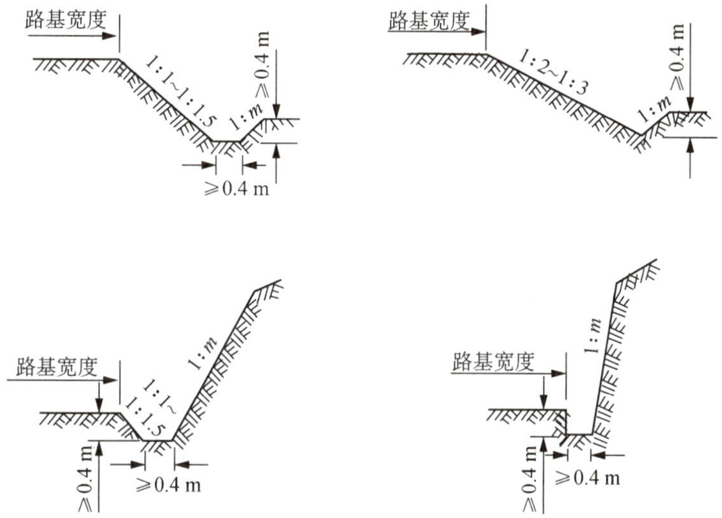


图 4-15　边沟横断面

## 三、边坡

### 1. 路堤边坡

路堤的边坡坡度，应根据填料的物理力学性质、气候条件、边坡高度以及基底的工程地质和水文地质条件进行合理的选定。

1）填土路堤边坡

如果路堤基底情况良好，边坡高度≤20 m，可参照表 4-11 选定其边坡坡度。边坡高度>20 m 应按高路堤设计，必须进行边坡稳定性分析，常用的方法有直线法、圆弧法等。

表 4-11　路堤边坡坡度表

| 填料种类 | 边坡的最大高度(m) | | | 边坡坡度 | | |
|---|---|---|---|---|---|---|
| | 全部高度 | 上部高度 | 下部高度 | 全部高度 | 上部高度 | 下部高度 |
| 黏性土、粉性土、砂性土 | 20 | 8 | 12 | — | 1∶1.5 | 1∶1.75 |
| 砂石土、粗砂、中砂 | 12 | — | — | 1∶1.5 | — | — |
| 碎(块)石土、卵石土 | 20 | 12 | 8 | — | 1∶1.5 | 1∶1.75 |
| 不易风化的石块 | 20 | 8 | 12 | | 1∶1.3 | 1∶1.5 |

当采取其他措施，如逐层加强压实、铺砌护坡、加强排水防冲设施等，可根据具体

情况确定边坡度。例如，当边坡总高度不超过表 4-11 的上部边坡高度而采用上述措施时，可采用 1∶1.25 或 1∶1.33 的边坡坡度。

沿河受水浸淹路基的填方边坡坡度，在设计水位以下部分视填料情况可采用 1∶1.75～1∶2.0，在常水位以下部分可采用 1∶2.0～1∶3.0。如采用渗水性较好的土填筑路堤，可采用较陡的边坡。

为了必要时便于汽车驶下公路进行疏散，在平原微丘区的路堤高度不超过 1.0 m，如用地条件许可，可采用不陡于 1∶3的边坡。

2）填石路堤边坡

填石路堤（图 4-16）的边坡坡度依据其填料的大小，边坡高度和施工方法而定。当边坡高度≤20 m 时，其边坡坡度的选用可参考表 4-12；当边坡高度>20 m 时，应进行稳定验算，采用其他措施。

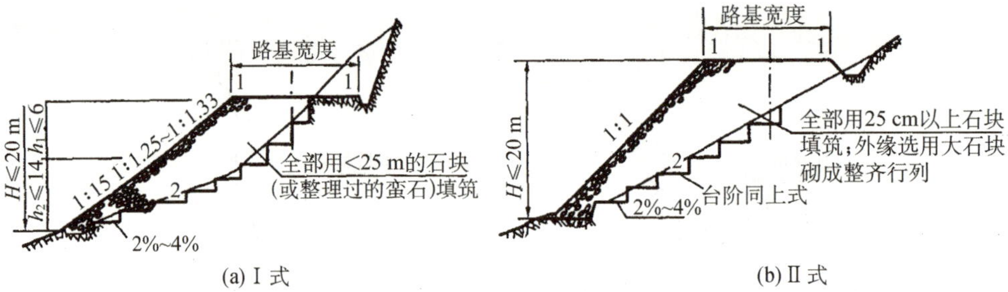


**图 4-16　填石路堤横断面**

注：1. 路肩以平整大块石铺砌或 10 cm 黏土盖草皮；

2. 台阶每阶宽 1～2 m，向内反坡 2%～4%。

**表 4-12　填石路堤边坡**

| 填料规格 | 边坡高度 $H$(m) | 边坡坡度 | 施工方法 |
|---|---|---|---|
| 小于 25 cm 的石块 | <6 | 1∶1.25～1∶1.33 | 填筑 |
| 小于 25 cm 的石块 | 6～20 | 1∶1.5 | 填筑 |
| 大于 25 cm 的石块 | <20 | 1∶1 | 表面用较大石块砌成规则整齐的行列，内部以一般石料分层填筑 |

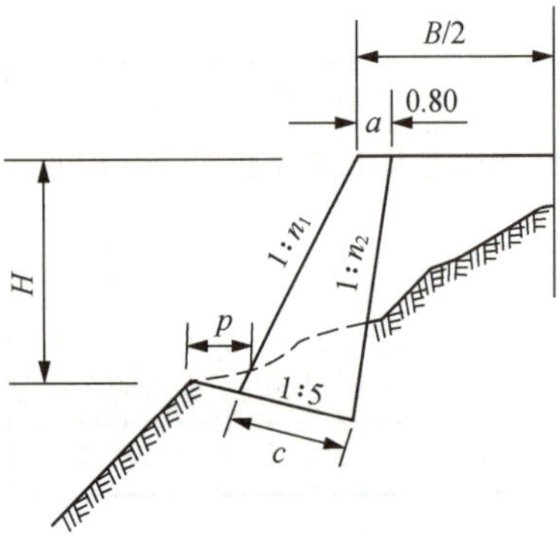


**图 4-17　砌石路基横断面**

当采用砌石路基（图 4-17）时，其砌石边坡的内外坡和襟边宽度选用参照表 4-13 和表 4-14。

**表 4-13　襟边宽度**

| 地基地质情况 | 襟边宽度 $P$(m) |
|---|---|
| 轻风化的硬质岩石 | 0.2～0.6 |
| 风化岩石或软质岩石 | 0.4～1.0 |
| 坚实的粗粒土 | 1.0～2.0 |

**表 4-14　砌石边坡坡度**

| 编号 | 高度(m) | 内坡坡度 | 外坡坡度 |
|---|---|---|---|
| 1 | ≤5 | 1∶0.3 | 1∶0.5 |
| 2 | ≤10 | 1∶0.5 | 1∶0.67 |
| 3 | ≤15 | 1∶0.6 | 1∶0.75 |

2. 路堑边坡

路堑或挖方路基边坡的稳定性主要和当地的工程地质、水文地质和地面排水条件有关。

此外，地貌、气候等因素对其稳定性也有很大影响。设计时应参考当地稳定的自然山坡和人工边坡（如已建成道路的边坡等）的坡度，并结合采用的施工方法等综合考虑。

1）土质路堑边坡

一般土质（包括粗粒土）的挖方边坡坡度应根据边坡高度、土的密实程度、地下水、地面水的情况、土的成因类型及生成时代等因素确定。一般土质（包括粗粒土）的挖方边坡高度不宜超过 30 m，边坡高度≤30 m 时，其边坡坡度可参照表 4-15 选用。

**表 4-15　土质挖方边坡坡度**

| 密实程度 | 边坡高度(m) | | 密实程度 | 边坡高度(m) | |
|---|---|---|---|---|---|
| | <20 | 20～30 | | <20 | 20～30 |
| 胶结 | 1∶0.3～1∶0.5 | 1∶0.5～1∶0.75 | 中密 | 1∶0.75～1∶1.0 | 1∶1.0～1∶1.5 |
| 密实 | 1∶0.5～1∶0.75 | 1∶0.75～1∶1.0 | 较松 | 1∶1.0～1∶1.5 | 1∶1.5～1∶1.75 |

注：① 边坡较矮或土质比较干燥的路段，可采用较陡的边坡坡度；边坡较高或土质比较潮湿的路段，可采用较缓的边坡坡度。② 高速公路、一级公路应采用较缓的边坡坡度。③ 开挖后，密实程度很容易变松的砂土及砂砾等路段，应采用较缓的边坡坡度。

土的密实程度的划分见表 4-16。

**表 4-16　土的密实程度划分**

| 分级 | 试坑开挖情况 | 分级 | 试坑开挖情况 |
|---|---|---|---|
| 较松 | 铁锹很容易铲入土中，试坑坑壁很容易坍塌 | 密实 | 试坑坑壁稳定，开挖困难，土块用手使力才能破碎，从坑壁取出大颗粒处能保持凹面形状 |
| 中密 | 天然坡面不易陡立，试坑坑壁有掉块现象，部分需用镐开挖 | 胶结 | 细粒土密实度很高，粗颗粒之间呈弱胶结，试坑用镐开挖很困难，天然坡面可以陡立 |

2）石质路堑边坡

影响石质路堑边坡稳定性的因素很多，诸如岩性、地质构造、边坡高度、地面水及地下水、施工方法、地震作用等。所以在确定石质路堑边坡的坡度时，应针对具体路段的工程地质条件和影响因素作合理的调查分析，找出主导因素，兼顾其他因素，作出合理设计。一般情况下，岩石挖方边坡坡度也可参照表 4-17 确定。

表 4-17　岩石路堑边坡

| 岩石种类 | 风化破碎程度 | 边坡高度与边坡值 | |
|---|---|---|---|
| | | ＜20 m | 20～30 m |
| 1. 各种岩浆岩<br>2. 厚层灰岩、硅钙质砂砾岩<br>3. 片麻岩、石英岩、大理岩 | 轻度 | 1∶0.1～1∶0.2 | 1∶0.1～1∶0.2 |
| | 中等 | 1∶0.1～1∶0.3 | 1∶0.1～2∶0.4 |
| | 严重 | 1∶0.2～1∶0.4 | 1∶0.3～1∶0.5 |
| | 极重 | 1∶0.3～1∶0.5 | 1∶0.5～1∶0.75 |

## 四、路基附属设施

路基的附属设施主要有取土坑、弃土堆、护坡道、碎落台、堆料坪等，这些附属设施影响公路的使用，但是路基工程不可缺少的组成部分。

1. 取土坑

在公路沿线挖取土方填筑路基或用于养护所留下的整齐土坑称为取土坑。取土坑应尽量设在荒坡、高地上，少占农田，并与农业、水利和环保部门紧密联系，协调发展。取土坑选点时，要考虑用土数量及运输等因素。取土坑纵坡不小于 0.5%，横坡度为 2% ～3%，并向外侧倾斜。取土坑边坡一般不宜陡于 1 ∶ 1.0，靠路基一侧不宜陡于 1 ∶1.5，如图 4-18 所示。

平原地区，如果用土量较小可以沿路两侧设置取土坑，但应与路基排水和农田灌溉相结合。路旁取土坑，一般深度约 1.0 m 或稍大一些，宽度依据用土数量和用地允许而定。为防止坑内积水危害路基，当堤顶与坑底高差不足 2.0 m 时，在路基坡脚与取土坑之间需设宽度不小于 1.0 m 的护坡道。

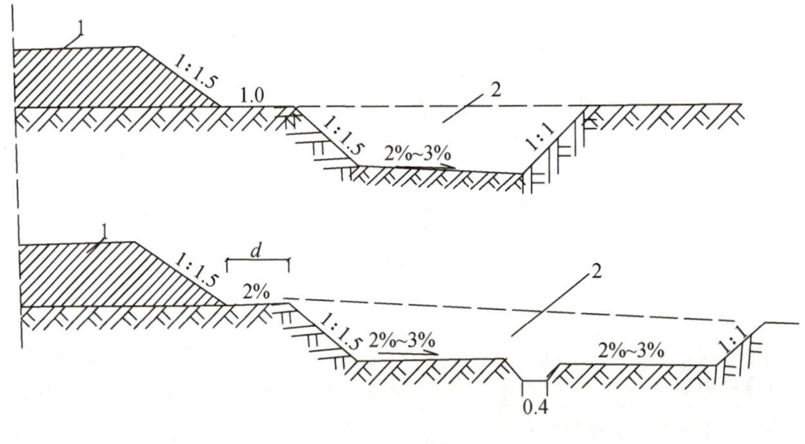


1—路堤；2—取土坑

图 4-18　取土坑横断面

2. 弃土堆

将开挖路基产生的废方放于公路沿线定距离的整齐土堆称为弃土堆，如图 4-19 所示。对于弃方，首先要考虑充分利用，如用于加宽、加固路堤，填补坑洞或路旁洼地，亦可兼顾农田水利或基建等需要，争取做到废有所用，弃而无患。禁止随意弃土，以防堵塞河道、危害路基及农田水利等。

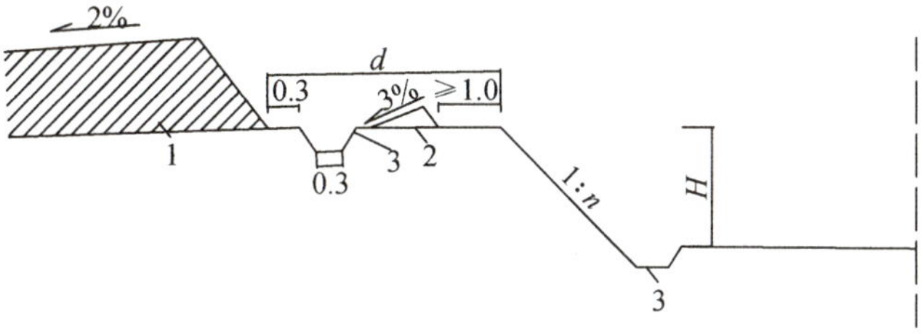


1—弃土堆；2—三角平台；3—边陶；4—截水沟

**图 4-19 弃土堆横断面**

弃土堆通常设在就近低洼地或路堑的下边坡一侧，当地面横坡小于 1∶5时，可设在路基两侧。弃土堆宜堆成梯形横断面，边坡不大于 1∶1.5，弃土堆坡脚与路堑坡顶之间的距离一般为 3～5 m，路堑边坡较高，土质较差时应大于 5 m。

3. 护坡道与碎落台

设置护坡道是保护路基边坡稳定的一项措施，一般设置在路基边坡的坡脚处或变坡处。浸水路堤的护坡道，可设在浸水线以上的边坡上。设置的目的是加宽边坡横向距离，减少边坡平均坡度，增加边坡稳定性。护坡道越宽，越有利于边坡稳定性，但工程量也随之增加。护坡道宽度一般至少为 1.0 m，兼顾边坡稳定性与经济合理性考虑，其宽度 $d$ 视边坡高度 $H$ 而定，当 $H \leqslant 3.0$ m 时，$d=2.0$ m；当 $H=6\sim12$ m 时，$d=2\sim4$ m。

碎落台设置在路堑坡脚或边坡中间，如图 4-20 所示。在岩石破碎，土质较差或土夹石地段开挖路堑，在雨水作用下，路堑边坡经常发生碎落塌方。碎落台可供风化碎落土石块积聚，以保护边沟不致堵塞或阻碍交通。碎落台宽度一般为 1.0～1.5 m，如兼有护坡道和视距台（弯道）的作用，可适当放宽，并应做成倾向边沟 2%的横坡。

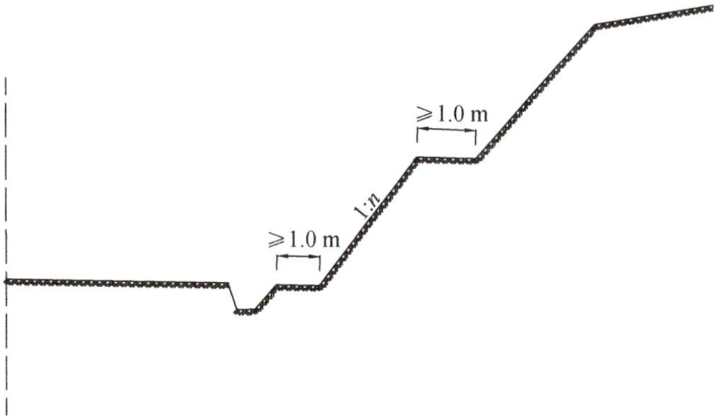


**图 4-20 碎落台横断面**

## 五、道路建筑限界

1. 定义

道路建筑限界是指为保证车辆、行人通行的安全，对道路和桥面上以及隧道中的规定的高度和宽度范围内不允许有任何障碍物的空间界限，又称建筑净空。建筑限界由净高和净宽两部分组成。

在道路横断面设计中，必须充分研究各种车道与道路设施之间所处的空间关系，合理安排，正确设计。道路标志、护栏、照明灯柱、电杆、行道树、桥台、桥墩的任何部分不得侵入道路建筑限界之内。

2. 公路建筑限界的规定

《公路工程技术标准》规定各级公路的建筑界限，如图 4-21 所示。

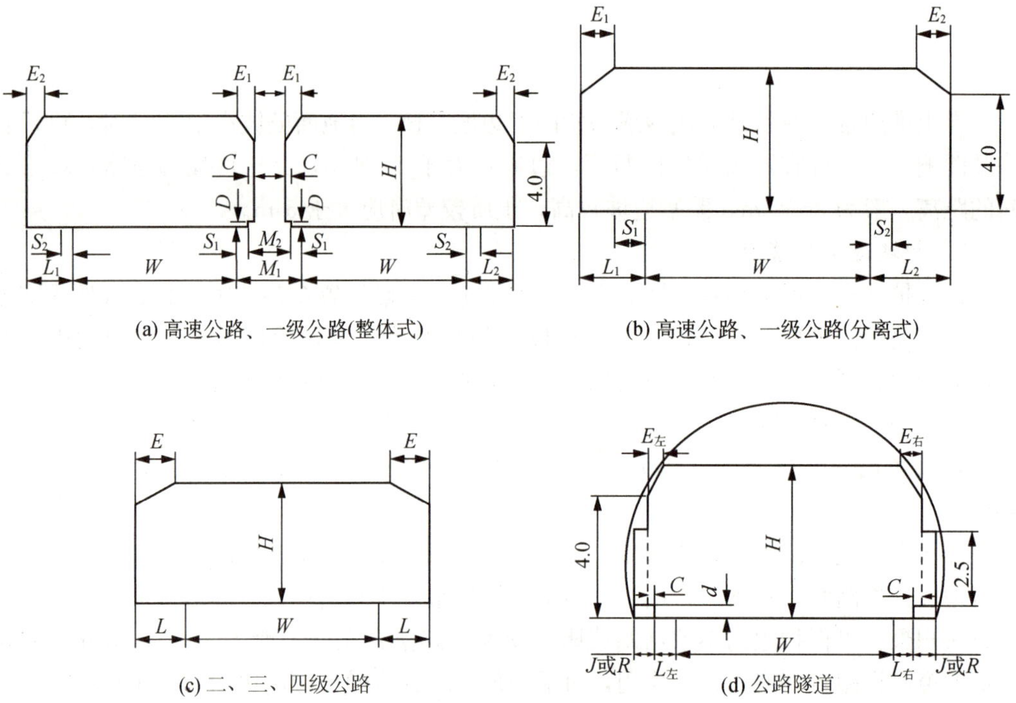


(a) 高速公路、一级公路(整体式)　(b) 高速公路、一级公路(分离式)

(c) 二、三、四级公路　(d) 公路隧道

**图 4-21　建筑限界**

图 4-21 中符号意义如下：

$W$——行车道宽度；

$L_1$——左侧硬路肩宽度；

$L_2$——右侧硬路肩宽度；

$S_1$——左侧路缘带宽度：

$S_2$——右侧路缘带宽度；

$L_{左}$——隧道内左侧侧向宽度：

$L_{右}$——隧道内右侧侧向宽度；

$C$——当设计速度大于 100 km/h 时为 0.5 m，小于或等于 100 km/h 时为 0.25 m；

$D$——路缘石高度，小于或等于 0. 25 m，一般情况下，高速公路可不设路缘石；

$M_1$——中间带宽度；

$M_2$——中央分隔带宽度；

$J$——检修道宽度；

$R$——人行道宽度；

$d$——检修道或人行道高度；

$E$——建筑限界顶角宽度，当 $L \leqslant 1$ m 时，$E=L$；当 $L>1$ m 时，$E=1$ m；

$E_1$——建筑限界顶角宽度，当 $L<1$ m，或 $S_1+C<1$ m，$E_1=S_1+C$；当 $L \geqslant 1$ m 或 $S_1+C \geqslant 1$ m 时，$E=1$ m；

$E_2$——建筑限界顶角宽度，$E_2=1$ m；

$E_{左}$——建筑限界左顶角宽度，当 $L \leqslant 1$ m 时，$E_{左}=L_{左}$；当 $L>1$ m 时，$E_{左}=1$ m；

$E_{右}$——建筑限界右顶角宽度，当 $L \leqslant 1$ m 时，$E_{右}=L_{右}$；当 $L>1$ m 时，$E_{右}=1$ m；

$H$——净空高度；

$L$——侧向宽度。

二级公路的侧向宽度为硬路肩宽度。三、四级公路的侧向宽度为路肩宽度减去 0.25 m。设置护栏时，应根据护栏需要的宽度加宽路基。当桥梁、隧道设置的人行道宽度大于侧向宽度时，建筑限界应包括所增加的宽度。

建筑限界的两侧及上缘边界线的划定如图 4-22 所示。

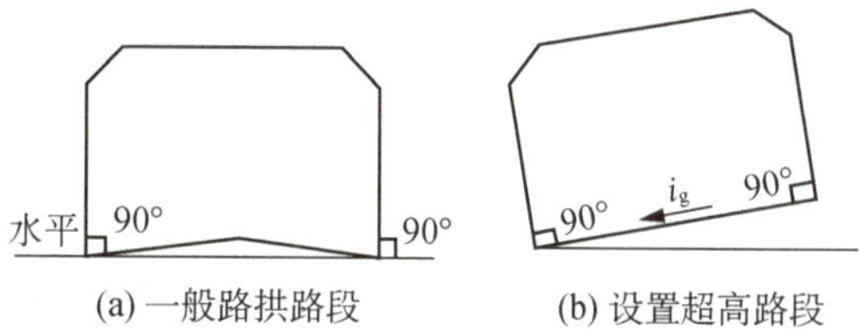


图 4-22　建筑限界的边界线划定

备注：

① 设置加（减）速车道、紧急停车带、爬坡车道、错车道、慢车道、车道隔离设施等路段，行车道应包括该部分的宽度。

② 八车道及以上的高速公路（整体式），设置左侧硬路肩时，建筑限界应包括左侧硬路肩宽度。

③ 一条公路应采用同一净高。高速公路、一级公路、二级公路的净高应为 5.00 m；三级公路、四级公路的净高应为 4.50 m。

④ 人行道、自行车道、检修道与行车道分开设置时，其净高应为 2.50 m。

⑤ 路基、桥梁、隧道相互衔接处，其建筑限界应按过渡段处理。

高速公路和一级公路的侧向宽度为硬路肩宽度（$L_1$，$L_2$），其他各级公路的侧向宽度为路肩宽度减去 0.25 m。当桥梁、隧道设置的人行道宽度大于侧向宽度时，建筑限界应包括所增加的宽度。

3. 城市道路建筑限界规定

对城市道路而言，其建筑限界的划定原理与公路相同，最小净空见表 4-18。

表 4-18　城市道路最小净空

| 车行道种类 | 机动车道 | | | 非机动车道 | |
|---|---|---|---|---|---|
| 行驶车辆种类 | 各种汽车 | 无轨电车 | 有轨电车 | 自行车、行人 | 其他非机动车 |
| 最小净空(m) | 4.5 | 5.0 | 5.5 | 2.5 | 3.5 |

## 六、公路用地

公路用地是指为修建养护公路及其设置沿线设施，依照国家规定所征用的地幅。确定公路用地既要根据公路建设的需要，保证必需的用地，又要考虑农业生产及照顾群众利益，尽可能节省用地。在公路用地范围内不得修建非路用建筑物。

1）公路直接用地

公路直接用地是公路通过的地域，其范围依据公路的等级和断面特征的不同而有所区别。

对于新建公路而言，路堤为两侧排水沟外边缘（无排水沟时为路堤或护坡道坡脚）以外，对于路堑为路堑坡顶截水沟外边缘（无截水沟为坡顶）以外不少于 1 m 的土地为公路用地范围；有条件的地段，高速公路、一级公路排水沟或截水沟以外不少于 3 m，二级公路不少于 2 m 的土地为公路用地范围；对于高填深挖路段，应根据计算要求确定用地范围。

对于改建公路，现有公路一般保持原用地范围不变；改建路段参照新建公路规定具体确定。

2）公路辅助用地

为了公路安全养护管理等需要的用地范围，如安装防砂或防雪栅栏，公路沿线路用房、料场、苗园、停车场等应在节约用地的原则下根据实际需要确定。

公路用地的征用必须严格按《中华人民共和国土地管理法》的规定征用，并办理相应手续才能确认为公路用地。在此范围内，不得修建非路用房屋，开挖渠道，埋设管道电缆、电杆等。

## 七、城市道路红线规划

1. 定义

城市道路红线是指划分城市道路用地和城市建筑用地、生产用地及其他备用地的分界控制线。红线之间宽度即道路用地范围，也可称道路的总宽度或称规划路幅。

2. 城市道路红线规划

城市道路红线规划是一项划定道路建设与城市建设分界线的重要工作。红线的作用是控制街道两侧建筑（包括围墙）不能侵入道路规划用地。红线不但是具体道路设计的依据，也是城市公用设施各项管线工程的用地依据。

1）道路红线宽度的确定

确定红线宽度主要根据道路的功能与性质，考虑适当的横断面形式，定出机动车道、非机动车道、人行道、绿化带、分车带等各组成部分的合理宽度，从而确定道路的总宽度，即红线宽度。

具体划定道路红线应综合考虑以下因素。

（1）道路的位置及沿路两旁建筑物的性质。道路两旁的建筑物高度（$h$）和道路总宽度（$B$）应有一定的关系，其值按如下因素确定：

① 从日照、通风要求出发，为了使道路两旁的建筑物有足够的日照和良好的通风，道路的总宽度和沿路建筑物高度要有适当的比例（图 4-23）。

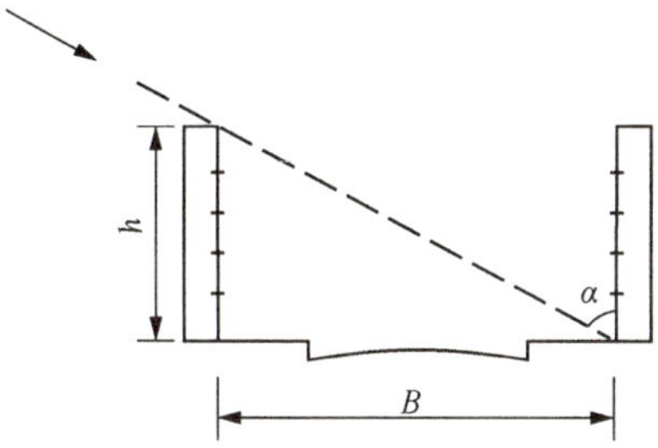


图 4-23　道路宽度与日照关系

② 从防空、防火、防震的特别情况出发，可考虑在道路一边发生房屋倒塌后，仍能保证有一定的地带继续维持交通。

根据城市建设经验，考虑上述因素一般认为 $h/B=1/2$ 左右为宜。

（2）满足交通运输的要求：按照道路功能、交通性质与交通量等可以确定车行道的宽度、人行道宽度、绿化带的宽度及各组成部分的宽度，从而确定道路所需的总宽度。

（3）其他方面的要求：

① 地下管网埋设的要求。应考虑便于沿路方向的各种管道的埋设，特别是对于工业区的道路，此项尤应注意。

② 绿化布置的要求。结合道路性质和交通要求，对于必须设置的林荫带和道路总宽度应有一定的关系，绿化带宽度宜为道路总宽度的 15%～30%。

③ 城市所在地区的地形、地质条件和改建道路时的现状等条件，对确定道路的总宽度都有一定的影响。例如山城地形变化很大，平地较少，以及为了照顾已经建成的永久性建筑或用地不足等情况，道路的总宽度就可比一般情况作适当的压缩。

2）确定道路的红线位置

在城市总平面图基本定案的基础上，选择规划路中心的位置，并按所拟定的道路横断面宽度划出道路的红线宽度。

规划红线宽度的具体实施有下面两种情况。

（1）对于新建城区道路，一般是先划出规划红线，然后建筑物依照红线逐步建造，道路则参照规划断面，分期修建，逐步形成。

（2）对于旧城区道路有两种实施方式：

① 通过近期一次辟筑达到规划宽度，这种情况较简单，但不易实施。目前是少数。

② 两侧建筑物按照规划红线逐步改建，逐步形成。这种方式是大多数。红线划定后，由于近期交通矛盾不突出，或由于拓宽、辟筑没有条件，道路可暂不改建。但两侧建筑物的新建、改建是经常的，这些都要依照红线建造，逐步达到规划宽度。

# 任务三
# 道路横断面设计

## 能力要求

1. 清楚横断面设计基本要求。
2. 明确横断面设计的步骤。
3. 掌握公路横断面设计成果的组成及要求。

## 任务描述

路基横断面设计就是在各桩位的横断面地面线的基础上，确定横断面设计线的形状、尺寸、结构的工作，使道路横断面布置及几何尺寸满足交通、环境、用地、经济、城市面貌等要求。本任务通过公路横断面设计成果，引导学生掌握如何获得路基横断面设计图作为路基施工基础数据，并能够为下一个任务路基土石方计算提供面积资料。

## 任务实施

通过自主学习及查阅相关资料，完成引导问题：

1. 横断面设计成果主要是____________________和____________________。
2. 绘制横断面图的比例尺一般为（　　）。

   A. 1∶100　　B. 1∶200　　C. 1∶500　　D. 1∶1 000
3. 横断面设计的基本要求是什么？
4. 简述横断面设计的方法与步骤。
5. 什么是公路横断面图？横断面设计的主要内容有哪些？
6. 横断面设计的主要内容有哪些？

## 相关知识

路基横断面是中线上各中桩点位的法向剖面，它是由横断面设计线与横断面地面线围成的面所组成。路基横断面设计就是在各桩位的横断面地面线的基础上，确定横断面设计线的形状、尺寸、结构的工作，使道路横断面布置及几何尺寸满足交通环境、用地经济、城市面貌等要求。其主要目的是：第一，为路基施工提供资料数据（即提供路基横断面设计图）；第二，为计算路基土石方提供面积资料。

## 一、线路横断面测量

由于横断面测量是测定中桩两侧垂直于中线的地面线，因此首先要确定横断面的方向，然后在此方向上测定地面坡度变化点的距离和高差。横断面测量的宽度，应根据线路工程宽度、填挖高度、边坡大小、地形情况以及有关工程的特殊要求而定，一般要求中线两侧各测 10～50 m。横断面测绘的密度，除各中桩应施测外，在大、中桥头、隧道洞口、挡土墙等重点工程地段，可根据需要加密。对于地面点距离和高差的测定，一般只需精确至 0.1 m。

1. 横断面的测量方法

1）皮尺标杆法

如图 4-24 所示，*A*、*B*、*C* 是横断面方向上选的变坡点。观测时，将标杆立在 *A* 点，皮尺一端紧挨中桩地面拉成水平，量出由中桩到变坡点之间水平距离。同时皮尺截于标杆的高度即为两点间高差。同法可测得 *A* 至 *B*、*B* 至 *C* 的距离和高差，直至所需要的高度为止。中桩一侧测完后再测另一侧。此法简便，但精度较低，适于等级较低的线路。当横断面上坡度变化较大时，施测宽度应大于横断面可能的设计宽度 5～10 m 为宜。

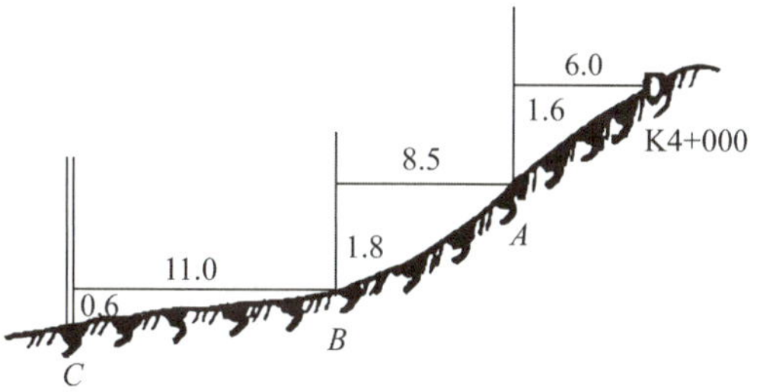


图 4-24　皮尺标杆法

记录表格见表 4-19，表中按路线前进方向分成左右侧，分数的分母表示测段水平距离，分子表示测段两端点高差。正号高差表示升坡，负号高差表示降坡。

表 4-19　横断面测量(皮尺标杆法)记录表格

| 左侧 | 桩号 | 右侧 |
|---|---|---|
| …　… | … | …　… |
| $\frac{-0.6}{11.0}$　$\frac{-1.8}{8.5}$　$\frac{-1.6}{6.0}$ | K4+000 | $\frac{+0.9}{4.6}$　$\frac{+1.1}{3.2}$　$\frac{+0.3}{4.0}$ |
| $\frac{-1.5}{10.0}$　$\frac{-1.5}{5}$　$\frac{0.50}{0}$　$\frac{0}{3.0}$ | K3+980 | $\frac{-2}{8}$　$\frac{-0.5}{4.5}$　$\frac{-1}{6.5}$　$\frac{-0.8}{6}$ |

2）皮尺加水准仪法

当横断面测量的精度要求高且地面平坦时，也可采用水准仪法。即用尺量出中桩到变换点间距离。用水准仪测定各变换点相对于中桩的高差，此方法类似于中平测量。资料整理时，可计算变坡点对中桩的高差，也可通过视线高程求出变坡点的高程，依此绘制横断面图。

3）全站仪法

全站仪测量横断面可适用高等级公路及各种不同地形的高精度测量。施测时，可将全站仪安置在通视良好的高处（可建站测量也可任意点无建站测量），建站测量可直接测定各横断面点的三维坐标，仪器自动记录，数据传输到计算机由专业软件处理成图。任意点无建站测量时，可用全站仪的应用测量程序功能如对边测量，测定各变坡点的相对平距与高差，进行人工记录和绘图。

2. 横断面图的绘制

横断面图一般采用在工作现场边测边绘，便于及时核对，减少差错。如遇不良天气现场绘制有困难时，要做好记录工作，带回室内绘图，再持图到现场核对。

横断面图比例尺通常采用 1∶100，1∶200 或 1∶400。手工绘图时，取毫米方格纸中一条纵向粗线为中线。绘图时先标注中桩的位置和桩号，以中桩位置分左、右两侧，根据高差和水平距离，按相应比例尺将变坡点标在图上，并用直线依次连接起来，即得横断面的地面线。各断面在图中的布置如下：从图纸左下方起自下而上依次按桩号绘制，当左侧一行图绘完后，则由左至右逐行绘制。如图 4-25 所示，图中粗线为横断面设计线。

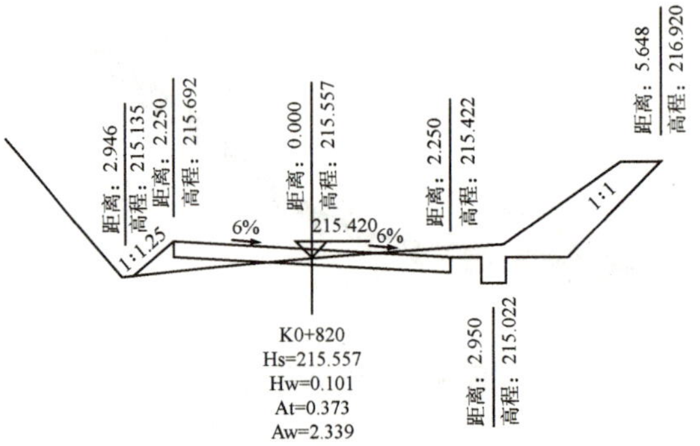


图 4-25　道路横断面

3. 横断面测量精度要求

横断面测量的宽度可根据经验估计的中桩处填挖高度，并结合边坡大小及有关工程的特殊要求来确定，一般自中线两侧各测 10～50 m。横断面测量的精度要求见表 4-20。

表 4-20　横断面检测限差　（单位：m）

| 路线 | 距离 | 高程 |
|---|---|---|
| 高速公路、一级公路 | $\pm(L/100+0.1)$ | $\pm(h/200+L/200+0.1)$ |
| 二级及二级以下公路 | $\pm(L/50+0.1)$ | $\pm(h/50+L/100+0.1)$ |

注：$L$ 为测点至中桩的水平距离，以 m 计；$h$ 为测点至中桩的高差，以 m 计。

## 二、横断面设计基本要求

路基是支承路面、形成连续行车道的带状土、石结构物，它既要承受路面传来的车辆荷载，又要承受大自然因素的作用。因此，路基横断面设计必须满足以下基本要求：

（1）路基的结构设计应根据使用要求和当地自然条件（包括地质、水文和材料情况），并结合施工条件进行设计，既应有足够的强度和稳定性，又要经济合理。

山岭、重丘区的路基设计，应根据当地自然条件，特别是工程地质条件，选择适当的路基横断面形式和边坡坡度。在地形陡峻和不良地质地段，不宜破坏天然植被和山体平衡；在狭窄的河谷地段不宜侵占河床。可视具体情况设置其他结构物和防护工程。陡坡上的半填半挖路基，可根据地形、地质条件，采用护肩、砌石或挡土墙。当山坡高陡或稳定性差，不宜多挖时，可采用旱桥、悬出路台等构造物；在悬崖陡壁地段，如山体岩石整体性好，可采用半山洞。在平原微丘区应注意最小填土高度，并设置必要的排水设施，沿河路基应根据冲刷情况，设置必要的防护设施。

（2）路基的断面形式和尺寸应根据道路的等级、设计标准和设计任务书的规定以及道路的使用要求，结合具体条件确定。一般路基可参照典型横断面设计；特殊路基则应进行单独计算设计。

（3）路基设计应兼顾当地农田基本建设的需要，在取土、弃土、取土坑设置、排水设计等方面与农田改造，农田水利、灌溉沟渠等相配合，尽量减少废土占地，防止水土流失和淤塞河道。

## 三、横断面设计步骤

道路横断面的几何尺寸，应能满足交通、环境、用地、经济、城市风貌等要求，并应保证路基的稳定性。

### 1. 公路横断面设计步骤

（1）根据外业横断面测量资料点绘各断面的横向地面线（一般在现场与测量同时进行）。

（2）根据《公路工程技术标准》的规定，确定路基结构形式与宽度。

① 按照土质、水文条件示出土石界线、设计边坡形式与坡度。

② 按照排水要求拟定边沟、截水沟等形式与尺寸。

（3）按弯道半径大小分别拟定超高、加宽值。

（4）根据纵断面设计资料，按设计标高在路基设计表上逐桩进行计算，完成路基设计表；根据路线及路基资料，将横断面的填、挖值及有关资料（如路基宽度、加宽值、超高坡度、缓和段长度、平曲线半径等）抄于相应桩号的断面上。

（5）按路基设计表数据，绘出横断面设计线，又叫“戴帽子”。设计线应包括路基、边沟、边坡、截水沟、加固及防护工程、护坡道、碎落台、视距台等，在弯道上的断面还应示出超高、加宽等。一般直线上的断面可不示出路拱坡度。陡峻山坡需设挡土墙时，应绘于横断面图上，并将挡土墙设计成果另行绘图。

（6）检查弯道路段横断面内侧视距是否足够，是否需要清除障碍及设置视距台。

横断面图的绘制，一般在方格纸上按桩号由下向上、从左到右绘制，并在每个横断面上注明必要的数据（如地面标高、设计标高、填挖值、加宽、超高、填挖面积等）。

2．公路横断面设计成果

根据《公路工程基本建设项目设计文件编制办法》规定，公路路基设计的主要成果及要求如下：

（1）路基设计表：列出平曲线要素、纵坡（坡度、坡长、变坡点桩号及高程）、竖曲线要素、桩号、地面高程、设计高程、填挖高度、路基宽度（原宽、加宽、加宽后总宽）、缓和长度、超高（左、右）、路基边缘与设计高之差（左、右）等。边沟（排水沟）需特殊设计时还应列出沟底纵坡设计资料、形状及尺寸、沟底高程（左、右）。路基设计表在道路设计文件上占有重要地位。

高速公路、一级公路应列出平曲线要素、纵坡（坡度、坡长、变坡点桩号及高程）、竖曲线要素、桩号、地面高程、设计高程、填挖高度、路基宽度（中央分隔带，左右幅分别按行车带及路缘带、硬路肩、土路肩计列）、各点与设计高之差（左右幅分别按左侧路缘外缘、硬路肩外缘、土路肩外缘各点填列），并说明加宽、超高情况。

（2）边沟（排水沟）设计表：列出桩号、地面高程、设计高程，按左右侧分别列出边沟或排水沟形式及尺寸、沟中心至中桩距离及沟底纵坡（设计资料、沟底高程、说明等）。

（3）路基标准横断面图：示出路中心线、行车道、拦水缘石、土路肩、路拱横坡、边坡、护坡道、边沟、碎落台、截水沟、用地界碑等各部分组成及其尺寸、路面宽度及概略厚度。高速公路、一级公路整体式路基、分离式路基分别绘制，还应示出中央分隔带、缘石、左侧路缘带、硬路肩（含右侧路缘带）、护栏、隔离栅、预埋管道等设置位置。比例尺用 1∶100～1∶200。其示例如图 4-26 所示。

（4）路基典型设计图：绘出一般路堤、路堑、半填半挖路基、高填方路堤、深挖路基、水田内路堤及沿（江）及水塘（库）等不同形式的代表性路基设计图，并应分别示出路基。边沟、碎落台、截水沟、护坡道、排水沟、边坡率、护脚墙、护肩、护坡、挡土墙等防护加固结构形式标注主要尺寸。比例尺用 1∶200。其示例如图 4-27(a)、(b) 所示。

（5）路基横断面设计图：绘出所有整桩、加桩的横断面图。示出加宽、超高、边坡、边沟、截水沟、碎落台、护坡道、路侧取土坑、开挖台阶及视距台等，注明用地界。挡土墙、护面墙、护脚、护肩、护岸、边坡加固、边沟（排水沟）及截水沟加固等均绘在本图上，并注明起讫桩号、圬工种类及断面尺寸。

另绘有防护工程设计图的只绘出示意图。注明起讫桩号和设计图编号）。高速公路、一级公路还应标出设计高程、路基边缘高程、边沟（排水沟）底设计高程。比例尺用 1∶200。其示例如图 4-28 所示。

（6）特殊路基设计工程数量表：分别列出软土地基等不良地质和病害地段路基起讫桩号、位置、长度、宽度，地质说明、处理方式或措施、工程及材料数量等。

（7）特殊路基设计图：绘出软土地基等不良地质和病害地段处理设计图（平面、立面、断面），加固及构造物等结构设计图，示出工程地质情况。比例尺用 1∶50～1∶200。列出每延米或每处（段）工程及材料数量表，软土地基处理应列出地基处理、填土、预压设计表。必要时应绘出工程地质平、纵面图，比例尺根据情况确定。

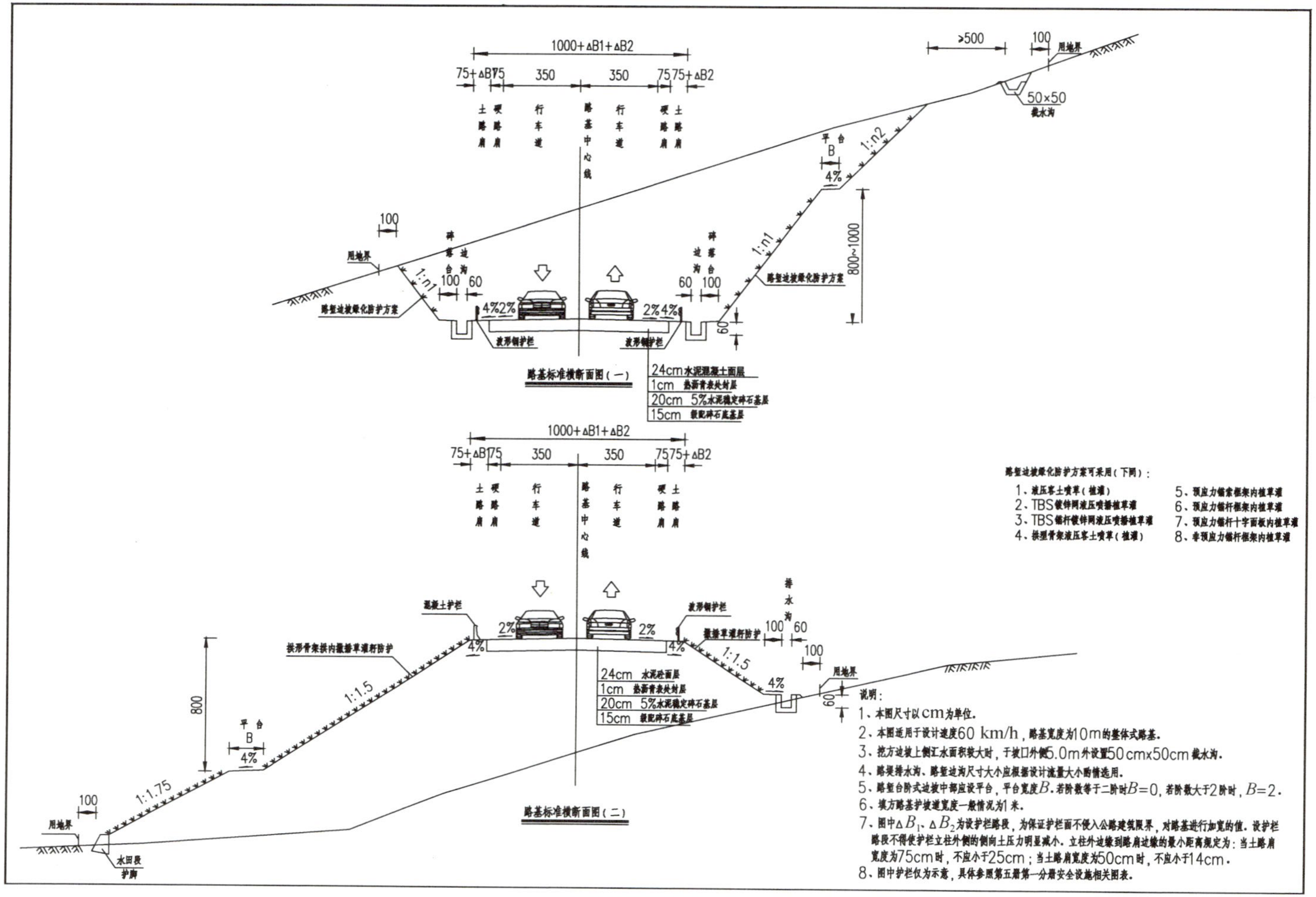


图 4-26　路基标准横断面图

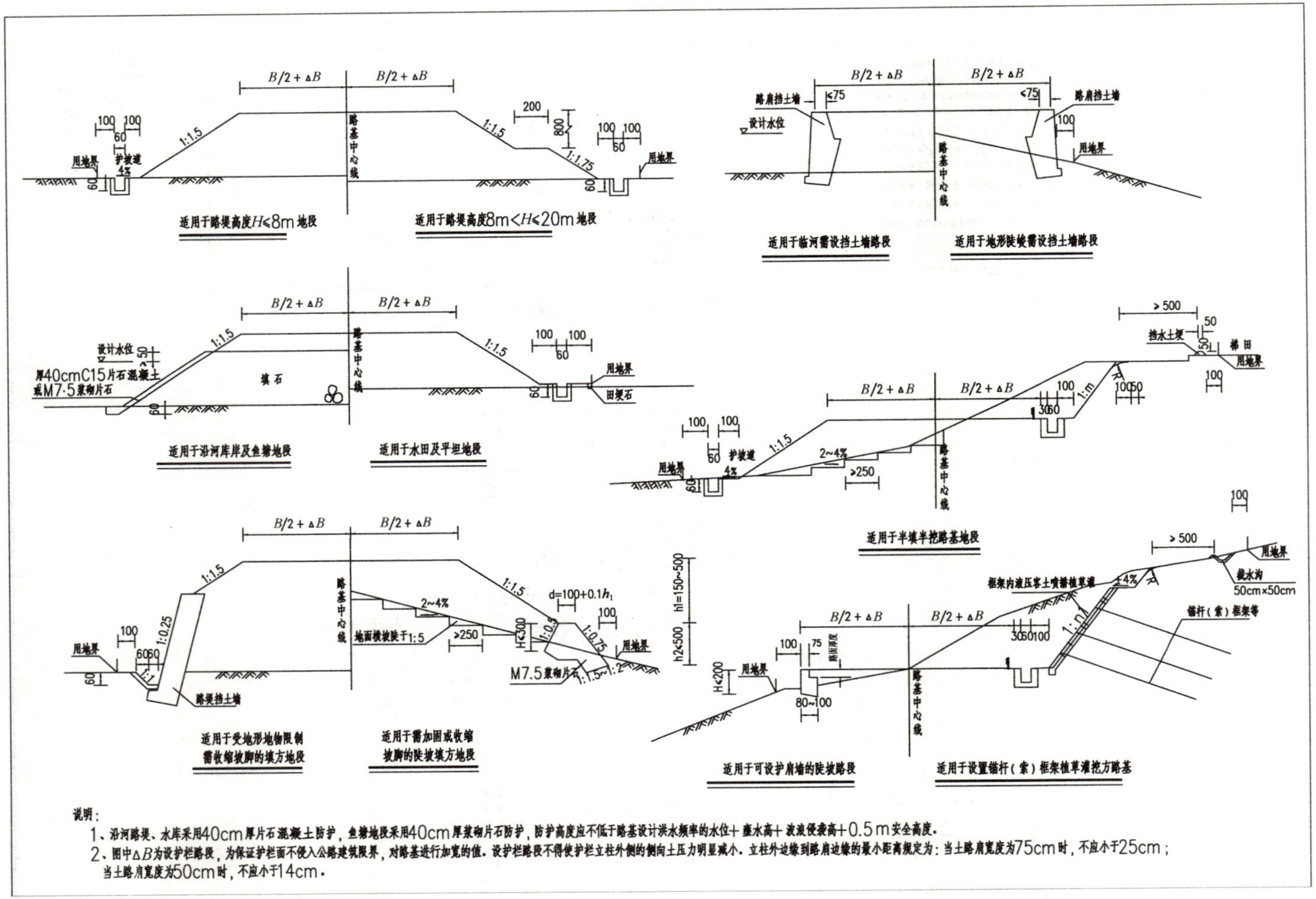
适用于路堤高度H≤8m地段
适用于路堤高度8m<H≤20m地段
适用于临河需设挡土墙路段
适用于地形陡峻需设挡土墙路段
适用于沿河库岸及鱼塘地段
适用于水田及平坦地段
适用于半填半挖路基地段
适用于受地形地物限制需收缩坡脚的填方地段
适用于需加固或收缩坡脚的陡坡填方地段
适用于可设护肩墙的陡坡路段
适用于设置锚杆（索）框架植草灌挖方路基
说明：
1、沿河路堤、水库采用40cm厚片石混凝土防护，鱼塘地段采用40cm厚浆砌片石防护，防护高度应不低于路基设计洪水频率的水位+壅水高+波浪侵袭高+0.5m安全高度。
2、图中ΔB为设护栏路段，为保证护栏面不侵入公路建筑限界，对路基进行加宽的值。设护栏路段不得使护栏立柱外侧的侧向土压力明显减小。立柱外边缘到路肩边缘的最小距离规定为：当土路肩宽度为75cm时，不应小于25cm；当土路肩宽度为50cm时，不应小于14cm。

（a）设计图

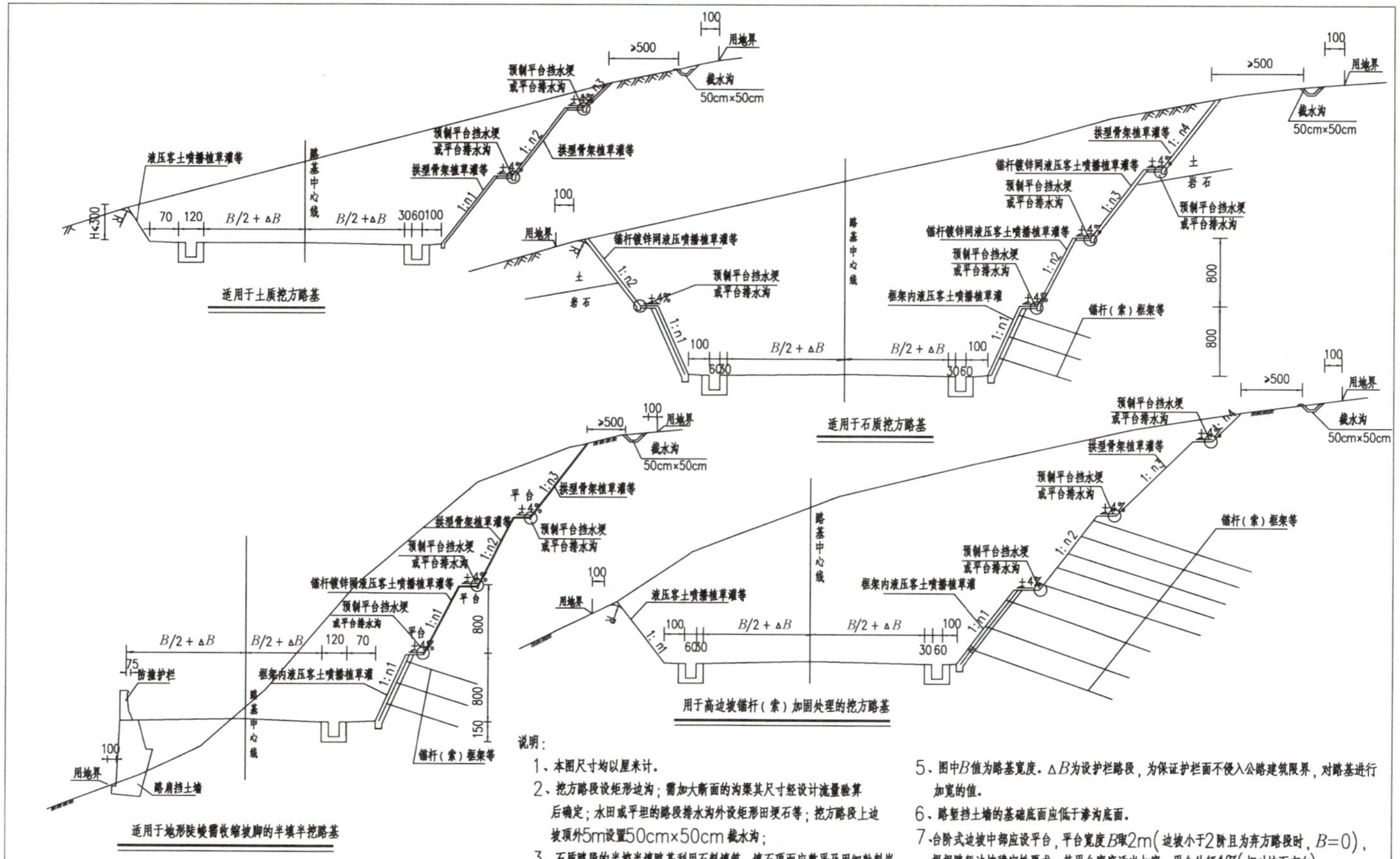


说明：

1、本图尺寸均以厘米计。
2、挖方路段设矩形边沟；需加大断面的沟渠其尺寸经设计流量验算后确定；水田或平坦的路段排水沟外设矩形田埂石等；挖方路段上边坡顶外5m设置50cm×50cm截水沟；
3、石质路段的半挖半填路基利用石料填筑，填石顶面应整平及用细粒料嵌缝，路床填土的厚度及压实度应满足有关规范的要求。
4、填方路段地面横坡陡于1:5时，应按有关“规范”要求或横断面设计图所示台阶将地面挖成台阶。
5、图中$B$值为路基宽度。$\Delta B$为设护栏路段，为保证护栏面不侵入公路建筑限界，对路基进行加宽的值。
6、路堑挡土墙的基础底面应低于渗沟底面。
7、台阶式边坡中部应设平台，平台宽度$B$取2m（边坡小于2阶且为弃方路段时，$B=0$），根据路堑边坡稳定性要求，其平台宽度适当加宽。平台外倾4%（相对坡面方向），当平台地质以岩质为主时，平台排水采用预制平台挡水埂；当平台地质以土质为主时，平台排水采用下沉式平台排水沟。

（b）断面图

图 4-27　路基典型横断面

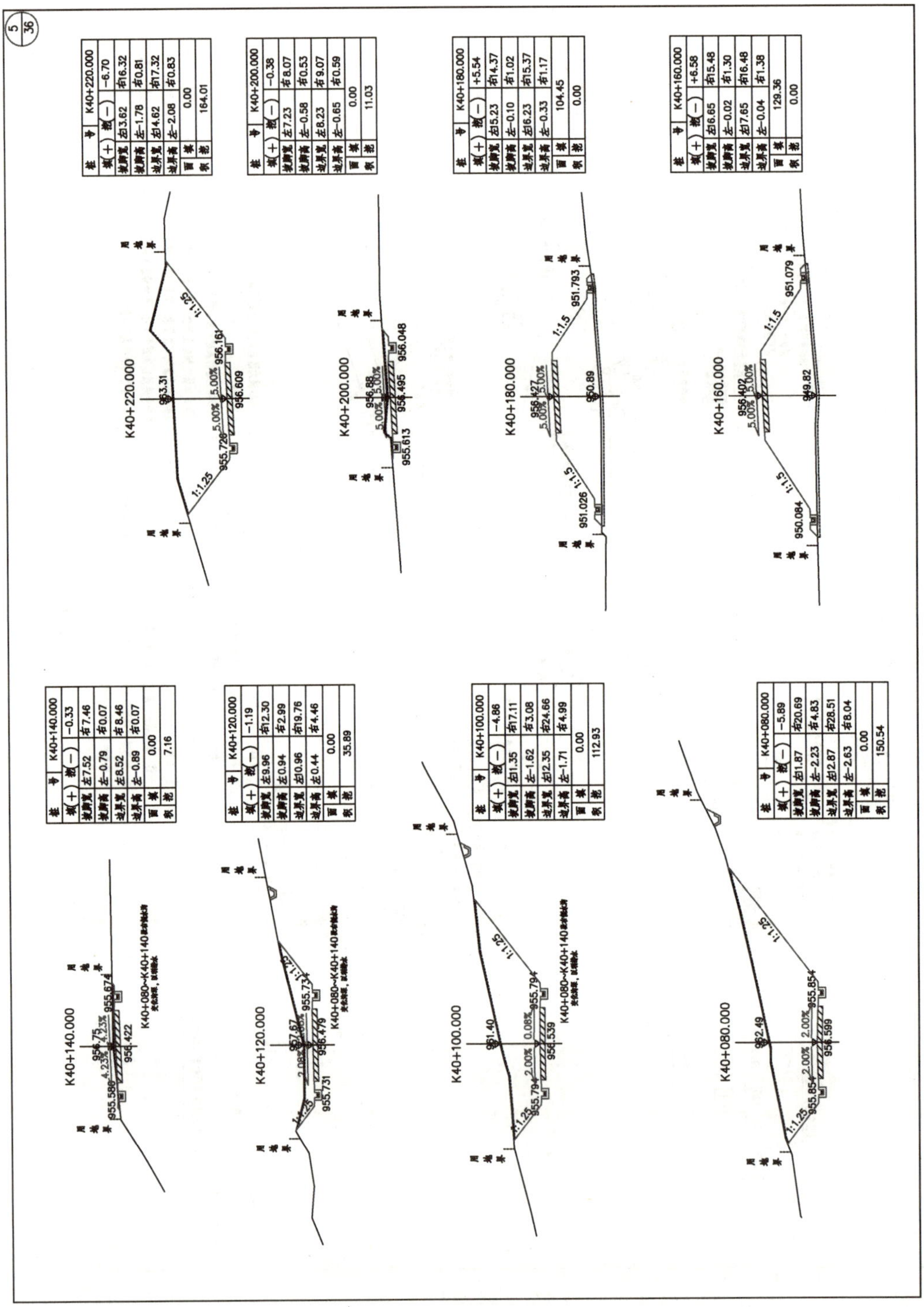


图 4-28 路基横断面设计图

（8）中间带设计图：绘出中央分隔带平面、断面设计图及路缘石大样图，示出预埋管道及轮廓尺寸等，列出每延米工程及材料数量表。比例尺根据需要确定。

（9）中央分隔带开口设计图：按类型分别绘出平面布置图、中央分隔带渐变段断面图、开口处路面结构图、缘石大样图。比例尺用 1∶20～1∶200。列出中央分隔带开口一览表、一个开口工程及材料数量表。

（10）路基土石方数量表：列出桩号、横断面面积、挖方（总体积、土类、石类）、填方［总体积、填土及填石（分压实方和自然方）］、本桩利用方、余方、欠方、远运利用方、调配示意、运量、借方（分土类、石类、运距、运量）、弃方（土、石、运距、运量）等。路基土石方工程数量计算表在工程造价与施工组织中作用重大，具体内容见表 4-21。

（11）路基每公里土石方数量表：列出起讫桩号、长度、挖方（总体积、土类、石类）、填方［总体积、填土及填石（分压实方和自然方）］、本桩利用方、远运利用方、借方）、弃方、总运量、计价土石方总数量等。具体内容见表 4-22。

（12）路基土石方运量统计表：列出起讫桩号、施工方法（人工施工土方、推土机施工土方、铲运机施工土方、挖土机配自卸汽车施工土方、人工施工石方、机械施工石方［人工清运、机械施工石方（机械清运）等］、数量、平均运距。对一般公路，该表可体现在路基土石方计算表和每公里土石方数量表中。

（13）取土坑（场）、弃土堆（场）一览表：列出取土或弃土地段起讫桩号、取土或弃土位置（上下路桩号、支线长度、运距）、取土坑［范围、土名、土类、最大挖深、可取量、计划用量、占用土地（久或临时）］、开挖方式及运输条件、弃土堆（土石方数量、运距）、临时工程（便道、便桥等）。其示例见表 4-23 取土坑（场）、弃土堆（场）一览表。

（14）弃土堆（场）设计图：大型取土坑（场）应绘制本图，绘出取土坑（场）或弃土堆（场）平面布置图（示出地形、地物、道路等，沿线取土坑或弃土堆可绘在路线平面总体设计图上），纵、横向断面及排水系统，绿化等设计图。并说明施工注意事项。比例尺根据需要确定。

（15）路基防护工程数量表：列出起讫桩号、工程名称、主要尺寸及说明、单位、数量（左、右）、工程及材料数量等（包括挡土墙、护墙、护脚、护肩、边坡加固、驳岸、护岸、防水堤坝等）。

（16）路基防护工程设计图：绘出各项防护工程立面、平面、断面及结构设计图。比例尺用 1∶50～1∶500。按不同情况列出每延米或每处工程及材料数量表。

3. 城市道路横断面图绘制

（1）绘出各个路段上的远期规划横断面图和近期设计横断面图，即远期和近期的标准断面图，一般采用 1∶100 或 1∶200 的比例尺。在图上应绘出红线宽度、车行道、人行道绿化带、照明、新建或改建的地下管道等各组成部分的位置和宽度，以及排水方向、横坡等。

（2）绘制各个中线桩处的现状横断面图。图中包括横向地形、地物、中心桩地面高程、路基路面、横坡、车行道、人行道、边沟等。一般采用 1∶100 或 1∶200 的比例尺，

## 表 4-21 路基土石方数量表

| 桩号 | 横断面面积(m²) | | 距离(m) | 挖方(天然方)(m³) | | | | | | | | | | | | | 填方(m³)(压实方) | | | 利用方数量(m³)及运距 | | | | | | | 借方(压实方)(m³) | | 弃方(天然方)(m³) | | 从主线外工程调入(压实方)(m³) | | 调往主线外工程(天然方)(m³) | |
|---|---|---|---|---|---|---|---|---|---|---|---|---|---|---|---|---|---|---|---|---|---|---|---|---|---|---|---|---|---|---|---|---|---|---|
| | 挖 | 填 | | 总数量 | 土方 | | | | | | 石方 | | | | | | 总数量 | 填 | | 本桩利用(压实方) | | 远运利用(压实方) | | 余方(天然方) | | 远运利用纵向调运示意(纵向数量为压实方,线外点数量为天然方) | | | | | | | | |
| | | 土 | | | 松土 | | 普通土 | | 硬土 | | 软石 | | 次坚石 | | 坚石 | | | 土方 | 石方 | 土方 | 石方 | 土方 | 石方 | 土方 | 石方 | | 土方 | 石方 | 土方 | 石方 | 土方 | 石方 | 土方 | 石方 |
| | | | | | % | 数量 | % | 数量 | % | 数量 | % | 数量 | % | 数量 | % | 数量 | | | | | | | | | | | | | | | | | | |
| 1 | 2 | 3 | 5 | 6 | 7 | 8 | 9 | 10 | 11 | 12 | 13 | 14 | 15 | 16 | 17 | 18 | 19 | 20 | 21 | 22 | 23 | 24 | 25 | 26 | 27 | 28 | 29 | 30 | 31 | 32 | 33 | 34 | 35 | 36 |
| K40+320.00 | | 75.86 | | | | | | | | | | | | | | | | | | | | | | | | | | | | | | | | |
| | | | 18.00 | | | | | | | | | | | | | | 884 | 884 | | | | 884 | | | | | | | | | | | | |
| +338.00 | | 22.33 | | | | | | | | | | | | | | | | | | | | | | | | | | | | | | | | |
| | | | 2.00 | | | | | | | | | | | | | | 47 | 47 | | | | 47 | | | | | | | | | | | | |
| +340.00 | | 24.64 | | | | | | | | | | | | | | | | | | | | | | | | | | | | | | | | |
| | | | 20.00 | 269 | | | 50 | 135 | 50 | 135 | | | | | | | 246 | 246 | | 240 | | 7 | | | | | | | | | | | | |
| +360.00 | 26.93 | | | | | | | | | | | | | | | | | | | | | | | | | | | | | | | | | |
| | | | 20.00 | 2 713 | | | 50 | 1 357 | 50 | 1 357 | | | | | | | | | | | | | | 2 713 | | | | | | | | | | |
| +380.00 | 244.39 | | | | | | | | | | | | | | | | | | | | | | | | | | | | | | | | | |
| | | | 20.00 | 6 079 | | | 50 | 3 039 | 50 | 3 039 | | | | | | | | | | | | | | 6 079 | | | | | | | | | | |
| +400.00 | 363.49 | | | | | | | | | | | | | | | | | | | | | | | | | | | | | | | | | |
| | | | 3.00 | 1 103 | | | 50 | 551 | 50 | 551 | | | | | | | | | | | | | | 1 103 | | 21 m<br>T 938(有 0) | | | | | | | | |
| +403.00 | 371.62 | | | | | | | | | | | | | | | | | | | | | | | | | | | | | | | | | |
| | | | 17.00 | 6 373 | | | 50 | 3 186 | 50 | 3 186 | | | | | | | | | | | | | | 6 373 | | | | | | | | | | |
| +420.00 | 378.11 | | | | | | | | | | | | | | | | | | | | | | | | | | | | | | | | | |
| | | | 20.00 | 7 982 | | | 50 | 3 991 | 50 | 3 991 | | | | | | | | | | | | | | 7 982 | | | | | | | | | | |
| +440.00 | 420.06 | | | | | | | | | | | | | | | | | | | | | | | | | | | | | | | | | |
| | | | 20.00 | 7 747 | | | 50 | 3 874 | 50 | 3 874 | | | | | | | | | | | | | | 7 747 | | | | | | | | | | |
| +460.00 | 354.69 | | | | | | | | | | | | | | | | | | | | | | | | | | | | | | | | | |
| | | | 20.00 | 6 089 | | | 50 | 3 044 | 50 | 3 044 | | | | | | | | | | | | | | 6 089 | | | | | | | | | | |
| +480.00 | 254.18 | | | | | | | | | | | | | | | | | | | | | | | | | | | | | | | | | |

**（续表）**

| 桩号 | 横断面面积(m²) 挖 | 横断面面积(m²) 填 土 | 距离(m) | 挖方(天然方)(m³) 总数量 | 土方 松土 % | 松土 数量 | 普通土 % | 普通土 数量 | 硬土 % | 硬土 数量 | 石方 软石 % | 软石 数量 | 次坚石 % | 次坚石 数量 | 坚石 % | 坚石 数量 | 填方(m³)(压实方) 总数量 | 填 土方 | 填 石方 | 利用方数量(m³)及运距 本桩利用(压实方) 土方 | 本桩利用 石方 | 远运利用(压实方) 土方 | 远运利用 石方 | 余方(天然方) 土方 | 余方 石方 | 远运利用纵向调运示意(纵向数量为压实方,线外点数量为天然方) | 借方(压实方)(m³) 土方 | 借方 石方 | 弃方(天然方)(m³) 土方 | 弃方 石方 | 从主线外工程调入(压实方)(m³) 土方 | 调入 石方 | 调往主线外工程(天然方)(m³) 土方 | 调往 石方 |
|---|---|---|---|---|---|---|---|---|---|---|---|---|---|---|---|---|---|---|---|---|---|---|---|---|---|---|---|---|---|---|---|---|---|---|
| | | | 20.00 | 3 711 | | | 50 | 1 855 | 50 | 1 855 | | | | | | | | | | | | | | 3 711 | | | | | | | | | | |
| +500.00 | 116.92 | | | | | | | | | | | | | | | | | | | | | | | | | | | | | | | | | |
| | | | 20.00 | 1 444 | | | 50 | 722 | 50 | 722 | | | | | | | 101 | 101 | | 101 | | | | 1 327 | | | | | | | | | | |
| +520.00 | 27.52 | 10.12 | | | | | | | | | | | | | | | | | | | | | | | | | | | | | | | | |
| | | | 15.00 | 206 | | | 50 | 103 | 50 | 103 | | | | | | | 387 | 387 | | 184 | | 204 | | | | | | | | | | | | |
| +535.00 | | 41.54 | | | | | | | | | | | | | | | | | | | | | | | | | | | | | | | | |
| | | | 5.00 | | | | | | | | | | | | | | 386 | 386 | | | | 386 | | | | | | | | | | | | |
| +540.00 | | 112.94 | | | | | | | | | | | | | | | | | | | | | | | | | | | | | | | | |
| | | | 20.00 | 1 298 | | | 50 | 649 | 50 | 649 | | | | | | | 1 419 | 1 419 | | 1 155 | | 264 | | | | | | | | | | | | |
| +560.00 | 129.79 | 28.96 | | | | | | | | | | | | | | | | | | | | | | | | | | | | | | | | |
| | | | 20.00 | 7 724 | | | 50 | 3 862 | 50 | 3 862 | | | | | | | 290 | 290 | | 290 | | | | 7 388 | | | | | | | | | | |
| +580.00 | 642.61 | | | | | | | | | | | | | | | | | | | | | | | | | | | | | | | | | |
| | | | 20.00 | 15 057 | | | 27 | 4 065 | 55 | 8 281 | 15 | 2 259 | 3 | 452 | | | | | | | | | | 12 347 | 2 710 | | | | | | | | | |
| +600.00 | 863.10 | 0.01 | | | | | | | | | | | | | | | | | | | | | | | | | | | | | | | | |
| | | | 20.00 | 14 181 | | | 27 | 3 829 | 55 | 7 800 | 15 | 2 127 | 3 | 425 | | | | | | | | | | 11 629 | 2 553 | | | | | | | | | |
| +620.00 | 555.03 | | | | | | | | | | | | | | | | | | | | | | | | | | | | | | | | | |
| | | | 20.00 | 7 035 | | | 27 | 1 900 | 55 | 3 869 | 15 | 1 055 | 3 | 211 | | | | | | | | | | 5 769 | 1 266 | | | | | | | | | |
| +640.00 | 148.49 | | | | | | | | | | | | | | | | | | | | | | | | | | | | | | | | | |
| | | | 8.00 | 594 | | | 27 | 160 | 55 | 327 | 15 | 89 | 3 | 18 | | | | | | | | | | 487 | 107 | | | | | | | | | |
| +648.00 | | | | | | | | | | | | | | | | | | | | | | | | | | | | | | | | | | |
| | | | 112.00 | | | | | | | | | | | | | | | | | | | | | | | | | | | | | | | |
| +760.00 | 11.54 | 0.01 | | | | | | | | | | | | | | | | | | | | | | | | | | | | | | | | |
| | | | 20.00 | 353 | | | 20 | 71 | 50 | 176 | 30 | 106 | | | | | | | | | | | | 247 | 106 | | | | | | | | | |
| K40+780.00 | 24 | | | | | | | | | | | | | | | | | | | | | | | | | | | | | | | | | |
| 本页合计 | | | 460 | 89 958 | | | | 36 394 | | 46 823 | | 5 636 | | 1 106 | | | 3 761 | 3 761 | | 1 969 | | 1 792 | | 80 989 | 6 742 | | | | | | | | | |

### 表 4－22　路基每公里土石方数量表

| 起讫桩号 | 挖方($m^3$) | | | | | | | 填方($m^3$) | | 增填方($m^3$) | | 利用主线土石方($m^3$) | | 调往主线外土石方($m^3$) | | 从主线外工程调入($m^3$) | | | 从隧道洞渣调入($m^3$) | | | 借方填方($m^3$) | | | 废方($m^3$) | |
|---|---|---|---|---|---|---|---|---|---|---|---|---|---|---|---|---|---|---|---|---|---|---|---|---|---|---|
| | 总体积 | 土方 | | | 石方 | | | | | | | | | | | | | | | | | | | | | |
| | | 松土<br>(不可利用土) | 普通土 | 硬土 | 软石 | 次坚石 | 坚石 | 填土 | 填石 | 软基预压沉降 | 路基加宽填筑 | 土方<br>(改良土) | 石方<br>软石 | 土方 | 石方 | 土方 | 软石 | 次坚石坚石 | 土方 | 软石 | 次坚石坚石 | 土方 | 软石 | 次坚石坚石 | 土方 | 石方 |
| | 天然方 | 天然方 | 天然方 | 天然方 | 天然方 | 天然方 | 天然方 | 压实方 | 压实方 | 压实方 | 压实方 | 天然方 | 天然方 | 天然方 | 天然方 | 压实方 | 压实方 | 压实方 | 压实方 | 压实方 | 压实方 | 压实方 | 压实方 | 压实方 | 天然方 | 天然方 |
| 1 | 2 | 3 | 4 | 5 | 6 | 7 | 8 | 9 | 10 | 11 | 12 | 13 | 14 | 15 | 16 | 17 | 18 | 19 | 20 | 21 | 22 | 23 | 24 | 25 | 26 | 27 |
| K39+520～K40+000 | 1 616 | | 808 | 808 | | | | 16 775 | | | | 18 783 | | | | | | | | | | | | | | |
| K40+000～K41～000 | 147 807 | | 64 719 | 75 747 | 6 235 | 1 106 | | 28 152 | | | | 29 454 | 1 868<br>(1 639) | | | | | | | | | | | | | |
| K41+000～K42+000 | 19 840 | | 3 968 | 9 920 | 5 952 | | | 257 982 | | | | 107 733 | 11 719<br>(10 842) | | | 86 422 | 41 080 | | | | 22 480 | | | | | |
| K42+000～K42+565 | 98 818 | | 19 764 | 49 409 | 29 645 | | | 140 925 | | | | 69 340 | 29 424<br>(29 424) | | | | | | | 28 586 | 20 397 | | | | | |
| | | | | | | | | | | | | | | | | | | | | | | | | | | |
| | | | | | | | | | | | | | | | | | | | | | | | | | | |
| | | | | | | | | | | | | | | | | | | | | | | | | | | |
| | | | | | | | | | | | | | | | | | | | | | | | | | | |
| | | | | | | | | | | | | | | | | | | | | | | | | | | |
| | | | | | | | | | | | | | | | | | | | | | | | | | | |

（续表）

| 起讫桩号 | 挖方($m^3$) | | | | | | | 填方($m^3$) | | 增填方($m^3$) | | 利用主线土石方($m^3$) | | 调往主线外土石方($m^3$) | | 从主线外工程调入($m^3$) | | | 从隧道洞渣调入($m^3$) | | | 借方填方($m^3$) | | | 废方($m^3$) | |
|---|---|---|---|---|---|---|---|---|---|---|---|---|---|---|---|---|---|---|---|---|---|---|---|---|---|---|
| | 总体积 | 土方 | | | 石方 | | | | | | | | | | | | | | | | | | | | | |
| | | 松土（不可利用土） | 普通土 | 硬土 | 软石 | 次坚石 | 坚石 | 填土 | 填石 | 软基预压沉降 | 路基加宽填筑 | 土方（改良土） | 石方 软石 | 土方 | 石方 | 土方 | 软石 | 次坚石 坚石 | 土方 | 软石 | 次坚石 坚石 | 土方 | 软石 | 次坚石 坚石 | 土方 | 石方 |
| | 天然方 | 天然方 | 天然方 | 天然方 | 天然方 | 天然方 | 天然方 | 压实方 | 压实方 | 压实方 | 压实方 | 天然方 | 天然方 | 天然方 | 天然方 | 压实方 | 压实方 | 压实方 | 压实方 | 压实方 | 压实方 | 压实方 | 压实方 | 压实方 | 天然方 | 天然方 |
| | | | | | | | | | | | | | | | | | | | | | | | | | | |
| | | | | | | | | | | | | | | | | | | | | | | | | | | |
| | | | | | | | | | | | | | | | | | | | | | | | | | | |
| | | | | | | | | | | | | | | | | | | | | | | | | | | |
| 总计 | 268 081 | | 89 258 | 135 884 | 41 833 | 1 106 | | 443 833 | | | | 225 310 | 43 010<br>(41 904) | | | 86 422 | 41 080 | | | 28 586 | 42 877 | | | | | |

## 表 4 - 23　取土坑(场)、弃土堆(场)一览表

国省道干线×××至×××段二级公路工程(××市境)

| 类别 | 取、弃土场编号 | 取、弃土地段起讫桩号 | 上下路桩号 | 位置 | 运输条件 | 支线长度 | 平均运距 | 取、弃数量 | 临时占地 | | | | | | | | 临时工程 | | 防护工程 | | 排水工程 | | 取、弃土场绿化 | 表层种植土 | 场地复垦面积(覆盖表土 厚 度<0.5 m,临时弃土场数量不含覆盖表土) | 备注 |
|---|---|---|---|---|---|---|---|---|---|---|---|---|---|---|---|---|---|---|---|---|---|---|---|---|---|---|
| | | | | | | | | | 临时堆放数量 | 临时堆放面积 | 水田 | 旱地 | 鱼塘 | 未利用地 | 经济林地 | 非经济林地 | 新修便道 | 便桥 | M7.5浆砌片石护脚 | M7.5浆砌片石挡墙 | M7.5浆砌片石排水沟(60 cm×60 cm) | 盲沟(40 cm×40 cm) | 喷播草籽 | | | |
| | | | | | | m | km | 万 $m^3$ | 万 $m^3$ | 亩 | 亩 | 亩 | 亩 | 亩 | 亩 | 亩 | m | m/座 | $m^3$ | $m^3$ | $m^3$ | m | $m^2$ | $m^3$ | 亩 | |
| 取土场 | 1# | K41+910～K41+970 | K41+400 | 右侧约180 m | 施工便道 | | | 7.3 | | | | | | | | 8.54 | | | | | | | | | | 主要用于主线填方段的堆填 |
| | 2# | K42+260～K42+340 | K41+400 | 右侧约160 m | 施工便道 | | | 1.3 | | | | | | | | 1.52 | | | | | | | | | | 主要用于主线填方段的堆填 |
| | 3# | | | | | | | | | | | | | | | | | | | | | | | | | |
| 取土场合计 | | | | | | | | 8.6 | | | | | | | | 10.06 | | | | | | | | | | |
| 弃土场 | 1# | K39+410～K39+490 | K39+580 | 左侧约300 m | 施工便道 | | | 8.5 | 8.5 | 9.4 | 3.8 | | | | | 5.64 | | | 588.0 | | | | 5 646 | 6 893 | 9.9 | 主要用于堆放隧道洞渣 |
| | 2# | K41+470～K41+560 | K41+400 | 右侧约100 m | 施工便道 | | | 3.4 | 3.4 | 6.7 | | | | | | 4.55 | | | 360.0 | | | | 2 730 | 4 913 | 7.0 | 主要用于堆放主线弃土 |
| | 3# | K41+570～K41+620 | K41+400 | 右侧约400 m | 施工便道 | | | 2.1 | 2.1 | 4.4 | | | | | | 4.44 | | | 360.0 | | | | | | | 主要用于堆放表土 |
| 弃土场合计 | | | | | | | | 14 | 14 | 20.5 | 3.8 | | | | | 14.6 | | | 1 308 | | | | 8 376 | 11 807 | 17 | |

表注：
1. 在临时弃土场范围内应划出专门的场地用于分别集中堆放施工中所清除的表土、隧道洞渣等，不得混合堆放。
2. 基坑开挖的废方应及时清运，所清表土留作填筑中央分隔带等用，隧道洞渣可做筑路材料使用。
3. 表土临时集中堆放应用土袋围护或草袋覆盖，防止冲刷。
4. 在施工结束后，临时堆放场地内未利用完的表土应及时运往弃土场，不得继续占用临时用地。
5. 取(弃)土场表层种植土集中堆放于取(弃)土场边上，供取(弃)土场绿化。
6. 弃土场压实度要求不小于 90%。

直接在厘米纸上绘制，横距表示水平距离，纵距表示高程。纵、横坐标通常都采用相同的比例尺，这对绘制横断面图和计算土石方数量都方便。但在某些情况下，例如横断面很宽，地面又较平坦时，如水平距离和高程仍采用相同的比例尺，则显示不出地形的变化，此时，应根据高程变化的程度，横断面图的纵、横坐标可以选用不同的比例尺。以能显示地形的起伏变化为原则，先在厘米纸上定出中心线的位置，然后将中心桩的地面高程和中心桩左右各地形点的高程点出来，连接各点即得现状横断面的地面线，注写上桩号和高程。在一张厘米纸上可以绘制若干个断面，一般是依桩号为序自下而上和自左而右地布置。

（3）最后在绘出的各个桩号的现状横断面图上点出中心线的设计标高，以相同的比例尺，把设计横断面图（即标准横断面图）画上去。土石方工程量的计算和施工放样，就是以此图作为依据，故称为施工横断面图。城市道路横断面设计图如图 4-29 所示。

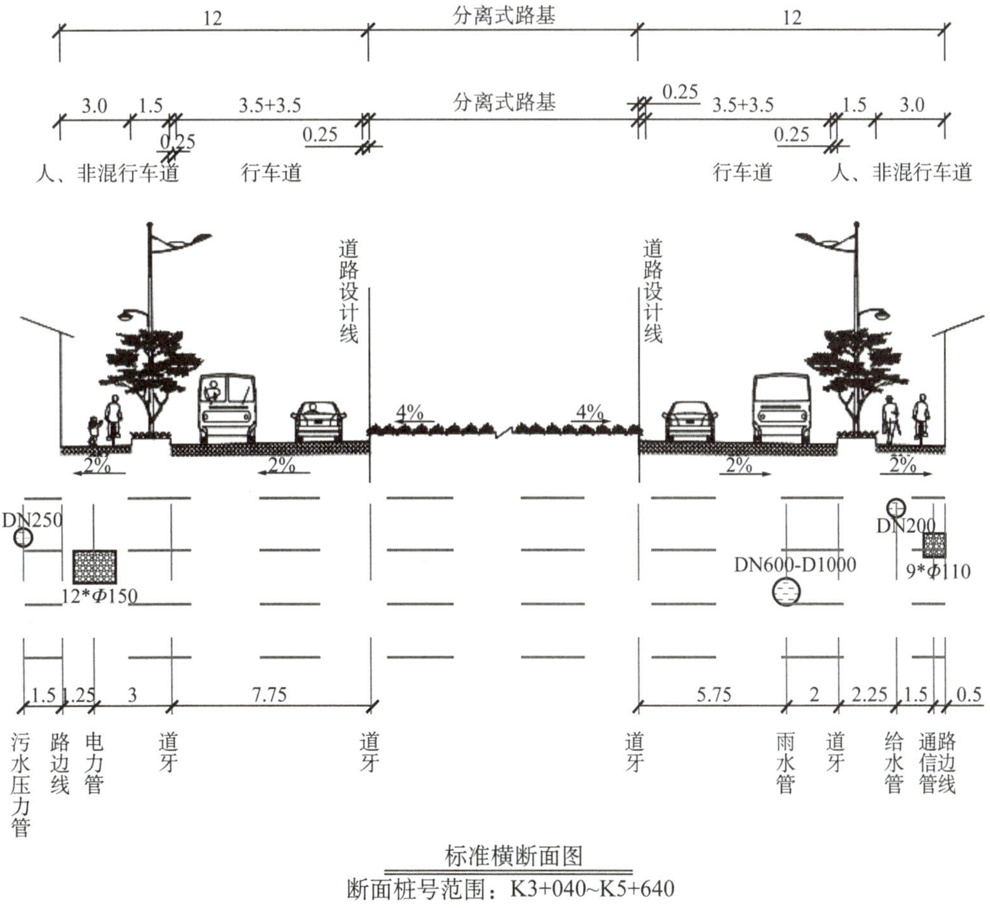


图 4-29　城市道路横断面设计图

# 任务四 路基土石方计算及调配

## 能力要求

1. 明确横断面土石方面积的计算方法。
2. 掌握土石方数量的计算。
3. 理解土石方调配的原则及方法。

## 任务描述

公路施工图设计文件必须明确工程项目的工程数量及挖方的利用和填方的来源及运距，为编制工程预（概）算、确定合理的施工方案以及计量支付提供依据。本任务结合公路施工图设计文件中横断面设计成果，引导学生结合设计文件中的横断面设计图，进行横断面面积的计算、土石方数量的计算，并理解土石方调配应遵循的原则和方法。

## 任务实施

通过自主学习及查阅相关资料，完成下列引导问题：

1. 土石方纵向调配时，从________体积重心到________体积重心的距离称为平均运距。若平均运距________免费运距时，可不计运费。

2. 计价土石方数量 $V_{计}$ =________ +_________。

3. 填方=本桩利用+_________；挖方=本桩利用+_________。

4. 填缺=远运利用+_________；挖余=远运利用+_________。

5. 路基土石方的体积数量（　　）。

   A. 应扣除桥涵、挡土墙的体积　　B. 不扣除桥涵体积

   C. 应扣除大、中桥及隧道所占路线长度的体积　　D. 不扣除挡土墙体积

6. 人工运输土石时，免费运距为第一个（　　）。

   A. 20m　　B. 10m　　C. 50m　　D. 60m

7. 路基填方用土取“调”或“借”的界限距离称为（　　）。

   A. 免费运距　　B. 平均运距　　C. 超运运距　　D. 经济运距

8. 下面关于横断面上“经济点”的说法不正确的是（　　）。
   A. 当地面横坡度不大时，挖方和填方基本平衡的标高控制点
   B. 当地面横坡度较陡时，路基多挖少填的标高控制点
   C. 当地面横坡度很陡时，路基全挖或深挖的标高控制点
   D. 纵坡面上沿线各种标高控制点的统称
9. 名词解释：计价土石方，经济运距。
10. 简述道路土石方计算的基本原理。
11. 什么是免费运距？
12. 远距离调运土石方时，为什么要计算经济运距？
13. 路基土石方计算和调配时，怎样进行核算？
14. 某路段两相邻桩号分别为 K1＋253 和 K1＋300，计算出横断面面积分别为：$A_{t1}=38.2\ m^2$，$A_{w1}=52.1\ m^2$ 和 $A_{t2}=0.2\ m^2$，$A_{w2}=47.5$ m，求此路段的土石方体积。
15. 简述路基土石方计算的方法与调配原则。
16. 填写完成以下路基土方计算表。

| 桩号 | 挖方面积（$m^2$） | 填方面积（$m^2$） | 挖方平均面积（$m^2$） | 填方平均面积（$m^2$） | 距离（m） | 挖方体积（$m^3$） | 填方体积（$m^3$） | 本桩利用 | 填缺 | 挖余 |
|---|---|---|---|---|---|---|---|---|---|---|
| ＋300 | 0 | 35.4 | / | / | / | | | | / | / |
| | | | | | | | | | | |
| ＋350 | 33.6 | 21.2 | | | | | | | | |
| | | | | | | | | | | |
| ＋368.45 | 42.5 | 10.2 | | | | | | | | |
| | | | | | | | | | | |
| ＋380 | 52.8 | 0 | | | | | | | | |
| 合计 | — | — | — | — | | | | | | |

## 相关知识

路基土方石
数量计算

路基土石方工程是公路工程的主要工程项目，在公路工程量中占有很大比重。土石方工程数量又是公路方案评价和比较选择的主要技术经济指标之一。

土石方计算与调配的主要任务：计算路基土石方工程数量，合理进行土石方调配，并计算土石方的运量，为编制公路工程概（预）算、公路施工组织、施工计量支付提供依据。

### 一、路基土石方计算基本公式

路基土石方计算工作量较大，加之路基填挖变化的不规则性，要精确计算土石方体

积是十分困难的。在工程上通常多采用近似计算。

假定两相邻断面间为一棱柱体，如图 4-30 所示，按平均断面法计算，其公式为

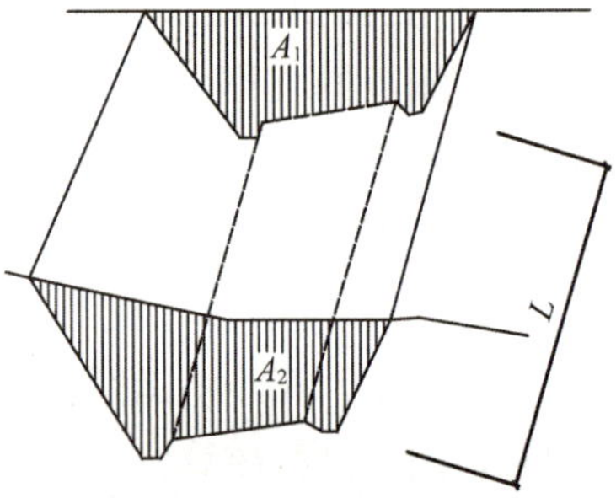


图 4-30　平均断面法

$$V=\frac{1}{2}(A_1+A_2)L \tag{4-1}$$

式中：$A_1$，$A_2$——两相邻断面面积（$m^2$）；

$L$——两相邻断面的间距（m），即两相邻断面的桩号差。

平均断面法计算简便、实用，是公路上目前常采用的方法。但其精度较差，该法只有当两相邻断面面积 $A_1$、$A_2$ 相差不大时才较准确。当 $A_1$、$A_2$ 相差较大时，则按棱台体公式计算则更为接近，其公式如下：

$$V=\frac{1}{3}(A_1+A_2)L\left(1+\frac{\sqrt{m}}{1+m}\right) \tag{4-2}$$

式中：$m$——$\frac{A_1}{A_2}$，其中 $A_2>A_1$。

由式（4-1）可知，若 $A_1=0$，则 $V=\frac{1}{2}A_2\cdot L$。

由此可知，平均断面法的计算结果是偏大的。

## 二、横断面面积计算

路基横断面面积为不规则的几何图形，计算方法有积距法、几何图形法、求积仪法、坐标法、方格法等多种方法。通常一般常用积距法和坐标法。

1. 积距法

如图 4-31 所示，积距法的原理是按单位宽度 $b$，把断面切割成若干梯形与三角形条块，则每一小块面积为其平均高度 $h_i$ 与 $b$ 的乘积，即 $A_1=b\cdot h_1$，$A_2=b\cdot h_2$，…，$A_n=b\cdot h_n$，总面积为

$$A=A_1+A_2+\cdots+A_n=b\cdot h_1+b\cdot h_2+\cdots+b\cdot h_n=b\cdot\sum_{i=1}^{n}h_i \tag{4-3}$$

路基横断面图都是绘在方格厘米纸上的，直接可以用厘米格子 5 mm 宽（等于 1 m）来划分横断面。平均高度和 $\sum h_i$ 不必直接丈量，而是用“卡规法”“纸条法”或

计算器累积法来求积距。

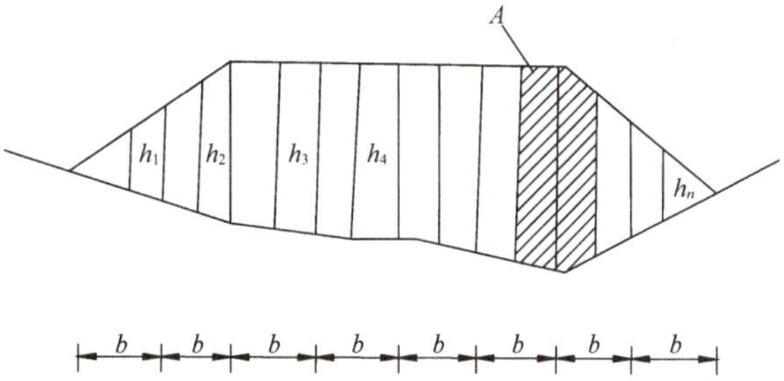


图 4-31　积距法求面积

2. 坐标法

如图 4-32 所示，由解析几何公式很容易推出面积计算公式如下：

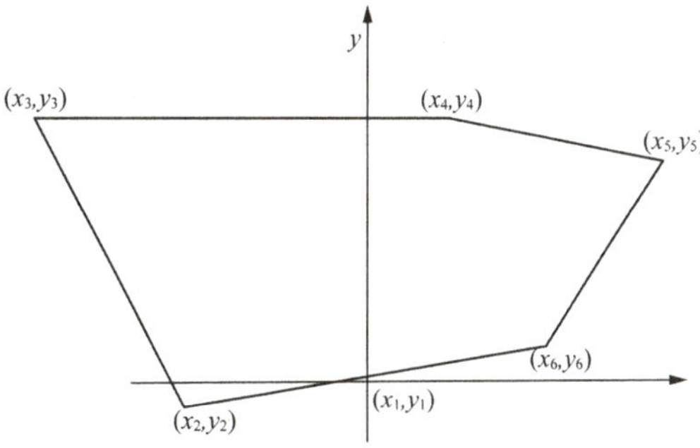


图 4-32　坐标法

$$A=\frac{1}{2}\sum_{i=1}^{n}(x_i y_{i+1}-y_i x_{i+1}) \tag{4-4}$$

其中，$x_i$，$y_i$ 为设计线和地面线围成面积的各折点的坐标（m）。

坐标法计算面积精度较高，但方法较繁琐，适用于计算机计算。路基土石方多采用表格计算。

## 三、土石方的调配

土石方调配是指路基挖方合理移用于填筑路堤，以及适当地布置取土坑及弃土堆的土石调运和运量计算的工作。通过土石调配，解决各路段土石方平衡与利用问题，达到填方有所“取”，挖方有所“用”，避免不必要的路外借土和弃土，尽量减少占用耕地。

路基土石方调配

1. 土石方调配原则

（1）土石方调配应按先横向后纵向的次序进行。横向调运是指将本桩位内的挖方直接横向调运用作本桩填方，达到横向平衡。纵向调运则是将本桩多余的挖方（叫挖余）纵向运到其他桩号填筑或将其他桩号的挖余土石方运至本桩不足的地方（叫填缺）进行填筑。由于横向调运就近填挖，运量小，先横向后纵向调运可减少总的运输量。

（2）土石方调配应考虑桥涵位置对施工运输的影响，一般不跨越深沟调运，尽可能避免和减少上坡运土。

（3）为使调配合理，必须根据地形和施工条件，选用适当的运输方式，采用合理经济运距，以确定工程用土是调运还是外借。

（4）土方调配“移挖作填”要考虑经济运距，综合考虑弃方或借方占地赔偿青苗损失及对农业生产的影响等。有时移挖作填虽运距超出一些，运输费用可能稍高一些，但如能少占地，少影响农业生产，综合考虑是有利的。

（5）不同的土方和石方应根据工程需要分别调配，调配时可以以石代土，但不能以土代石，以保证路基填方质量。调运时还要注意保证路基稳定和人工构造物的材料供应。

（6）位于山坡的回头曲线路段，优先考虑上下线的土方竖向调运。

（7）土方调配对借土和弃土应事先同地方协商，妥善处理。借土应结合地形、农田规划等选择借土地点，并综合考虑借土还田、整地造田等措施。弃土应不占或少占田地，在可能条件下宜将弃土平整为可耕地，防止乱弃乱堆，或堵塞河流，损坏农田。

2. 关于调配计算的问题

1）经济运距

经济运距是确定借土或调运的限界及距离。当调运距离小于经济运距时，采取纵向调运是经济的；反之，则可考虑就近借土。

填方用土来源，一是路上纵向调运，二是就近路外借土。一般调运路堑挖方来填筑距离较近的路堤是比较经济的。但如调运的距离过长，以致运价超过在填方附近借土所需的费用时，移挖作填不如在路堤附近借土经济。因此，采取“调”还是“借”，存在限度距离问题，按费用经济计算的纵向调运的最大限度距离即所谓“经济运距”，其值按式（4-5）计算：

$$L_j = \frac{B}{T} + L_m \tag{4-5}$$

式中：$B$——借方单价（元/$m^3$）；

$T$——远运运费单价［元/（$m^3$ · km）］；

$L_m$——免费运距（km）。

根据定额规定，土方作业包括挖、装、运、卸四项工序，在规定的距离内（一般人工运输为 20 m，轻轨运输为 50 m，汽车运输为 100 m）只按方量计价，不另计运费，这一规定所不单独计价的基本运距叫免费运距。

2）平均运距

平均运距是指土石方调配时从挖方体积重心到填方体积重心的距离。为简化设计计算，按挖方路段中心至填方路段中心的距离计算。

在纵向调配时，当其平均运距超过定额规定的免费运距时，应按其超运运距计算土石方运量。免费运距是指不计运费的最大距离。超出的运距称为超运距，超运距按下式计算：

$$L_c = L - L_m \tag{4-6}$$

式中：$L$——平均运距（m）；

$L_m$——免费运距（m）；

$L_c$——超运距（m）。

在纵向调运计算运距时应扣除免费运距 $L_m$。

3）运量

土石方运量为平均运距与土石方调配数量的乘积。

在生产中，工程定额是将平均运距每 10 m 划为一个运输单位，称之为“级”，20 m 为两个运输单位，称为二级，以此类推。在土石方计算表内可用符号①、②表示，不足 10 m 时，仍按一级计算或四舍五入。于是有

$$总运量 = 调配（土石方）方数 \times n$$

其中，$n$ 为平均运距单位（级），其值按相关公式计算。

平均运距按如下公式计算：

$$n = \frac{L - L_m}{10} \tag{4-7}$$

式中：$L$——平均运距（m）；

$L_m$—免费运距（m）。

4）计算计价土石方

计价土石方是指在预算编制中需给予计价的土石方，在土石方调配中，所有挖方无论是“弃”或“调”，都应计价，但填方要根据用土来源决定是否计价。若对路外借土要计价，如是移挖作填调配利用则不应再计价，否则形成双重计价。应注意的是填方中要加以碾压工程数量。计价土石方必须通过土石方调配才能确定其数量，一般体现在路基每公里土石方工程数量表中，为挖方数量与借方数量之和。

$$计价土石方 = 挖方数量 + 借方数量$$

一般工程中指的土石方总数量，就是指计价土石方总数量。一条道路的土石方数量，一般指包括路基、排水、临时工程、小桥涵工程等项目的土石方数量。对于大、中桥梁、长隧道的土方工程数量应另外计算。

3. 调配方法

土石方调配方法有多种，如累积曲线法、调配图法、表格调配法等。由于表格调配法不需单独绘图，直接在土石方表上调配，具有方法简便、调配清晰的优点，是目前生产上广泛采用的方法。

表格调配法又可有逐桩调运和分段调运两种方式。一般多采用分段调运，表格调配法的方法步骤如下：

1）准备工作

调配前先要对土石方计算进行复核，确认无误后方可进行。调配前应将可能影响调配的桥涵位置、陡坡、深沟、借土位置、弃土位置等条件标于表旁，供调配时考虑。

2）横向调运

按表 4-21 第 22～27 项进行，即计算本桩利用，填缺、挖余。以石代土时应填入土栏，并用符号区分（表 4-22 中用括号表示以石代土）。

（1）确定经济运距。

（2）根据填缺、挖余情况，结合调运条件，拟定调运方向和定出调运（调入和调出）土石方的重心位置，并用箭头表示，表 4-21 的第 28 项。

（3）计算调运数量和运距。

调配的运距是指计价运距，就是调运挖方重心到填方重心的距离减去免费运距。调运挖方和填方重心根据土石方情况估定（一般也可以近似采用挖方或填方路段的中点位置）。计价运距以 10 m 为一个运距单位标于箭头旁边。

（4）计算借方数量、废方数量和调运量。

借方数量＝填缺－纵向调入本桩的数量

废方数量＝挖余－纵向调出本桩的数量

总运量＝纵向调运量＋废方调运量＋借方调运量

计算后分土、石填入表 4-21 的第 29～36 项。

（5）复核

横向调运复核

填方＝本桩利用＋填缺

挖方＝本桩利用＋挖余

纵向调运复核

填缺＝纵向调运方＋借方

挖余＝纵向调运方＋废方

总调运量复核

挖方＋借方＝填方＋废方

以上复核一般是按逐页小计进行的，最后应按每公里合计复核。

## 项目评价

路线横断面设计工作评价表

<table>
<tr><td>小组号</td><td></td><td>班级</td><td colspan="3"></td></tr>
<tr><td>学号</td><td></td><td>姓名</td><td></td><td>成绩</td><td></td></tr>
<tr><td>设备要求</td><td>地形图，道路专业软件</td><td>场地要求</td><td colspan="3">专业机房</td></tr>
<tr><td>项目资讯</td><td colspan="5">(1) 在基于已完成山岭区选、定线的基础，教师提出路线横断面设计的主要内容、横断面组成的设计以及如何把握平、纵、横的合理组合，布置任务并说明应完成的工作内容；<br>(2) 基于任务，教师提供山岭区具有路线控制点的地形图，学生在完成结选定线、平面、纵断面设计工作后，进行横断面设计；<br>(3) 学生完成纵断面设计，提交横断面设计图、路基标准横断面图、路基典型横断面图、土石方调配表等；<br>(4) 学生依据规范和资料，自我逐一检查纵断面设计任务完成情况；<br>(5) 小组推选代表，展示成果；<br>(6) 教师评价、纠正，学生修改、完善任务；<br>(7) 提交任务，教师评价。</td></tr>
<tr><td>项目实施情况</td><td colspan="5"></td></tr>
<tr><td>学生自查情况</td><td colspan="5"></td></tr>
<tr><td>小组评价推荐</td><td colspan="5"></td></tr>
<tr><td>教师评价</td><td colspan="5"></td></tr>
<tr><td>综合评价</td><td colspan="5"></td></tr>
</table>

# 项目五

# 公路选线

道路是一条带状结构物，从起点、中间控制点到终点会遇到各种不同的地形、地物、地貌、地质等自然条件。由于各种条件的影响和行车的要求，道路在平面上必然有弯曲，纵断面上有起伏，横断面上有宽度。选线是在道路规划路线起终点之间选定一条技术上可行，经济上合理，又能符合使用要求的道路中心线的工作。其主要的任务是确定道路的走向和总体布局，具体确定道路的交点位置和选定道路曲线的要素，通过纸上定线或实地选线的手段，把道路路线中心线确定下来。

本项目内容主要适用于公路选线，主要介绍路线方案选择、平原区选线、山岭区选线、丘陵区选线、纸上定线的相关内容。

## 任务一 选线的认识

### 能力要求

1. 掌握公路选线一般原则。
2. 理解自然因素与路线相互影响的因素。
3. 了解和掌握公路选线的方法与步骤。
4. 掌握各设计阶段选线的主要内容

### 任务描述

选线是公路线形设计的重要环节，其质量直接关系到整条公路的工程造价及公路今后使用的适用性、安全性、可靠性和寿命。另外，在两点之间，可能的线路很多，自然环境和社会经济环境又复杂多变，加之路线本身平、纵、横三方面的相互影响和制约以及路线位置对公路构造物和其他公路设施影响很大等因素，使得选线工作变得十分复杂。因此，选线是一项具有很强技术性、综合性和政策性的工作。本任务教授学生分析不同地形图上选线时考虑的因素及选线的方法和步骤，让学生知晓路线的选线工作是设计中最关键的一步，同时能对各设计阶段选线的主要内容进行阐述。

## 任务实施

通过自主学习及查阅相关资料，完成下列引导问题：

1. 选线一般要经过的三个步骤：____________、____________、____________。
2. 名词解释：公路选线。
3. 公路选线的基本步骤是什么？简述各步骤的一般要求和要点。
4. 综述公路选线的目的、任务。
5. 公路选线的一般原则有哪些？为什么说公路选线中应重视环境保护工作是一条重要的原则？
6. 简述各设计阶段选线的主要内容与方法。

路线设计要点

## 相关知识

公路选线是根据路线的基本走向和技术标准的要求，结合当地的地形地质地物及其沿线条件和施工条件等，选定一条技术上可行、经济上合理，又能符合使用要求的公路中心线的工作。选线的目的是根据国家建设发展的需要结合自然条件选定合理的路线，使筑路费用与使用质量达到统一，且行车迅速安全、经济舒适、构造物稳定、耐久且易于养护。

公路选线是整个公路勘测设计的关键，是公路线形设计的重要环节，它对公路的使用质量和工程造价都有很大的影响。选线人员必须认真贯彻国家规定的方针政策，坚持群众路线，深入实际，调查研究，反复比较，正确解决技术指标与在自然条件下实地布线之间的矛盾，综合考虑路线、路基路面、桥涵、隧道、交叉等，最后选定出合理的路线。

选线需要考虑自然环境和社会经济条件，以及线形技术指标等各方面的因素。因此，选线是一项涉及面广、影响因素多、政策性和技术性都很强的工作。

### 一、道路选线的原则

路线设计应在建设项目工程可行性研究报告所选定的路线走向和主要控制点的基础上进行。首先，要作出总体设计，这主要包括：确定地形类别和计算行车的速度，确定车道数以及与城镇或其他路线连接线交叉的地点、方式等。总体设计为具体选线提出了要求、基本方向和规模，选线是总体设计的具体化，在选线时要注意掌握以下原则。

1. 比选原则

选线是一项技术性、综合性强且复杂的工作，即使设计者主观上有完美的设想，也难免使实际线路存在不足，发现选线优劣的最佳途径，就是比较选择。在路线设计的各个阶段，应用各种先进手段，对路线方案进行深入细致的研究，在多方案论证比选的基础上，选定最优路线方案。同时要考虑施工条件对选定路线的影响，推荐路线方案要注意结合可能的施工方式和施工力量，并积极采用新结构、新材料和先进的施工技术。

2. 安全原则

选线时应对工程地质和水文地质进行深入勘测，查清其对公路工程的影响程度。对于滑坡、崩塌岩堆、泥石流、岩溶、软土、泥沼等严重不良地质地段和沙漠、多年冻土等特殊地区，应慎重对待。一般情况下，路线应设法绕避这些地区，当路线必须穿过时，应选择合适的位置，缩小穿越范围，并采取必要的工程措施。

3. 均衡原则

公路的造价随公路功能和技术指标的变化而变化。例如，为了良好的线形有些地段就需要多占农田，纵坡坡度设计较小，就需要增加填挖方数量等。我们总是在道路的功能和指标与道路的造价和代价之间寻求一个平衡点，使对立的两个方面达到统一。不同使用功能的道路在技术与经济之间具有不同的侧重，设计人员应充分考虑经济与技术的均衡。选线应同农田基本建设相配合，做到少占田地，注意尽量地不占高产田、经济作物田或经济林园（如橡胶林、茶林、果园）等。

4. 协调原则

公路不仅具有使用上的功能，而且具有美学和景观上的要求，协调是美的基本要素，公路内部之间以及内部与外部之间的协调是保证人们在生理上有安全感、舒适感的重要因素。其中内部协调是指公路技术指标之间的协调，如不片面追求高指标，不轻易使用较低指标或极限指标，整条道路在技术指标的运用上协调；纵面、平面线形视觉的连续性和纵面、平面立体协调；外部协调是指公路与周围环境景观的协调和宏观的路线位置与自然的协调。

5. 环保原则

选线应重视环境保护，应尽量减少由于公路修筑以及汽车运行所产生的影响与污染。具体应注意以下七个方面：

① 路线对自然环境与资源可能产生的影响。

② 占地、拆迁房屋所带来的影响。

③ 路线对城镇布局行政区划、农耕区、水利排灌体系等现有设施造成分割而产生的影响。

④ 噪声对居民生活的影响。

⑤ 汽车尾气对大气、水源、农田所造成的污染及影响。

⑥ 对自然环境资源的影响和污染的防治措施及其对策实施的可能性。

⑦ 通过名胜古迹、风景地区的公路，应与周围的环境景观相协调，并适当兼顾美

观。注意保护原有的自然生态环境和重要的历史文物遗址。

6. 合理原则

合理掌握和运用技术标准。在工程数量增加不大时，应尽量采用较高的技术标准。充分利用有利地形、地势，尽量回避不利地带，正确运用技术标准；从行车的安全、畅通和施工、养护的经济、方便着眼，对路线与地形的配合加以研究，做好路线平、纵、横面的结合，力求平面短捷舒顺，纵面平缓均匀，横面稳定经济。

特别注意：大中桥位应在服从路线总方向的原则下，对路桥综合考虑，不要因桥位而过多地增长路线，桥位应尽量选择在河道顺直、水流稳定地质良好的河段上，并注意方便群众。小桥涵位置应服从路线走向，但在不降低路线技术指标的情况下，也应适当考虑小桥涵位置的合理性；对于高速公路和一级公路，由于其路幅宽，可根据通过地区的地形地物、自然环境等条件，利用其上下车道分离的特点，本着因地制宜的原则，合理采用上下行车道分离的形式布线。

## 二、自然因素与路线的相互影响

自然条件对路线的影响因素很多，主要有地形、地质、气候、水文、土壤及植物覆盖等，这些因素可能引起公路的塌方、滑坡等，造成水土流失，土壤质量和地质条件的不稳定。因此，要分析这些因素对公路的影响，以确保公路的安全和自然环境的良好。

1. 自然条件对路线的影响

地形对路线的线形、技术标准和工程造价的影响较大，特别是在山区，由于高差大，坡陡弯急，为了满足公路的技术标准，就必然产生填挖土石方、人工构造物等。如高填方、隧道、挡土墙等，这在很大程度上影响了路线的走向和线形。

地质条件也是影响线路的重要因素。公路的安全首先来自公路的稳定，公路的稳定又直接受地质构造的影响，如遇不良地质现象（软土、泥沼等）就需要付出更大的代价，以保证路基的稳定。此外，不同的土石类型决定了土石方工程施工的难易程度和筑路材料的来源。水文地质反映了地下水的活动规律，地下水位的高度影响路基的干湿状态，也影响桥涵地基的稳定，特别是在桥位选择、孔径确定和防护工程、排水系统等方面，水文情况往往起着关键因素。

土壤是公路路基建筑的基本材料，不同品质的土壤影响路基的强度、稳定性以及路基高度、边坡坡度等。地面植被覆盖影响暴雨径流、水土流失程度，因此也影响着桥涵及排水构造物的布置与设计。

2. 公路对自然环境的影响

公路施工和养护都需要大量的水，并且对水的质量还有一定的要求，如路基压实、混凝土拌和、构造物的养护等，在我国一些水资源供需矛盾突出的地方，公路的施工对水资源会产生一定的影响。公路的修建会形成对原有水分循环路径的阻隔，如河道改置，造成下游来水减少，引起生态的变化。路线经过的河道也有可能受到路线的影响，产生冲刷、积水、漫淹，进而损坏农田。

公路对土壤退化的影响主要是水土流失。在公路建设中，取地、借地、弃地都会使土壤发生水迁移、机械迁移，植被受到破坏，这些变化会引起土壤质量的下降，造成土壤的理化特性和净化能力的减弱。

自然条件与路线的相互影响是相辅相成的，彼此密切联系，并经常处于相互作用和不断变化的过程中。因此，在选线时应周密调查，综合分析各种因素，使它们的相互作用向着一个良性循环的方向发展。

## 三、选线的方法与步骤

一条路线的起终点确定以后，它们之间有很多种走法。选线的任务就是在这些众多的方案中选出一个符合设计要求、经济合理的最优方案。因为影响选线的因素很多，这些因素有的互相矛盾，有的又互相制约，各因素在不同场合的重要程度也不相同，所以不可能一次确定理想方案。最有效的做法是从大面积着手，由面到线，由粗到细，逐步接近优化路线方案，经过经济、技术综合比较确定路线具体位置。选线按工作内容一般分以下三步进行。

1. 路线走向选择

路线走向选择主要应对拟建公路路线起终点、重要控制点进行研究，通过分析、研究、论证提出确保建设项目在路网中的功能和作用能够充分发挥的路线走向。必须按照公路网规划的系统性要求，作好拟建项目路线总体布设与相关项目的衔接与协调，发挥公路网的整体功能。应处理好与沿线城镇、其他交通运输方式等的衔接关系，选定跨越大江大河或穿越重要山岭可能出现的特大型桥梁、特长隧道的位置。此项工作通常是先在小比例尺（1∶100 000～1∶50 000）地形图上从较大面积范围内找出各种可能的方案，收集各种可能方案的有关资料，进行初步比选，列出所有可能的路线走向方案，然后进行现场勘查，通过多方案的比选论证后，基本确定重要控制点和路线走向。当没有地形图时，可采用调查或勘探方法现场收集资料，进行方案比选；当地形复杂或地区范围很大时，可以通过现代航空技术手段（如航空摄影、遥感等）收集资料，进行方案比选。

2. 路线走廊带选择

在预可行性研究阶段初步确定路线起终点、重要控制点和路线走向的基础上，按地形、地质、水文等自然条件定出一些细部控制点，连接这些控制点，即构成路线走廊带，也称为路线带或路线布局。对不同的路线走廊带方案和局部路线方案进行总体设计，估算工程规模，完成工程估算，进行方案比选论证，基本确定路线走廊带。路线走廊带的确定一般应该在1∶10 000～1∶5 000比例尺的地形图上进行。只有在地形简单、方案明确的路段才可以在现场直接选。

3. 路线具体位置确定

需要明确的是，路线走向、路线走廊带，最终都要通过一个线条方案表达出来，在设计工作中，这个线条方案称为路线方案。

经过上述两步的工作，路线雏形已经显现。确定路线具体位置（或称定线）就是根据技术标准和路线方案，结合有关条件在有利的定线带内进行平、纵、横综合设计，具体定出路线中线的工作。

## 四、各设计阶段选线的主要内容

上述选线工作的具体实施是分阶段进行的，预可行性研究阶段应主要把握好路线走向，如果拟建项目不需进行预可行性研究，那么在可行性研究阶段应首先进行路线方案的研究；工程可行性研究应主要选定路线走廊带；设计阶段首先应选定路线具体位置。因此，公路选线工作应贯穿于公路工程初步设计、技术设计和施工图设计的各个阶段，并随着设计阶段的进展由面到带、由带到线、由线到点，逐步加深。

### 1. 初步设计阶段

初步设计阶段应根据批复的可行性研究报告、测试合同的要求，收集有关基础资料，拟定选线原则，将所收集的资料进行归纳整理，展布在选线所需的不同比例尺地形图上，并根据公路等级选用现场定线、纸上定线或三维互动定线，确定路线设计方案。

二、三、四级公路一般可采用现场定线，有条件时宜采用纸上定线。地形受限时应采用现场定线和纸上定线、现场核查相结合的方法；高速公路、一级公路应采用纸上定线与现场核查相结合的方法；高速公路、一级公路及景观要求高的公路宜采用计算机三维互动定线并现场进行核查。

（1）收集的基础资料：

① 各种比例尺的地形图、卫星像片、航摄像片及已有勘测设计资料；

② 工程可行性研究阶段的地质、环境等评估报告；

③ 路线经过地区的地质、水文、气候等有关资料；

④ 路线经过地区的城镇、工矿、公路、铁路、航空、水利建设和规划资料；

⑤ 村镇、建筑、管线等分布资料；

⑥ 环境分区和环境敏感区（点）及动植物保护区的分布资料；

⑦ 动物迁徙路线和日常穿行的通道资料；

⑧ 文物、文化遗迹资料；

⑨ 土地资源及自然风景点分布资料；

⑩ 料场分布资料。

（2）对工程可行性研究阶段推荐的路线走廊进行研究，提出推荐的路线方案。

（3）基本确定路线起、终点的平面位置和纵断面衔接关系。

（4）基本确定一般路线的平面和纵断面设计方案。

（5）基本确定特殊路段的平面和纵断面设计方案。

（6）基本确定大型构造物路线的路线平面和纵断面设计方案。

### 2. 技术设计阶段

技术设计阶段应根据初步设计批复意见、测试合同的要求，进一步修改完善选线原则，在初步设计收集资料的基础上补充收集技术设计所需的基础资料，重点解决初步设计中未解决的重大、复杂技术问题，测量影响路线线位的控制点和控制断面，采用线上定线并进行现场核对，并完成以下工作：

（1）根据路线方案分析比较结果，对初步设计推荐的路线方案进行优化调整，确定路线方案。

（2）对关系到路线方案的重大技术问题应反复比较，按照施工图要求的深度进行放线，确定路线的具体位置。

3. 施工图设计阶段

施工图设计阶段应根据初步设计或技术设计的批复意见、测试合同的要求，审定选线原则，进一步补充收集基础资料，测量影响路线线位的控制点和控制断面，根据控制要素进行线上定线并现场核对、测量放线，根据需要进行动态调整，确定路线方案。

（1）对初步设计阶段或技术设计阶段推荐的路线方案进行核查、审定，确定路线方案。

（2）确定路线起、终点的平面位置和纵断面衔接关系。

（3）完成一般路段的平面和纵断面设计。

（4）完成特殊路段的平面和纵断面设计。

（5）完成大型构造物路段平面和纵断面设计。

# 任务二
# 路线方案选择

## 能力要求

1. 理解路线方案比选方法。
2. 了解和掌握方案选择的方法。
3. 培养学生团队合作、良好沟通、语言表达、分析问题和解决问题的能力。

## 任务描述

根据工程案例选定路线起终点，拟定路线方案，认真分析道路性质与任务，道路沿线地形、地质、水文气象、城乡规划、农田水利建设、环境生态保护、劳动力、材料供应以及投资能力等各方面因素，综合比较各方案的工程数量和投资以及与沿线城乡建设经济发展适应情况，选用既满足使用要求又经济合理的路线方案。

## 任务实施

通过自主学习及查阅相关资料，完成下列引导问题：

1. 根据方案比较深度上的不同，路线方案比较可分为__________、__________两种。
2. 影响路线方案的主要因素有哪些？
3. 路线方案技术指标比选内容有哪些？
4. 简述路线方案选择的方法和步骤。

## 相关知识

方案比选是选线中确定路线总体布局的有效方法，在可能布局的多种方案中，通过方案比较决定取舍，选择出技术合理、费用经济、切实可行的最优方案。路线方案的取舍是路线设计中的重要问题，方案是否合理，不仅直接关系到公路本身的工程投资和运输效率，更重要的是影响路线在公路网中的作用，直接关系到其是否满足国家政治、经济及国防的要求和长远利益。一条路线的起终点及中间必须经过的重要城镇或地点，通常是由公路网规划所规定或领导机关根据经济建设需要指定。这些指定的点称为“据点”，把据点连接成线，就是路线的总方向或称大走向。作为选线工作的第一步就是在深入调查的基础上，综合考虑路线方案选择的主要因素，通过方案的比选，提出合理的路线方案。

## 一、影响路线方案选择的主要因素

根据方案比较的深度不同，可分为原则性方案比较和详细的方案比较两种。从形式上看，方案比较可分为质和量的比较。不同的路线方案综合考虑的主要因素不同。

1. 原则性的方案比较

对于原则性的方案比较，主要是质的比较，多采用综合评价的方法，这种方法不是通过详细计算经济和技术指标进行比较，而是综合各方面因素进行评比。主要综合因素有如下五方面：

(1) 路线在政治、经济、国防上的意义，国家或地方建设对路线使用任务、性质的要求，以及战备、支农、综合利用等重要方针的贯彻和体现程度。

(2) 路线与工矿、城镇、农村的规划及其他运输方式的联系。路线在铁路、公路、航道等网系中的作用，与沿线工矿、城镇等规划的关系以及与沿线农田水利建设的配合及用地情况。

(3) 路线受到沿线地形、地质、水文、气象等自然条件的影响，要求的路线等级与实际可能达到的技术标准及其对路线使用任务、性质的影响。

(4) 工程费用和技术标准情况。路线的长度、筑路材料的来源、施工条件以及工程量、三材（钢材、木材、水泥）用量、造价、工期、劳动力等情况，运营施工、养护的影响，施工期限长短等。

(5) 其他，如少占耕地，与沿线历史文物、革命史迹、旅游风景区的联系。

影响路线方案选择的因素是多方面的，而各种因素又多是互相联系和互相影响的，比选时应在满足使用任务和性质要求的前提下，综合考虑自然条件、技术标准和技术指标、工程投资、施工期限和施工设备等因素，精心选择，反复比较，才能提出合理的推荐方案。

2. 详细的方案比较

详细的方案比较是在原则性方案比较之后进行的量的比较，它包括技术和经济指标的详细计算，一般多用于局部方案的分析比较。

1) 技术指标的比选

(1) 路线长度及其延长系数。

① 路线总延长系数 $\lambda_0$：

$$\lambda_0 = \frac{L}{L_0} \tag{5-1}$$

式中：$L$——路线方案的实际长度（m）；

$L_0$——路线起、终点间的直线距离（m）。

② 路线技术延长系数 $\lambda_1$：

$$\lambda_1 = \frac{L}{L_1} \tag{5-2}$$

其中，$L_1$ 为路线方案中各大控制点间的直线距离（m）。

（2）转角数，包括全线的总转角数（个）和每公里的转角数（个/km）。

（3）转角平均度数，转角是体现路线顺直的一种技术指标，转角平均度数按下式计算：

$$\alpha = \frac{\sum_{i=1}^{n} \alpha_i}{n} \tag{5-3}$$

式中：$\alpha$——转角平均度数（°）；

$\alpha_i$——任一转角的度数（°）；

$n$——全线的总转角数。

（4）最大与最小平曲线半径。

（5）回头曲线的数目。

（6）最大与最小纵坡。

（7）最大与最小竖曲线半径。

（8）与已有公路及铁路的交叉数目（包括平面交叉和立体交叉）。

（9）限制车速的路段长度（指居住区、小半径转弯处、交叉点、陡坡路段等）。

2）经济指标的比选

（1）路基土石方工程数量。

（2）桥涵工程数量（大桥、中桥、小桥涵的座数、类型及其长度）。

（3）隧道工程数量。

（4）挡土墙工程数量。

（5）征占土地数量及费用。

（6）拆迁建筑物及管线设施的数量。

（7）主要材料数量。

（8）主要机械、劳动力数量。

（9）工程总造价。

（10）投资成本—效益比。

（11）投资回收期。

## 二、路线方案选择的方法和步骤

一条较长的路线可能有许多方案，指定的两个据点之间的自然情况越复杂、距离越长，可能的比较方案就越多。在路线方案比选前要尽可能提出不同的方案，为比选创造条件。把所有和方案进行研究筛选，保留重点方案进一步详细分析论证，直至选出最佳方案。

1. 搜集资料

搜集与路线方案有关的规划、计划、统计资料及各种比例尺的地形图、航测图、水文、地质、气象等资料。

2. 在小比例地形图上布局路线，初拟方案

根据任务书指定的路线起、讫点和中间控制点，以及收集到的有关资料，先在小比例尺的地形图上，结合搜集的资料，初步研究各种可能的路线走向。研究重点应放在地形、地质、地物复杂、外界干扰多、牵涉面大的路段。比如可能沿哪些溪沟，越哪些垭口，路线经城镇或工矿区时，是穿过、靠近，还是避开而以支线连接等。要进行多种方案的比选，提出哪些方案应进行实地踏勘和现场实地踏勘的重点，指出正线和比较线，算出大致里程和衔接关系。

3. 室内初步比选，确定可比方案

在已经测得的地形图上进行路线布局、方案比选，从而在纸上确定路线。

4. 实地视察、踏勘测量

按室内初步研究提出的方案进行实地视察、踏勘，确定大控制点的实地具体位置，明确控制点是否可以变动的理由，通过调查比较，选定路线必经的控制点，如越岭路线的垭口、大桥的桥位、与其他公路的交叉点等；对应绕避的城镇及地质不良地段，确定其范围，提出路线具体布线意见；对全线地形进行分析，分段提出采用的技术标准和主要技术指标；估算工程量、主要材料（钢材、水泥、木材）用量、征用土地数量等；对其他的资料如材料来源、运输条件、路网规划、生态环境、气候特征、沿线林木覆盖、生活供应、沿线民族习惯也要一并调查，为进一步比选方案和下一步勘测设计作准备。

5. 进一步比选、确定推荐方案

在路线勘测和充分研究资料的基础上，对初步拟定的路线方案（包括比较线）作出技术经济论证和评价，提出推荐方案的理由，确定推荐方案。分项整理汇总调查成果，编写工程可行性研究报告（内容参见交通运输部《水运、公路建设项目可行性研究报告编制办法》），为上级编制或补充修改设计任务书提供依据。

### 三、路线方案比选示例

例 5-1 某山区国道规划的路线，作了 K、A 两个方案的踏勘，路线方案平面示意图如图 5-1 所示，比选的过程和主要结论如下。

1. 各备选方案概况

1）走向及控制点

（1）路线走向

本项目起点位于延平区峡阳镇浪石村，顺接既有的 316 国道，起点桩号 K0＋000，路线主要经过顺昌县洋口镇麻溪、解建，双溪街道板桥、竹坑垄，终于顺昌县双溪街道井垄村，接在建的国省干线横四线顺昌关东至焕仔坑段（城关过境段）新建工程（二期），路线长度 16.5 km，按路基宽 21.5 m、设计速度 60 km/h 的一级公路标准设计。

（2）主要控制点

峡阳镇浪石村、富屯溪、洋口镇、双溪街道、延顺高速、井垄村、国省干线横四线顺昌关东至焕仔坑段（城关过境段）新建工程（二期）、顺昌县城镇规划。

2）备选方案

在选定的路线走廊带内，结合区域地形、地质、河流等自然条件，利用 1∶50 000 和 1∶10 000 地形图，由面到带选择方案，而后进行全面实地踏勘，在满足主要控制因素的前提下，以路线顺捷、节约造价为主要原则，兼顾地形、地物和环境要求，经反复比较和优化，最终拟定路线方案。以下将对比较的路线方案进行阐述。

2. 方案比选

（1）路线走向

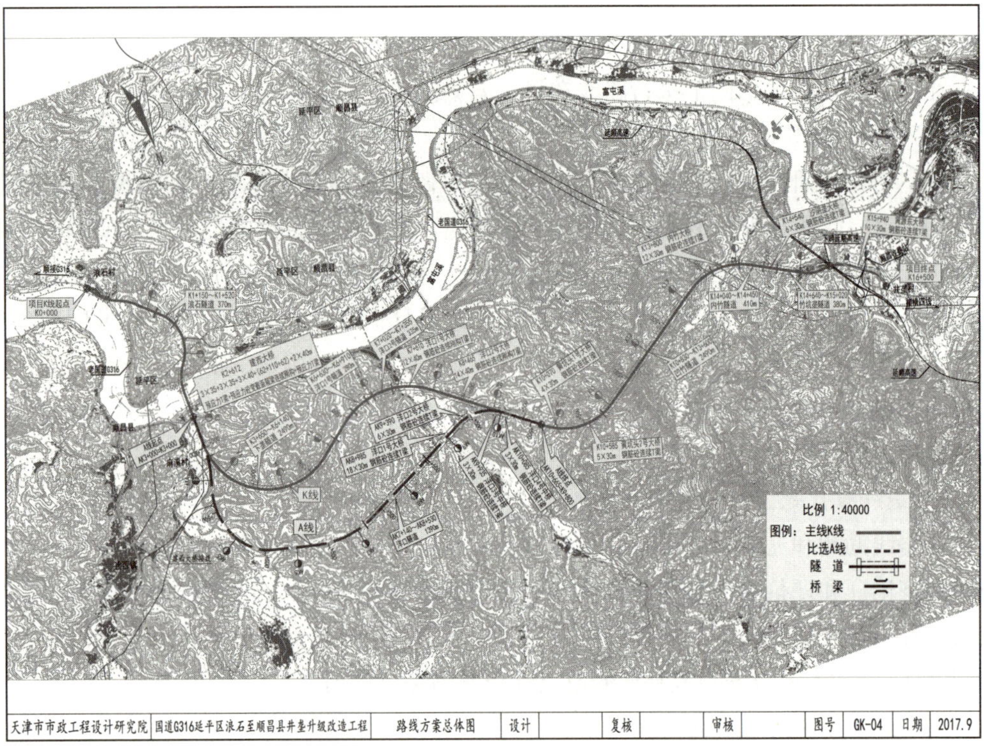


图 5-1　麻溪至黄坑头段路线方案平面示意图

**K 线比较段（K3＋000～K9＋800）**

K 线起点位于洋口镇麻溪村对面山边，路线向西展线，后穿下垄隧道（2 490 m）、洋口 1 号隧道（280 m）、洋口 2 号隧道（335 m），经解建村，跨洋口 1 号大桥（490 m）、洋口 2 号大桥（570 m），至路段 K9＋800，路线长 5.8 km。

**A 线比较段（AK3＋000～AK10＋665）**

A 线起点 AK3＋000 等于 K 线 K3＋000，路线沿麻溪村对面山边继续向北展线，至 AK5＋500 处后向西继续展线，穿洋口隧道（1 390 m），建洋口 1 号大桥（550 m）跨池坑头后，建洋口 2 号大桥（190 m）、洋口 3 号中桥（100 m）洋口 4 号中桥（100 m），至比较路段终点黄坑头，终点桩号 AK10＋665 等于 K 线 K9＋800，路线长 7.665 km。

（2）各方案主要工程数量

K线与A线路线方案比较见表5-1。

**表5-1　K线与A线路线方案比较表**

| 序号 | 工程名称 | 单位 | K线 | A线 | A比K:增(+)、减(—) |
|---|---|---|---|---|---|
| 1 | 里程长度 | km | 5.8 | 7.665 | +1.865 |
| 2 | 路基土石方 | $m^3$ | 579 400 | 911 000 | +331 600 |
| 3 | 路基排水及防护 | $m^3$ | 48 160 | 73 680 | +25 520 |
| 4 | 不良地质处理 | km | 0.51 | 1.7 | +1.19 |
| 5 | 沥青混凝土路面 | $m^2$ | 56 653 | 115 133 | +58 480 |
| 6 | 桥梁长度 | m/座 | 1 060/2 | 920/4 | —140/+2 |
| 7 | 涵洞 | 道 | 10 | 15 | +5 |
| 8 | 隧道长度 | m/座 | 3 105/3 | 1 390/1 | —1 715/—2 |
| 9 | 桥隧比例 | — | 71.81 | 30.13 | —41.68 |
| 10 | 拆迁房屋 | $m^2$ | 2 970 | 3 880 | +910 |
| 11 | 征用土地 | $m^2$ | 258 640 | 439 289.40 | +180 649.40 |
| 12 | 建安造价 | 万元 | 51 655.27 | 37 755.22 | —13 900.05 |
| 13 | 工程造价 | 万元 | 60 664.73 | 45 968.69 | —14 696.04 |
| 14 | 平均每公里造价 | 万元 | 8 921.28 | 5 997.22 | —2 924.06 |
|  | 推荐意见 |  | 拟推荐 |  |  |

注:1亩=666.6 $m^2$

（3）方案所在区域地质情况

本项目K线方案与A线方案起点为麻溪村，终点为黄坑头，所经区域基本上一致，总体上地质情况差别不大，但是其中K线方案在K3+650～K6+140处设置了2 490 m的下垄隧道，穿越山体，根据区域地质资料和现场地质、工程地质测绘成果，隧道区大部分覆盖层厚度较大，围岩级别以Ⅳ～Ⅴ级为主。工程地质条件尚可，场地构造相对稳定，隧道区不存在有毒、有害气体及影响隧道施工的矿产分布。施工时应注意对围岩及时支护，尽量减少对围岩的扰动。

而A线方案AK3+000～AK7+140段沿山边走廊带展线，该路段多为水稻田、沼泽地，地表上覆薄层的耕植土或饱和流塑淤泥、淤泥质黏土及软塑黏性土等软土层，厚0.50～3.00 m。该类地基土含水量大，孔隙比高，强度低，且在外载作用下有较大的沉降变形。在路基施工过程中可采用排水翻晒或清除等处理措施。

（4）对基本农田及林地等影响

本项目K线方案，桥梁隧道设置长度较长，路线开挖较少，对沿线的基本农田及林地影响较小。其中K3+000～K3+500、K6+200～K6+400存在农田，其余农田段设置桥梁上跨经过，整体来说水田段落较短，对基本农田指标影响较小；而在K3+650～K6+140设置了长隧道，对山林地影响较小。

而A线方案，路线主要沿山边走廊展线，在AK3+000～AK4+000、AK5+100～

AK7+000 路段均有较多水田旱地，对基本农田指标影响较大，道路开挖边坡时，必然对沿线山林地的植被破坏较大，必然存在较大影响。与推荐 K 线相比，A 线对基本农田及林地影响都较大。

3. 各方案主要优缺点

(1) K 线优点：

① 路线修建里程短 1.865 km，国道 316 主通道交通便捷，符合干线公路的定位；

② 距离洋口镇较近，方便居民快速上下国道，有利于带动地方经济发展；

③ 道路开挖较少，对沿线环境影响较小；

④ 征用土地较 A 线节省 271 亩，拆迁房屋面积少了 910 $m^2$。

(2) K 线缺点：

① 隧道较 A 线长 1 715 m，多 2 座；

② 桥梁长度多了 140 m；

③ 造价比 C 线高 14 696.04 万元。

(3) A 线优点：

① 隧道较 K 线节省 1 715 m，少 2 座；

② 桥梁较 K 线少 140 m；

③ 造价比 K 线节省 14 696.04 万元。

(4) A 线缺点：

① 路线修建里程长 1.865 km，路线绕行，主交通流方向出行不便捷；

② 距离洋口镇较远，居民出行绕行；

③ 道路开挖较多，对沿线环境破坏较大，对沿线生态影响较大；

④ 征用土地较 K 线高 271 亩，拆迁房屋面积多了 910 $m^2$。

在征求当地主管部门及群众的意见后，对两个方案综合比较后，K 线路线长度短，用地节省、居民出行便捷，拟推荐 K 线方案。

例 5-2 某平原区干线公路起点为新阳，终点为宜城，做了 A、B、C、D 四个方案的踏勘，比选的过程和主要结论如下。

1. 沿线自然条件

路线所经地区地势平缓，海拔 4～30 m，为冲积平原，自然坡度小于 1/1 000。土质以黏土和砂性土为主，特殊土主要是盐土，对路基的稳定有一定影响。地震基本烈度为 6 度。河流属季节性河流，平时干涸少水，雨季河流水位较高，下游河道有淤积现象；地下水分两层，上层为咸水，下层为淡水，水层厚度 30～50 m。年平均降雨量 6 001 mm，如图 5-2 所示。

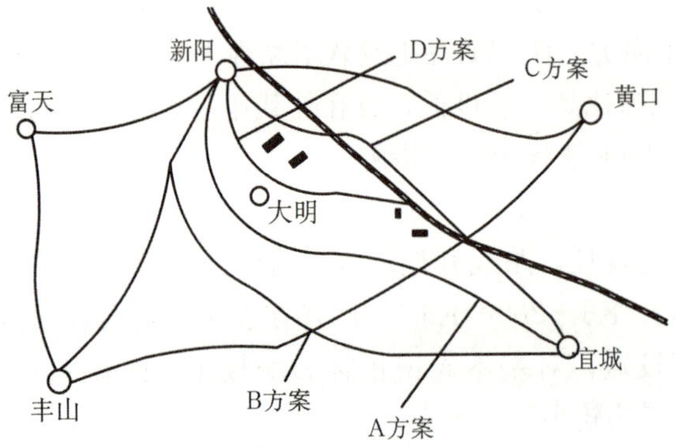


图 5-2 路线方案比选之二

2. 材料调查

本路段处于太行山脉东部，砂、

石和砂砾供应充足，其中 3 个石场年产各种规格碎石 180 万 t，主要为石英砂，上述材料运输方便，可以汽车运输或铁路运输。沿线水电供应良好，保证施工使用。钢材、水泥、沥青、木材省内均可采购。

3. 社会环境分析

关于路基排水和农田灌溉，根据自然条件，拟采用适当加大路基边沟断面，沟深 2.5 m，不但可以解决通道、路面排水问题，而且可以部分解决路基填土。此外，经和地方政府协商，计划把兴修水利和筑路结合起来，利用挖渠弃土填筑路基。沿线农业发达，农田灌溉以取地下水和沟渠水为主，修路将侵占、隔断一部分水系的灌溉格局，经测算完全按原格局修建过水构造物是不经济的，因此，凡路基侵占、隔断的机井，采取补井的办法，对主要灌渠，按现有渠道的布局设置桥梁涵洞。

路线经过的果林区主要种植的是苹果、桃树和梨树，汽车排放的废气及带动的灰尘，将使果园受到一定程度的污染。因此，在通过果园的路段，须加宽占地面积，种植一定数量的防护林，以保护果园和生态环境。

公路路线经过的局部地段距村镇、学校较近，汽车运行带来的噪声、废气和灰尘将影响居民的生活和学校的正常教学，须种植防护林和设隔音墙解决。

通过实地踏勘及向当地有关部门调查，该路线经过地区地面无重要历史文物及风景区，也没有国防工程设施。

4. 路线方案

根据上述条件结合选线原则初拟了 A、B、C、D 四个方案。

A 方案全长 140 km，工程投资 37 亿元，该方案符合沿线城镇发展规划，虽占用良田、果林区较多，但征地拆迁工作难度不大，且无不良地质地段。

B 方案主要是可利用旧路 23 km，减少占地，节省投资，经计算减少占地 35.3 $hm^2$，但路线长度比 A 方案增加了 2 km，又需多占地 13.3 $hm^2$，因此仅比 A 方案少占耕地 22 $hm^2$，减少投资 200 万元。此外，该方案建筑拆迁大，需投资 1 400 万元，另外还需拆迁 23 km 地下输油管道和地下电缆，总投资反而增大了。尽管符合城镇发展规划，但经初步分析论证给予否定。

C 方案全长 145 km，投资 38 亿元，该方案基本符合沿线城镇发展规划，并少占良田、果林区，征地拆迁量小，但与规划的高速铁路有干扰，且存在不良地质段。

D 方案是在 C 方案的基础上将路线向大明市靠近，以带动当地的经济发展，但要增加里程 3 km，增加投资 5 000 万元，且路线线形质量有所下降。由于营运里程增加，线形质量下降，经初步分析论证予以否定。

现根据搜集的资料，对 A、C 两个方案进一步进行比选。

（1）路线方案与规划关系

A 方案符合沿线城镇的发展规划，与其他线路无干扰，而且与其他省市已建公路路段衔接顺直。C 方案与大明市规划有矛盾，且与规划中的高速铁路两次交叉。

（2）路线长度和投资

A 方案路线长度为 140 km，C 方案因避让大明市区，路线长度为 145 km；A 方案投资 37 亿元，C 方案投资 38 亿元。

(3) 土壤地质及拆迁

A 方案占用土地多为良田，全路段地质情况较好，且占用果林区约 9.4 万棵/km。C 方案用地多为盐碱地，并有部分软土地段，且占用果林区仅 2.6 万棵/km。

(4) 路网布局

A 方案在整个路网中位置居中，路网布局合理，C 方案局部偏东，整个路网布局稍差。

综上所述，A 方案占有明显优势，最终推荐 A 方案。路线方案主要指标比较见表 5-2。

**表 5-2 路线方案主要指标比较**

| 项目 | 单位 | A 方案 | C 方案 | 备注 |
| --- | --- | --- | --- | --- |
| 一、路基 | | | | |
| 1. 土方 | $m^3$ | 27 478 000 | 28 268 000 | 包括互通立交 |
| 2. 防护 | $m^3$ | 205 910 | 245 860 | |
| 3. 特殊路基 | km | | 5 | |
| 二、路面 | $km^2$ | 3 451.7 | 3 584.8 | 包括互通立交 |
| 三、桥梁涵洞 | | | | |
| 1. 涵洞 | 道 | 135 | 131 | |
| 2. 小桥 | m/座 | 1 167/61 | 1 450/82 | |
| 3. 大桥 | m/座 | 1 221/6 | 1 261/7 | |
| 4. 特大桥 | m/座 | 2 774/1 | 2 879/1 | |
| 四、交叉工程 | | | | |
| 1. 互通立交 | 处 | 5 | 5 | |
| 2. 分离立交 | 处 | 23 | 25 | |
| 3. 通道 | 道 | 233 | 235 | |
| 五、拆迁 | | | | |
| 通过果园 | 万棵/km | 3.5/9.4 | 0.8/2.6 | |
| 人工 | 工日 | 11 131 254 | 11 248 657 | |
| 钢材 | t | 50 512 | 54 372 | |
| 木材 | $m^3$ | 13 465 | 14 353 | |
| 水泥 | t | 378 791 | 387 424 | |
| 沥青 | t | 95 431 | 96 743 | |
| 六、路线长度 | km | 140.5 | 145.9 | |
| 七、总造价 | 亿元 | 37.687 | 38.975 | |
| 八、每公里造价 | 万元/km | 268.2 | 267.1 | |
| 比较结果 | | 推荐方案 | | |

# 任务三
# 平原区选线

## 能力要求

1. 明确平原地区的自然特征。
2. 理解平原地区的布线方法。
3. 掌握平原地区的路线特征。
4. 培养学生团队合作、良好沟通、语言表达、分析问题和解决问题的能力。

## 任务描述

路线在选线时必须考虑其所通过的地形、地质、水文条件，选择合理的位置来布设路线通过的位置。本任务通过学生读图中实际路线布设情况，讨论分析平原地区的地形特点，路线特点，理解平原地区路线布设时应考虑的问题。

## 任务实施

通过自主学习及查阅相关资料，完成下列引导问题：

1. 公路平面线形的三要素是指＿＿＿＿＿＿＿＿、＿＿＿＿＿＿＿＿和＿＿＿＿＿＿＿＿。
2. 在转向相同的两相邻曲线间夹直线段处，其直线长度一般不小于＿＿＿＿＿＿＿＿。
3. 平原区地形特征：地面起伏不大，一般自然坡度都在＿＿＿＿＿＿＿＿＿＿以下。
4. 平原区布线应合理考虑路线与城镇的关系，一般是（　　）。

   A. 穿过城镇　　B. 离开城镇　　C. 靠近城镇　　D. 远离城镇
5. 在平原区选线的路线布设中，应注意处理好哪些方面的问题？
6. 平原区路线布设时，应注意哪些影响因素？
7. 实践任务：(1) 基于已完成平原地区外业勘测的基础，提出路线选线的原则、方法及要点，布置并说明任务；

(2) 基于任务，教师提供平原地区具有路线控制点的地形图，学生结合地形进行选线、定线；

(3) 教师纠正补充路线方案；

(4) 学生将所选线形与前期教师已给的路线方案做逐一比较，学生查规范和资料，完成任务。

## 相关知识

工程可行性研究批复后，批准的路线走廊仍是一条具有一定宽度的带，路线中线的具体位置仍待设计阶段确定，这项工作是初步设计、技术设计和施工图设计的主要任务之一。确定路线的具体位置时，由于项目所在区域的自然特征不同，考虑问题的侧重点也有所不同，掌握的原则和工作要点也不同，甚至采用的方法也有所区别。

### 一、平原区路线基本特征

1. 自然特征

平原是指地形宽广平坦或略有起伏和倾斜，地面自然坡度很小的地区，一般自然坡度都在 3°以下。

（1）地形特征。平原地形特征是除泥沼、盐渍土、河谷漫滩、草原、戈壁、沙漠等外，一般多为耕地，且分布有各种建筑设施，居民点较密集，已有的交通网系较密集；在天然河网湖区，还具有湖泊、水塘、河汊多等特点。在农田区水系沟渠网交错纵横；在城镇区建筑、地上地下管网密布。

（2）地质和水文特征。从地质和水文条件来讲，平原区一般不良地质现象较少，但有时会碰到软土地基和沼泽路段。另外，平原地区地面平坦，地表排水困难，地面积水较多，地下水位较高，平原区河流较宽阔，比降平缓，泥沙淤积，河床低浅，洪水泛滥较宽。

（3）气候特征。在北方地区易出现冻胀现象，在有风沙流、风吹雪地区，易出现沙埋公路、雪阻等病害。

2. 路线特征

平原地区地形对路线的限制不大，路线的平、纵、横三方面的几何条件能容易达到，路线布置主要是考虑地物障碍问题。其路线的特征如下：

（1）线性好，标准高。平面线形短捷顺直，以直线为主体线形，弯道偏角一般较小，平曲线半径较大，线性指标较高。

（2）在纵断面上，坡度平缓，横断面上在保证路基干湿稳定前提下以低路堤为主。路线纵坡和填土高度主要受路线交叉中涵洞和通道的影响较大。

（3）便于旧路改造。平原区路线选定时还要充分考虑近期和远期相结合，在线形上要尽量采用较高标准，以便将来提高公路等级时能充分利用原路基、桥涵等工程。

### 二、布设要点

综合平原区路线的自然和工程特征，道路路线布置时应注意以下要点。

1. 以平面为主安排路线

选线时，首先在起、讫点间把经过的城镇、厂矿、农场及风景文物点作为大的控制点；在控制点间通过实地视察进一步根据地形、水文、地质、障碍物条件选择中间控制点，一般较大的建筑群、水电设施、跨河桥位、洪水泛滥线范围以外以及其他必须绕过的障碍物均可作为中间控制点。中间控制点之间，无充分理由一般不设转角点。在安排平面线形时，既要使路线短捷顺直，又要注意避免过长的直线，条件允许时多采用均衡小转角、大半径的长缓平曲线线形。纵面线形应综合考虑桥涵、通道、交叉、路基最小填土高度等要求，合理确定路基设计高度。注意避免纵坡起伏过于频繁，但纵坡也不应过于平缓，避免造成排水不良。

2. 正确处理路线与农业的关系

处理好公路与农田规划、农业灌溉、水利设施的关系，是平原选线的重要问题，主要注意以下四点。

（1）路线应与土地规划、新农村建设、造田、护田相结合。选线应根据其使用任务和性质，综合考虑路线区域的土地规划和新农村建设，满足地方交通工具的行驶及支农运输的要求，以方便群众，支援农业。既不能片面求直而占用大量良田，也不能片面不占农田，使路线弯弯曲曲，造成行车条件恶化。如图 5-3 所示为跨河路线占地方案比较，公路通过某河附近时，如按虚线方案走田中间穿过，路线短，线形好，但多占好田，填筑路基取土困难；如将路线移向坡脚（实线），里程虽略有增长，但避开了大片高产田，而且沿坡脚布线，路基可为半填半挖，既节省了土方，又避免了填方借土的远运。

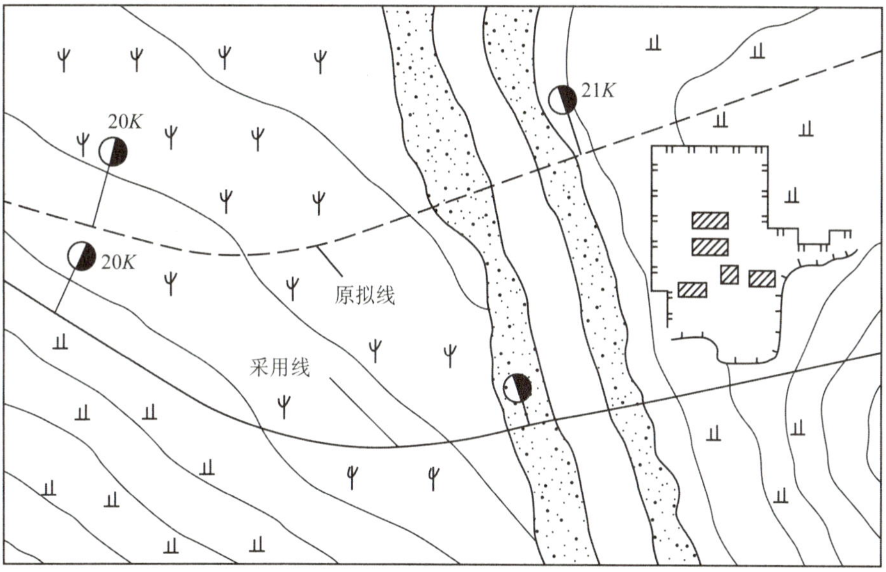


图 5-3　跨河路线占地方案比较

（2）路线应与农田水利建设相配合，有利农田灌溉，尽可能少和灌溉渠道相交，除特殊况外，一般不要破坏灌溉系统，布线要注意尽量与干渠平行，减少路线与渠道相交，把路线布置在渠道上方非灌溉的一侧或渠道尾部。当路、渠方向基本一致时，可沿渠（河）堤布线，堤路结合，桥闸结合，以减少占田和便利灌溉。路线必须跨水塘时，可考虑设在水塘的一侧，并拓宽水塘取土填筑路堤，使水塘面积不致缩小。如图 5-4 农田区路线与沟渠结合的布置所示，第一方案为佳，第二方案次之，第三方案最差。

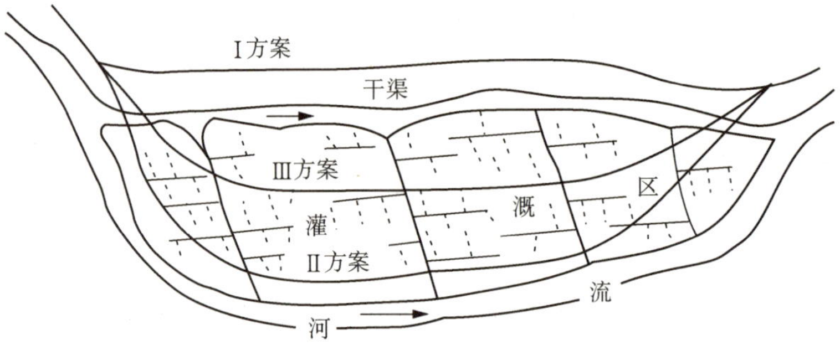


图 5-4　农田区路线与沟渠结合的布置

(3) 注意筑路与造田、护田结合。可能条件下，布线要有利于造田、护田。路线通过河曲地带，当水文条件许可时，可考虑路线直穿，裁弯取直，改河造田，缩短路线（或减少桥涵），如图 5-5 所示。

当路线靠近河边低洼村庄或通过农田时，可考虑靠河岸布线，围滩造田、护村，如图 5-6 为某公路采用沿河布置路线，借石填筑路堤，河曲地带改河造田使河滩地变为良田，并保护了村庄。

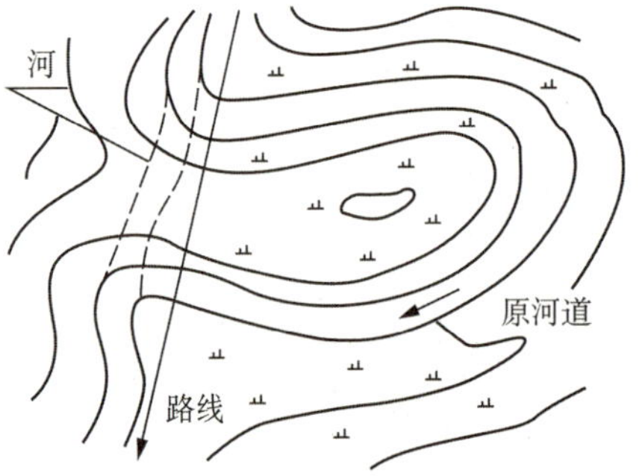


图 5-5　河曲带的路线改河造田布置

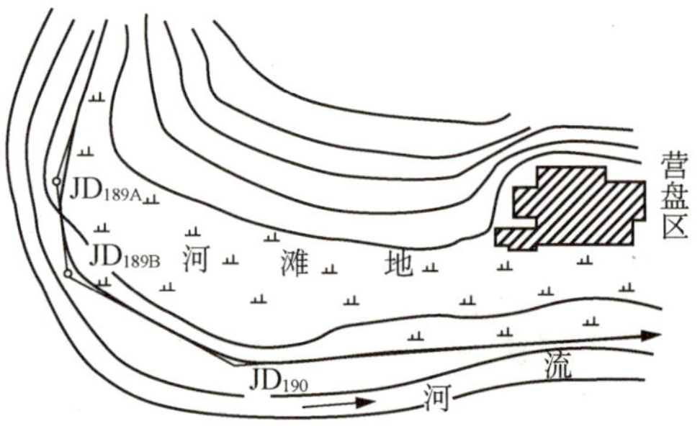


图 5-6　围滩筑路造田的路线布置

(4) 路线布置要尽可能考虑为农业服务。布线要注意与农村公路和机耕道的连接以及土地规划相结合；较多地靠近一些居民点；考虑地方交通工具行驶，以方便群众，支援农业。

3. 处理好路线与城镇关系

平原区有较多的城镇村庄、工业及其他设施，布线应分别情况，正确处理好服务与干扰、穿越与绕避、拆迁与保留问题：

(1) 国防公路和高等级公路，应尽量避免穿越城镇、工矿区及较密集的居民点。但又要考虑到便利支农运输，便利群众，便利与工矿的联系，路线不宜离开太远，必要时还可修建支线联系，做到“靠村不进村，利民不扰民”，既方便运输又保证安全。

(2) 一般沟通县、乡、村直接为农业运输服务的公路，经地方同意也可穿越城镇，但应有足够的路基宽和行车视距，以保证行人、行车的安全。

（3）路线应尽量避开重要的电力、电信设施。当必须靠近或穿越时，应保持足够的距离和净空，尽量不拆或少拆各种电力、电信设施。

（4）注意与铁路、港口、机场、车站、已有道路等其他运输方式配合，以发挥综合运输的效益。

4. 处理好路线与桥位、渡口的关系

（1）大、中桥位常常是路线的控制点，选线时是按桥位控制布线，还是按路线线位布线，需要根据道路等级、交通量大小、工程造价等因素，将路、桥综合分析，寻找路线和桥位都较理想、符合设计要求和技术标准的布置。原则上桥位应服从路线总方向并满足桥头接线的要求，且桥位处地质、水文状况良好。要注意防止两种偏向：一种是单纯强调桥位，造成路线过多地迂绕，或过分强调正交桥位，出现桥头急弯影响行车安全；另一种只顾线形顺直，不顾桥位，造成桥位不合适或斜交过大，增加建桥困难。如图 5-7 所示，跨河路线有三个方案：就桥梁而言，A 线桥位正交，但线形较差，不利于行车；B 线路线顺直，忽视桥位所在的河湾处易产生冲刷，且涵洞构造物多；C 线兼顾路线和桥位的布置，桥位略斜，路线略长，但基本顺直，线形也较舒顺美观。三个方案都有可取之处，设计布线时，应根据道路的等级、交通量大小、是否有超车要求等因素决定桥梁位置，如低等级公路用 A 线位，高速公路用 B 线位。

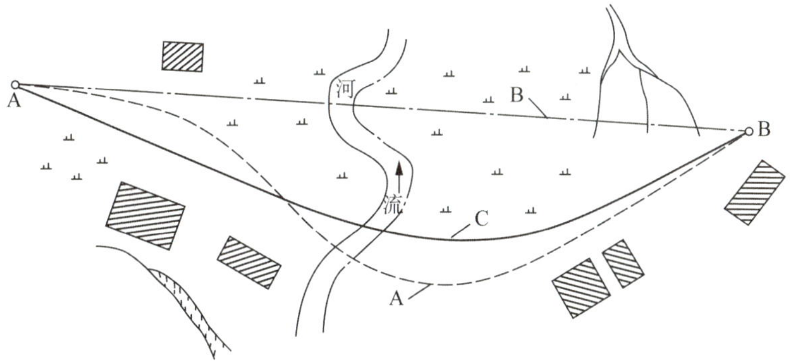


图 5-7　不同的跨河路线方案

（2）小桥涵位置应服从路线走向。当路线与河流交角过大（夹角小于 45°时）或河沟过于弯曲时，可考虑改沟或移线办法，调整交角，布线时应通过比选决定。

（3）在设计桥孔时，应少压缩水流，尽量避免桥前壅水而威胁河堤安全和淹没农田，因平原地区地形平坦，当上游沿河有宽阔低洼田地时，虽壅水水位提高不多，但淹没范围却往往很大。

（4）路线采用渡口跨河时，应在路线基本走向内选择渡口位置，避开浅滩、暗礁等不良河段，两岸地形应适合码头的修建。

5. 注意土壤地质水文条件，保证路基稳定

（1）在低洼地区布线时，尽可能地将路线布置在接近分水岭的地势较高处，使路基具有较好的水文条件。

（2）在平原的河网湖区，地势低洼，地下水位高，要注意路基最小填土高度，保证路基处于干燥或中湿状态，个别挖方地段要注意排水。

（3）路线要避免穿过较大的湖塘、泥沼地带，必须穿越时，应选择相对地质条件较好的地带通过。在基底坡面平缓，淤泥少，下层无软土，且最窄、最浅处首先考虑穿越，但当地质条件与此相矛盾时，要结合线形、工程量和造价等多种因素合理选择。

（4）沿河布线时，应布线于洪水泛滥线以外，必须通过泛滥区时，应保持路基、桥梁应有的足够高度，以免被洪水淹没，并应对路基边坡进行防护加固。

# 任务四
# 山岭区选线

## 能力要求

1. 了解山岭地区的自然特征。
2. 明确山岭地区的路线特征及路线类型
3. 掌握沿溪线的布线形式及对应的布线要点。
4. 掌握越岭线的基本形式及布线要点。
5. 明确山脊线与山坡线的适用条件和设计要点。
6. 培养学生团队合作、良好沟通、语言表达和文档编辑能力。

## 任务描述

路线在选线时必须考虑其所通过的地形、地质、水文条件，选择合理的位置来布设路线通过的位置。而山岭区地形、地质、水文情况复杂多变，给选线工作带来很大的困难，但其山脉水系分明，又给选线提供了一定方向，路线从起点到终点布线要么顺山沿水，要么横越山岭，就形成了沿溪线、山坡线、山脊线、越岭线。本任务要求学生结合选线案例，在看懂地形图的情况下，理解不同路线的布线要点。依据图中实际路线布设情况，讨论公路沿溪线、越岭线、山脊线等路线特点，理解越岭线路线布设时应考虑的问题。

## 任务实施

通过自主学习及查阅相关资料，完成下列引导问题：

1. 沿溪线布局时，需要解决的三个问题是____________、____________和____________。

2. 越岭线布线应解决的主要问题是选择__________，确定__________，拟定垭口两侧__________。

3. 越岭线展线方式主要有__________、__________、__________三种。

4. 沿河线应保证不受洪水威胁，其选线的要点首先在于（　　）。

A. 横断面　　B. 平面与纵面　　C. 地质与土质

5. 沿溪线低线位具有许多优点，其中有（　　）。

A. 平纵面比较顺直平缓，路线线形可采用较高的技术标准

B. 路基防护工程少

C. 在狭窄河谷地段，路基废方处理容易

6. 越岭线在选线中起主导作用的是（　　）。

A. 平面与纵面　　B. 纵断面　　C. 地质与土质

7. 名词解释：沿溪线，越岭线。

8. 越岭线应解决的主要问题有哪些？

9. 越岭线布线时应掌握哪些要点？

10. 公路越岭线有哪些基本形式？为什么说回头展线是不理想的展线形式？

11. 试述山脊线与山坡线的适用条件和设计要点。

## 相关知识

山区河流，谷底一般不宽，两岸台地宽窄不一，谷坡时缓时陡，间或为浅滩和悬崖峭壁。河流多呈弯曲状，凹岸较陡而凸岸较缓。如沿一侧而行，陡岸缓岸相间出现。两岸陡崖处均为峡谷，开阔处常有较宽台地，多是山区仅有的良好耕地。山区河流，平时流量不大，但一旦遇到暴雨，山洪暴发，洪流常夹带泥沙、砾石、树木等急速下泄，冲刷河岸，损毁桥涵，淹没田园，危害甚大。

### 一、山岭区自然特征和路线特征

1. 自然特征

山岭区包括分水岭起伏较大的山脊和陡峻的山坡，一般地面自然坡度在20°以上。

1）地形条件

山高谷深，地形复杂，山脉水系分明。由于山区高差大，加之陡峻的山坡和曲折幽深的河谷，形成了错综复杂的地形，这就使得公路选线较为复杂。

2）地质条件

山岭区的地质层理和地壳性质在短距离内变化很大，地质构造复杂，不良地质现象（如岩堆、滑坡、崩塌、碎落、泥石流等）较多，这直接影响路线的位置和路基的稳定。因此，在山岭区选线工作中，认真作好地质调查，掌握区域地貌和地质情况，摸清地质不良现象的规律，处理好路线与地质的关系，并在选线设计中采取必要的防护措施，对于确保路线地质和路基稳定具有十分重要的意义。另外，山区石多给公路建设提供了丰富的建筑材料。

3）水文条件

山区河流曲折迂回，河岸陡峻，比降大，水流急；雨季暴雨集中时，洪水历时短暂、猛涨猛落，流速快，流量大，冲刷和破坏力大。这样复杂的水文条件，要求在选线中正确处理好路线和河流的关系；选择好桥位并对路基和排水构造物采取必要的加固措

施，确保路基稳定。

4）气候条件

山岭区地形和地貌的变化，引起气候的多变。一般山区气温较低，冬季多冰雪（特别是海拔较高的山区），一年四季昼夜温差很大，山高雾大，空气较稀薄，气压较低。这些气象特征对于汽车行驶的效率、安全和通行性能都有很大影响，选线时应充分考虑。

2. 路线特征

由于自然条件复杂，地形变化很大，使得路线在平、纵、横三方面受到很大限制，因而技术指标一般多采用低限，这也是同一等级公路山岭区计算行车速度比平原区低的原因之一。在所有自然因素中，高差急变是主导因素，因此，在路线布设时，一般多以纵面线形为主安排路线，其次是横面和平面。在选线时要注意分析平、纵、横三方面因素，结合影响路线的主要自然因素，综合考虑，合理协调。

山岭区路线应结合有利的地形条件布设路线。按照道路行经地区的地貌和地形特征，可分为沿溪线、越岭线、山坡线和山脊线四种。

（1）沿溪线是沿着山岭区内河溪的两岸布置路线。这种路线在平面随河溪的地形而转动，在纵面上坡度平缓；在横面上路基形状适宜，路线走向与河溪的方向一致。在路线走向脱离河溪方向时，这种路线即不能采用，必须转为其他路线形式。

（2）越岭线是路线走向与山脉方向大致垂直而需在垭口穿越时的路线。这种路线须适当盘绕，提升高程，所以纵坡较大，有时需要修建隧道。

（3）山坡线是在山坡半腰上布置路线。这种路线是随着山坡而行，平面线形可能弯曲较多，纵坡比较平缓；路基多为半填半挖式，有时需要修建挡土墙。

（4）山脊线是路线走向与山顶分水岭线大致平行时的路线。这种路线大多是在山脊一侧布置，所以平面线形、纵坡和横断面都较易处理。问题在于如何把路线由山下提引到山脊上来。如果地形困难无法提引，则不能采用这种路线形式。

上述四种路线是山岭区布置路线的形式，但是在山区一条公路的总长度中，应根据地形地貌条件，分段选用不同的路线形式，互相连接沟通。

## 二、沿溪线

上述自然条件给选线工作造成一定困难，但和山区其他线形相比，沿河（溪）线具有路线走向明确，平、纵线形指标高，联系居民点多，便于为工农业生产服务，建筑材料来源方便，水源充足，便于施工、养护、工程造价低等优点。要善于利用有利地形，克服不良地质、水文等不利因素，山区选线应优先考虑沿溪线。

1. 沿溪线路线特征

沿溪线是指公路沿一条河谷方向布设路线，其基本特征是路线总的走向与等高线一致，如图 5-8 所示。

图 5-8　沿溪线路线

1）沿溪线主要有利条件

（1）路线走向明确

由于沿溪线路线沿河流（或溪谷）方向布线，因此除个别冗长河曲外，一般无重大路线方案问题。

（2）线形较好

除个别悬崖峭壁的峡谷地段和河曲地带外，一般的开阔河谷均可有台地利用，因而路线线形标准较易达到，标准较高。同时，由于河床纵坡一般都较路线纵坡小（个别纵坡陡峻、跌水河段除外），因而路线纵坡不受限制，很少有展线的情况，平面受纵面线形的约束较小。

（3）施工、养护、运营条件较好

沿溪线海拔低，气候条件较好，对施工、养护、运营有利，特别在低海拔地区更为有利。另外。沿溪线傍山临河，一般砂、石、木材都比较丰富，水源方便，为施工养护提供了就地取材的条件。

（4）服务性能好

山区城镇和居民点大多傍山近水，沿河分布，特别是河口三角地区，人口更为密集。路线走沿溪方案，能更好地为沿线居民点服务，发挥公路的使用效益。

（5）傍山隐蔽，利于国防

沿溪线线位低，比山脊线和越岭线的隐蔽性好，战时不易受到破坏。

2）沿溪线主要不利条件

（1）受洪水威胁较大

洪水是沿溪线的主要障碍，沿溪线的线位高低、工程造价、防护工程量等直接受洪水的影响。处理好路与水的关系是沿溪线布线的关键。

(2) 布线活动范围小

由于受到河谷限制（特别是峡谷河段），路线线位左右摆动的余地很小。当路线遇到河岸条件差时（如悬崖峭壁、不良地质地段等），绕过比较困难，如果冒险直穿，不是遗留后患就是防护工程很大，增加工程造价。

(3) 陡岩河段，工程艰巨

在路线通过陡岩河段时，工程艰巨，难点很多，给公路测设和施工带来很大困难。同时，由于工程艰苦，工程量集中，工作面狭窄，使工期加长，对于一些任务较紧的国防公路，往往因此而不得不放弃良好的沿溪线方案。

(4) 桥涵及防护工程较多

沿溪线线位低，往往要跨过较多的支沟，使桥涵工程增加。同时，为了防御洪水的侵袭和破坏，防护工程必然很多。这些都较大地增加了工程造价。

(5) 路线布置与耕地的矛盾较大

河谷两岸台地虽是布线的良好场地，但在山区这些地方多是耕地，对于耕地紧张的山区，这些良田尤为宝贵。因而，在这些路段布线与占地的矛盾比较突出。

(6) 河谷工程地质情况复杂

通常河谷两岸多处于路基病害如滑坡、岩堆、坍塌、泥石流的下部，路线通过容易破坏山体平衡，带来后患。另外，在寒冷地区的峡谷段，日照少，常有积雪、雪崩和结冰现象。这些都给公路的设计、施工、养护、运营带来困难。

2. 沿溪线布线要点

路线布设的首要任务就是利用有利条件，防止和避让不利条件，沿溪线布局的决定因素是水。由于路线自始至终都要与河流打交道，因此，解决好路线与水的关系是沿溪线布局的关键，沿溪线的路线布局，主要解决河岸选择、高度选择、桥位选择三个问题。这三个问题往往是相互连接、互相影响的，选线时要抓住主要矛盾，结合路线性质、等级标准合理解决。

1) 河岸选择

对于所选的河谷，应结合地形、地质、水文、农田及城镇分布等情况，选择有利的一定岸线。当有利的岸线分布在河谷两侧时，应注意选择有利的地点跨河换岸。需要展现时，应选在支沟较大、利于展线的一岸。有利的条件常交错出现在两岸，选线时应深入调查，综合比较，全面考虑。选择河岸时应考虑以下主要因素。

(1) 地质、地形、农田及城镇分布情况

这是影响河岸选择的主要因素，要深入调查，摸清其特点和规律。

① 地质条件如遇不良地质时，应进行不良地质评估，对跨河绕地与综合整治方案进行比较，确定采用何种方案。在山区河谷中，如山体为单斜构造路线，应选择山体稳固、逆层的一岸；两岸均有不良地质分布时，应对设置高架桥、隧道及不良地质的治理等方案进行综合比较，确定路线布设位置。如图 5-9 所示的乙方案为避让河左岸的两处

陡崖，跨河利用右岸的较好地形，但仅 3 km 后又遇到了更长的悬崖，不得不再回到左岸，两次跨河，须建中桥两座。而甲方案一直走左岸，虽要开挖一段石方，但较建两座中桥经济，因此，不宜跨河换岸。

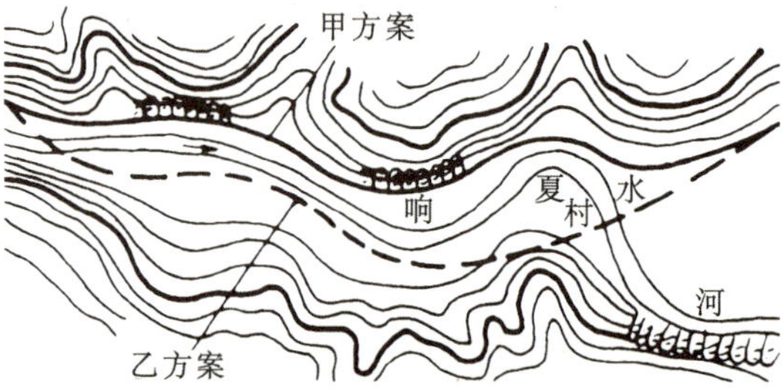


图 5-9　河岸选择方案示意图

对区域性地质构造、滑坡、岩堆、崩塌、泥石流、岩溶等严重不良地质地段，应认真调查其特征、范围及对路线的影响，如不易处理时，应跨河绕避。

② 地形条件。当河谷两岸地质条件较好或差异不大时，路线应选择在地形平坦顺直、支沟较少和不受水流冲刷一岸的阶地上；当需要展线时，应选择在支沟较开阔、利于展线的一岸。

③ 农田及城镇分布条件。路线一般应选在居民点和工矿企业较多、经济较发达的一岸，以便于为地方服务。但为避免大量拆迁民房和妨碍城镇发展，也可能需要绕避，此时应根据具体情况进行比选；土地稀少、珍贵是河谷地带最突出的问题，选线时应采取必要的措施，少占或不占农田。

（2）积雪和冰冻地区的选线

积雪和冰冻地区的阳坡和阴坡，迎风面和背风面的气候差异很大，在不影响路线整体布局的前提下，尽可能选择阳坡和迎风的一岸，以减少积雪、涎流冰等病害。有时即使阳坡工程量大些，但从保证行车安全考虑，宜选用阳坡方案。

2）高度选择

路线高度一般应避免路基直接遭受洪水侵袭，当无法避免时应采取切实可行、安全可靠的防护措施。路线设计高程与洪水位之间应预留足够的安全高度（$0.5+h$）。安全预留高度 $h$ 应包括河道砂石淤积高度、急弯处水位由于离心作用的抬升高度等。

沿河线按路线高度与设计洪水位的关系，有低线位和高线位两种。

低线位是指路基高出设计洪水位不多，路基一侧边坡临水很近，有时还受到较大洪水影响的路线高度。低线位的优点是平、纵面线形比较顺直、平缓，易满足较高的指标要求，土石方数量小，路线低，填挖高度小，边坡较稳定，路线布线选择范围较大，跨河利用有利条件和避让不利条件较容易，养护、施工用水，取材等都相对方便。低线位的缺点是受洪水威胁大，防护工程多，路线与农田矛盾较大，处理废方比较困难。

高线位是指路线高出设计洪水位较多，完全不受洪水威胁的线路。高线位防护工程少，废方容易处理。高线位的缺点是路线随山势走势变化，特别是鸡爪地形，路线线形差，土石方数量大，加固工程多，路线需要跨河时比较困难，施工和养护用水取料都不如低线位方便。

沿溪线的线位高低，是根据两岸地形、地质条件以及水文情况，结合路线等级和工程经济选定。沿河线的路肩设计高程既要保证路肩高出规定洪水频率的设计水位，又要避免路线高悬于山坡之上。路线一般以低线位为主，但必须作好洪水位的调查，以保证路基稳定和安全。在安全的前提下做到“宁低勿高”。高度选择时，须全面掌握河谷特征，统筹规划纵断面设计。

（1）坡度受限地段应根据路线纵坡，尽量利用支沟和其他有利地形、地质条件适当展线。一般“晚展不如早展”，使路线高度尽早降低至河谷台地上，以便利用下游平缓河段减少路基、桥隧工程，也利于跨河换岸。

（2）自由坡度地段可结合地形、水文及工程需要，使路线适当起伏。路基最低高程应在设计洪水位以上，但不宜过高，以减小桥涵工程，便于河岸选择。如图 5-10 所示原线为避让沿河 1.7 km 的断续陡崖，采用了高线方案。由低线过渡到高线的升坡段很长，且弯急坡陡，行车不安全，经局部改线，坡度虽有所改善，但增加了小半径曲线，线形更加弯曲，最后改走低线直穿陡崖，路线平、纵标准显著改善，还缩短了 760 m，行车顺畅，说明不应当采用高线。

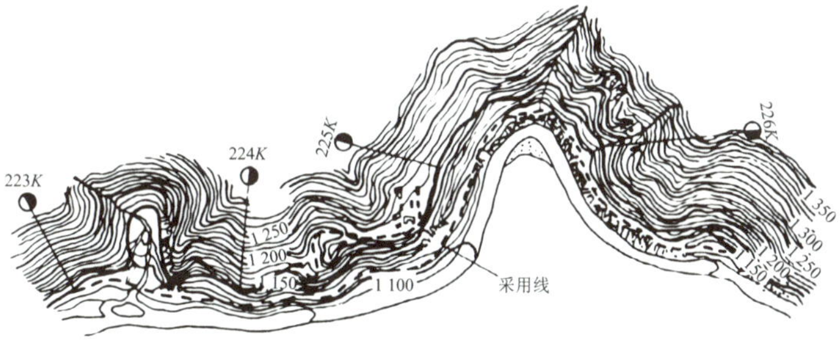


图 5-10　高线方案

3）桥位选择

（1）跨河问题

跨河布线要明确的问题是为什么要跨河，一般情况下，如果起讫点在同岸，且距离很近，一般不考虑跨河的方案，以避免因跨河建桥使费用增加。当跨河布线或跨河建桥比开挖防护直接布线更为经济时，就需要考虑跨河。跨河布线常见的原因如下：

① 中间主要控制点的需要。当路线起讫点在河岸两侧，至少必须跨河一次。有时起讫点在同一岸，中间控制点在对岸，这时可以采用两次跨河方案或支线跨河连接方案。

② 避让严重不良地质地段的需要。对于严重的地质病害，无法穿越时，可考虑跨河绕避。

③ 避让艰巨工程而跨河。在峡谷中，河谷两岸适宜布线的地形往往交替出现，为了利用有利地形，避开艰巨的石方工程，提高施工、养护、营运的条件，常采用两岸交

替布线，这种情况需要进行不同方案的技术经济比较，以选择最优方案。

④ 避让其他地物。如遇铁路、大型水利工程、重要建筑发生严重干扰时，应跨河避让。此外，当生态环境和珍稀濒危动植物栖息环境受到严重影响时，也应避让。

⑤ 线形标准的需要。在高等级公路中，为了线形的顺直，当河沟较小、工程量不大时，采用跨河方案，既可缩短线路，又能改善线形，如图 5-11 为跨河改善线形标准线。

（2）桥位选择

跨河可分为跨支流和跨主流两类桥位，跨支流的桥位选择，一般属于局部方案问题，而跨主流的桥位选择多属于路线布局的问题。在桥位选择上，除了考虑地质水文情况外，要特别注意处理好桥位与线路的关系。对于跨越主河的桥位，当路线走向与河流接近平行的情况下，如何利用地形并使桥头路线平顺，是选择桥位考虑的重要因素之一，常见有以下四种情况。

① 利用“S”形河段跨河，如图 5-12 所示的“S”形河段跨河示意图，在其腰部跨河，原与河道平行的路线，几乎垂直跨越河道，桥头线形显著改善。

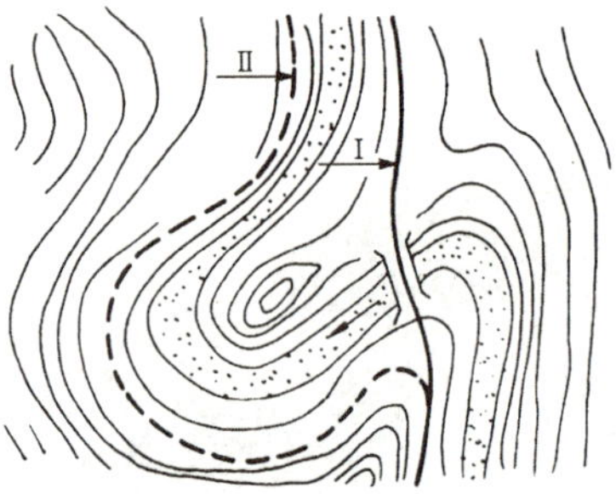


图 5-11　跨河改善线形

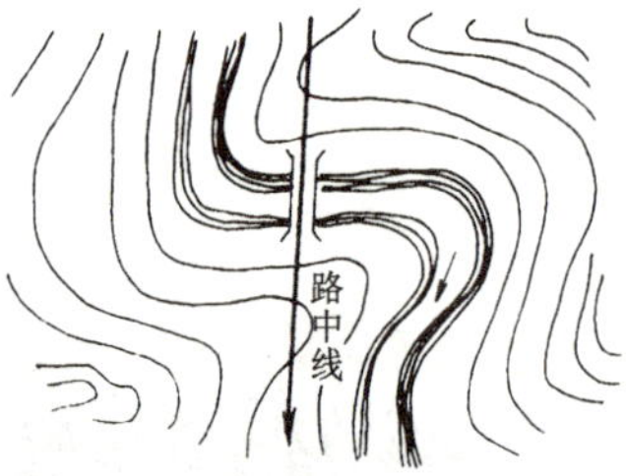


图 5-12　“S”形河段跨河示意图

② 在河湾附近选择有利位置跨越，图 5-13 利用有利的河曲地形跨河，提高了线形质量。但应注意河湾水流对桥头的影响，采取相应的防护措施。

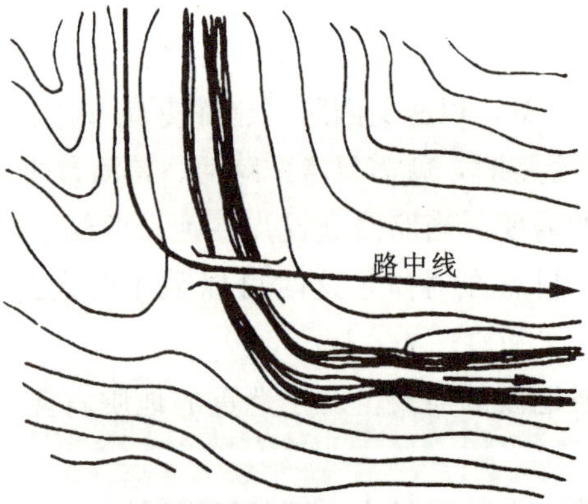


图 5-13　利用河曲跨河

③ 路线平行河道时，对中小桥可以考虑设置斜桥，以改善桥头线形；对大桥和不宜设斜桥时，适当斜交改善线形，如图 5-14(a) 所示，也可以把桥头引线布置一段杓形弯引线，如图 5-14(b) 所示，取得较大的半径，以利于行车。

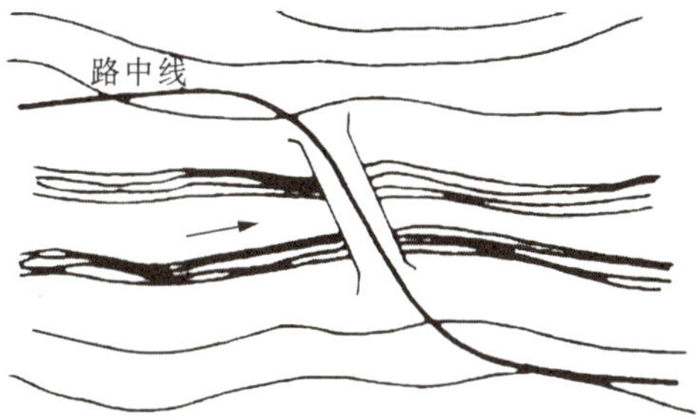


(a) 适当斜交改善线形

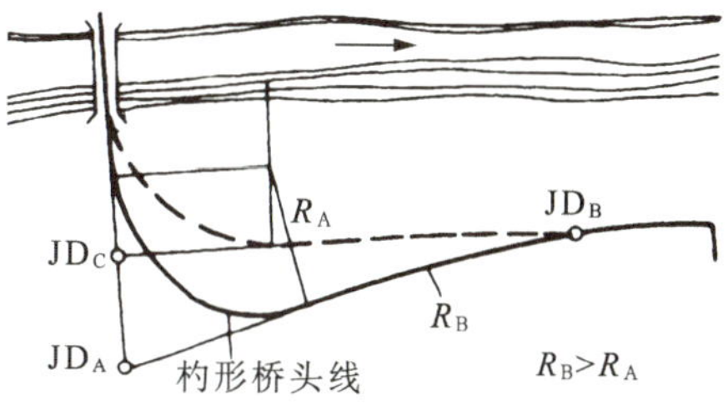


(b) 桥头引线布置

图 5-14 平行河道桥位选择

④ 路线跨越支流的桥位，有两种方案可以选择。如图 5-15 所示，直跨方案的路线短、线形好、标准较高，但工程量较大。绕线进支流上游跨越方案的路线较长、桥跨孔径小、基础条件好、跨桥工程量较小，但线形差、标准低。具体采用何种方案，要根据路线等级和桥位处的地质、地形条件，经技术经济比较后确定。

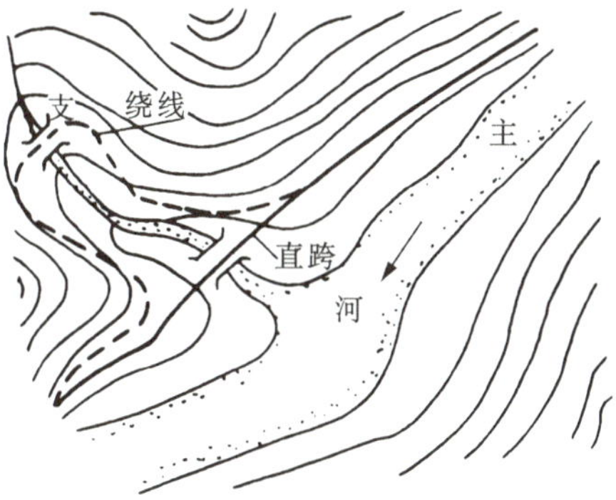


图 5-15 路线跨支流方案

3. 沿溪线不同地形条件下的路线布设

1) 开阔河谷

开阔河谷谷底地形简单、平缓，河岸与山坡之间有较宽的台地，且多为农田，如图 5-16 所示，这类地形的路线有三种走法。

(1) 沿河岸，如图 5-16 中虚线所示，坡度均匀平缓，线形好，但临河一侧受洪水威胁，须做防护工程。

(2) 靠山脚，如图 5-16 中实线所示，路线略有增长，纵面会有起伏，但可不占或少占良田，是常采用的一种布线方案。

(3) 直穿田间，线位在图 5-16 的实线与虚线之间。线形标准高，但占用农田最多，在水田地区，为使路基稳定，有时还需换土，一般不宜采用。

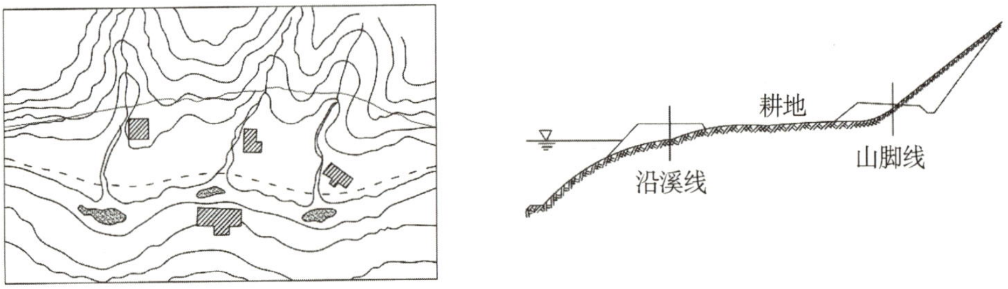


(a) 沿溪线于山脚线平面示意图　　(b) 沿溪线于山脚线横断面示意图

图 5-16　开阔河谷的路线方案

2）陡崖峭壁河段

山区河谷常有陡崖峭壁错综地交替出现，两岸陡崖峭壁对峙、河床狭窄，即为河谷。对此类河谷，路线一般宜选在陡崖顶部的平缓有利地形越过，但若地质条件好，经技术经济比较合理，也可采用直穿的方案，具体直穿的方法为侵河筑堤。当河床较宽，水流不深，压缩部分河床不致引起洪水水位过高时，可采用借石填堤为主，挖方部分为辅的方法，并做好临河面的防护工程。河床不宜压缩的地方，可采用“开”“砌”结合的办法。“开”是在对岸开挖石方，扩大河流过水断面；“砌”是把开挖的石方用于砌筑路堤，这样就使路基占用河床的泄水面积能从开挖河槽中得到补偿，如图 5-17 所示。

当河床较窄，水流湍急，无法侵河筑堤时，可考虑石壁上开挖台口路基，如图 5-18 所示。设计时要注意地质状况和废方处理。

在较高悬崖处，根据地质情况、施工力量和技术经济比较，可采用半山洞、隧道、悬出路台、半山桥等措施，如图 5-19 所示。

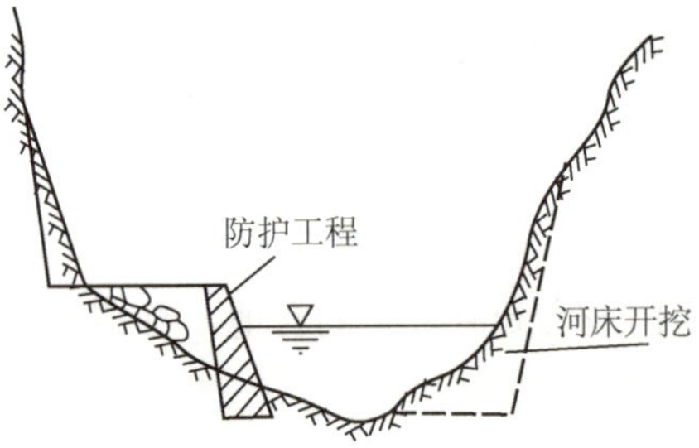


图 5-17　侵河筑堤

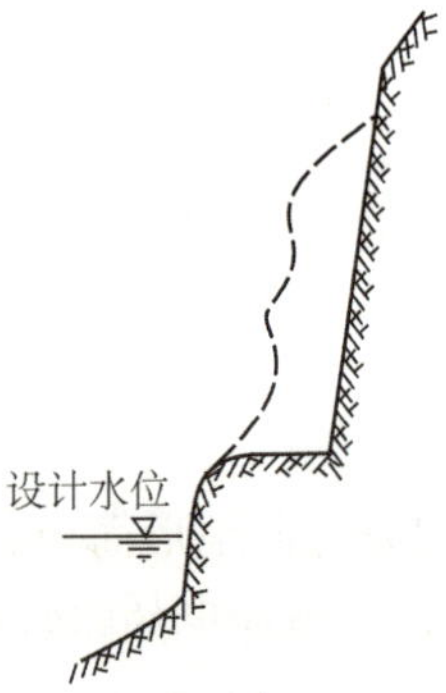


图 5-18　石壁开挖台口路基

3）较长河曲路段

冗长河曲是指较长的河弯地段。路线在河弯内侧时，有四种方案可选择：绕河、越岭、路堑、隧道，如图 5-20 所示。四种方法各有优缺点，绕河方案纵面线形好，但路线长，如遇陡壁段，增加工程的难度；越岭方案路基稳定，但线形相对差；路堑和隧道线形好，但挖方大，弃石多，工程量大。所以，只有根据实际情况和地形，权衡利弊后才能确定。

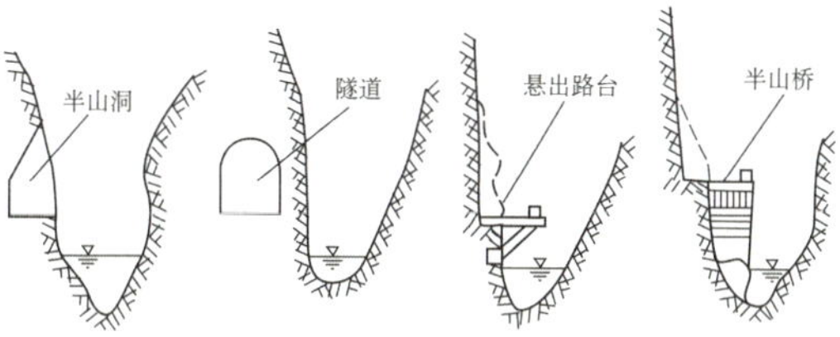


图 5-19　采用特殊措施穿过陡崖

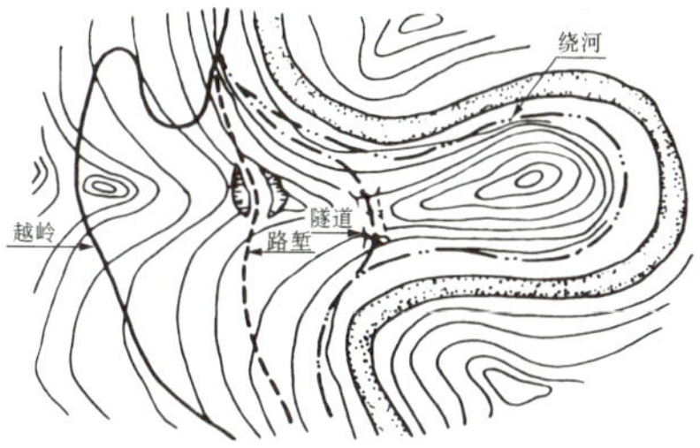


图 5-20　较长河曲路线方案

当路线在河弯外侧时，除绕线外，也可取直，取直后或两次跨河或改移河道，如图 5-21 所示。

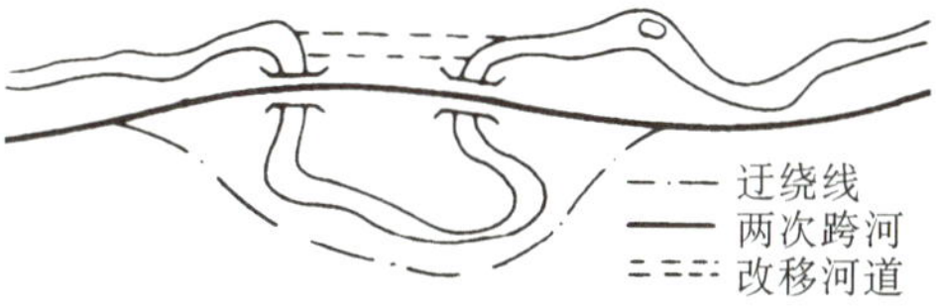


图 5-21　河弯路线方案

4）河床纵坡陡峻河段

河床纵断面在短距离内突然下落几米至几十米，形成急流、跌水。这时路线纵坡不可能大幅度变化，自然线位无法继续保持和原河道的相对关系，为了尽快降低线位，继续沿溪而行，要利用平缓的山坡和支谷地形及时展线，降低线位河床纵坡连续陡峻的河段。这类河段多出现在山区河流的上游，是沿溪线和越岭线之间的过渡段。河床纵坡是越上溯越陡，当陡到路线技术标准不允许的程度时，就需要进行展线，选线要点详见后文“越岭线”。如图 5-22 为河床纵坡陡峻河段路线方案。

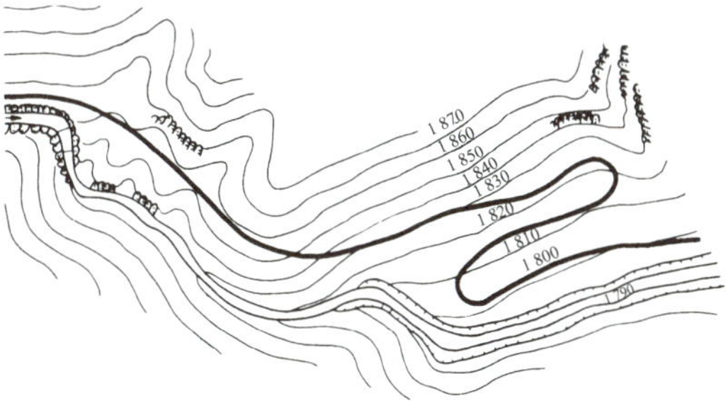


图 5-22　河床纵坡陡峻河段路线方案

5）地质不良地段的路线布线

山区河谷地形通常是地质、地貌较复杂的地段，沿河两岸滑坡、崩塌、岩堆等不良地质现象较为常见，当路线通过这些地段时，对大面积的不良地质路段应尽量避让，对局部不良地质路段可采用特殊防护方式通过。

(1) 当路线经过岩堆时，首先要调查其稳定性，对不稳定的岩堆一般应避让。当岩堆表面长满草木、无新鲜石块，岩堆体胶结紧密，无地下水冒出，可视为稳定，路线通过岩堆可用挡土墙、隧道、防石走廊，如图 5-23 所示为路线穿越岩堆的方案。

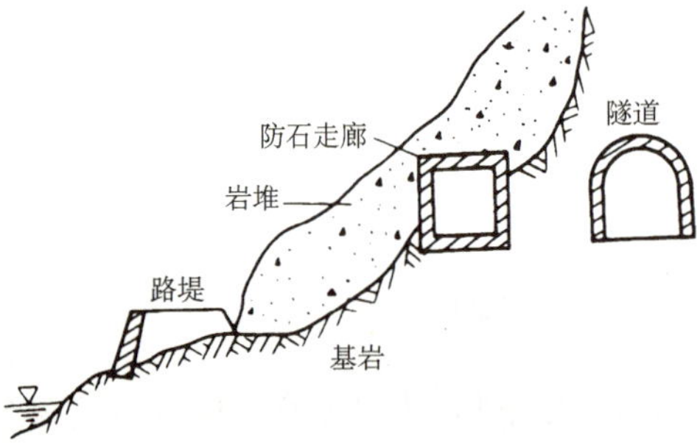


图 5-23　穿越岩堆的方案

(2) 当路线通过滑坡时，路线一般应从滑坡上方以路堑方式通过，这样可以减少滑坡对公路的威胁。当必须从下方通过时，以路堤式加挡土墙为宜，严禁开挖破坏现有滑坡体的平衡，对大型滑坡必须避让，如图 5-24 所示为滑坡地段路基布置。

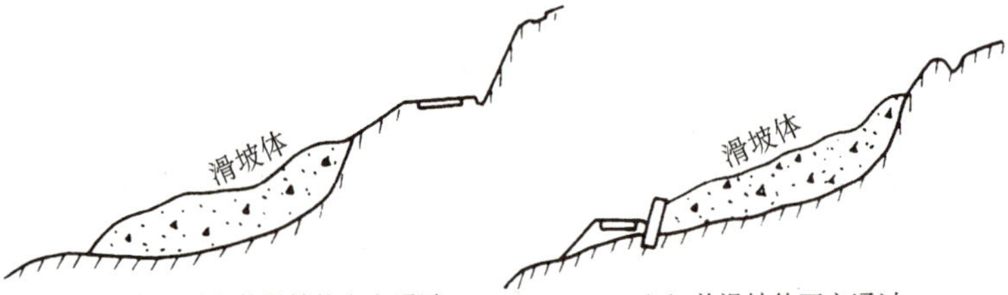


(a) 从滑坡体上方通过　　(b) 从滑坡体下方通过

图 5-24　滑坡地段路基布置

(3) 泥石流是由暴雨、融雪造成的一种挟带大量泥沙、石块等固体物质的洪流。由于它具有流动性，一般应避让，当无法避让时，可以提高路线，以桥跨通过，也可采用明洞的方式，让泥石流从明洞上面流过，川藏公路上采用了小桥配合过水路面的方法，取得了较好的效果。如图 5-25 所示为路线穿越泥石流的布置方案。

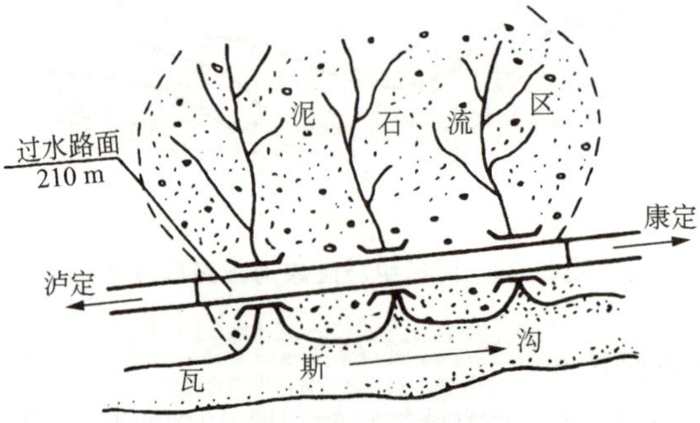


图 5-25　路线穿越泥石流的布置方案

## 三、越岭线

越岭线指翻越山岭布设的路线。其特点是需要克服很大的高差，路线长度和平面位置主要取决于路线纵坡的安排。在越岭线选线中，须以安排路线纵坡为主导，同时处理好平面和横断面的布设。

越岭线选线主要解决垭口选择、过岭高层选择和垭口两侧路线展线三个问题。它们是相互联系、相互影响的，布局时应结合水文及地质条件，处理好三者关系。对海拔较高、气候恶劣、雾雪严重的越岭线选线，应结合道路的使用任务及功能区别对待，要求常年保持畅通的干线道路，应与在雪线以下或气候较好的地段，采用隧道方案通过进行比较。高速公路、一级公路因纵坡控制较严，要求路线短捷，越岭线必须根据地形、地质及气候条件，对越岭隧道与越岭展线进行详细的技术、经济比较。

垭口是布局的重要控制点，决定了路线的走向；过岭高程控制着纵坡的大小；展线方式决定了路线的长度，它们是相互联系，相互影响的。布局时应综合考虑，处理好三者的关系。

1. 垭口选择

1）垭口位置选择

垭口位置在基本符合路线走向的前提下，应结合两侧山坡展线方案考虑。先考虑高差较小且展线降坡后能与山下控制点顺直连接的方案，不要无效延长路线；再考虑稍微偏离路线方向，但接线较顺，且不过于增长里程的其他垭口方案。

2）垭口高程选择

垭口海拔高低及其与山下控制点的高差，对路线长短、工程量大小和运营条件有直接的影响，一般应选择标高较低的垭口。

3）垭口展线条件选择

山坡线是越岭线的主要组成部分，而山坡坡面的曲折程度、横坡陡缓、地质好坏等情况，与标准和工程大小有直接关系。因此，选择垭口必须结合山坡展线条件考虑。

4）垭口的地质条件选择

垭口一般地质构造薄弱，常有不良地质存在，应深入调查研究其地层构造（图 5-26），摸清其性质和对公路的影响。对软弱层型、构造型和松软土侵蚀型的垭口，只要注意到岩层形状及水的影响，路线通过一般问题不大。对断层破碎带型及断层陷落型垭口，一般应尽量避开；必须通过时，应查清破碎带的大小及程度，选择有利部位通过，并采取可靠工程措施（如设置挡土墙、明洞）以保证路基稳定。对地质条件恶劣的垭口，局部移动路线或采取工程措施亦不解决问题时，应予放弃。

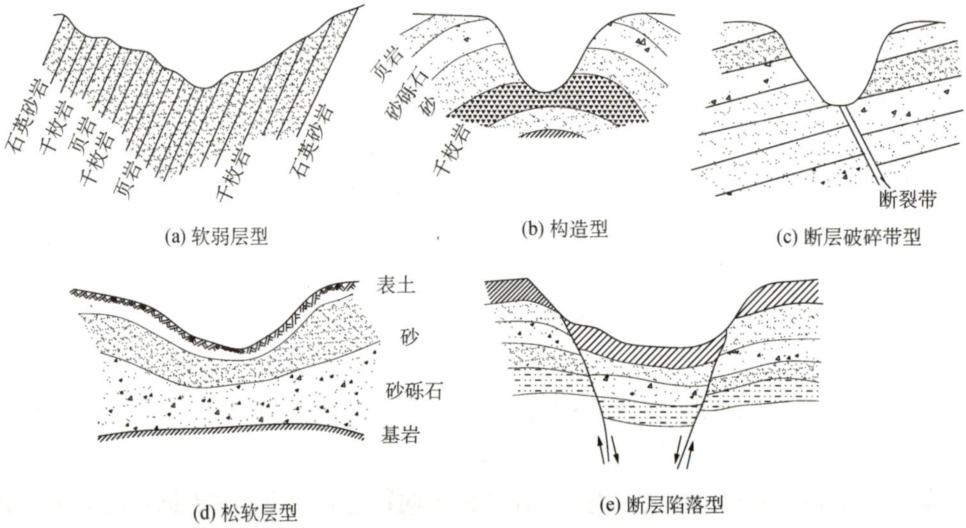


(a) 软弱层型　(b) 构造型　(c) 断层破碎带型

(d) 松软层型　(e) 断层陷落型

图 5-26　垭口的各种地质构造

2. 过岭高程的选择

路线过岭，可采用路堑或隧道通过。过岭高程越低，路线就越短，但路堑或隧道就越深、越长，工程量也越大。因此，过岭高程应结合路线等级、越岭地段的地形、地质以及两侧展线方案、过岭方式等因素经过技术经济比较来选定，这些因素是互相影响的，必须全面分析、研究、比较各种可能的方案，作出合理的选择。过岭方式主要有如下三种。

1）浅挖低填

遇到过岭地段山坡平缓，垭口宽而厚的地形，展线容易，只宜采用浅挖低填的方式过岭，过岭高程基本就是垭口高程。

2）深挖垭口

当垭口比较瘦削时，常用深挖的方式过岭。深挖垭口，虽土石方工程较集中，但由于降低了过岭高程，相应缩短了展线长度，总工程量并不一定增加。即使有所增加，也可从改善行车条件，节约运营费中得到补偿。至于深挖程度，应视地形、地质、气象条件以及展线对垭口高程的要求等因素而定。现有资料表明，一般挖深在 20 m 以内，地质情况良好时，还可深些。垭口越瘦削，越宜深挖。但垭口通常地质条件较差，挖深应以不致危及路基稳定为度，否则应采取有效措施，以防止遗留病害。有条件时，可采用隧道通过。

但应指出的是，地质条件是选择过岭深挖或是浅挖低填的重要因素。如软弱层型垭口，为软岩层经雨水和风化作用形成的垭口，一般外形不对称，这种垭口渗水性强，稳定性差，常引起顺层滑坡；松软层型垭口，这种沉积形成的土层，土质松软，容易引起塌方；断层破碎带垭口是由地层褶曲和断层经浸蚀风化形成的垭口，其特点是岩层破碎，地表水容易渗透，开挖后易碎落和坍塌，深挖后基底和边坡稳定性差，一般应避让，必须通过时，不能深挖，结合岩层破碎风化程度及地下水的状况慎重决定开挖深度，同时采取相应的加固排水措施。

过岭高程是越岭线布局的重要控制因素，不同的过岭高程就有不同的展线方案。如图 5-27 所示，路线通过垭口，由于选用不同的挖深出现了三个可能方案。甲方案挖深 9 m，需要设两个回头弯；乙方案挖深 13 m，需一个回头弯；丙方案挖深 20 m，即可顺山势布线，不需回头弯。丙方案线形好，路线最短，有利于行车和节约运营费用。

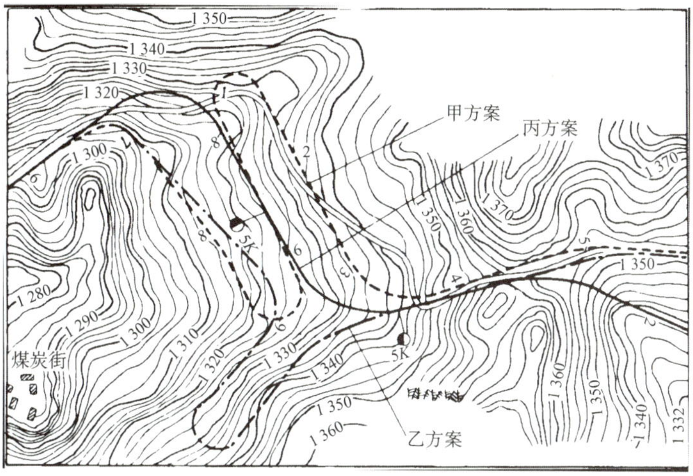


图 5-27　垭口采用不同挖深的展线布局方案

3）隧道穿越

采用隧道穿越，可以缩短路线长度、提高路线技术指标、避让不良地质、减轻或消除高山缺氧、积雪、结冰对公路的不良影响、改善行车和养护条件。但隧道的工期长、造价高、技术复杂、受地质条件影响大。当垭口挖深在 20～25 m 时，应就采用隧道或深挖路堑过岭方式进行比较。

建设费用的比较可用临界高程作为研究的基础。临界高程就是隧道造价和路线造价总和最小的过岭高程。设计高程如高于临界高程，则路线展长费用将多于隧道缩短的费用；设计高程如低于临界高程，则隧道加长费用将多于路线缩短费用。一般来讲，隧道与路线的造价比达 1∶10，即修建 1 km 隧道能缩短 10 km 路线的长度。

从运营费用的比较上讲，隧道投资与运营费用的比一般为 1∶6，即修建 1 km 隧道能节约 6 km 路线的运营费用（燃料、轮胎、行车时间、道路养护）。运营费用的降低对交通量大的路线意义尤大，当对路线改善的期望远大于投资效益的期望时，路线改善的期望也应作为比选的因素。

隧道过岭的选择不仅着眼于经济，还应考虑以下因素：

① 地质和水文地质条件是选择标高有决定意义的因素，要尽可能把隧道设在较好的地层中。

② 隧道标高应设在常年冰冻线和常年积雪线以下，以保证施工和行车安全。

③ 隧道长度要考虑施工期限和施工技术条件等。

④ 在不过多增加工程造价的情况下，要适当考虑远景的发展，尽可能把隧道标高降低。

3. 垭口两侧路线的展线

1）展线布局

越岭线的高程主要是通过垭口两侧山坡上的展线来克服的。路线的展线布局以纵坡为主导，即平、纵、横三个面的结合要以纵断面为主导。在确定了越岭线的主要控制点后，进行试坡展线，定出中间控制点，在各控制点之间逐段展线，最后形成路线的整体。试坡展线前应对现有的地形图（如地形图或航测图）作好室内研究，分段了解适宜展线的方式、回头曲线的位置、各路段大致的坡度、可利用的有利地形条件及应该避让的不良地质地段等。

展线布局必须从纵坡的安排开始，其工作步骤如下：

① 全面布局，拟定路线大致走向。在调查或踏勘阶段确定的主要控制点间，进行广泛勘查，调查周围地形及地质情况，以带角手水准粗略勘定坡度作为指引，注意利用有利地形、地质，拟定路线可能的大致走法。

② 试坡布线。试坡的目的是进一步落实初步拟定的路线走法的可能性，发现和加密中间控制点，发现局部比较方案，拟定路线布局。

试坡用带角手水准配合全站仪进行，从垭口自上而下试坡。试坡方法与定线时放坡方法相近，详见公路定线部分。

③ 分析、落实控制点，确定布局方案。控制点有固定和活动之分：第一种是位置和高程都不能改变，如工程特别艰巨地点的路线和某些受限制很严的回头地点，必须利用的桥梁，必须通过的街道等；第二种是位置固定，高程可以活动，如垭口、重要桥位等；第三种是位置、高程都有活动余地的，如侧沟展线的跨沟地点，宽阔平缓山坡的回头地点等。

④ 详细放坡定出路线。

2）展线方式

越岭线的展线方式主要有自然展线、回头展线、螺旋展线三种，如图 5-28 所示。

（1）自然展线

自然展线是以适当的坡度，顺着自然地形，绕山咀、侧沟来延展距离，克服高差。自然展线的优点是走向符合路线基本方向，行程与升降统一，路线最短。与回头展线相比，线形简单，技术指标一般也较高，特别是路线不重叠，对行车、施工、养护均有利。如路线所经地带地质稳定，无割裂地形阻碍，布线应尽可能采用这种方案。缺点是避让艰巨工程或不良地质的自由度不大，只有调整坡度这一途径。如遇到高崖、深谷或大面积地质病害很难避开时，就不得不采取其他展线方式。

（2）回头展线

回头展线也即用回头曲线进行展线，回头曲线通常指的是在同一面山坡上设置的转角接近 180°的曲线。当控制点间的高差大，靠自然展线无法取得需要的距离以克服高差，或因地形、地质条件限制，不宜采用自然展线时，路线可利用有利地形设置回头曲线进行展线，如图 5-29 所示。

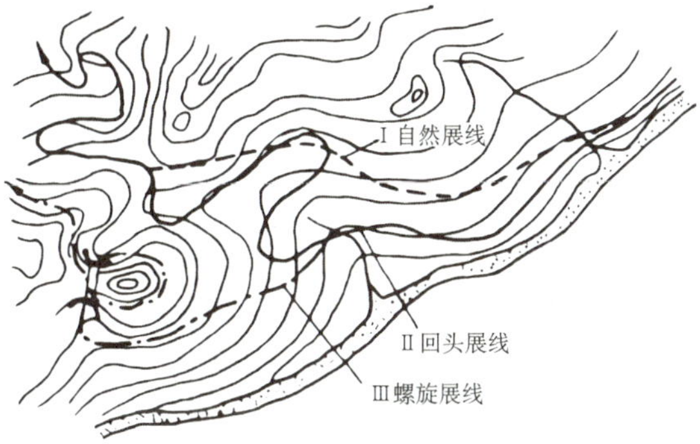


图 5-28　越岭展线的三种方式

图 5-29　回头曲线展线示意

回头展线的缺点是在同一坡面上，上、下线重叠，对于行车、施工、养护都不利。优点是便于利用有利地形，避让不良地形、地质和难点工程。

回头地点对于回头展线工程大小和使用质量关系很大，应慎重选择。回头曲线的形状取决于回头地点的地形，一般利用以下三种地形设置：

① 直径较大、横坡较缓、相邻有较低鞍部的山包或平坦的山脊，如图 5-30(a)、(b) 所示。

② 地质、水文地质良好的平缓山坡，如图 5-30(c) 所示。

③ 地形开阔，横坡较缓的山沟或山坳，如图 5-30(d)、(e) 所示。

为了尽可能消除或减轻回头展线对于行车、施工、养护不利的影响，要尽量把回头曲线间的距离拉长，以分散回头曲线、减少回头个数。回头展线对不良地形、地质的避让有较大的自由度，但不要遇见难点工程，不分困难大小和能否克服就轻易回头，致使路线在小范围内重叠盘绕。

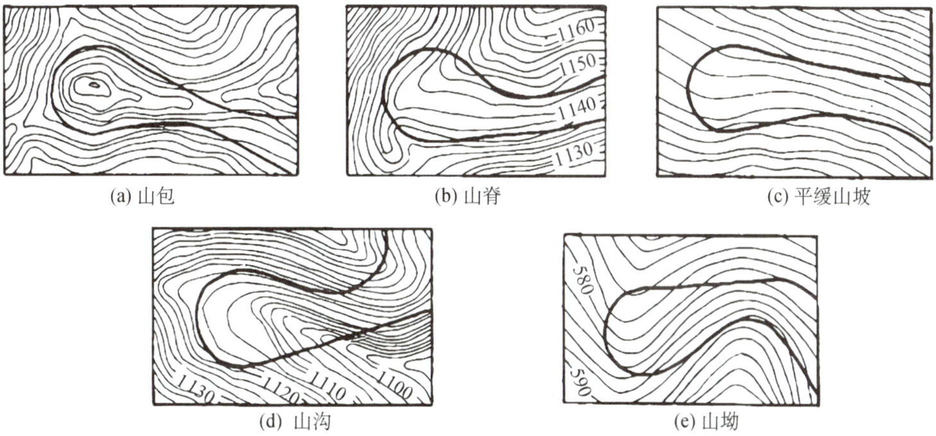


图 5-30　适合设回头曲线的有利地形

（3）螺旋展线

当路线受到限制，需要在某处集中地提高或降低某一高度才能充分利用前后有利地形时，可考虑采用螺旋展线。螺旋展线一般多在山脊利用山包盘旋，以旱桥或隧道跨线，如图 5-31 实线所示。也有的在峡谷内，路线就地迂回，利用建桥跨沟跨线，如图 5-32 实线所示。

螺旋展线目前在公路选线上还未被用作重要的展线方式，而仅视为回头展线的一种变化，在某种地形条件下用以代替一组回头线（如前两图中虚线所示）。它虽比回头线具有线形较好，避免路线重叠的优点，但因需建隧道或高桥、长桥，造价很高，因而较少采用。必须采用时，应根据路线性质和任务，与回头展线的方案作详细比较。

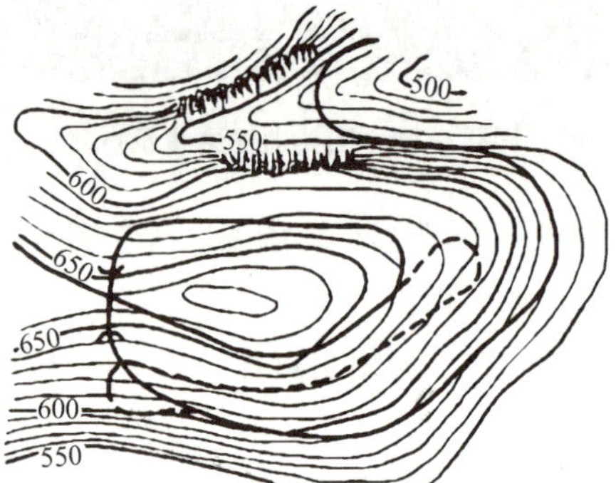


图 5-31　山脊螺旋线图

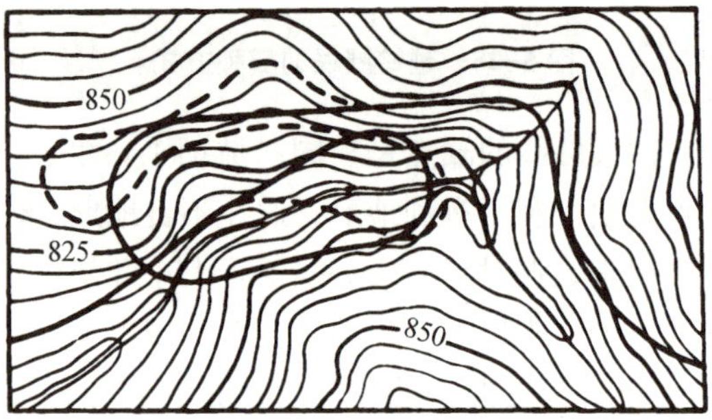


图 5-32　山谷螺旋线

4. 越岭线展线示例

越岭线展线布局的基本形式是利用山谷与山脊展线。

1）利用山谷展线

图 5-33 是反复跨主沟的山谷展线，图中③、⑤、⑦处是试坡确定的较合适的回头地点，可视为固定控制点，②、④、⑥是由①、③、⑤、⑦ 分别交会出来的跨沟地点。

图 5-34 是利用侧沟的山谷展线，图中③、⑤、⑦为山咀，受限制较严，可视为固定控制点，②、⑥及侧坡上④点，有较大活动范围，布线时可分别由两端放坡交会而定。

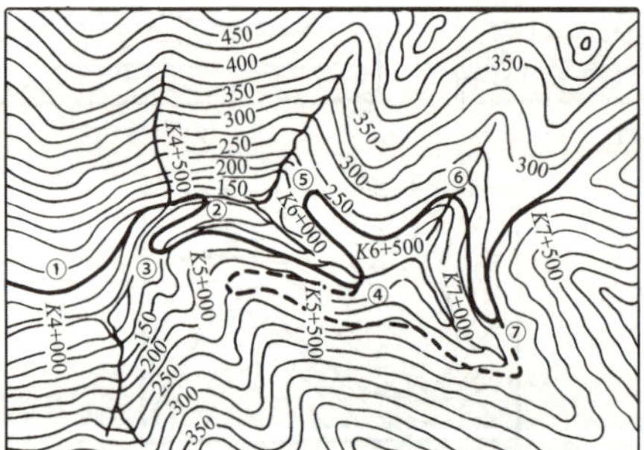


图 5-33　反复跨主沟的山谷展线

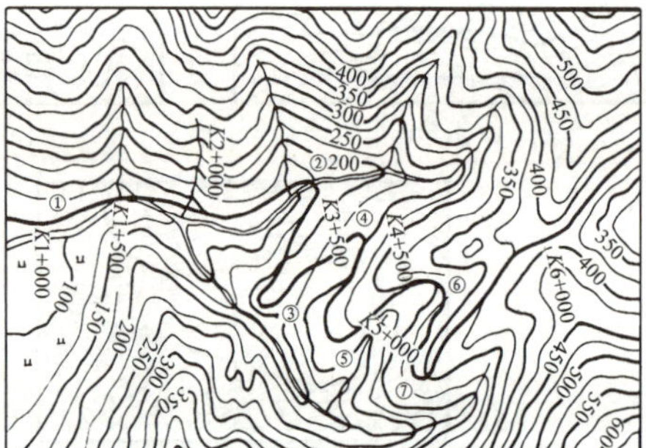


图 5-34　利用侧沟的山谷展线

2）利用山脊展线

图 5-35 是利用支脉山脊展线。经试坡分析，①受标高控制较严，③、⑤点下方横坡陡峻，路线不宜再低，视为固定控制点，②、④能稍许活动，布线时分别由①、③、⑤交会出来。采用这种方式布线，要求选择宽阔的山脊或山咀，否则路线重叠次数很多。有条件时，应选择适当地点突破右侧山沟，将路线引向其他坡面去布设。

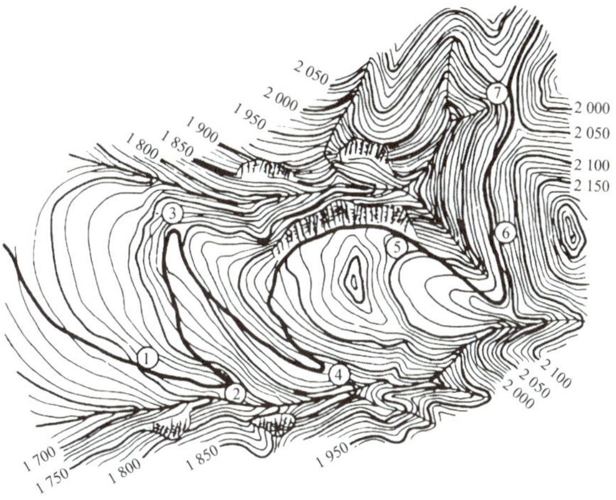


图 5-35　利用支脉山脊的展线

3）利用山坡展线

利用一面山坡往返盘绕，往往叠线过多，一般应尽量避免。但在受地形限制，无其他展线方案时，可选择横坡平缓、地质条件好，布线范围较大的山坡设线。布线时注意尽可能突破难点，扩大布线范围和避免上、下两个回头曲线并头。图 5-36 是一个路线布局不好的例子，路线未充分利用地形尽量拉长回头曲线间的距离，致使叠线为 5～6 次，并多次出现上、下线并头的现象。

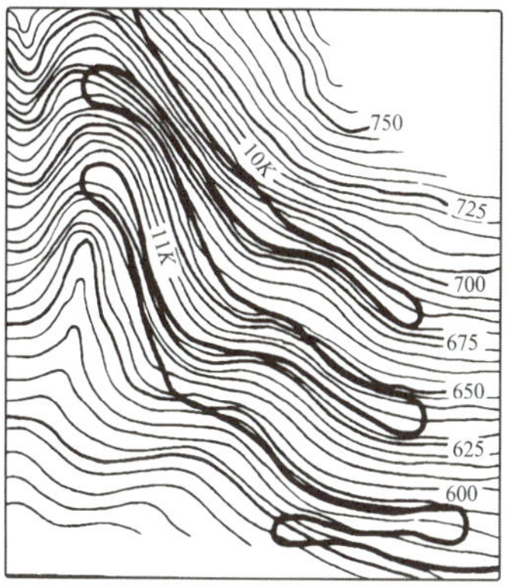


图 5-36　山坡回头展线布局

一条较长的越岭线，由于地形的变化，常常是各种展线方式的综合运用，布线时要抓住实际地形特点，选用沿溪、越岭等合适的方式，因地制宜选用展线方式。在选线中要注意各路段之间的技术指标均衡和衔接，山区公路因地形原因，均衡原则更显重要，要均衡各种因素，全面分析，综合考虑，合理布线。

## 四、山脊线

### 1. 山脊线的特点与选择条件

山脊线指公路大体上沿分水岭布设的路线。分水岭顺直平缓，起伏不大，岭脊肥厚的分水岭是布设山脊线的理想地形。但高山地区的分水岭常常是峰峦、垭口相间排列，有时相对高差很大，这种地形的山脊线线位，为一些较低垭口所控制，路线须沿分水岭的侧坡在垭口之间穿行，线位大部分设在山腰上，称为山坡线，所以山脊线与山坡线是密切相联系的。

在选线中是否采用山脊线方案主要应考虑以下条件决定取舍：

(1) 分水岭的方向不能偏离路线总方向过远；

(2) 分水岭平面不能过于迂回曲折，纵面上各垭口间的高差不悬殊；

(3) 控制垭口间山坡的地质情况较好，地形不过于陡峻凌乱；

(4) 上下山脊的引线要有合适的地形可以利用，这是能否采用山脊线的主要条件之一，往往山脊本身条件很好，但上下引线条件差而不得不放弃。

由于完全具备上述条件的分水岭不多，所以很长的山脊线比较少见。往往是作为沿河线或山坡线的局部比较线及越岭线的两侧路线的连接段而出现。

### 2. 山脊线布局

山脊线布局主要解决控制垭口选择、侧坡选择和试坡布线三个问题。

#### 1) 控制垭口选择

每一组控制垭口代表着一个山脊线的方案。因此选择控制垭口是山脊线选线的关键。当分水岭方向顺直，起伏不大时，几乎每个垭口都可暂定为控制点。如地形复杂，起伏较大，且较频繁，各垭口高低悬殊，则高垭口之间的低垭口一般即为路线的控制点，突出的高垭口可舍去；在有支脉横隔的情况下，相距不远的、并排的几个垭口，则只选择其中一个与前后联系条件较好的垭口。控制垭口的选择还必须联系分水岭两侧山坡的布线条件综合考虑，而在侧坡选择和试坡布线的过程中，要对初步选定的控制点加以取舍、修正，最后落实。

#### 2) 侧坡选择

分水岭的侧坡是山脊线的主要布线地带。要选择布线条件较好的那一侧，以取得平、纵线形好、工程量小和路基稳定的效果。坡面整齐、横坡平缓、地质情况好、无支脉横隔的向阳山坡较为理想。除两个侧坡优劣十分明显的情况外，两侧要作比较以定取舍。同一侧坡也还可能有不同的路线方案，可通过试坡布线决定。多数初选的控制垭口，在侧坡选择过程中即可决定取舍，少数则需在试坡布线中落实。

如图 5-37 所示中 $A$、$D$ 两垭口是由前后路线所决定的固定控制点，其间 $B$、$C$、$E$ 等垭口，哪个选为中间控制点，首先取决于路线布设在分水岭的哪一侧。显然，位于左

侧的甲线应舍 $C$、$E$ 而取 $B$，位于右侧的乙线应舍 $B$ 而取 $C$ 或 $E$。至于 $C$、$E$ 的取舍以及甲、乙方案的比选问题，则有待于试坡布线时解决。

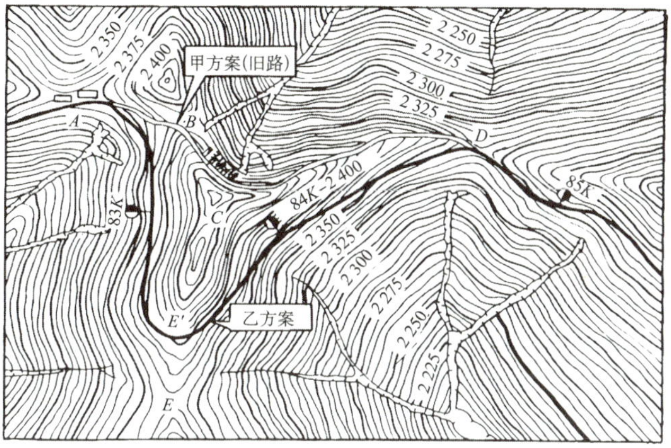


图 5-37　山脊线路线方案比较示意

3）试坡布线

在两固定控制点间布线，应力求距离短捷，坡度和缓。山脊线有时因控制点间高差很大，需要展线，也有时为避免路线过于迂绕，要采用起伏坡，以缩短距离。从总体看，山脊线难免有曲折、起伏，但不可使其过于急促、频繁，平、竖曲线和视距等指标也要适当高些，以利行车。

山脊布线常见以下三种情况。

(1) 控制垭口间平均坡度不超过规定

如两控制垭口中间，地形、地质方面没有太大障碍，应以均匀坡度沿侧坡布线。如控制垭口间平均坡度较缓，而其间遇有障碍或难点工程时，可加设中间控制点；调整坡度来避让，中间控制点和各垭口之间仍应以均匀坡度布线。如图 5-37 所示的甲方案，$AB$、$BD$ 两段，地面自然坡度一上一下已经很陡，只有适当挖深垭口后，才分别获得 +5.5% 和 −5% 较合理的坡度；$BD$ 段两次跨冲沟，需要防治，工程稍大。如欲减小防治工程，要在冲沟头上方加设中间控制点，这将使 $B$ 到 $D$ 的一段纵坡过陡，不宜采用。

(2) 控制垭口间有支脉横隔

路线穿过支脉，要在支脉上选择合适垭口作为中间控制点。该垭口应不致使路线过于迂绕，合理深挖后两翼路线坡度都不超过规定，并使路线能在较好的地形、地质地带通过。有时在支脉上选择的控制垭口虽能满足纵坡要求，但线形过于迂绕，为了缩短距离，控制点就不一定恰好设在垭口上。

图 5-37 中的乙方案是穿支脉的路线，支脉上有 $C$、$E$ 两个垭口，选中间控制点时，首先考虑 $C$，因其位置过高，合理深挖后两翼路线坡度仍超过规定，只好放弃而选择垭口 $E$。$E$ 的两翼自然纵坡均低于规定值，为了既保证坡度符合要求，又能尽量缩短距

离，从低垭口 $D$ 以 5%～5.5%的坡度沿山坡向垭口 $E$ 试坡，定出控制点具体位置 $E'$，使乙方案得到合理的最短长度。$AE'$之间则按均匀坡度（约 3%）布线。乙方案虽较甲方案长 740 m，但工程小，施工较易，当交通量小时，宜予采用。

（3）控制垭口间平均坡度超过规定

根据具体地形、地质条件，采用填挖、旱桥、隧道等工程措施来提高低垭口，降低高垭口，也可利用侧坡、山脊有利地形设置回头展线或螺旋展线，如图 5-38 山脊路线展线示意图。选线方法详见本任务越岭线。

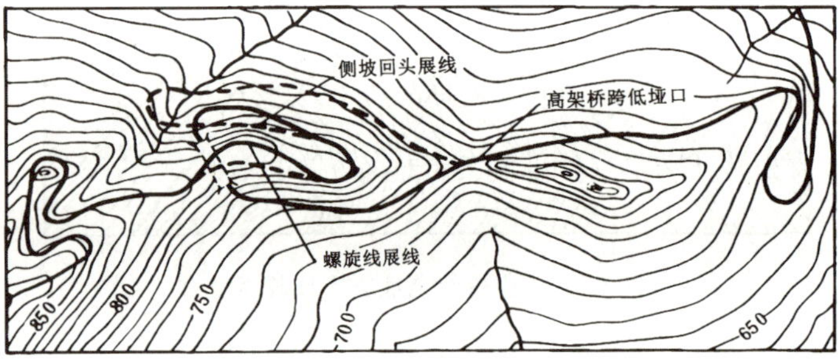


图 5-38　山脊路线展线示意图

## 五、山坡线

山坡线也称山腰线，它的高度在沿溪线之上，山脊线之下，是沿山腰布设的路线。地质条件良好的平缓山坡对布线比较有利，路线不仅线形好，工程量也小。但遇到沟谷密布或鸡爪形地形时，路线就变得曲折，出现陡坡急弯，多雨地区的山坡线还要增加大量防护工程和小桥涵构造物。因此，是否在山坡上布线，首先要做好地形地质的调查工作，要查明适合布线的山坡是一段还是全部，山坡线和两端的线形是否能够衔接，有无不良地质地段等。具体要注意以下四点：

（1）山坡一般下部比上部平缓，如对耕地影响不大，布线要选择平缓的地方；山坡有阳坡和阴坡之分，对寒冷、积雪地区路线应布置在阳坡上，这样有利行车和养护，对冰冻地区则布置在阴坡上对路基的稳定更有利。

（2）注意避让不良地质地形，岩层松散和破碎严重的山坡不宜布线，山坡坡度大于 45°时，路基稳定性受到影响，也不宜布线。

（3）按地形布设路线，要注意线形质量。当山坡线主要按地形布设时，应尽量减少填挖方数量，但不应过于迁就局部地形而影响线形和纵坡。

（4）横断面形式上，当山坡的横坡大于 20°时，宜设计为半填半挖，且断面挖方宜大于填方；当坡度为 30°以上时，宜设计为路堑，这主要从路基的稳定性考虑，防止路基沿山坡下滑。在防护工程方面，在布线时要考虑挡土墙、护面墙等防护工程的位置、形式和结构，以便确定路中线位置时，为布置防护工程预留足够的宽度（中线向山坡内侧靠一些）。

# 任务五
# 丘陵区选线

## 能力要求

1. 了解丘陵区的自然特征。
2. 理解丘陵区的布线方法。
3. 掌握丘陵区的路线特征。
4. 能简单进行丘陵区地区布线。

## 任务描述

路线在选线时必须考虑其所通过的地形、地质、水文条件，选择合理的位置来布设路线通过的位置。本节通过学生读图中实际路线布设情况，讨论丘陵区地形特点、路线特点，理解丘陵区路线布设时应考虑的问题。

## 任务实施

通过自主学习及查阅相关资料，完成下列引导问题：

1. 根据地形情况的不同，丘陵区路线布设的方式一般按三类地形分段布线：平坦地形________________，斜坡地形________________，起伏地形________________。

2. 丘陵区选线的特点有哪些？

3. 分析丘陵地区自然特征与路线特征对应关系。

## 相关知识

与山岭区相比，丘陵区具有山丘连绵，岗坳交错，此起彼伏，山形迂回曲折，岭低脊宽，山坡较缓，丘谷相对高差不大的地貌特点。重丘区与山区无明显界限，微丘区与平原区也难以区别。

丘陵区路线特点：局部方案多，且为充分适应地形，路线纵断面有起伏，平面线形以曲线为主，如图 5-39 所示。

图 5-39 丘陵区路线

## 一、丘陵地区选线、定线要点

丘陵区选线应充分利用有利地形，根据地形起伏，考虑平、纵面配合，以曲线定线方法为主，布设优美流畅的线型。其要点如下：

（1）当地形开阔布线条件理想时，路线技术指标应选择中偏高水平；当地形起伏较大布线条件相对较差时，指标可选择中偏低水平。

（2）对于山体外形不规则、分布凌乱的丘陵地形，应首先确定地形控制点，初步拟定路线布设位置，然后进行局部调整；对构造物数量、规模及土石方数量影响较大的地形应充分利用，可采用适当偏高的路线技术指标；当采用小半径曲线时，应注意前后线形的过渡。

（3）对于山体外形规则、坡面顺滑舒展、分布错落有致的丘陵地形，应充分利用各类曲线要素组合搭配布线。根据山体的自然条件，可采用曲线定线手法，选择整体式、分离式或高低错落式路基等，使路线适应地形变化，与自然相融合。

（4）对于宽浅河川式丘陵地形，宜选择沿河堤布线，路堤兼作防洪堤，减少通道设置数量；也可沿山脚布线，避免切割农田；也可距山脚一定高度的坡面布线，减少民房拆迁等；合理利用既有道路。

（5）丘陵固有的地形特点为公路景观设计提供了有利条件，在选线中应充分利用有利地形，将公路美学设计贯穿于选线的全过程。

（6）丘陵区公路选线主要是对生态环境和自然环境产生影响。选线时应注意以下事项：

① 丘陵区的地形条件特点使路线的方案具有更多的选择余地，线位布设应尽量绕避生态敏感区，尽量减少破坏和避免切断生态链。

② 精心布设平、纵线位，合理控制填、挖方高度，严禁控制土石方数量，从源头上解决水土流失问题。

③ 纵断面布设应考虑土石方综合平衡。

④ 慎重选择弃土场位置，并采用有效的水土保持措施。

（7）丘陵土地资源珍贵，选线时要采取必要的措施，少占或不占农田。

（8）路线布设时应避开动物迁徙路径和日常穿行通道分布密集的区域，避免穿行、切割动物日常集中活动区；无法绕避时，应结合便利性和隐蔽性，设置动物天桥和穿行通道。

## 二、丘陵区路线布设方法

丘陵区选线主要是解决平、纵、横三个面与地形之间的矛盾，结合地形合理选用技术指标，从而使平面线形流畅，纵断面起伏不大，横断面稳定、经济。

### 1. 线形与技术指标

平原、丘陵、山岭地形不同，相对而言平原区的线形标准最高，行车速度快，进一步提高线形标准的潜力不大；山岭区标准最低，要提高标准，就要增加工程量；丘陵区采用技术指标的活动余地较大，如果布局合理，因地制宜地掌握好标准，可显著改善线形，提高行车速度。因此，结合地形，在不过分增加工程量的情况下，采用较高的技术指标是可行的。

丘陵区选线，不同等级的公路指导思想略有不同。对高等级公路，要强调线形的平顺，不迁就微小地形；低等级公路，为了节约工程费用，减少填挖数量，可适当增加一些转折和起伏。各级路线都要避免不顾纵坡起伏，片面追求长直线，或不顾平面过于弯曲，片面追求平缓纵坡的倾向。

丘陵区布线的位置和高度都要有一定的调节余地，要考虑横断面设计的经济合理。在横坡平缓的地段，要采用半填半挖或填略多于挖的路基；在横坡较陡的路段，宜采用全挖或挖多于填的路基，并注意纵向土石方调配平衡，减少废方和借方，尽量减少破坏自然景观。

### 2. 路线布设方式

根据选线实践经验，丘陵区的地形进一步细分可分为平坦地形、斜坡地形和起伏地形。根据这三种地形情况，一般有三种布线方式：走直连线、走匀坡线和走直连线和匀坡线之间（走中间）。

1）平坦地形——走直连线

两个已知控制点间，地势平坦，应按两控制点间的方向为主导原则布线。如其间无地物、地质障碍，或应避让的风景、文物以及居民点，路线走直线；如有障碍，或避让的地点，则加设中间控制点，相邻控制点间仍以直线相连，走直线时，应注意规范对直线长度的限制。路线转折处设长而缓的曲线。这样的路线是平坦地形上平、纵、横三面最好的统一体，如果无故拐弯，就不合理了。

2）斜坡地形——走匀坡线

“匀坡线”是两控制点之间，顺自然地形，以均匀坡度确定的地面点的连线，如图5-40所示。这种坡线常需多次试放才能求得。

在具有较陡横坡的地带，两个已定控制点间，如无地物、地形、地质上的障碍，路线应沿匀坡线布线；如有障碍，则在障碍处加设控制点，相邻控制点间仍分段按匀坡线布线。在斜坡地带走均坡线时，容易使线形与地形吻合，有效减小工程量。

上述两类地带的布线方式，与前已论述的平原和山岭区并无明显区别，只在此加以总括，不再详述。唯有起伏地带，是丘陵区所特有，下面对其布线原则和方法，作重点

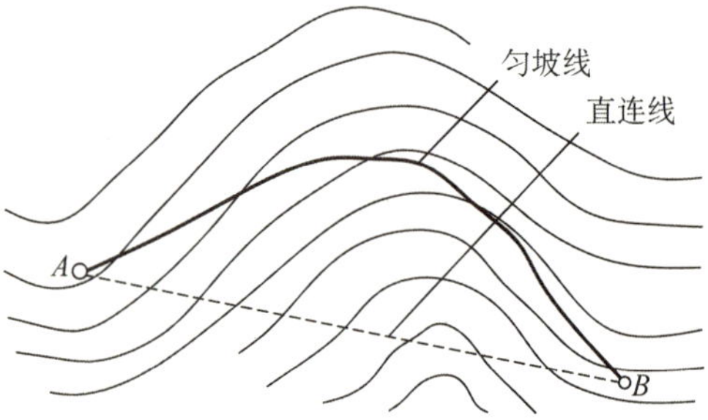


图 5-40　匀坡线、直连线示意图

讨论。

3）起伏地形——走匀坡线与直连线之间（走中间）

起伏地形也属于具有横坡的地带，特点是地面横坡较缓，匀坡线很迂回。其布线原则和方法按起伏多少分述如下。

（1）两已定控制点间有一组起伏时

如图 5-41 所示，路线要交替跨越丘梁和坳谷，在两个相邻的梁顶（或谷底）之间，即出现一组起伏。在这种地形上布设路线，如沿直连线走，路线最短，但起伏很大，为了减缓起伏，将出现高填深挖，增大工程；如沿匀坡线走，坡度最好，但路线绕长太多，工程量一般也不会少。这种“硬拉直线”和“弯曲求平”的做法，都是不正确的。

如果路线走在直连线和匀坡线之间，比直连线的起伏小，比匀坡线的距离短。总的说，使用质量有所提高，工程造价有所降低，故在起伏地带应在直连线与匀坡线之间寻找最合理的路线方案。至于路线在平面上的具体位置，应根据路线等级结合地形作具体分析，做到路线平、纵、横三面最恰当的结合。

对于较小的起伏，首先要坡度和缓，在这个前提下，再考虑平面与横断面之间的关系。大体说，低等级路工程宜小，平面上稍多迂回增长距离是可以的，即路线可离直连线远些，如图 5-41 中的Ⅰ号线位；高等级路则宁可多做些工程，尽可能减短一些距离，把路线定得离直连线近些，如图 5-41 中的Ⅱ号线。

较大的起伏，两侧的高差常不相同，高差大的一侧的坡度常常成为决定因素，要根据应采用的合理坡度并结合梁顶的挖深和谷底的填高来确定路线的平面位置。如图 5-42 所示，当选用不同的坡度或 $A$ 处梁顶采用不同的挖深，都会得出不同的路线方案，应根据路线等级予以比较选定。梁顶 $A$ 多挖些，谷底 $D$ 多填些，则可选用 $ADB$ 线位，反之，应选用 $ACB$ 线位。关于纵坡度：当距离增长不多或切梁填谷增加工程不大，而能显著改善纵坡时，宜用得缓和些。

直连线和匀坡线给起伏地带指出一个布线范围，但不需实地放出。因为确知梁顶处匀坡线是在直连线下方，谷底处匀坡线则在直连线上方，而且在梁顶应是暗弯和凸曲线，在谷底应是明弯和凹曲线，否则，路线就越出了直连线和匀坡线范围，成为明显不合理的了。

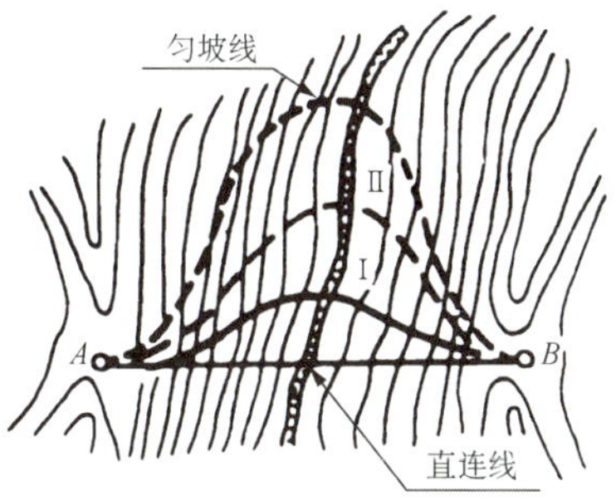


图 5-41 起伏较小地形匀坡线、直连线示意图

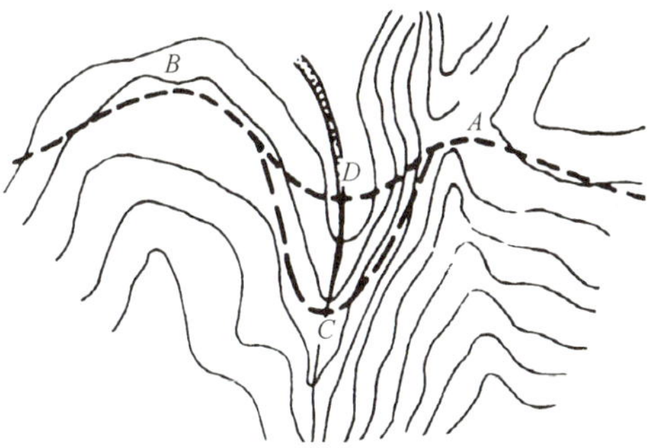


图 5-42 起伏较大地形匀坡线、直连线示意图

（2）两已定控制点间有多组起伏时

两个已定控制点间有多组起伏时，需要在每个梁顶（或每个谷底）都定出控制点，然后按上述方法处理各组起伏。如何选定这些控制点要考虑许多因素，上述“起伏地带路线走直连线和匀坡线之间”的原则，可以为寻找这些控制点提供一个线索。

两个已定控制点间包括的起伏组数越多，直连线和匀坡线所包范围越大，路线的方案也越多。布线可分头从两个已知控制点向中间进行，逐步减少包括的起伏数，从而缩小直连线和匀坡线所包括的范围，直到最后合龙。

两已知控制点之间，因地形、地质、地物等障碍，路线可能突破直连线与匀坡线的范围。这种为避让障碍而定的中间控制点，应作为又增加的一个已定控制点，即这一控制点定下来后，实际上是把原来两控制点间的路线分成两段，这两段内仍按“走直连线和匀坡线之间”的选线原则。

## 三、丘陵区选线的步骤和示例

丘陵区选线，先要充分利用现有的有关资料（最重要的是地形图）弄清较大范围内的地形、地质和地物的分布情况，掌握地形变化规律，然后选出几条路线方案进行实地踏勘。踏勘时，一定要多跑、多看、多问，注意发现更好的路线方案。路线比选要广泛征求有关部门的意见，使路线更好地和其他设施相配合，更多地为当地群众服务。

选线的具体内容，主要是选择决定路线走向的控制点和加密中间控制点。选择这些控制点的原则已在路线布设中论述，现结合示例讨论如下：

例 5-3 如图 5-43 所示是某丘陵区路线的一段。$A$、$G$ 为固定控制点，$A$ 点前为沿溪线，$G$ 点后为山脊线，都是在总体布局中定下的。现仅讨论 $A$、$G$ 间布线问题。$A$、$G$ 间的路线有两个基本方案。第一方案（点划线）由 $A$ 继续沿溪至 $K$ 处跨河后，升坡至 $G$。此方案平、纵指标都较高，但因占用良好耕地多，且行经地带低湿，如路基太低则水文状况差，如提高路基，不但工程大，而且因借土要多占耕地。第二方案（实线）提高线位，路线走起伏地带通过，本方案由于采用不同的技术指标，又产生了一些局部比较方案（虚线）。综合以上情况对选线步骤分述如下。

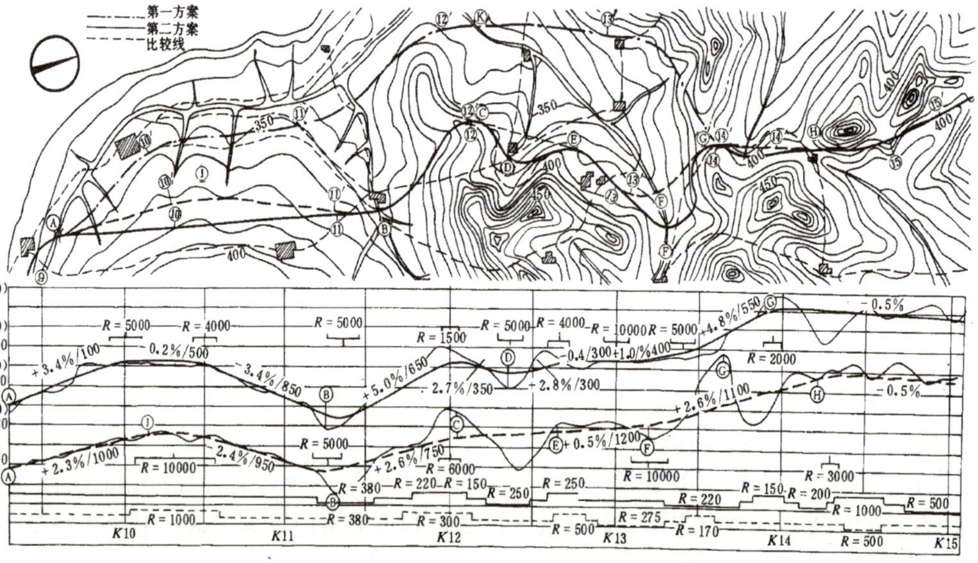


图 5-43　某丘陵地区路线平纵面设计图

1. 控制点的选定

这里讲的控制点是指体现路线轮廓，决定路线走向的那些点，如示例中的 *A* 和 *G*，第一方案和第二方案的 *B*（避让建筑物）、*K*（跨河地点）都是这类控制点。确定这些点是选线工作中关键性的一步，它们是经过在图上研究和实地踏勘，根据路线总方向，结合地形、地质条件选定的，它们代表一个方案，体现路线的轮廓。对各种可能的轮廓方案进行比选，最后剩下一两个最好方案，进行下一步加密控制点的工作。

2. 加密控制点

有了体现路线轮廓的控制点后，还须根据其间细部地形加设一些小控制点，路线方案才具体定下来，前已论及加密控制点的原则和方法，现就示例（实线）加以解说。

*B*、*G* 之间要跨越 *C*、*E* 两个梁，*D*、*F* 两个谷，包括两组半起伏。其中 *BC*，*FG* 两段高差大是关键，应先解决。根据前述“起伏地带，走直连线与匀坡线之间”的原则，可以初步判断出 *C* 点的大致位置应在 *B* 的下方，*F* 点应在 *G* 的上方。*C*、*F* 点具体位置则是通过试坡布线的方法定出的（参见越岭线试坡布线）。

*C*、*F* 点定下后，路线就剩下 *C*、*F* 间一组半起伏了。定 *E* 点，*E* 的大体位置仍用走直连线与匀坡线之间的原则估定，示例中 *E* 的具体位置则是考虑避让村庄这一因素而设定的。

*C*、*E* 之间还包括一组起伏，直连线和匀坡线分别如图中的虚线和点线所示。路线如沿直连线布线，填方太大；如沿匀坡线走，工程虽小，但曲折过甚，与相邻路段很不协调，故还是走中间合理。

*A*、*B* 段地形整齐，微有起伏，从使用质量上看，应走 *AJB* 线，但因占的是较好耕地，故取消 *AJB* 方案，走靠山坡的直线方案。

至于技术指标较高的比较方案 *AKG* 线所示也是可能的。经过分析比较，因占用耕地多，地下水位高，路基稳定性不易保证，借土填筑工程量过大而放弃。

3. 平、纵线形及其配合

丘陵区具体定线时还应注意平、纵线形及其配合。总结丘陵区选线的实践经验，应注意以下三点。

（1）平面：平面上不强拉长直线，而要尽量利用与地形协调的长缓平曲线，路线转折不要过于频繁，相距不远的同向曲线尽可能并为一个单曲线或复曲线，反向曲线间应有一定长度的直线段，否则，可设计成“S”形。

（2）纵断面：起伏地区路线采用起伏坡形是缩短里程或节省工程的有效方法。但起伏切忌太频繁，太急剧，坡长要放长些，坡度要用得缓些，避免形成锯齿坡形和短距离的“驼峰”和“陷洼”；陡而长的坡道中间要利用地形插设缓坡段。竖曲线也应像平曲线那样，要长而缓，相离不远的同向曲线尽量连接起来，反向曲线间最好有一段匀坡。

（3）平、纵面的配合：长陡下坡尽头避免设小半径平曲线。平、竖曲线的位置，在二者半径很大的情况下，各设在何处对行车并无太大影响；但在起伏地形如梁顶、沟底等处，使暗弯与凸竖曲线，明弯与凹竖曲线结合起来，则能增进行车安全感和路容的美观。但要注意二者的半径都应尽可能大些，特别应注意凸竖曲线与一个小半径平曲线相隔很近的情况，因为凸竖曲线阻碍视线，驾驶员不能预先看到前方的平曲线，以及早作转弯准备，可能措手不及，发生事故。凹曲线与平曲线重合处，车速一般都比较高，半径太小增加驾驶困难。为避免以上情况，要把平、竖曲线重合起来，即使多费些工程也是应该的，如图 5-43 中 $C$、$E$、$G$ 处。

# 任务六
# 道路定线

## 能力要求

1. 了解定线的方式。
2. 熟练进行纸上定线工作。
3. 能进行各种线形的组合设计、坐标计算。
4. 能根据设计图实地放出路中心线。

## 任务描述

道路定线指的是在全面布局、逐段安排获得路线走廊的基础上，按照已定的技术标准，结合细部地形、地质及沿线条件，综合考虑平、纵、横三方面因素，合理安排，确定并通常实地定出道路中线确切位置的过程。本任务通过展示定位良好的路线案例，引导学生掌握公路定线的工作方法，懂得纸上定线的方法和步骤，能正确选定路线交点和转角曲线参数等相关数据，结合课程设计能独立、系统完成一段路线的定线工作。

## 任务实施

通过自主学习及查阅相关资料，完成下列引导问题：

1. 公路定线一般有__________定线、__________定线和__________定线三种方法。

2. 在确定圆曲线半径时，宜先用大于《公路工程技术标准》所规定的__________半径，只有当受地形、地物或其他条件限制时，方可采用小于__________半径值，不要轻易采用__________半径。

3. 为在地形上某两控制点间确定路线的导向线，此地形图的等高距为 2 m，比例尺为 1∶2 000，拟定此段路线平均纵坡为 4%，分规所张的开度应为（　　）。

A. 5 cm　　B. 2 cm　　C. 2.5 cm　　D. 4 cm

4. 纸上定线中横断面的控制，主要为了控制（　　）。

A. 路基设计标高　　B. 经济点最佳位置　　C. 路线的纵坡度

5. 两个相邻的反向曲线间应保留一定的直线段长度，其半径应根据（　　）来确定。

A. 曲线长　　B. 切线长　　C. 外距

6. 导线交点内侧有障碍物，曲线半径一般应根据（　　）来确定。

A. 曲线长　　B. 切线长　　C. 外距

7. 按照平均纵坡在等高线上所截取的长度的各个连线为（　　）。

A. 自由形路线　B. 均坡线　C. 导向线

8. 根据地形地物，以及工程艰巨性和地质不良情况，选择相应的控制点，调整控制点前、后纵坡，在等高线上截取的各点连线为（　　）。

A. 自由形路线　　B. 均坡　　C. 导向线

9. 复曲线半径的选择应先选（　　）。

A. 第一曲线半径　B. 受地形控制较严重的那个半径　C. 第二个曲线半径

10. 名词解释：纸上定线。

11. 简述纸上定线的步骤。

12. 简述匀坡线、导向线、修正导向线的概念及其作用。

13. 某单圆曲线，交点桩号为 K1+469.230，转角为 $\alpha=51°41'24''$，若要该曲线外距控制约为 10 m，试确定该曲线的平曲线半径（取百米的整数倍数），并计算曲线要素及主点桩号。

14. 某三级公路（设计车速 $V=40$ km/h）双交点曲线如下图所示。已知 $\alpha_A=36°45'26''$，$\alpha_B=42°36'18''$，$AB=123.45$ m，试确定平曲线半径。

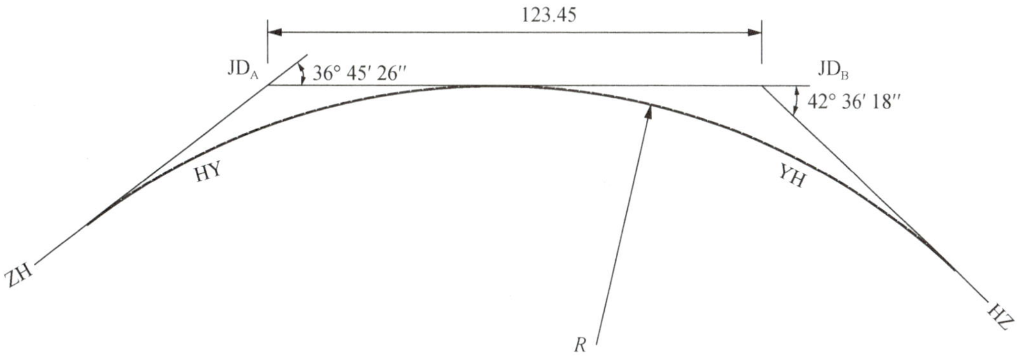


## 相关知识

纸上定线　实地定线

定线是根据既定的技术标准和路线方案结合地形地质等条件，综合考虑路线的平面、纵断面和横断面，具体定出道路中线的工作。这是一项涉及面很广、技术要求较高的工作。除受地形地质、地物等有形因素限制外，道路定线还受技术标准、国家政策、社会需求、道路美学、风俗习惯等因素的制约，要求设计人员具有广博的知识、熟练的定线技巧和精益求精的工作态度。设计者很难一次试线就能定出理想线位，复杂条件下的定线往往存在多个设计方案供研究比选，每个方案都是众多相互制约因素的一种折中方案，理想的路线只能通过比较的方法选定。定线按工作对象的不同分为纸上定线、实地定线和航测定线。按照现行设计文件制度要求除少数特殊情况（如山区四级公路，所在区域又没有地形图）外，定线均应采用纸上定线。本任务主要讲述纸上定线的方法和步骤。

## 一、纸上定线

纸上定线是在 1∶1 000～1∶2 000 大比例尺地形图上确定道路中线位置的方法。地形图范围大、视野开阔，定线人员在室内容易定出合理的路线。不同的地形定线中有不同的侧重点，平原、微丘区地形平坦，路线一般不受高程限制，定线中主要是正确绕避平面上的障碍，力争控制点间路线短捷顺直；而山岭、重丘区地形复杂，横坡陡峻，定线时要充分利用有利地形，避让艰巨工程、不良地质地段或地物等。

1. 平原、微丘区定线步骤

（1）认真分析路线走向范围内的地形、地质及建筑物和其他地物的分布情况，确定中间控制点及其可活动的范围。若沿线有需要跨越的河流，应估算桥梁的长度，如果是大桥或特大桥，跨河位置一般应作为控制点。

（2）通过或靠近大部分控制点连直线，交会出交点。分析前后直线的合理性，如该直线是否会引起大量建筑物拆迁、是否经过了大面积水田或不良地质地区以及前后直线长度是否过短等。若不合理，则应根据控制点的可活动范围调整个别控制点位置后重新穿线或调整穿线方案。

（3）用量角器和直尺量出偏角和交点间距或通过交点坐标计算出偏角和交点间距，根据交点位置处的实际情况，分析该平曲线半径的控制因素并选配平曲线半径和缓和曲线长度。推荐半径时应考虑现行《公路工程技术标准》的有关规定、地形地质特点和有关技术经济要求。平曲线半径一般受曲线内侧障碍物和切线长控制，设计中可以根据实际控制因素反算平曲线半径。

（4）计算曲线要素和路线里程，按切线长在地形图上定出曲线的直缓点和缓直点并画出整个曲线。由设计起点或后方曲线的缓直点开始，量出各公里桩、百米桩和主点桩。

（5）按里程及地面特征点（设加桩）的高程，以规定的比例尺绘出纵断面图的地面线，在纵断面图“直线及平曲线”栏按里程绘出平面示意图，曲线内侧填注曲线要素。

（6）根据地面起伏、地面横坡、地质条件和规范有关规定，进行纵断面设计，定出各个坡段长度（一般取 50 m 的整倍数）及坡度大小，计算变坡点处的设计高程，绘出设计坡度线。

（7）通常在定出一段平面后，紧接着设计纵断面。在试定出 3～5 km 路线后，进行全面的检查、分析，看路线是否合理。不断修改，直到满意为止。重复以上步骤，设计下段线路，直至设计终点。最后，按标准图式绘制平面图与纵断面图。

（8）桥涵及其他单项工程的布置。路线设计的合理性，要结合单项工程的布置与设计综合考虑。应进行桥梁、涵洞的分布，流量与孔径的计算，确定交叉口的位置及形式，以及布置挡土墙等。这些工作应由有关的专业配合进行，综合反映到平、纵断面设计中。

2. 山岭、重丘区定线步骤

对连续 3 km 以上的地面平均自然坡度大于设计道路的平均纵坡（5.0%～5.5%）的山岭、重丘陵地区，地形复杂，横坡陡峻，定线时利用有利地形，避让艰巨工程、不良地质地段或地物，都涉及调整纵坡问题，而山岭区纵坡的限制又是较严格的。因此，在山岭区和重丘陵区安排好纵坡就成为首要问题。现就路线平、纵、横面均受较严限制的越岭线纸上定线的工作步骤阐述如下。

1）拟定路线走向

在大比例尺地形图上，仔细研究路线布局阶段选定的主要控制点间的地形、地质情况，选择有利地形如平缓、顺直的山坡，开阔的侧沟，利于回头展线的地点等，拟定各种可能的路线走法（具体做法与实地定线相同），完成路线走向的拟定工作。

2）放坡试线

根据等高线间距 $h$ 及选用的平均坡度 $i_{均}$（5.0%～5.5%，视路线所经地区相对高差而定），按 $a=\frac{h}{i_{均}}$ 计算出等高线间平距 $a$，使两脚规的开度等于 $a$（比例尺与地形图同），进行纸上放坡，如图 5-44 所示，

如图 5-45 所示为某回头曲线纸上放坡定线的实例。$A$、$D$ 为控制点，从垭口控制点 $A$ 开始，沿各拟定走法在等高线上依次截取 $a$，$b$，$c$，…，如最后一点的位置和标高均接近另一固定点 $D$ 时，说明这个方案能够成立，否则，修改走法或调整 $i_{均}$，重新试验至方案成立为止。

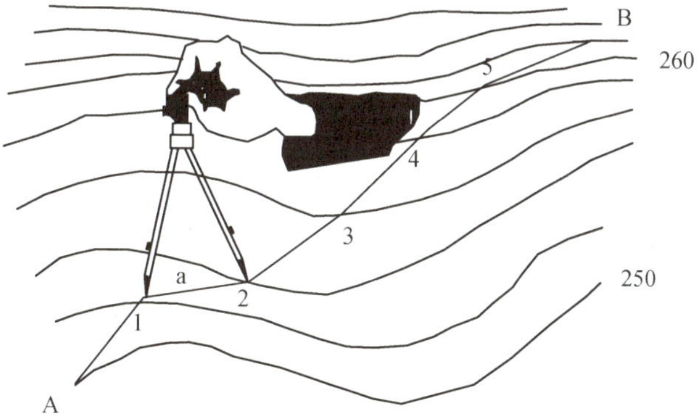


图 5-44 纸上放坡示意

3）定导向线

连接 $A$，$a$，$b$，…，$D$ 各点，分析研究这条折线在利用地形和避让地物，以及工程艰巨的情况，从而选择出应穿越或应避让的特征点作为中间控制点。如图 5-45 所示，$Aab$…$D$ 折线从 $C$ 处陡崖中间通过，$B$ 处有利于回头的地点也未利用上，如调整一下

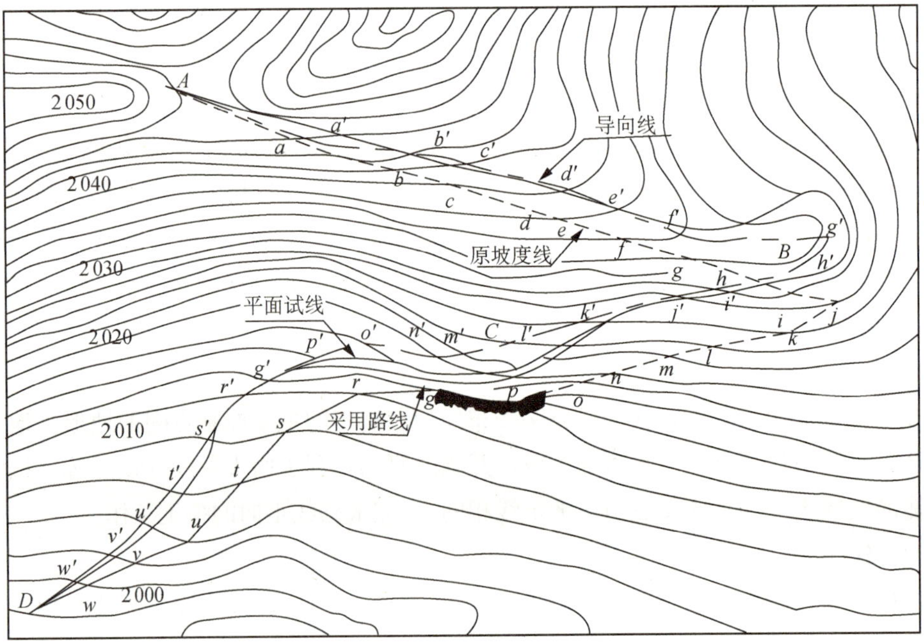


图 5-45　纸上定线放坡示意图

$B$、$C$ 前后路段的坡度，即能避开陡崖和利用上有利的回头地点，因此可以把 $B$、$C$ 定为中间控制点。然后再分段仿照上法截取 $a'$，$b'$，…诸点，连接 $Aa'b'\cdots D$ 折线，表示出了路线将行经的部位，称为“导向线”。

4）第一次修正导向线

根据导向线初步拟定平面试线，注明平曲线半径，量出地形变化特征点桩号及地面标高，绘制概略纵断面图，按最佳要求设计纵坡，计算各桩的概略设计标高。在平面试线各桩的横断方向上点出与概略设计标高相应的点，这些点的连线是与概略纵断面图相对应的、具有理想纵坡，不填不挖的折线，称第一次修正导向线（本例中未示出概略纵断面和第一次修正导向线）。

5）第二次修正导向线

在第一次修正导向线各点的横断面图上，用路基模板逐点找出最经济的或起控制作用的最佳路基中线位置及其可以活动的范围，如图 5-46 所示。根据最佳位置点的性质分别用不同符号点在平面图上，这些点的连线是一条有理想纵坡、横断面上位置最佳的平面折线，称为第二次修正导向线（小比例尺地形图上，最佳位置点显示不出者，可不标）。第二次导向线可作为最后定线的依据。

6）定线

定线是在第二次修正导向线的基础上进行的。第二次修正导向线是一条平面折线，不满足技术标准的要求时，必须适当取直，并用平曲线连接，定出中线的确切位置。定线必须按照第二次修正导向线上各特征点的性质和可活动范围，反复试线，定出满足要求的中线。定线的具体操作可采用直线形定线方法或曲线形定线方法，具体

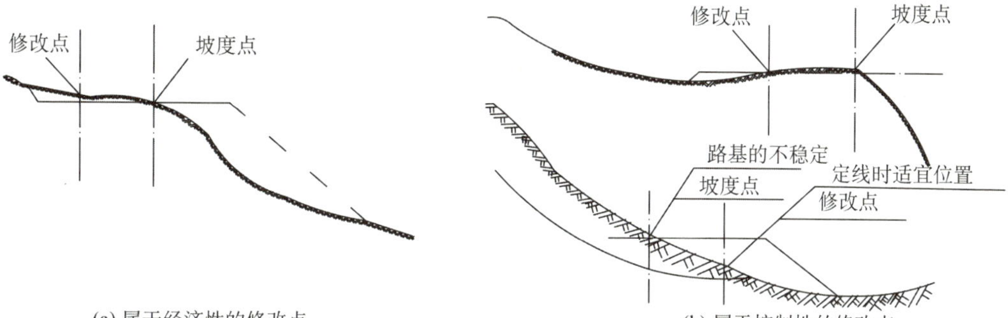


(a) 属于经济性的修改点　　(b) 属于控制性的修改点

图 5-46　利用横断面进行导向线修正

方法详见后述。

纸上定线是一个反复试线修改的过程，试线中是修改纵坡还是改移中线位置或二者都改，应对平、纵、横三方面充分研究后确定。在一定程度上，试线越多，最后的成品就越好。直到无论修改哪一方都不能显著节省工程或增进美观时，才可认为纸上定线工作结束。中线定出以后就可以进行纵断面、横断面以及相关内容设计。

## 二、纸上定线操作方法

### 1. 直线形定线方法

路线上每一条直线的方向，平原、微丘区应以布局确定的控制点为依据，山岭、重丘区应参照导向线试定，最终路线要经过多方面分析比较才能确定。所定直线的长度是否满足相关标准规定，应采用本定线方法设置平曲线，计算直线长度，若不满足规定时应调整直线或平曲线，直至满足规定要求为止。

1）路线标定

道路中线确定后，为标定路线需根据试定的直线、圆曲线半径及缓和曲线计算平曲线要素、曲线主点桩和加桩里程等。需要计算逐桩坐标时，应采集各交点的坐标。通常交点坐标的采集方法有两种。

（1）直接采集法：在绘有格网的地形图上读取各交点的坐标，一般只能估读到米，适用于交点前后直线方向和位置限制不严格的情况。

（2）定前后直线间接推算法：在绘有格网地形图上先固定交点前后的直线（即在直线上读取两个点的坐标），再用相邻直线相交的解析法计算交点坐标，一般适用于交点前后直线方向和位置限制较严格的情况。

当已知交点前直线上两点的坐标（$X_1$，$Y_1$）和（$X_2$，$Y_2$），交点后直线上两点的坐标（$X_3$，$Y_3$）和（$X_4$，$Y_4$）时，则交点坐标（$X$，$Y$）可由式（5-4）计算。

$$\begin{cases} k_1=\dfrac{Y_2-Y_1}{X_2-X_1};\quad k_2=\dfrac{Y_4-Y_3}{X_4-X_3} \\ X=\dfrac{k_1X_1-k_2X_3-Y_1+Y_3}{k_1-k_2} \\ Y=k_1(X-X_1)+Y_1 \end{cases} \tag{5-4}$$

当 $X_1=X_2$ 时，$X=X_1=X_2$，$Y=k_1(X-X_1)+Y_3$； 当 $X_3=X_4$ 时，$X=X_3=X_4$，$Y=k_1(X-X_1)+Y_1$。

2）曲线设置

曲线设置的任务是确定圆曲线半径 $R$ 及缓和曲线长度 $L_h$。曲线设置是在定出直线和交点后进行的，应根据技术标准和地形条件，通过试算或反算的办法确定 $R$ 和 $L_h$。试算是根据经验先初定 $R$ 和 $L_h$，计算曲线要素切线长、外距 $E$ 和平曲线长度 $L$，检查线形是否满足技术标准和线位是否适应地形条件，当不满足时应调整 $R$ 或 $L_h$ 或二者都调整，直至满足要求为止。反算是根据控制较严的切线长 $T$（或外距 $E$）和试定的 $L_h$ 计算半径 $R$，取整并判断 $R$ 是否满足标准要求，否则应进行调整。试算或反算的结果经调整后仍然不能满足技术标准时，应调整路线导向。以下公式中当平曲线不设缓和曲线时，只要令 $L_h=0$ 即可。

（1）单交点曲线

在交点附近有地物，平曲线线位受地形、地物制约时，其半径的选定通常可以用单交点法。平曲线预期通过的理想线位，一般是结合现场实际予以首先确定，然后按平曲线要素几何关系来推算适应上述线位要求的相应半径值。

① 用外距控制半径

对于转角不大，线位受限制不严的平曲线弯道，控制点位取曲线中点，根据预期中点线位至交点的实测距离 $E_{控}$ 按下式计算：

$$R=\frac{E_{控}}{\sec\frac{\alpha}{2}-1} \tag{5-5}$$

其中，$E_{控}$ 为实测控制的外距（m）。

上式求得的 $R$ 值，一般应取 5 m 或 10 m 倍数的整数值。

例 5-4　如图 5-47 所示为山岭区某三级公路，设计速度 30 km/h，路基宽 8 m，交点偏角为 $\alpha=46°38'$。路线交点受一建筑物限制，试求在不拆除建筑物的条件下能够设多大的平曲线半径。

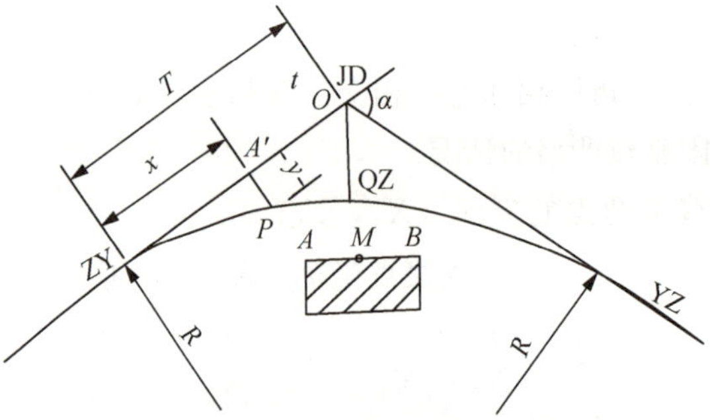


图 5-47　外距控制半径示意

根据以上要求，首先应测出交点（$JD$）到建筑物间的距离 $JD$，实测结果为

15.40 m，若弯道加宽暂定 1 m，边沟顶宽 1.2 m，建筑物到边沟保留值 2.0 m，则平曲线最大外距应不大于下列数值：

$$E_{控}=15.42-\left(\frac{8.0}{2}+1.0+1.2+2\right)=7.2\ \text{m}$$

$$R=\frac{E_{控}}{\sec\frac{\alpha}{2}-1}=\frac{7.2}{\sec\frac{46°38'}{2}-1}=80.89$$

取整数 $R=80$ m。

当 $R=80$ m，$\alpha=46°38'$时，外距 $E=7.11$ m，路面加宽值查《公路工程技术标准》为 1 m，满足要求。

② 用曲线上任意点位置控制半径

如果单凭曲线中点（$QZ$）难以判断整个曲线是否与地形、地物全部吻合时，应补点检查或为使曲线一定要通过曲线上 $P$ 点，如图 5-47 所示，此时可自 $P$ 点作切线的垂线交于 $A'$点，量得 $y$ 值，用试算法选半径，即先假定 $R$，按近似公式

$$x=\sqrt{2Ry} \tag{5-6}$$

试算出 $x$ 值，由已知的偏角 $\alpha$，半径 $R$，算出曲线要素 $T$。如果计算的 $T-x$ 和实际量得的 $t$ 相等或接近，则假定的 $R$ 为所求之值；若不相等，应重新假定试算，反复多次即可定出 $R$ 值。

③ 用切线长控制半径

平曲线半径的选定，除受地形、地物制约外，有时还应考虑如何适应前后线形的要求。如当同向或反向曲线间直线长度较短时，为解决曲线敷设与衔接，通常采用限制切线长度的方法来推求平曲线半径，如图 5-48(a) 所示。桥梁或隧道两端的曲线起、终点到桥头或隧道口应留有一定长度的直线段，如图 5-48(b) 所示，此时平曲线半径也应根据切线来选定。

对采用单交点法选定平曲线半径，一般应首先留出《公路工程技术标准》规定的直线长度，然后先选定出地形、地物控制较严的一侧曲线半径，再根据切线差 $T'$ 反算相邻曲线半径。

$$R=\frac{T'}{\tan\frac{\alpha}{2}} \tag{5-7}$$

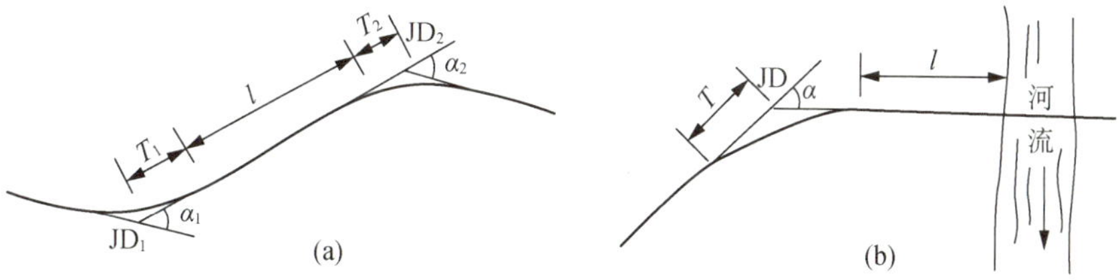


图 5-48 切线控制半径示意

④ 用曲线长控制半径

当已知交点偏角或交点偏角较小，其他条件不受限制时，如果平曲线半径选得过小，则曲线长度太短显然对行车不利，此时平曲线半径使用允许的平曲线长度 $L$ 来控制选定，其计算公式为

$$R=\frac{180L}{\alpha\pi} \tag{5-8}$$

例 5-5　某交点偏角 $\alpha=15°$，若使平曲线长度满足 250 m，求平曲线半径。

解：

$$R=\frac{180L}{\alpha\pi}=\frac{180\times250}{15\pi}=955.4\ \text{m}$$

取整数：$R=1\ 000$ m。

⑤ 用曲线起终点法控制半径

曲线起终点法适用于偏角较大背靠陡崖的明弯，如图 5-49 所示，在预计的曲线起终点附近插入 $Q$，$A_2$ 点，测 $\varphi_1$，$\varphi_2$ 角，计算为

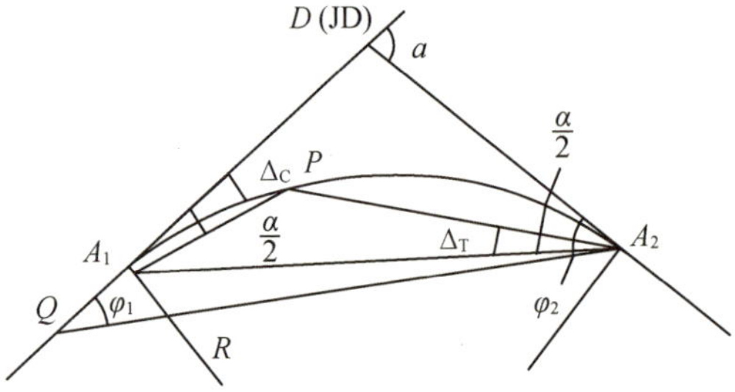


图 5-49　曲线起终点控制半径

$$\frac{\alpha}{2}=\frac{\varphi_1+\varphi_2}{2}$$

在 $A_2$ 处拨角 $\frac{\alpha}{2}$ 与 $QD$ 交出 $A_1$ 点，则 $A_1D=A_2D$，$A_1$，$A_2$ 即为该曲线起终点。为了判定线位是否合适，可在曲线上加设任意点 $P$。方法是用简单测角仪器在 $A_1$，$A_2$ 点分别放 $\Delta c$，$\Delta_T$ 角，使 $\Delta c=\Delta_T$，则视线交点即为曲线上的点 $P$，同法定出若干个 $P$ 点，即可示出曲线全貌。如判明曲线位置不合适，可沿两切线将 $A_1$，$A_2$ 同向移动相等距离，重新检查，直到定出理想线位。

由于定线常使用简单仪器，$A_1$，$A_2$ 不够准确，一般固定其中一点，另一点用经纬仪仔细标定，丈量 $A_1$—$A_2$，则相应的半径为

$$R=\frac{A_1A_2}{2}\csc\frac{\alpha}{2} \tag{5-9}$$

⑥ 用路线纵坡控制

当路线纵坡紧迫，为使弯道上合成纵坡不因曲线半径太小而超过规定值，这时应根据已初定的路线纵坡和合成坡度标准来反算出超高横坡，再按控制的超高横坡反查半径

与超高相互关系表定出平曲线半径值。

(2) 双交点和虚交点曲线

双交点曲线是虚交点曲线的特例。双交点适用于转角较大、交点过远或交点处难以安置仪器（如河中、建筑物或陡坡上）的情况，实地定线常采用这种曲线，而纸上定线一般采用较少，只有当设置回头曲线或因交点过远和难以安置仪器而使实地放线困难时采用双交点曲线。

虚交点曲线也具有这种作用，但从控制线位和推算合适半径考虑，采用双交点曲线反算半径更准确。

如图 5-50 所示，已知基线长 $AB_2$ 转角 $\alpha_A$ 和 $\alpha_B$，试定 $L_h$ 则由式（5-10）计算半径 $R$。

$$R^2-\frac{AB}{\tan\alpha_A/2+\tan\alpha_B/2}R+\frac{L_S^2}{24}=0 \tag{5-10}$$

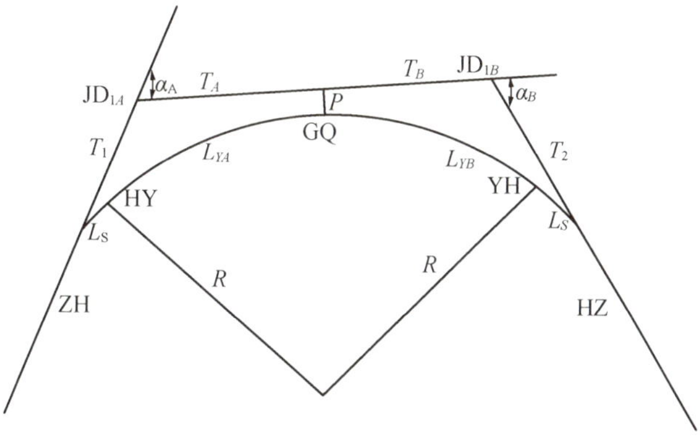


图 5-50　双交点曲线

计算出的半径 $R$，若为双交点曲线不取整，若为虚交点曲线则可取整。检查各曲线要素和平曲线指标是否满足规定，否则应进行调整。虚交点曲线要素计算比较简单，只要解算出基线三角形后按单交点曲线计算即可，而双交点曲线计算相对复杂，计算公式如下：

$$p=\frac{L_S^2}{24R}$$

$$q=\frac{L_S}{2}-\frac{L_S^3}{240R^2}$$

$$AB=T_A+T_B$$

$$\beta_0=\frac{90^\circ}{\pi}\frac{L_S}{R}$$

$$T_1=T_A+q=(R+p)\tan\frac{\alpha_A}{2}+q$$

$$T_2=T_B+q=(R+p)\tan\frac{\alpha_B}{2}+q$$

$$L_{YA}=(\alpha_B-2\beta_0)\frac{\pi}{180}R+L_S$$

$$L_{YB}=(\alpha_B-2\beta_0)\frac{\pi}{180}R+L_S$$

式中：$p$——缓和曲线内移值（m）；

$q$——缓和曲线切线增长值（m）。

相关参数详见本书项目二式（2-26）及式（2-27）。

（3）复曲线

复曲线是指不同半径的两圆曲线直接衔接。

如图 5-51 所示，曲线两端分别设有缓和曲线 $L_{S1}$ 和 $L_{S2}$，为使两圆曲线 $R_1$ 和 $R_2$ 在公切点（$GQ$）直接衔接，两缓和曲线的内移值必须相等，即 $p_1=p_2=p$，则式（5-11）成立。

$$\frac{L_{S1}^2}{R_1}=\frac{L_{S2}^2}{R_2} \qquad (5\text{-}111)$$

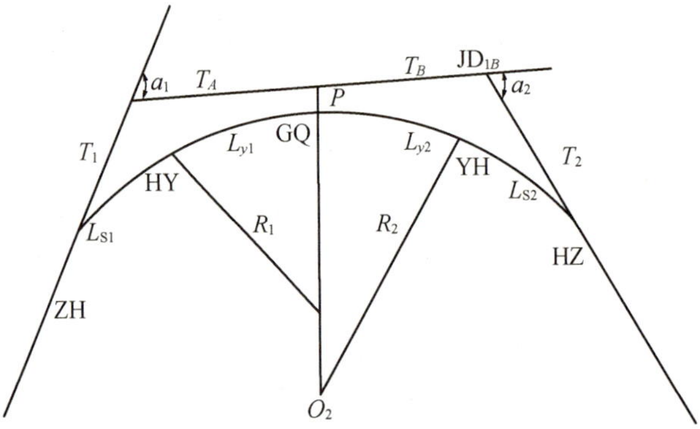


图 5-51　复曲线（两圆曲线直接衔接）

在确定 $R_1$ 和 $R_2$ 时，为控制最小半径值，一般应先选定 $L_{S1}$、$L_{S2}$ 和 $R_1$、$R_2$ 中较小者，用下式计算较大值。

$$\begin{cases} R_1=\dfrac{AB-T_B}{\tan\dfrac{\alpha_1}{2}}-p_1=\dfrac{AB-\left(R_2+\dfrac{L_{S2}^2}{24R}\right)\tan\dfrac{\alpha_2}{2}}{\tan\dfrac{\alpha_1}{2}}R-\dfrac{L_{S2}^2}{24R} \\ L_{S1}=L_{S2}\sqrt{\dfrac{R_1}{R_2}} \end{cases} \qquad (5\text{-}11)$$

按此推算出的 $R_1$ 和 $L_{S1}$ 不能取整，检查 $R_1$、$R_2$、$L_{S1}$、$L_{S2}$ 的规定及其他曲线要素，若不满足时应重新选定并试算，必要时应调整路线导线。

（4）回头曲线

回头曲线的圆曲线半径 $R$ 和缓和曲线 $L_S$ 一般都是已知的，而且线位控制较严，可参照双交点设置回头曲线。如图 5-50 所示，当 $R$、$L_S$、$\alpha_A$、$\alpha_B$ 为已知时，可由式（5-12）计算基线长 $AB$。

$$AB=\left(R+\frac{L_S^2}{24R}\right)\left(\tan\frac{\alpha_A}{2}+\tan\frac{\alpha_B}{2}\right) \tag{5-12}$$

求得 $AB$ 后，平行移动 $T$ 或 $T_2$ 直线或二者都平移（即保持 $\alpha_A$、$\alpha_B$ 不变），使 $JD_{1A}$ 和 $JD_{1B}$ 间的距离等于 $AB$，则回头曲线位置确定，检查回头曲线与其前、后平曲线的配合，若满足要求则按双交点曲线公式计算回头曲线的曲线要素，否则应对路线导向调整后重新设置回头曲线。

具体设置方法可参见现场定线的曲线插设。

3）坐标计算

建立统一坐标系，一般采用国家坐标系统。根据路线地理位置和几何关系计算出道路中线上各桩点的统一坐标，编制逐桩坐标表。

（1）路线转角、交点间距、曲线要素及主点桩计算

计算中坐标增量：见本书项目二式（2-54）；计算象限角：见本书项目二式（2-53）；计算方位角 A：见本书项目二式（2-52）。

转角：

$$\alpha_i=A_i-A_{i-1}$$

其中，$\alpha_i$ 为“+”路线右转，$\alpha_i$ 为“−”路线左转。

曲线要素及主点桩号计算公式见本书项目二的式（2-26）—式(2-34)。对于高速公路和一级公路，由于精度要求较高，在应用计算公式时，必须注意取舍误差，否则会影响计算精度。如 $p$、$q$、$x$、$y$ 等均为级数展开式，应增大项数。

（2）直线上中桩坐标计算

详见本书项目二的式（2-55）—式（2-65）。

2. 曲线形定线方法

曲线形定线方法是根据导向线和地形条件及相应技术指标，先试定出合适的圆曲线单元，然后将这些圆曲线用适当的直线和缓和曲线连接的定线方法，即与传统的先定直线后定曲线相反的以曲线为主的定线法。当相邻圆曲线之间相距较远时，可插设适当的直线段。一般宜用于地形复杂的山岭、重丘地区。

1）定线步骤

（1）参照导向线或控制点，徒手勾绘线形顺适、平缓并与地形相适应的概略线位。

（2）用直尺或不同半径的圆曲线弯尺拟合徒手线位，形成一条由圆弧和直线组成的具有错位（即设缓和曲线后圆曲线的内移值）的间断线形。

（3）在圆弧和直线上各采集两点坐标固定位置，通过试定或试算，用合适的缓和曲线将它们顺滑连接，形成连续的平面线形。

对纸上定线有经验者，可参照导向线或控制点从第（2）步开始操作。当在电子地图上定线时，可直接从第（3）步开始操作。

2）确定回旋线参数

曲线形定线法的缓和曲线仍然采用回旋线，确定回旋线参数 $A$ 值是采用曲线形定线法的关键。随着计算工具的发展，目前常用计算的方法确定 $A$ 值。

（1）近似计算法

回旋线参数 A 的近似计算公式为：

$$A=\sqrt[4]{24DR^3} \tag{5-13}$$

式中：$D$——基本型曲线时为内移值 $p$，S 形和卵形曲线（图 5-52）时为圆弧之间的距离；

$R$——基本型曲线时为单圆曲线半径，S 形和卵形曲线时为换算半径，分别按下式计算。

S 形曲线换算半径：

$$R=\frac{R_1R_2}{R_1+R_2} \tag{5-14}$$

卵形曲线换算半径：

$$R=\frac{R_1R_2}{R_1-R_2} \tag{5-15}$$

其中，$R_1$ 为大圆半径，$R_2$ 为小圆半径。

计算出 $A$ 值后，应检查其大小是否满足 $A\geqslant A_{min}$ 或 $R/3\leqslant A\leqslant R$ 的要求，不满足时可调整圆弧位置，使 $D$ 值变化后重新计算 $A$ 值，直到满足要求为止。

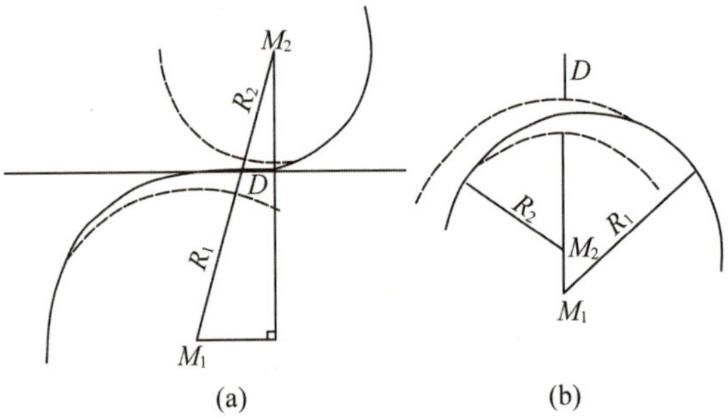


图 5-52　S 形和卵形曲线计算图

（2）解析计算法

解析计算法是根据几何关系，建立含有参数 $A$ 的方程式，通过精确计算确定 $A$ 值的过程。下面分三种连接情况介绍。

① 直线与圆曲线连接

如图 5-53 所示，已知直线上两点 $D_1$（$X_{D1}$，$Y_{D1}$），$D_2$（$X_{D2}$，$Y_{D2}$）和圆上两点 $C_1$（$X_{C1}$，$Y_{C1}$），$C_2$（$X_{C2}$，$Y_{C2}$）以及圆曲线半径 $R$。

· 圆心坐标

由图 5-53 得：

$$\theta=\cos^{-1}\frac{S}{2R} \tag{5-16}$$

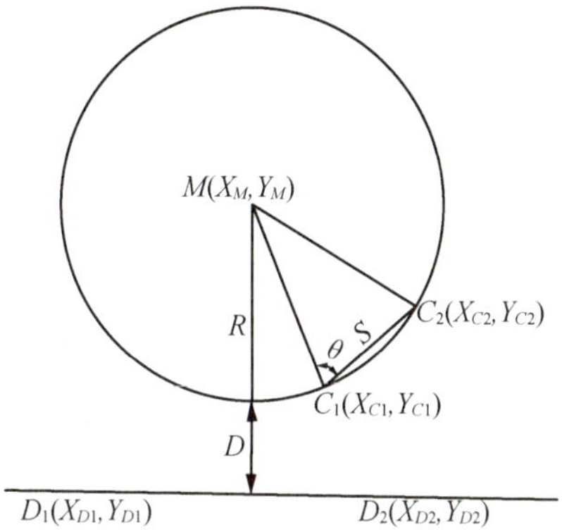


图 5-53　直线与圆曲线连接计算图

$C_1M$ 方位角：　　$\alpha_m = \alpha_c = \xi\theta$　　(5-17)

其中，$\alpha_C$ 为 $C_1C_2$ 的方位角。

圆心坐标为：

$$X_M = X_{C1} + R\cos\alpha_m$$
$$Y_M = Y_{C1} + R\cos\alpha_m \quad (5\text{-}18)$$

其中，$R=|R|$，下同。

· 直线与圆曲线间距 $D$

令　　$$k = \frac{Y_{D2} - Y_{D1}}{X_{D2} - X_{D1}} \quad (5\text{-}19)$$

则　　$$D = \frac{|k(X_M - X_{D1}) - (Y_M - Y_{D1})|}{\sqrt{1+k^2}} - R \quad (5\text{-}20)$$

· 回旋线参数 $A$ 及长度 $L_S$

由回旋线的几何关系得

$$p = y + R\cos\tau - R \quad (5\text{-}21)$$

其中，$y = \frac{L_S}{6R}\left(1 - \frac{L_S^2}{56R^2} + \frac{L_S^4}{7\,040R^4} - \cdots\right)$；$\tau = \frac{L_S}{2R}$

因 $p=D$，故式（5-21）只含未知数 $L_S$，可采用牛顿求根法解出 $L_S$，一般精确到 $10^{-4}$，则参数 $A$ 值计算公式为

$$A = \sqrt{L_S R} \quad (5\text{-}22)$$

② 两反向曲线连接

如图 5-52(a) 所示，已知两圆曲线上两点坐标及相应半径 $R_1$ 和 $R_2$，用上述方法可算出圆心坐标为 $M_1$（$X_{M1}$，$Y_{M2}$）和 $M_2$（$X_{M1}$，$Y_{M2}$）。

· 计算两圆间距 D

$$M_1M_2 = R_1 + R_2 + D = \sqrt{(X_{M2} - X_{M1})^2 + (Y_{M2} - Y_{M1})^2} \quad (5\text{-}23)$$

其中，$R_1=|R_1|$；$R_2=|R_2|$，下同。

则 $D = |M_1M_2 - R_1 - R_2| = \left|\sqrt{(X_{M2} - X_{M1})^2 + (Y_{M2} - Y_{M1})^2} - R_1 - R_2\right|$

· 计算回旋线参数 $A$

S形两个回旋线参数 $A_1$ 与 $A_2$ 宜相等，当采用不同参数时，$A_1$ 与 $A_2$ 之比宜小于 2.0，有条件时以小于 1.5 为宜。用 $k=A_1/A_2$，表示回旋线参数的比值，则由几何关系知：

$$M_1M_2=\sqrt{(R_1+R_2+p_1+p_2)^2+(q_1+q_2)^2} \tag{5-24}$$

$$p_i=y_i+R\cos\tau_i-R_i \quad (i=1,\ 2)$$

$$q_i=x_i+R\sin\tau_i \quad (i=1,\ 2)$$

式中：$x_i=2R_i\tau_i\left(1-\frac{\tau_i^2}{10}+\frac{\tau_i^4}{216}-\frac{\tau_i^6}{9\,360}+\cdots\right) \quad (i=1,\ 2)$；

$y_i=\frac{2}{3}R_i\tau_i^2\left(1-\frac{\tau_i^2}{14}+\frac{\tau_i^4}{440}-\frac{\tau_i^6}{25\,200}+\cdots\right) \quad (i=1,\ 2)$；

$\tau_i=\frac{1}{k^2}\left(\frac{R_1}{R_2}\right)^2\tau_i$。

由式（5-23）和式（5-24）可建立含 $\tau$ 的方程 $F(\tau)=0$，解算出 $\tau_1$ 并求得 $\tau_2$ 后按式（5-25）计算参数：

$$\begin{aligned}A_1&=R_1\sqrt{2\tau_1}\\A_2&=R_2\sqrt{2\tau_2}\end{aligned} \tag{5-25}$$

③ 两同向曲线连接

如图 5-52(b) 所示，求得圆心 $M_1$ 和 $M_2$ 的坐标后，则

$$D=|R_1-R_2-M_1M_2|$$

$$M_1M_2=\sqrt{(R_1+p_1-R_2-p_2)^2+(q_2-q_1)^2}$$

同样可建立含 $\tau_1$ 的方程，解出 $\tau_1$ 后按式（5-26）计算 $\tau_2$ 和 $A$：

$$\begin{aligned}\tau_2&=\left(\frac{R_1}{R_2}\right)^2\tau_1\\A&=R_1\sqrt{2\tau_1}\end{aligned} \tag{5-26}$$

定线操作是一个由粗到细的工作过程。因近似法计算中只保留了级数展开式中的第一项，所以计算简单但精度不高，适用于初定线位或精度要求不高的定线。解析法精度较高但计算复杂，需在计算机上计算，适用于精细定线。

3. 坐标计算

采用曲线形定线方法定出的路线平面线形仍然是由直线、圆曲线和回旋线三种线形要素组成。当各线形单元衔接点的坐标确定时，路线平面线形的形状和位置就被确定。目前各种组合线形单元衔接点的坐标和线形上任意点坐标计算过程较为繁琐，一般通过计算机辅助设计软件计算，具体计算公式可参见相关书籍，不再在此赘述。

## 项目评价

在基于已完成山岭区作业勘测的基础，教师提出路线选线的原则、方法及要点，布置并说明任务。

选、定线工作评价表

<table>
<tr><td>小组号</td><td></td><td>班级</td><td colspan="3"></td></tr>
<tr><td>学号</td><td></td><td>姓名</td><td></td><td>成绩</td><td></td></tr>
<tr><td>设备要求</td><td>地形图,道路专业软件</td><td>场地要求</td><td colspan="3">专业机房</td></tr>
<tr><td>项目资讯</td><td colspan="5">(1) 教师提出路线选线的原则、方法及要点,布置并说明任务;<br>(2) 基于任务,教师提供山岭区具有路线控制点的地形图,学生结合地形进行选线、定线;<br>(3) 教师纠正补充路线方案;<br>(4) 学生将所选线形与前期教师已给的路线方案做逐一比较,学生查规范和资料,完成任务;<br>(5) 小组推选代表,展示成果;<br>(6) 教师评价、纠正,学生修改、完善任务;<br>(7) 提交任务,教师评价。</td></tr>
<tr><td>项目实施情况</td><td colspan="5"></td></tr>
<tr><td>学生自查情况</td><td colspan="5"></td></tr>
<tr><td>小组评价推荐</td><td colspan="5"></td></tr>
<tr><td>教师评价</td><td colspan="5"></td></tr>
<tr><td>综合评价</td><td colspan="5"></td></tr>
</table>

# 参考文献


[1] 中华人民共和国交通运输部. 公路工程技术标准：JTG B01—2014 [S]. 北京：人民交通出版社，2015.

[2] 中华人民共和国交通运输部. 公路路线设计规范：JTG D20—2017 [S]. 北京：人民交通出版社，2017.

[3] 中华人民共和国交通部. 公路勘测规范：JTG C10—2007 [S]. 北京：人民交通出版社，2007.

[4] 中华人民共和国交通运输部. 公路路基设计规范：JTG D30—2015 [S]. 北京：人民交通出版社，2015.

[5] 中华人民共和国国家质量监督检验检疫总局，中国国家标准化管理委员会. 全球定位系统（GPS）测量规范：GB/T 18314—2009 [S]. 南京：凤凰出版社，2009.

[6] 中华人民共和国住房和城市建设部，国家市场监督管理总局. 工程测量标准：GB 50026—2020 [S]. 北京：中国计划出版社，2021.

[7] 中华人民共和国交通运输部. 公路环境保护设计规范：JTG B04—2010 [S]. 北京：人民交通出版社，2010.

[8] 中华人民共和国交通部. 公路工程基本建设项目设计文件编制办法 [S]. 北京：人民交通出版社，2007.

[9] 中华人民共和国交通运输部. 公路工程建设项目招标投标管理办法 [S]. 北京：人民交通出版社，2016.

[10] 中华人民共和国住房和城市建设部. 城市道路工程设计规范：CJJ 37—2012 [S]. 北京：中国建筑工业出版社，2016.

[11] 杨少伟. 道路勘测设计 [M]. 3 版. 北京：人民交通出版社，2009.

[12] 周志坚，徐宇飞. 道路勘测设计 [M]. 北京：科学出版社，2005.

[13] 李青芳. 公路测设技术 [M]. 北京：人民交通出版社有限公司，2018.

[14] 许金良. 道路勘测设计 [M]. 5 版. 北京：人民交通出版社，2019.

[15] 陈方晔，李绪梅. 公路勘测设计 [M]. 4 版. 北京：人民交通出版社，2018.

[16] 李冰. 建筑工程测量 [M]. 3 版. 厦门：厦门大学出版社，2022.

[17] 周世红，李月姝. 公路勘测技术 [M]. 北京：北京邮电大学出版社，2014.